HUNGARIAN IN WORDS AND PICTURES

ERDŐS – KOZMA –
PRILESZKY – UHRMAN

HUNGARIAN IN WORDS AND PICTURES

(A TEXTBOOK FOR FOREIGNERS)
MAGYAR NYELVKÖNYV

MÁSODIK KIADÁS

TANKÖNYVKIADÓ, BUDAPEST, 1988

Bírálók: H. Kígyóssy Edit
Dr. Rácz Endre

Az angol szövegeket Susan K. Kutor ellenőrizte

Alkotó szerkesztő: Erdős József

A rajzokat Zsoldos Vera készítette

ISBN 963 18 1553 6

CONTENTS

FOREWORD

These first sentences are intended as a tribute to those who have bought this book either to become acquainted with or to master Hungarian for various reasons: to those who wish to learn Hungarian because of family relations, or gain an insight into a small and beautiful country in the heart of Central Europe or to study further toward a degree in the schools of this country.

Our basic aim is to enable these students—learning independently or under the guidance of a teacher—to communicate in Hungarian, i.e. to understand the standard language (spoken or written) and to express their thoughts (orally or in writing), at a basic level.

Besides the basic vocabulary needed for everyday communication, this goal presumes the mastering of a relatively complete grammatical picture. Unessential secondary grammatical elements have been omitted. Only those structures are to be learned which could not be substituted with easier ones. More complicated structures are used only to the necessary depth.

The teaching material is divided into five parts, each of which has as its core a given conjugation of the Verb. These are all accompanied by corresponding items of the declension of nominal words (nouns, adjectives, numerals, etc.).

Part One. Sentences with a verbal predicate. The nomino-verbal predicate and its special case of the "pure" nominal sentence (i.e. the one lacking a verb). The Adjective and Attributive Constructions. Adverbs of Place answering the question *where?* Verbs denoting motion parallel to Adverbs referring to the question *to/from where?* Preverbs indicating direction. On mastering Part One, the student is capable of entering into a communicative relationship at the most elementary level.

Part Two. Possessive Constructions. The Object. The Definite Conjugation and the corresponding Objective Clause, including Reported Speech. Part Two embraces all basic Parts of Speech.

Part Three. Expression of Time Relations is the focus of this unit. After mastering the use of adverbs referring to the Present, the student ventures from this concrete dimension into the more abstract realms of the Past and Future. Parallel to this, the system of preverbs is expanded to include the perfective ones. More Adverbs of Time are introduced expressing the contrasts of instantaneous-perfect with the durative-iterative. Additional Adverbs (those of Manner, State, Means, Accompaniment and the Dative) are included to indicate the circumstances of the action.

Part Four provides a translation into the areas of possibility, purpose and necessity (the constructions of *lehet, szabad, kell* + infinitive). The Imperative in simple sentences and subordinate clauses. The Adverb of Purpose and its corresponding subordinate clause find their logical counterparts here: the Adverb of Reason and its subordinate clause.

Part Five reaches the highest level of abstraction with the Conditional and completes the circle of nominal and verbal Parts of Speech. New elements are the Causative, Participles functioning as adjectives and adverbs and the Adverb of Result.

Lesson structure:

1. Dialogue
A short conversation accompanied by pictures. Introduction of new elements and application of previously learned ones in everyday situations. Dialogues also serve as exercises:
e.g.—to reproduce the dialogue using questions and answers formed by the student:
— variations and adaptations to similar situations,
— narration of the conversation in a descriptive manner and written recording of it.

2. Introduction of new grammar and drills is carried out primarily with the functional method of "grammatical-pictorial micro-situations".* Structures and patterns are introduced and drilled and, where necessary, are provided with equivalents or explanations in English.

3. Texts. Readings of various kinds are provided. Including all new grammar presented, these readings incorporate both the basic situations of everyday life and the most pertinent information regarding the Hungarian environment. Types of regular exercises recommended:
a) oral: — reading the text aloud
— reproduction of the text with the help of questions
— asking questions concerning the paragraphs of the text
— discussion of the contents of the text
b) oral and written:
— dramatisation of the text
— dialogues transformed into descriptions or narrative speech
— alteration of persons, time and place, etc.
— replacement of words, expressions and grammatical forms with synonyms or equivalents
— present-day application of the topic

4. Proverbs and Songs do not belong to the strictly planned material but have been added to make it more entertaining and varied. (English equivalents of proverbs given where possible. If not, the approximate translation of the Hungarian is given.)

* Teachers interested in a detailed description see Erdős, Kozma, Prileszky, Uhrman: *Színes magyar nyelvkönyv* (Foreword), Vol. 1, pp. 3—10. (Tankönyvkiadó, Budapest, 1979); Prileszky Csilla: *Tanári kézikönyv a Színes magyar nyelvkönyvhöz (Guide to Színes magyar nyelvkönyv)* (Tankönyvkiadó, Budapest, 1980); Erdős József: *Egy új audiovizuális módszerről (A new audio-visual method)* Folia Practico Linguistica (BME Nyelvi Intézete, 1981. pp. 93—107.)

5. *Exercises* related to the text, mostly complex ones (analysis and interpretation of the text, composition of new paragraphs, translation, etc.).

6. *Words and Idioms* include all words first appearing in the lesson, arranged according to grammatical categories. Major units of phraseology are also given.

7. *Tests* are found at the end of Lesson 6, 10, 15, 19, 25.

Finally, we would like to express our gratitude to all of those who have contributed their assistance and advice in the writing of this book. A special tribute is to be paid to our readers, professor *Endre Rácz* and *Edit Kígyóssy* who have assisted in the preparation of both this book and its predecessor (entitled *Színes magyar nyelvkönyv*) and have supported our effort by sharing with us their theoretical insights as well as their vast practical experience in teaching.

November 1982.

The authors

KEY TO SYMBOLS

I. GRAMMAR

1. a) Parts of Sentence:

predicate: tesz

subject: a lány

object: virágot

adverbial: a vázába

A lány virágot tesz a vázába .

The girl puts flowers into the vase .

b) Parts of Sentence with Attributives:

predicate: szép város (beautiful city)

subject: a szép város

object: a szép várost

adverbial: a szép városban

2. Sentences:

a)

<table>
<tr><td colspan="3" rowspan="3"></td><td colspan="8">The stressed word is</td></tr>
<tr><td rowspan="2">pred.</td><td rowspan="2">subj.</td><td rowspan="2">obj.</td><td rowspan="2">adv.</td><td colspan="4">attributive of</td></tr>
<tr><td>pred.</td><td>subj.</td><td>obj.</td><td>adv.</td></tr>
<tr><td rowspan="4">Simple sentences</td><td colspan="2">declarative</td><td></td><td></td><td></td><td></td><td></td><td></td><td></td><td></td></tr>
<tr><td colspan="2">negative</td><td></td><td></td><td></td><td></td><td></td><td></td><td></td><td></td></tr>
<tr><td rowspan="2">inter-
rogative</td><td>with inter-
rogative
pronoun</td><td>?</td><td>?</td><td>?</td><td>?</td><td>?</td><td>?</td><td>?</td><td>?</td></tr>
<tr><td>yes or no
question</td><td>?</td><td>?</td><td>?</td><td>?</td><td>?</td><td>?</td><td>?</td><td>?</td></tr>
</table>

b)

Compound sentences with	
clause of predicate	
clause of subject	
clause of object	
clause of adverb	
clause of attributives	

3. *Persons:*

én	*(I)*		mi	*(we)*	
te	*(you)*		ti	*(you)*	
ő	*(he, she)*		ők	*(they)*	
ön	*(you; formal)*		önök	*(you; formal)*	

4. *Possessive constructions:*

singular possession		plural possession	
possessor	possession	possessor	possessions

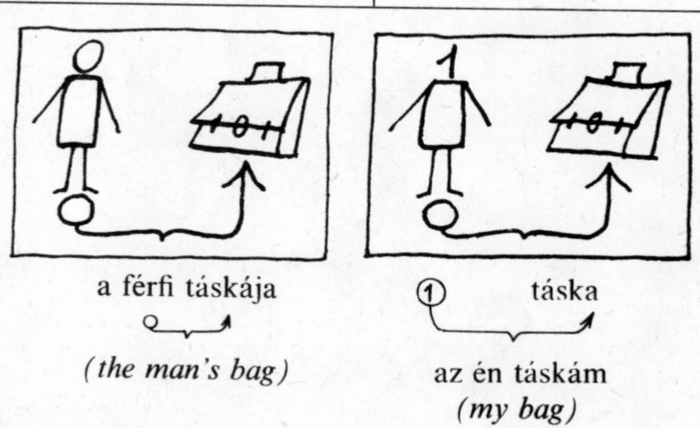

a férfi táskája

(the man's bag)

táska

az én táskám
(my bag)

II. INSTRUCTIONS

Read:

Write:

Exercises included in key: 

Say: 

Supplemental grammar: 

Listen: 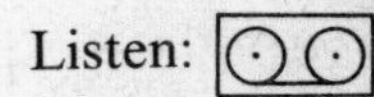

INTRODUCTION TO PHONETICS

The Hungarian language has 14 vowel sounds and 25 consonant sounds. Each has its own symbol (letter) in writing, but one of them traditionally has two (*j–ly*). The symbols are simple (*b*) or compound (*sz*).

The sounds in Hungarian may be short or long. The long sound has the same quality as the short one just longer (with the exception of the vowels *a–á* and *e–é*). Vowel length is indicated by subscripts, "accents" (*o–ó, ö–ő*) and the length of consonants is indicated by redoubling the consonant-symbol (*b–bb, c–cc,* but notice: *cs–ccs, gy–ggy*!). It is extremely important to distinguish clearly between long and short sounds, as difference in length also reflects difference in meaning.

The descriptions of sounds given below must necessarily be considered to be rough approximations, and learning the pronunciation of Hungarian by imitating a native speaker of the language (e. g. using tape recordings or records) is strongly recommended.

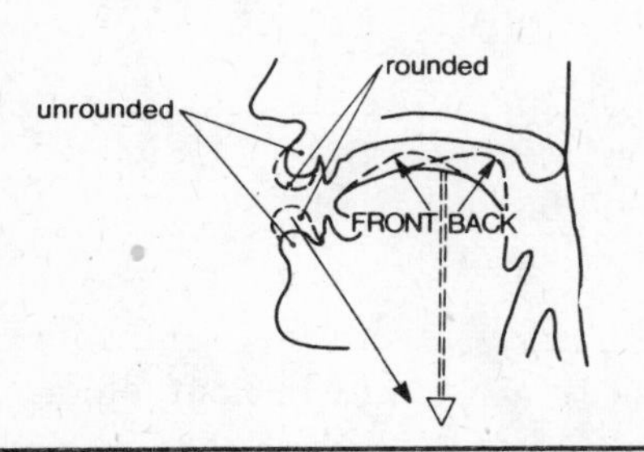

un-rounded	rounded				
FRONT				BACK	
i	í	ü	ű	u	ú
	é	ö	ő	o	ó
e				a	
					á

Vowels

Hungarian vowels are in general more sharply and vigorously pronounced than English vowels. The Hungarian language does not have so-called gliding (or diphtongal) vowels, in other words, the quality of a vowel remains relatively constant during articulation.

It is necessary to learn the classification of vowels, since this is the basis for choosing the correct endings of words.

Consonants

The pronunciation of consonants is weaker in Hungarian than in English. This is particularly true of the so-called stops *p, t* and *k,* which are always unaspirated, as in French. This means that the slight puff of breath that follows the English sound is lacking in Hungarian.

Although it has been mentioned above that each sound has its own symbol (letter), in the process of Hungarian speech there are cases (not always the same as in English), when the quality of a given consonant changes due to the effect of its phonetic environment, i.e. a difference between the sound and the symbol can be observed. The most important of these cases will be shown later.

The Hungarian Alphabet and its corresponding sounds

Letter	Sound*	Comment	Example in Hungarian**
A a	[ɔ]	A short vowel characteristic for the Hungarian language. Similar to *o, a* in an English word, when combined with labial consonants, e.g. *w**a**s, im**po**ssible.*	az, van, fa
Á á	[a:]	The long equivalent of the vowel *A.* The timbre is like in English *c**u**t,* the lenght as in *c**ar**t.*	áll, vár, diák
B b	[b]	Like in English ***b**e, a**b**le, ro**b**.*	bent, ablak, ebbe
C c	[t͜s]	Heard when an English noun ending with *t* is used in the plural, e.g. *roo**ts**, boa**ts**.* This same sound can be written as *dsz,* the long version also as *cc, tsz, dsz* and *tc.*	nyolc, föl**dsz**int *(short)* já**tsz**ik, u**tc**a, mara**dsz** *(long)*
Cs cs	[t͡ʃ]	The sound spelt as *ch* or *tch* in English: *su**ch**, ma**tch**.* In Hungarian it is also pronounced when a consonant + *ts* is written. The long version is written as *ccs,* or sometimes by *ts, ds.*	csinál, nincs ön**ts** "do pour!" *(short)* me**ccs**, szaba**ds**ág, hasonlí**ts** "compare!" *(long)*

* According to the international transcription IPA.
** Examples (with some exceptions) are given from the earliest lessons of this textbook.

Letter	Sound	Comment	Example in Hungarian
D d	[d]	Like in English ***d**oor, stu**d**ent, ro**d**.*	diák, rádió addig "till then"
E e	[ɛ]	Short vowel, sounds like sg. between English *s**a**t* and *s**e**t*.	ez, telefon, te
É é	[e:]	The long equivalent of the vowel *E*. The timbre is like that of the first part of the diphtong in *make* [mei̯k], *day* [dei̯], but the not gliding pronounciation is stable, and it is twice as long as the sound *E*.	én, Péter, férfi
F f	[f]	Like in English ***f**ar, o**f**ten, roo**f*** (the long consonant: *ff, vf*).	fa, telefon *(short)* jaffa "orangeade", évfolyam "course, volume" *(long)*
G g	[g]	Like in English ***g**o, a**g**o* (the long consonant: *gg, kg*).	Gabi, magas, öreg reggel
Gy gy	[ɟ]	The Hungarian consonant resembles the English sound in ***d**ew, **d**uring,* but in Hungarian it is formed further back at approximately the same place as *j* and the two elements of the English sound (*d+j*) are completely fused. It is also spelt as *dj,* the long version as *ggy, gyj dj*.	gyors, magyar, megy föl**dj**e "his land" *(short)* meggy hí**dj**a "his bridge" a**dj** "give!" *(long)*
H h	[h]	Like in English ***h**am, be**h**ind.* Sometimes in foreign words it is spelt as *ch,* and pronounced like in German (e.g. *Ba**ch***).	hol, pihen te**ch**nika ahhoz "to that"
I i	[i]	A short vowel like in English *least, seat,* although shorter and higher.	itt, kint, Kati
Í í	[i:]	A long vowel like in English *s**ee**, f**ee**d.*	híd, ír

Letter	Sound	Comment	Example in Hungarian
J j	[j]	Like in English ***you, young***. Also spelt in Hungarian as *ly, lj.* The long version is spelt as *jj, lly,* and in some cases *lj, llj.*	jó, hajó, új fo**ly**ó, fele**lj** "answer!" *(short)* ujj, he**lly**el "with place", é**lj**en "hurrah!" á**llj** "stop!" *(long)*
K k	[k]	Like in English ***k**ey, do**c**tor, ba**ck**,* but in Hungarian it is always unaspirated. The long version is spelt as *kk,* and sometimes *gk.*	ki, táska, ablak akkor, le**gk**isebb "smallest" *(long)*
L l	[l]	Like in ***l**ook, is**l**and* in English but it can never form a syllable in Hungarian, and it has no variant with back vowel resonance (the so-called dark *l*). The long version: *ll.*	lámpa, alatt, sétál mellett, áll
Ly ly	[j]	This letter is traditionally used in some words for the sound *j.* See letter *J* above.	
M m	[m]	Like in English ***m**ore, le**m**on.* The long version may be spelt as *mm,* and sometimes as *nm,* too.	magas, lámpa, sem *(short)* semmi, é**nm**ellettem "next to me" *(long)*
N n	[n]	Like in English ***n**ow, u**n**der, lemo**n**.* Like in English the sound is altered in the pairing of *n+g* and *n+k,* but the second element is also articulated.	nem, vonat, én a**n**gol Anna, onnan "from there"

Letter	Sound	Comment	Example in Hungarian
Ny ny	[ɲ]	Like the consonant in English ***n**ew, o**n**ion* i.e. it is articulated near the same place as the sound *-j*. But in this *n+j* pairing the additional sound *j* is not pronounced separately. The long version is spelt as *nny,* but often as *nyj, nj,* too.	nyolc, anya, lány *(short)* könnyű, a**nyj**a "his mother" me**nj** "go!" *(long)*
O o	[o]	A short vowel, the timbre is like in English *b**o**rn.*	ott, orvos
Ó ó	[o:]	The long equivalent of the vowel *o,* the timbre and length are like in English *d**oo**r.*	óra, autóbusz, rádió
Ö ö	[ø]	A short vowel like in British English *f**ir**st, w**or**se, ch**ur**ch,* but it is always pronounced with rounded lips.	öt, között, ön
Ő ő	[ø:]	The long pair of vowel *ö,* like in British English *b**ir**d, w**or**ld.* It is more rounded than short *ö.*	ő, előtt, nő
P p	[p]	Like in English ***p**ear, a**p**e, whoo**p*** but it is always unaspirated.	pihen, épület, kép szappan
R r	[r]	Like in English *red, sorry,* but in Hungarian a trill is produced by a rapid succession by the tip of the tongue on the alveolar ridge. (Similar to *r* in Spanish or Italian.)	rádió, ernyő, vár erre
S s	[ʃ]	Like in English ***sh**eep, ma**ch**ine, wa**sh**.*	sofőr, orvos lassú
Sz sz	[s]	Like in English ***s**at, pen**c**il, i**c**e.* The long version is spelt as *ssz.*	színes, beszél, autóbusz rossz

Letter	Sound	Comment	Example in Hungarian
T t	[t]	Like in English *stone, after, past.* In Hungarian it is always unaspirated and farther in the front. The long version may sometimes be spelt as *dt*.	te, autó, siet alatt, a**dt**ok "you give – plural" *(long)*
Ty ty	[c]	Like the pronunciation of the first element in the pairing of *t+j* by some careful English speakers (e. g. *statue, christian*). It is pronounced in the same place as Hungarian *gy,* but is voiceless. It is also sometimes spelt as *tj,* the long version as *tty, tyj, tj.*	tyúk, kutya hattyú, bá**ty**ja "his brother" kabá**tj**a "his coat" *(long)*
U u	[u]	A short vowel like in English *group, hoop.*	utas, fut
Ú ú	[u:]	The long equivalent of the vowel *u,* like in English *two, move, blue.*	út, bútor, fiú
Ü ü	[y]	The short vowel is similar to *i* as for the place of articulation, but it is pronounced with strong rounding of the lips. Similar to French *tu, rue.*	ül, repül
Ű ű	[y:]	The long equivalent of vowel *ü.* Similar to French *amuse, pur.*	működik, könnyű
V v	[v]	Like in English *vice, over, give.*	van, orvos, név avval (=azzal, "with that")
Z z	[z]	Like in English *zoo, easy, rose.*	zöld, között, az azzal "with that"
Zs zs	[ʒ]	Like in English *usual, prestige, measure.*	zseb, vizsga, Ázsia rizzsel "with rice"

Remarks

In the Hungarian alphabet there are some letters which are seldom used and which occur pirmarily in words of foreign origin or in the traditional spelling of old surnames (e.g. *x* [ks], *y* [i]. The sounds *dz* [d͜z] and *dzs* [d͡ʒ] are used very seldom, too (e.g. *edz* 'train', *dzsem* 'jam').

Pronounciation and orthography in texts

Attention has been given above to the major cases, i.e. cases when a combination of two or three letters does not indicate the sound which would seemingly correspond to the sounds of the individual letters. The "rules" mentioned above in connection with the alphabet are applied differently within one morpheme and at boundaries of morphemes.

Syllabication and division

Division in writing is based on syllabication. A word can be divided into as many syllables as it has vowels. The major rules are follows:

— if two vowels are together the first one remains in the first syllable, the second goes to the second: *d**i**-**á**k*,

— a consonant dividing two vowels belongs to the second syllable: *é-**p**ü-**l**et*, *é-**p**ü-**l**e-**t**ek*,

— two consonants between two vowels are separated from each other: *fé**r**-**f**i*, *a**b**-**l**ak*.

Note

*Long consonants behave like two consonants: szá**l**-**l**o-da, la**s**-**s**ú. Long consonants made up of compound consonants are divided as if it were for two short compound consonant: ro**ssz**—ro**sz**-**sz**ak.*

— if three (or more) consonants are between two vowels the first two (three) of them remain with the first vowel, the last one joins the next syllable: *pa**rk**-**b**an* ('in the park'), *fö**ld**-**sz**int*,

— compound words (including prefixed ones) can also be divided at the natural boundaries of the elements: *me**g**-ál-ló, Ma-gya**r**-or-szág*.

Accent

The accent is always on the first syllable of words. The accent on the syllable is more audible when the word itself is in a *stressed* position within the sentence. Some words (articles, some pronouns) may never be stressed.

Intonation

The prosodic units of sentences are intonation patterns. A sentence consists of as many intonation patterns as it has stressed words. In neutral sentences at least two words are stressed; one of them is the verb (if a prefixed one, the stress falls on the prefix), or the nominal predicate. Emphasized words are also logically stressed. The other basic component of intonation patterns is the tune. Patterns are classified by their function and tune.

The following two intonation patterns are used in *declarative sentences* in which the stress is not marked *(pattern A)* and in *interrogative sentences* of "yes or no" type, i.e. which do not have a question word *(pattern B)*:

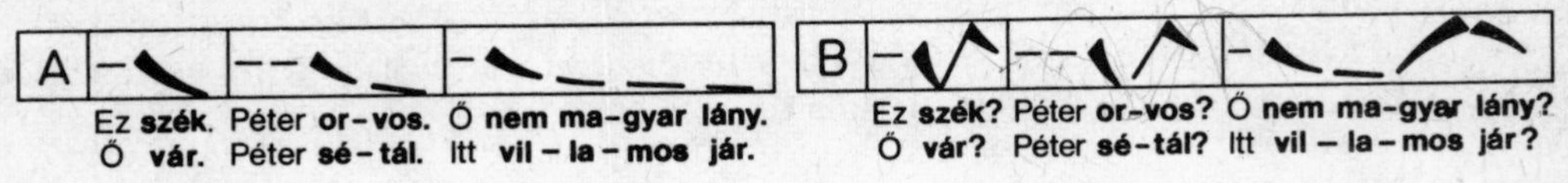

Note

In addition to patterns **A** and **B,** four other patterns of intonation exist in Hungarian:

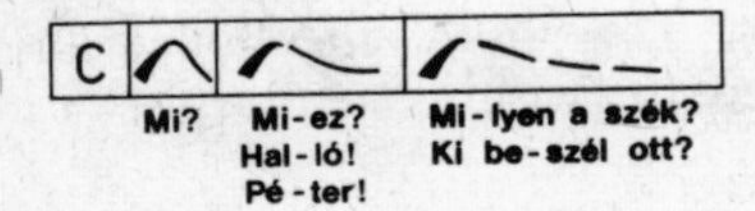

used mainly in interrogative sentences of special (X-) questions (i.e. with question word). Also heard in declarative sentences with strong oppositional or contradictory stress, and in greetings or commands.

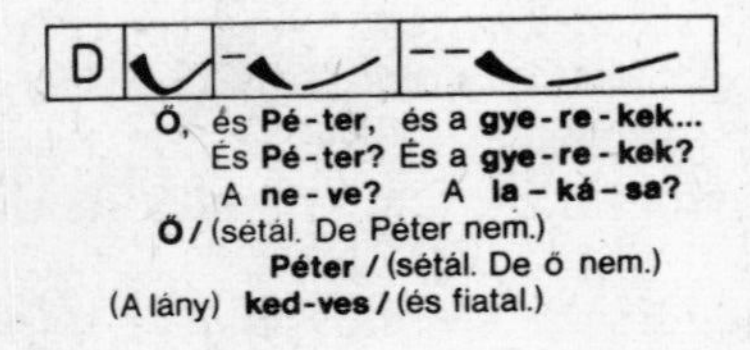

used for sharp logical contrast between words standing before and after the stressed word. In this case it is not a closing pattern (i.e. does not end the sentence). However, if this pattern expresses several particular questions it may end the sentence. This pattern is also applied for expressing contrast between two parts of an enumeration.

can mainly heard in non-closing parts of neutral sentences or compound sentences. When this pattern is used to end a sentence it may imply astonishment (e.g. in exclamations).

indicates the strong stress of the first member (principial or clause) of a compound sentence (see *C*) as well as the incompleteness of a sentence (see *D*). In a complete sentence it implies a contradictory, restrictive continuation (even if not uttered).

1. ELSŐ LECKE

KI ÖN?

– Jó napot kívánok! Bocsánat, ön Kovács úr?
– Igen. Kovács Péter vagyok. És ön Sós László?
– Az vagyok.

– Hol a taxi?
– Ott vár az autóbusz mögött.
– Köszönöm.

1

Mi ez ?

Ez táska.

Mi az?

Az autó.

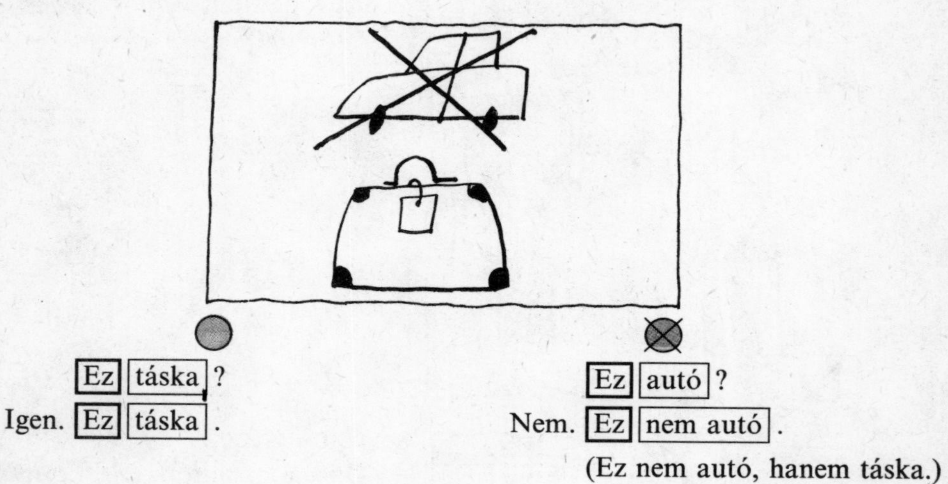

Ez táska ?

Igen. Ez táska .

Ez autó ?

Nem. Ez nem autó .

(Ez nem autó, hanem táska.)

—— • ——

(Igen.) Ez táska.

(Igen.) Ez az.

(Igen.) Táska.

(Igen.) Az.

Igen.

(Nem.) Ez nem autó.

(Nem.) Ez nem az.

(Nem.) Nem autó.

(Nem.) Nem az.

Nem.

(egy)

Ez			táska.
This	is	a	bag.

Ez		nem		táska.
This	is	not	a	bag.

1. **Make questions and answer them according to the pictures in Exercises 2 and 4:**

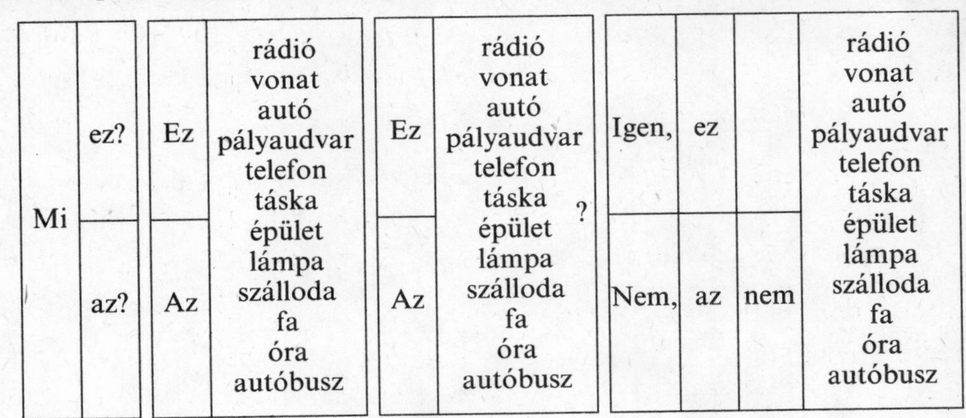

Mi	ez?	Ez	rádió vonat autó pályaudvar telefon táska épület lámpa szálloda fa óra autóbusz	Ez	rádió vonat autó pályaudvar telefon táska ? épület lámpa szálloda fa óra autóbusz	Igen,	ez		rádió vonat autó pályaudvar telefon táska épület lámpa szálloda fa óra autóbusz
	az?	Az		Az		Nem,	az	nem	

2

Hol?
itt

Hol van a táska?
A táska itt van.

Hol van az autó?
Az autó ott van.

Mi van itt?
Egy táska van itt.

Mi van ott?
Egy autó van ott.

Mi ez?
Ez *autó*.

Mi van itt?
Egy autó van itt.

Hol van az autó?
Az autó itt van.

1

a, az — the definite articles in Hungarian

a	táska lámpa telefon

a — in front of words beginning with a consonant

az	autó épület

az — in front of words beginning with a vowel

egy — the indefinite article in Hungarian

egy	táska lámpa autó épület

— • —

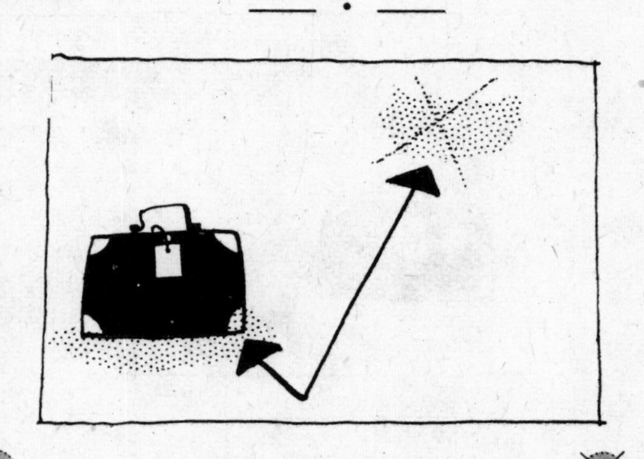

Itt van a táska?

Igen. A táska itt van.

Ott van a táska?

Nem. A táska nem ott van.

(A táska nem ott van, hanem itt.)

— • —

(Igen.) A táska itt van.
(Igen.) Itt van.
(Igen.) Itt.
Igen.

(Nem.) A táska nem ott van.
(Nem.) Nem ott van.
(Nem.) Nem ott.
Nem.

A	táska		itt	van.
The	bag	is	here.	

A	táska		nem	ott	van.
The	bag	is	not	there.	

A táska	van itt?
Igen. A táska	van itt.

Az autó	van itt?
Nem. Nem az autó	van itt.

(Nem az autó van itt, hanem a táska.)

—— • ——

(Igen.) A táska van itt.
(Igen.) A táska.
(Igen.) Az.
Igen.

(Nem.) Nem az autó van itt.
(Nem.) Nem az autó.
(Nem.) Nem az.
Nem.

A	táska	van	itt.
The	bag	is	here.

	Nem	az	autó	van	itt.
It is	not	the	car		here.

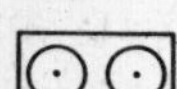

2. Make questions and answer them following the examples:

lent fent itt ott bent kint

a) Hol van a táska? — A táska lent van.
b) Lent van a táska? — Igen, a táska lent van.
c) Fent van a táska? — Nem, a táska nem fent van, (hanem lent).

d) Mi van lent? — A táska van lent.
e) A táska van lent? — Igen, a táska van lent.
f) A lámpa van lent? — Nem, nem a lámpa van lent, (hanem a táska).

3. Give short answers to the questions in Exercise 2:

3

Milyen?

Milyen a táska ?
A táska nagy .

4

Milyen ___ ?

Milyen táska ez ?
Ez nagy táska .

A táska nagy .

Ez nagy táska .

A táska nem kicsi .
(A táska nem kicsi, hanem nagy.)
Ez nem kis táska .
(Ez nem kis táska, hanem nagy.)

Nagy a táska?

(Igen.) A táska nagy.
(Igen.) Nagy.
(Igen.) Az.
Igen.

(Nem.) A táska nem nagy.
(Nem.) Nem nagy.
(Nem.) Nem az.
Nem.

Nagy táska ez?

(Igen.) Ez nagy táska.
(Igen.) Nagy.
(Igen.) Az.
Igen.

(Nem.) Ez nem nagy táska.
(Nem.) Nem nagy.
(Nem.) Nem az.
Nem.

A táska		nagy.
The bag	is	big.

Ez			nagy	táska.
This	is	a	big	bag.

Ez [kis] [autó]. This is [a small] [car].

Ez az autó [kicsi]. This car is [small].

4. Make questions and answer them following the examples:

kis/kicsi ⟷ nagy lassú ⟷ gyors régi ⟷ új

rossz ⟷ jó alacsony ⟷ magas

---

a) (?) Milyen az autó? — Az autó kicsi.
b) (?) Az autó kicsi? — Igen, az autó kicsi.
c) (?) Az autó nagy? — (⊗) Nem, az autó nem nagy, (hanem kicsi).

d) (?) Milyen autó ez? — Ez kis autó.
e) (?) Ez kis autó? — Igen, ez kis autó.
f) (?) Ez nagy autó? — (⊗) Nem, ez nem nagy autó, (hanem kicsi).

5. Give short answers to the questions of Exercise 4:

5

Ki?

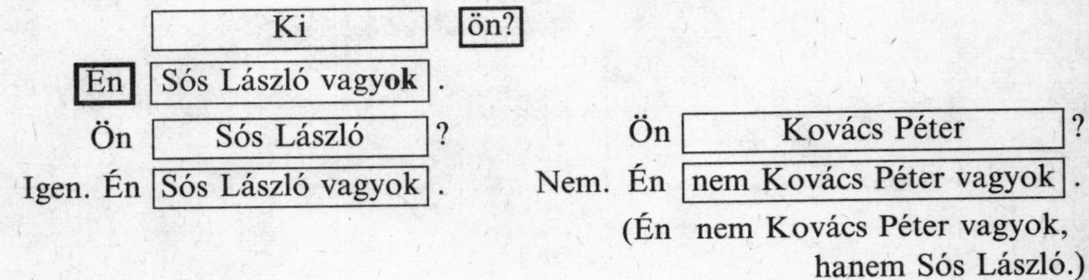

Ki ön?

Én Sós László vagy**ok**.

Ön Sós László ?

Igen. Én Sós László vagyok .

Ön Kovács Péter ?

Nem. Én nem Kovács Péter vagyok .

(Én nem Kovács Péter vagyok,
hanem Sós László.)

In Hungarian family names come first, followed by Christian names.

1	(Én)	diák	vagy**ok**.
2	(Te)	diák	vagy.
3	Ő Ön	diák.	

1	(Én)	itt	vagy**ok**.
2	(Te)	itt	vagy.
3	Ő Ön	itt	van.

te — Informal, singular *you* (like French *tu*)
ön— Formal, singular *you* (like French *vous*)
i.e. logically *ön* is second person but grammatically it is third person
ő — Third person singular, used both for *he* and *she*. There are no grammatical genders in Hungarian.
(Note: A different pronoun, *az* is used for *it*. See Words.)

Note
Personal pronouns especially in 1st and 2nd persons usually are omitted unless they are in emphasized position.

6. Make sentences:

diák sofőr orvos munkás

(Én) Sós László vagyok.
(Én) diák vagyok.
(Én) magyar diák vagyok.

6

Mit csinál?

Mit csinál Péter?

Péter vár.

		a, á, o, ó, u, ú		
1	én	vár**ok**	siet**ek**	ül**ök**
2	te	vár**sz**	siet**sz**	ül**sz**
3	ő ön	vár	siet	ül

The conjugation of verbs including each of the vowels *a, á, o, ó, u, ú* is like that of *vár*. Verbs with front vowels only are conjugated like *siet*, unless they have *ö* or *ü* in the last syllable. In the latter case the conjugation is like that of *ül.*

Note

1. In the majority of Hungarian verbs the verb stem coincides with 3rd Person Singular Present Tense.
2. Present Tense in Hungarian is used for an actual present action or a habitual one corresponding to both Present Continuous and Simple Present in English.

7

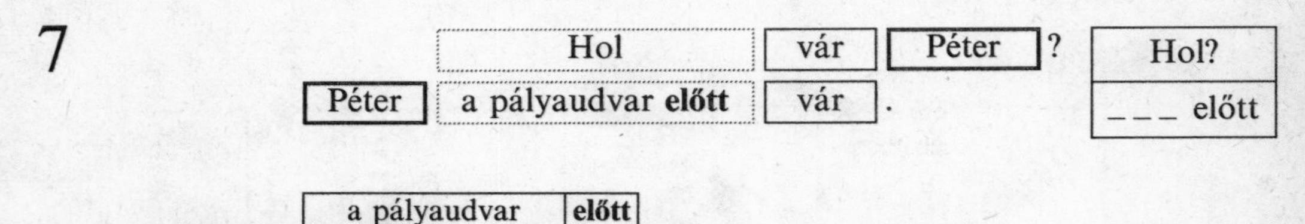

	a pályaudvar	**előtt**
in front of	the railway station	

Note

The word order of this structure is always noun + postposition and no other word can stand between the two.

7. Make questions and answer them following the examples:

1

___ alatt pihen ___ előtt siet ___ mellett sétál

a) (?) Mit csinál a férfi? — A férfi vár.

(Kovács Péter, Sós László, diák, nő, sofőr, munkás, Kati, orvos)

b) (?) Hol vár a férfi? — A férfi az óra alatt vár.

c) (?) Az óra alatt vár a férfi? — Igen, a férfi az óra alatt vár.

d) (?) A város fölött vár a férfi? — Nem, a férfi nem a város fölött vár, (hanem az óra alatt).

8. Make positive and negative sentences about the pictures in Exercise 7 (do not repeat the questions):

a) A férfi vár.
b) A férfi az óra alatt vár.
c) A férfi nem a város fölött vár, (hanem az óra alatt).

9. Change the subjects of the sentences in Exercise 8 as indicated:

a)  (én)
b) 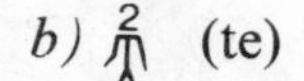 (te)
c)  (ön)

6

a) Várok. Az óra alatt várok. Nem a város fölött várok, (hanem az óra alatt).
b) Vársz. Az óra alatt vársz. Nem a város fölött vársz, (hanem az óra alatt).
c) Ön vár. Ön az óra alatt vár. Ön nem a város fölött vár, (hanem az óra alatt).

10. Make sentences about the pictures in Exercise 7:

a) A férfi ott vár.
b) A férfi ott vár az óra alatt.

1

11. Make sentences:

a) A pályaudvar előtt vagyok.
b) Nem a pályaudvar előtt vagyok.

A PÁLYAUDVAR ELŐTT

Ez a pályaudvar. A pályaudvar előtt egy autóbusz és egy taxi áll. Ez egy férfi. A férfi siet. Az egy nő. A nő nem siet, ő sétál. Egy régi busz halad a pályaudvar előtt. A busz nagy. Az autóbusz mögött egy autó halad. Az autó nem nagy, hanem kicsi.

A telefon a pályaudvar mellett van. Egy magas férfi áll ott. Telefonál. Ő nem magyar, hanem angol. Az angol férfi mellett egy táska van. A táska új és nagy.

– Halló! Kati, te vagy az? Itt Kovács Péter beszél.
– Szervusz! Hol vagy? Mit csinálsz?
– A szálloda előtt állok. Itt vár az autó.
– Jól van. Sietek. Viszontlátásra.

KÖZMONDÁSOK:

Kicsi a bors, de erős.
He is strong for his size.
Pénz beszél, kutya ugat.
Money talks.

SZAVAK — WORDS

Igék — Verbs

áll stand
beszél speak
csinál do
halad go, proceed
pihen rest (have a~)
repül fly
sétál walk
siet be in a hurry
telefonál telephone
ül sit
van be
vár wait

Melléknevek — Adjectives

alacsony short, low
angol English
gyors fast, quick
jó good
kicsi, kis small, little
lassú slow
magas high, tall
magyar Hungarian
nagy big, large
régi old
rossz bad
új new

Tulajdonnevek — Proper nouns

Kati Kate, Kitty
Kovács Péter Peter Kovács
Sós László Leslie Sós

Közös főnevek — Common nouns

ablak window
asztal table
autó car
autóbusz bus
bocsánat pardon
busz bus
diák student
épület building
ernyő umbrella
fa tree
férfi man
folyó river
lámpa lamp
lecke lesson
munkás worker
nő woman
óra clock, watch
orvos doctor
pályaudvar (railway)station
rádió radio
sofőr driver
szálloda hotel
táska bag
taxi taxi
telefon telephone
úr mister
város town, city
vonat train

Egyéb szavak — Other words

a, az the
ahol where
alatt under, below
az that, it
bent inside
egy 1. a, an; 2. one
előtt in front of, before
első first
én I
és and
ez this
fent above, up
fölött above, over
hanem but
hol? where?
igen yes
itt here
ki? who?
kint outside
között between, among
lent down, below
mellett beside
mi? what?
milyen? 1. what (kind of)?
2. what is...like?
mögött behind
nem no, not
ott there
ő he, she
ön you (formal)
te you (informal)

Kifejezések — Idioms

Bocsánat! Excuse me!
Halló! Hullo!
Jó napot kívánok! Good morning. Good afternoon.
Jól van. All right. Okay.
Köszönöm. Thank you.
Mit csinál? What is he doing?
Szervusz! Hello! Bye!
Viszontlátásra! See you later! Good-bye!

8

Hol?
ott, ahol

A taxi | a szálloda előtt | van. Az autóbusz | a szálloda előtt | van.

Hol | van | a taxi?

A taxi | **ott** | van, | **ahol** az autóbusz.

A taxi	**ott**	van,	**ahol**	az autóbusz	(van).
The taxi		is	**where**	the bus	is.

12. Answer the questions:

Hol van a rádió?
Hol van az ernyő?

Hol áll Kovács Péter?
Hol áll Sós László?

Hol pihen a munkás?
Hol áll a diák?

Hol vár a férfi?
Hol telefonál a nő?

Hol ül az orvos?
Hol áll a lámpa?

Hol van a rádió?
Hol pihen a munkás?

A rádió ott van, ahol az ernyő.
A munkás ott pihen, ahol a diák áll.

13. Give short answers to the questions in Exercise 12:

? Hol van a rádió?

Ott, ahol az ernyő.

SZÓREND — WORD ORDER

		stressed part/group of the sentence		
			verb	
	A	**B** ~ —	— ~ C ~ **C**	D
?		**Mi**		ez?
?	Ez	**táska?**		
	Ez	**(nem) táska.**		

	A	B ~ —	— ~ C ~ C	D
?		**Milyen**		a táska?
?	A táska	**régi?**		
	A táska	**(nem) régi.**		
?		**Milyen táska**		ez?
?	Ez	**régi táska?**		
	Ez	**(nem) régi táska.**		
?		**Ki**	vagy	te?
?	Te	**Péter**	vagy?	
	Én	**(nem) Péter**	vagyok.	
?		**Hol**	van	a sofőr?
?		**Itt**	van	a sofőr?
	A sőfor	**(nem) itt**	van.	
?			**Mit csinál**	Péter?
?	Péter		**vár?**	
	Péter		**(nem) vár.**	
?		**Hol**	vár	Péter?
	Péter	**a fa alatt**	vár.	
?		**Ki**	vár	a fa alatt?
	A fa alatt	**Péter**	vár.	

Charts with the title *Szórend* refer to the word order of the sentence. The word order of constructions forming a closer syntactic and semantic unit is shown in the respective sections of the part Grammar (e.g. attributive constructions, noun + postposition construction etc.).

The word order of Hungarian sentences does not depend on the grammatical function of words but on the logical emphasis in the sentence. Word order is relative to the position of the verb. In our chart the place of the verb is marked *C* (centre). Either the verb or the word (construction) immediately preceding it carries the logical emphasis of the sentence. The latter is marked *B*. One of them (sometimes both) is considered the focus of the sentence, this appears in bold type. The parts before column *B (A)* and after column *C (D)* are always unemphasized. Thus the basic rule is: either the verb *(C)* is emphasized and in this case there is no word in *B* position or *B* is emphasized, when *C* is unemphasized or absent.

The signs preceding the sentences also show which part of the sentence is emphasized.

Note

Vacant spaces in the chart do not mean an acoustic break in speech.

14. Write the sentences in the table according to the symbols:

A vonat mellett **egy férfi** áll.

Az **gyors** autó?

Ő **nem magyar** nő.

Hol ül Kati?

Péter **orvos**?

A busz a **magas** épület mögött halad.

Én **diák** vagyok.

Ki ül a fa alatt?

Kovács Péter **magyar** férfi.

Az alacsony diák **nem a folyó mellett** sétál.

Nem az orvos siet a szálloda előtt.

A munkás **pihen** a fa alatt.

A pályaudvar előtt vár a taxi?

Te **nem sofőr** vagy.

Az **angol** férfi telefonál.

	A	B ~ —	— ~ C ~ C	D

1

15. Short dialogues:

– Jó napot kívánok.	– _ _ _ _ _ _ _ _ _
– Jó napot kívánok.	– _ _ _ _ _ _ _ _ _
– Hol van a szálloda?	– _ _ _ _ _ _ _ a pályaudvar?
– Ott, a pályaudvar mellett.	– _ _ _ _ _ _ _ a szálloda mellett.
– Köszönöm. Viszontlátásra.	– _ _ _ _ _ _ _ _ _
– Viszontlátásra.	– _ _ _ _ _ _ _ _ _

—— • ——

– Bocsánat, itt van a telefon?	– _ _ _ _ _ _ _ _ _ _ az orvos?
– Nem itt van, hanem az ablak mellett.	– _ _ _ _ _ _ _ _ _ _ az asztal mögött.
– Köszönöm.	– _ _ _ _ _ _ _ _ _ _

—— • ——

– Halló, Kati! Itt Péter beszél.	– _ _ _ Péter! _ _ _ Kati _ _ _
– Szervusz, Péter. Hol vagy?	– _ _ _ _ _ _ _ _ _ _ _
– Itt vagyok a pályaudvar előtt.	– _ _ _ _ _ _ _ _ a szálloda előtt.
– Sietek. Szervusz.	– _ _ _ _ _ _ _ _ _ _
– Szervusz.	– _ _ _ _ _ _ _ _ _ _

16. Complete the sentences with articles if necessary:

Itt van [ ] taxi. [ ] taxi mellett [ ] férfi vár. [ ] férfi magas. Ő [ ] munkás. A munkás előtt [ ] nagy táska van. [ ] taxi mögött [ ] autóbusz áll. Az [ ] új autóbusz. [ ] autóbusz [ ] régi épület előtt van. Az [ ] szálloda.

17. Give the answers in complete sentences:

Hol van a telefon?
A lámpa mellett. — A telefon a lámpa mellett van.

Ön Kovács Péter?
Igen, az vagyok. — _
Kati van a telefon mellett?
Igen, ő. — _
Ki van a telefon mellett?
Péter. — _
A rádió rossz?
Nem az, hanem a telefon. — _

18. Complete these short dialogues:

a) – Az szálloda?
– Nem, _ _ _ _ _ _ _ _.
– _ _ _ _ _ _ _ van a szálloda?
– A pályaudvar _ _ _ _.

b) – _ _ _ _ _ _ egy folyó.
– _ _ _ _ _ _ a folyó?
– Nagy.
– _ _ _ _ _ _ van a folyó mögött?
– _ _ _ _ _ _ _ _ _ _.

c) – Te diák _ _ _ _ _?
– Igen, _ _ _ _ _ _.
– Angol diák _ _ _ _?
– Nem _ _ _ _ _ _ _ _, hanem _ _ _.
– Mit csinálsz?
– Ülök és _ _ _ _ _ _.

d) – Ön _ _ _ _ _ _?
– Nem orvos vagyok, hanem _ _ _.
– Hol _ _ _ _ _ _ _ _ _?
– Az orvos _ _ _ áll az autó _ _ _.

19. Rewrite the sentences. Negate the words in italics:

A táska *új*. A táska *nem új*.

Az autó *régi*.
A rádió az ablak előtt van.
A pályaudvar *ott* van.
A munkás *az autó mellett* áll.
Kati a taxi mellett telefonál.
Az orvos *siet*.

20. Complete the sentences with the correct form of the verb *van* where necessary:
A vonat gyors _ _ _. A vonat a pályaudvar mögött _ _ _.
Kati alacsony _ _ _. Kati az épület előtt _ _ _.
Te angol _ _ _? Te a pályaudvar mellett _ _ _?
Én magyar _ _ _. Én a telefon mellett _ _ _.

21. Put in the correct suffixes:
(én) A pályaudvar előtt sétál... . Péter a folyó mellett pihen... .
(te) Hol vár...? (én) Nem siet..., hanem sétál... .
Te telefonál..., én vár... a szálloda előtt.
(én) Nem ott ül... az ablak mellett, hanem itt az óra alatt.

22. Translate:

a) Én nem magyar munkás vagyok, hanem angol turista. A pályaudvar előtt állok és telefonálok. Ők mit csinálnak? A taxi mellett várnak. Hol van a sofőr? Ott jön a szálloda előtt.

b) The clock is up there. That is an old clock. It is not the lamp there but the clock. Where is the lamp? The lamp is over there, beside the radio. Where are you? I am in front of the station. I am a driver. He is a doctor. Who are you? (informal) Who are you? (formal) What is she doing? Are you a worker? (formal) I am not a worker but a student. He is an Englishman.

MÁSODIK LECKE

ÖNÖK IS ANGOLOK?

– Bocsánat, egy angol férfi vár a szálloda előtt. Önök is angolok?
– Nem. Nem vagyunk angolok.

– De külföldiek, igaz?
– Igaz. De nem angolok vagyunk, hanem görögök.

– És azok a férfiak, ott a telefon mellett?
– Ők sem angolok. Ők törökök.

9

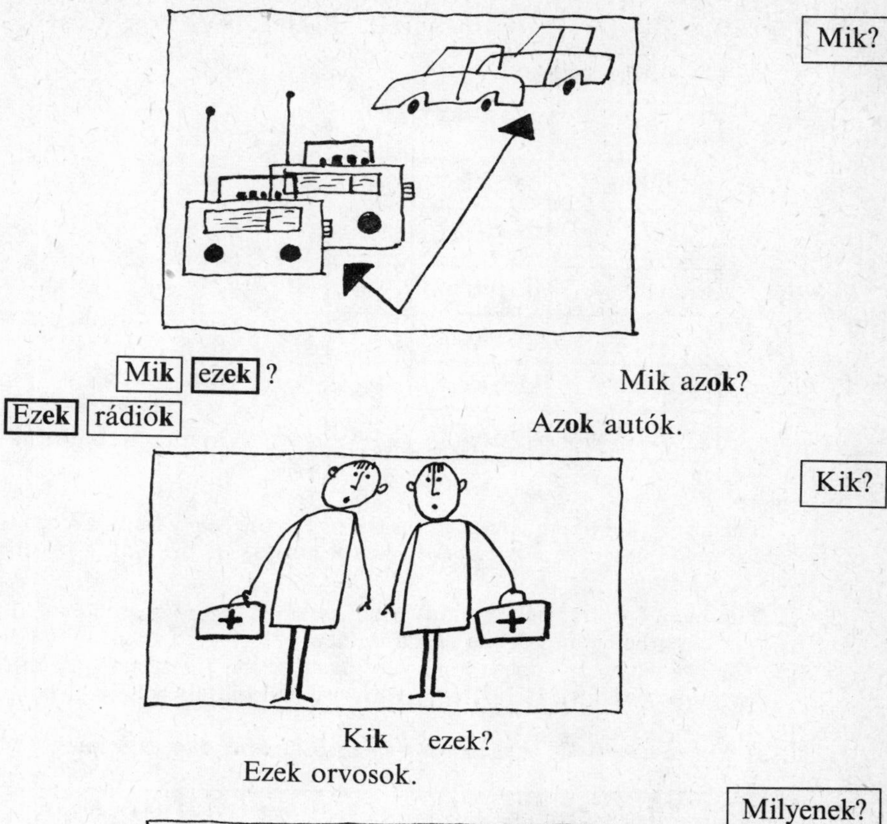

Mik?

Mik **ezek**?
Ezek rádiók.

Mik az**ok**?
Az**ok** autók.

Kik?

Kik **ezek**?
Ezek orvosok.

10

Milyenek?

Milyen**ek** **az autók**?
Az autók jó**k**.

11

Milyen _ _ _k?

Milyen autók **ezek**?
Ezek jó autók.

Az autó		jó.
The car	is	good.

Az	autók		jó**k**.
The	cars	are	good.

Ezek		jó	autó**k**.
These	are	good	cars.

Adjectives in Hungarian and interrogative pronoun *milyen?* take the plural form only when used as predicates referring to a plural subject, but they are always used in the singular form in attributive positions.

THE PLURAL OF NOUNS AND ADJECTIVES

	Mik?	Milyenek?	
	autó**k**	kicsi**k**	**-k**
	tásk**ák**	barn**ák**	**-́k**
	leck**ék**	feket**ék**	
a á	munkás**ok**	nagy**ok**	**-ok**
o ó	ház**ak**	magas**ak**	**-ak**
u ú	épület**ek**	szép**ek**	**-ek**
	gyümölcs**ök**	görög**ök**	**-ök**

! sz*ó* – sza*v***ak**, férfi – férfi**ak**, h*í*d – h*i*d**ak**, t*é*r – t*e*r**ek**, mad*á*r – mad*a*r**ak**, lassú – lassú**ak**, régi – régi**ek**

Note

1. The principal linking vowel + *k* is the one in the heavy frame. When the plural of a word is formed in a different way (i.e. *-ak* for nouns, *-ok* or *-ök* for adjectives) this is given in the word list.
2. Nouns of front vowel harmony take *-ek* unless there is an *ö* or *ü* in the last syllable. In this case the ending of the plural is *-ök*.
3. The main types of exceptions are given beside the chart (alterations in the stem or irregular endings). Hereafter any exceptional plurals will be given in the word lists.

1. Make questions and answer them following the examples:

autó — szálloda
kis/kicsi — nagy

fa — épület
alacsony — magas

autóbusz — villamos
gyors — lassú

táska — telefon
barna — fekete

nő — férfi
fiatal — öreg

fiú — lány
magyar — görög

madár	hegy	ház	híd	rádió	óra
színes	zöld	új	régi	jó	rossz

a) Mik ezek? — Ezek autók.
b) Milyenek az autók? — Az autók kicsik.
c) Milyen autók ezek? — Ezek kis autók.
d) Ezek nagy autók? — Nem, ezek nem nagy autók, hanem kicsik.

2. Give short answers to the questions in Exercise 1:

a) Autók.
b) Kicsik.
c) Kicsik.
d) Nem nagyok, hanem kicsik.

12

vannak

Hol | vannak | az autók ?

Az autók | itt | vannak

1 1	(Mi)	diák**ok**	vagy**unk**.
2 2	(Ti)	diák**ok**	vagy**tok**.
3 3	Ők Önök	diák**ok**.	

1 1	(Mi)	itt	vagy**unk**.
2 2	(Ti)	itt	vagy**tok**.
3 3	Ők Önök	itt	van**nak**.

ti – you (Personal Pronoun second person plural, informal)
önök – you (Personal Pronoun second person plural, formal)
(See Note to Pattern 5)

13

Mit csinálnak?

Mit csinál**nak** a fiú**k**?

A fiúk vár**nak**.

1 1	(mi)	vár**unk**	siet**ünk**	ül**ünk**
2 2	(ti)	vár**tok**	siet**tek**	ül**tök**
3 3	ők önök	vár**nak**	siet**nek**	ül**nek**

3. Make sentences following the examples:

angol diák

magyar munkás

görög orvos

török sofőr

francia nő

---

a) Mi diákok vagyunk.
b) Mi angolok vagyunk.
c) Mi angol diákok vagyunk.
d) Mi a pályaudvar előtt vagyunk.

4. Make questions and answer them:

férfi vár

nő repül

gyerek fut

ember pihen

lány ül

orvos siet

a) ? Mit csinálnak a férfiak? ● A férfiak várnak.

b) ? Hol várnak a férfiak? ● A férfiak a pályaudvar előtt várnak.

c) ? A szálloda előtt várnak a férfiak? ⊗ A férfiak nem a szálloda előtt várnak, hanem a pályaudvar előtt.

5. Give short answers to the questions in Exercise 4:

a) ● Várnak.

b) ● A pályaudvar előtt.

c) ⊗ Nem a szálloda előtt, hanem a pályaudvar előtt.

6. Make positive and negative sentences according to Exercise 4. Do not repeat the questions:

a) ● A férfiak várnak.

b) ● A férfiak a pályaudvar előtt várnak.

c) ⊗ A férfiak nem a szálloda előtt várnak, hanem a pályaudvar előtt.

7. Change the subjects in the sentences in Exercise 6 as indicated:

a) 1 1 (mi) *b)* 2 2 (ti) *c)* 3 3 (önök)

---

a) 1 1 Várunk.
A pályaudvar előtt várunk.
Nem a szálloda előtt várunk, hanem a pályaudvar előtt.

jön, megy

1	jövök	megyek
2	jössz	mész (mégy)
3	jön	megy
1 1	jövünk	megyünk
2 2	jöttök	mentek
3 3	jönnek	mennek

-ik

1	lak**om**
3	lak**ik**

-s, -sz, -z

2	olvas**ol**	kérdez**el**	főz**öl**

The forms of other persons are regular.

8. Make sentences following the examples:

fiú jön

lány megy

diák lakik

orvos olvas

anya főz

munkás dolgozik

---

a) A fiú a park mellett jön. *b)* A fiúk a park mellet jönnek.

9. Change the subjects in the sentences in Exercise 8 as indicated:

a) 1 (én); 2 (te) *b)* 1 1 (mi); 2 2 (ti)

---

a) A park mellett jövök. A park mellett jössz.
b) A park mellett jövünk. A park mellett jöttök.

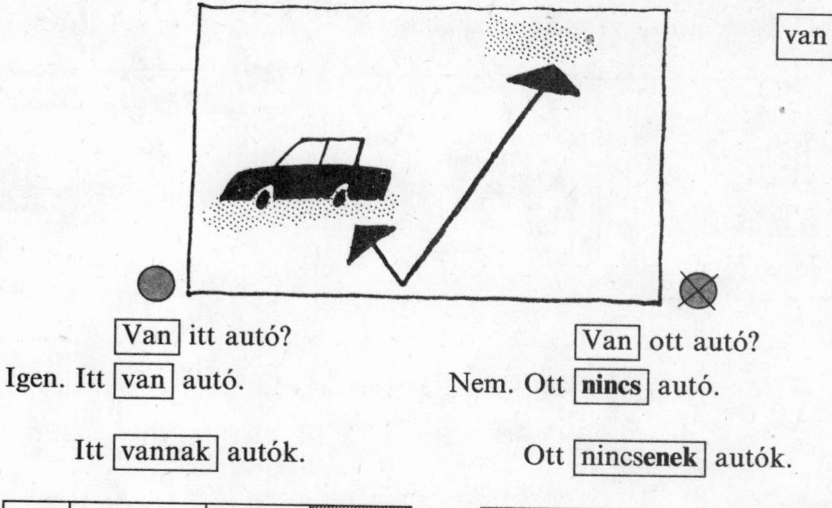

Van itt autó?
Igen. Itt van autó.

Itt vannak autók.

Van ott autó?
Nem. Ott **nincs** autó.

Ott nincs**senek** autók.

Itt	**van**	autó.	
	There is	a car	here.

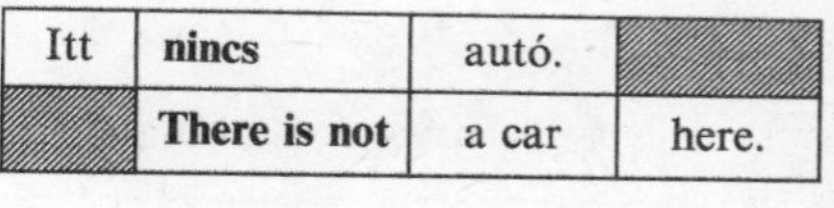

Itt	**nincs**	autó.	
	There is not	a car	here.

Ott van az autó?

Az autó nincs ott.

Az autó nem ott van, (hanem itt).

Ön magyar?

Nem vagyok magyar.

Nem magyar vagyok, (hanem angol).

2

10. Make questions and answer them:

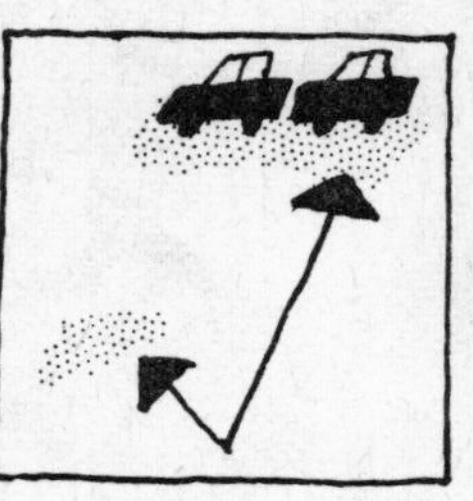

a) Van itt rádió? — Igen, itt van rádió.
Van ott rádió? — Nem, ott nincs rádió.

b) Itt van rádió, ott nincs.

11. Give answers to the questions:

Itt van az asztal?

Ott vannak a madarak?

Angolok vagyunk?

Ön görög?

a) Nem, az asztal nem itt van.
Nem, az asztal nem itt van, hanem ott.

Az asztal nincs itt.

b) Nem itt van.
Nem itt van, hanem ott.

Nincs itt.

15

Hány?
Mennyi?

2

Hány	lány	fut a fák között?
Négy	lány	fut a fák között.

A SZÁMOK

1 – egy	11 – tizenegy
2 – kettő / két	12 – tizenkettő
3 – három	13 – tizenhárom
4 – négy	14 – tizennégy
5 – öt	15 – tizenöt
6 – hat	16 – tizenhat
7 – hét	17 – tizenhét
8 – nyolc	18 – tizennyolc
9 – kilenc	19 – tizenkilenc
10 – tíz	20 – húsz

2

két	lány
kettő	

Négy	lány	fut	a fák között.
Four	girls	**are** running	among the trees.

— • —

Mennyi	gyümölcs	van itt?
Sok	gyümölcs	van itt.

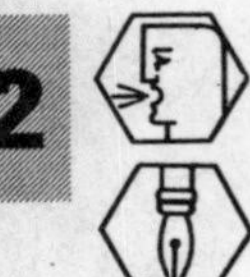

12. Make questions about the picture and answer them using the following tables:

<table>
<tr>
<td rowspan="2">Hány</td>
<td rowspan="2">ember
autóbusz
óra
szálloda
madár
autó
villamos
munkás
lány
fiú
gyerek
fa
fiatal
öreg</td>
<td rowspan="2">van
áll
ül
sétál
repül
fut
jön
megy
siet
dolgozik
pihen
olvas</td>
<td>a szálloda
a fák
az óra
az autók
a fiúk
a lányok</td>
<td>előtt
mögött
között
mellett
fölött
alatt</td>
<td rowspan="2">?</td>
</tr>
<tr>
<td colspan="2">itt
ott
fent</td>
</tr>
</table>

A szálloda A fák Az óra Az autók A fiúk A lányok	előtt mögött között mellett fölött alatt	egy két három négy öt hat hét nyolc kilenc tíz sok	ember autóbusz óra szálloda madár autó villamos munkás lány fiú gyerek fa fiatal öreg	van áll ül sétál repül fut jön megy siet dolgozik pihen olvas	.
Itt Ott Fent					

13. Give short answers to the questions in Exercixe 12:

14. Complete the sentences with numerals:

_ _ _ (3) lány áll a ház előtt. Az autóbusz előtt _ _ _ (2) taxi halad. _ _ _ (9) fekete madár repül a fák fölött. _ _ _ (4) kék busz áll a folyó mellett. Itt _ _ _ (5) munkás dolgozik. Nem _ _ _ (6) ember jön ott, hanem _ _ _ (1). A fák között _ _ _ (8) gyerek fut. Nem _ _ _ (7) lány lakik itt, hanem _ _ _ (2). A park mellett _ _ _ (10) magas épület áll. A pályaudvar előtt _ _ _ (20) francia ember vár. Itt _ _ _ (12) külföldi diák lakik. Nem _ _ _ (17) diák lakik itt, hanem _ _ _ (12). Ott _ _ _ (11) török és _ _ _ (14) görög lány jön.

16

Melyik	_ _ _ ?

	Melyik	autó	régi ?	Melyik autó új?
	Ez	az autó	régi .	Az az autó új.
A	kis	autó	régi .	A nagy autó új.

	Milyen	autók	régi**ek**	?
	Ez**ek**	az autók	régi**ek**	.
A	kis	autók	régi**ek**	.

Milyen	_ _ _k?

15. Make questions and answer them:

a) (?) Melyik ház magas? ○ Ez a ház magas.

b) (?) Melyik ház magas? ○ Az új ház magas.

c) (?) Ez a ház magas? ○ Igen, ez a ház magas.

d) (?) Az a ház magas? ⊗ Nem, nem az a ház magas, hanem ez.

e) (?) A régi ház alacsony? ○ Igen, a régi ház alacsony.

f) (?) Az új ház alacsony? ⊗ Nem, nem az új ház alacsony, hanem a régi.

16. Give short answers to the questions in Exercise 15:

a) ○ Ez.

b) ○ Az új.

c) ○ Igen, ez.

d) ⊗ Nem, nem az, hanem ez.

e) ○ Igen, a régi.

f) ⊗ Nem, nem az új, hanem a régi.

BUDAPEST

Ez a város Budapest. Budapest a magyar főváros. Itt magyarok laknak, dolgoznak. Itt van egy nagy folyó, a Duna. A Duna fölött madarak repülnek. A folyó mellett régi és új házak állnak.

A szálloda előtt sok színes autó áll; az autók pirosak vagy zöldek, fehérek vagy feketék. A szállodák és a folyó között villamosok is járnak. A villamosok sárgák. Két autóbusz jön a szálloda mögött. A kék autóbusz budapesti, a barna külföldi.

– Kérem, milyen autóbuszok járnak a szálloda előtt?
– A 2-es és a 15-ös.
– Hol vannak a megállók?
– Az egyik az Erzsébet-híd előtt, a másik a tér mögött. Ott, ahol azok az emberek állnak.
– Köszönöm szépen.
– Kérem.

A szállodák mellett egy kis park van. Itt az emberek sétálnak, vagy pihennek. A gyerekek futnak. Mi is itt ülünk és olvasunk.

17. Answer the questions:

1. Mi Budapest?
2. Kik laknak és dolgoznak itt?
3. Mi ez a nagy folyó?
4. Hol repülnek a madarak?
5. Milyen házak állnak a folyó mellett?
6. Hány autó áll a szálloda előtt?
7. Milyenek ezek az autók?
8. Hol járnak a villamosok?
9. Milyenek a villamosok?
10. Hány autóbusz jön a szálloda mögött?
11. Melyik autóbusz budapesti?
12. Milyen a barna autóbusz?
13. Mi van a szállodák mellett?
14. Mit csinálnak itt az emberek?
15. Kik futnak?
16. Mit csinálunk mi?

GABI

Az óra alatt két ember áll. Fiatalok, magasak, szőkék. Egy kis gyerek és a mama megy az óra előtt.

A gyerek kérdez:
– Mama, ki ez?
– Gabi fiú?
– És ki ő?
– A másik Gabi is fiú?

A mama felel:
– Ez Gabi.
– Talán fiú.
– Ő is Gabi.
– Talán fiú, talán lány.

Az egyik Gabi Gábor. Ő fiú.
A másik Gabi Gabriella. Ő lány.

KÖZMONDÁSOK:

Az idő pénz.
Time is money.
Aki mer, az nyer.
Fortune favours the brave.
A kutya ugat, a karaván halad.
Time and tide wait for no man.

SZAVAK

Igék

beszélget talk
dolgozik work
felel answer
főz cook
fut run
jár go, walk, pass
jön come
kérdez ask
lakik live (reside)
megy go
nincs there is not
olvas read

Közös főnevek

anya mother
buszmegálló bus-stop
ember man (person)
fiú boy
főváros capital
gyerek child
gyümölcs fruit
hajó ship
ház (-ak) house
hegy mountain, hill
híd (hidak) bridge
könyv (-ek) book
lány girl
madár (madarak) bird
mama mother, Mummy
megálló station, stop
park park
szám number
szó (szavak) word
tér (terek) square
villamos tram

Melléknevek

barna brown
budapesti of Budapest
fehér white
fekete black
fiatal (-ok) young
francia French
görök (-ök) Greek
igaz true
kék blue
kettes (2-es) no. 2
külföldi foreign
modern modern
nehéz (nehezek) heavy
öreg old
piros red
sárga yellow
szép beautiful
színes coloured
szőke blond
tizenötös (15-ös) no. 15
török (-ök) Turkish
zöld green

2

Tulajdonnevek

a Baross tér Baross Square
Buda
Budapest
a Duna the Danube
az Erzsébet-híd Elisabeth Bridge
Gabi Gaby
Gábor Gabriel
Gabriella Gabriella
a Gellért tér Gellért Square
Laci Leslie (diminutive)
Pest

Egyéb szavak

aki who
amely(ik) which, that
ami that, which
de but
egyik (the) one, one of
hány? how many?
három three
hat six
hét seven
húsz twenty
is also, too
kettő/két two
kilenc nine
másik (the) other
második second
melyik? which?
mennyi? how much?
mi we
négy four
nyolc eight
ők they
önök you (formal)
öt five
sem neither, nor
sok many, much
talán perhaps
ti you (informal)
tíz ten
tizenegy eleven
tizenkettő/tizenkét twelve
vagy or

Kifejezések

Kérem! Please.
Kérem. It's nothing. That's all right.
Köszönöm szépen! Thank you.

17

az, aki / ami

Egy férfi olvas. A férfi a fa alatt ül.
Ki olvas?
Az olvas, **aki** a fa alatt ül.

Azo**k** olvasnak, aki**k** a fa alatt ülnek.
Az rossz, **ami** a rádió mellett van.
Azo**k** rosszak, ami**k** a rádió mellett vannak.

18

az a – – –, aki / amelyik

Az a férfi olvas. Az a férfi a fa alatt ül.
| Melyik | férfi | olvas?
| **Az** | a férfi | olvas, | **aki** a fa alatt ül |.

— • —

Azo**k** a férfiak olvasnak, aki**k** a fa alatt ülnek.
Az az óra rossz, **amelyik** a rádió mellett van.
Azo**k** az órák rosszak, amely**ek** a rádió mellett vannak.

| Az | olvas, | aki a fa alatt ül. |
| The one | who is sitting under the tree | is reading.

| Az a férfi | olvas, | aki a fa alatt ül. |
| The man | who is sitting under the tree | is reading.

Note
1. In subordinate clauses answering the questions *ki?* (who?) and *mi?* (what?) relative pronouns are *aki* and *ami*.
2. In subordinate clauses answering the question *melyik?* (which?) relative pronoun is *aki* referring to persons and *amelyik* referring to things. The pronoun *amelyik* has also a short form: *amely*.
3. Relative pronouns are used in plural form when refer to plural nouns (or demonstrative pronouns).

2

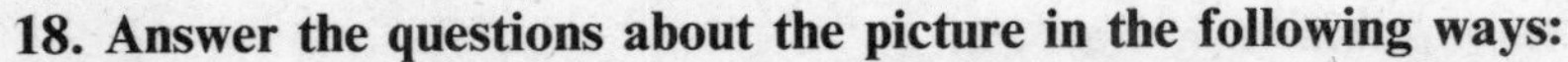

18. Answer the questions about the picture in the following ways:

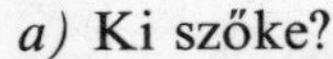

a) Ki szőke? — Az szőke, aki a fiúk előtt megy.
b) Melyik lány szőke? — Az a lány szőke, aki a fiúk előtt megy.

a) Ki telefonál?
Kik magasak?
Ki dolgozik?
Ki pihen?
Kik futnak?

b) Melyik nő telefonál?
Milyen fiúk magasak?
Melyik munkás dolgozik?
Melyik munkás pihen?
Milyen gyerekek futnak?
Melyik fa magas?

19. Give short answers to the questions in Exercise 18:

a) Az, aki a fiúk előtt megy.
b) Az, aki a fiúk előtt megy.

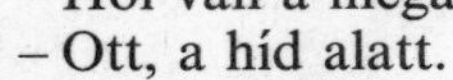

20. Short dialogues:

– Kérem, melyik villamos jár a Duna mellett?
– A 2-es.
– Hol van a megálló?
– Ott, a híd alatt.
– Köszönöm.

– ______busz ____ Buda és Pest között?
– A 12-es.
– _________________?
– _______ a szálloda előtt.
– _________.

—— • ——

– Kérem, vannak önök között görögök?
– Nincsenek. Mi törökök vagyunk.
– Bocsánat.

– __________________ magyarok?
– _______ angolok ___ .
– ______.

– _________________ külföldiek?
– _______ magyarok ____.
– _______.

– Jó napot kívánok.
– Jó napot.
– Ez a Gellért tér?
– Igen, ez az.
– Itt jár a 19-es villamos?
– Igen, itt.
– Hol van a megálló?
– Ott, a szálloda előtt.
– Köszönöm. Viszontlátásra.
– Viszontlátásra.

– _ _ _ _ _ _ _ _ _ _
– _ _ _ _ _ _ _ _ _ _
– _ _ _ _ a Baross tér?
– _ _ _ _ _ _ _ _ _ _
– _ _ _ _ _ a 7-es busz?
– _ _ _ _ _ _ _ _ _ _
– _ _ _ _ _ _ _ _ _ _
– _ _ _ _ _ a pályaudvar mögött.
– _ _ _ _ _ _ _ _ _ _
– _ _ _ _ _ _ _ _ _ _

—— • ——

– Bocsánat. Ön a sofőr?
– Nem. Én nem vagyok sofőr.
– Hol van a sofőr?
– Ott áll a telefon mellett.
– Az a magas férfi, aki beszél?
– Nem az, hanem a másik. Aki az asztal mellett áll.
– Köszönöm.
– Kérem.

– _ _ _ _ _ _ _ _ _ _ orvos?
– _ _ _ _ _ _ _ _ _ _ _ _ _
– _ _ _ _ _ _ _ _ _ _ _ _ _
– _ _ _ _ ül a külföldi fiatalok között.
– _ _ _ _ alacsony férfi, _ _ _ olvas?
– _
_ _ _ _ _ _ _ _ _ beszél.
– _ _ _ _ _ _ _ _ _ _
– _ _ _ _ _ _ _ _ _ _

SZÓREND

	A	B ~ –	– ~ C ~ C	D
?			**Van**	itt autó?
●	Itt		**van**	autó.
⊗	Itt		**nincs**	autó.
?		**Ott**	van	az autó?
●	Az autó	**ott**	van.	
⊗	Az autó		**nincs**	ott.
⊗	Az autó	**nem ott**	van,	(hanem itt).

?	(Te)	**magyar**	vagy?	
⊗	(Én)		**nem vagyok**	magyar.
⊗	(Én)	**nem magyar**	vagyok	(hanem angol).
?		**Hány gyerek**	fut	a fák között?
○	A fák között	**négy gyerek**	fut.	

21. Write the answers into the table:

	A	B ~ –	– ~ C ~ C	D
?		**Mi**		az?
●				
?		**Milyen**		az épület?
●				
?	Ön	**külföldi?**		
●				
?		**Mi**		ön?
●				
?		**Hol**	van	ön?
●				
?		**Ki**	vagy	te?
●				
?			**Mit csinál**	a lány a szobában?
●				

22. **a) Read the text, then cover the text and tell the story using the pictures as a guide:**

Ez egy vonat. A vonat gyors. Egy nagy folyó mellett halad. Ez a folyó a Duna.

Ez az ember Sós László. Ő angol férfi. Az ablak mellett ül. Olvas. Ez egy új magyar könyv. Laci mellett egy rádió van. A rádió modern és jó.

Itt van a pályaudvar. Ez a pályaudvar nagy, de régi. Sós László a vonat mellett megy. Siet. A táskák nehezek.

Sós László kint áll a pályaudvar előtt. A táskák is itt vannak. Laci telefonál.

Laci a pályaudvar előtt áll. Itt sok autó jár, de taxi nem jön. Laci vár.

Itt van egy taxi. A sofőr bent ül. Laci a taxi mellett áll. Beszélgetnek.

A taxi a házak között halad. Laci a sofőr mellett ül. A táskák fent vannak. Ez a taxi modern, új és gyors.

b) Relate the story in 1st person:

23. Replace the constructions in italics with the adjectives:

A folyó mellett alacsony házak vannak, a pályaudvar mellett *magas házak*.
A folyó mellett alacsony házak vannak, a pályaudvar mellett *magasak*.

Az új autók gyorsak, *a régi autók* lassúak.
Itt vannak sárga villamosok, de nincsenek *piros villamosok*.
A nagy hidak alatt járnak hajók, *a kis hidak alatt* nem járnak.

A kis házak között vannak fák, *a nagy házak között* nincsenek.
Ők angol lányok, mi *magyar lányok* vagyunk.

24. Put the right conjunctions (*de* or *hanem*) into the spaces:

Itt jár villamos, _ _ _ ott nem jár.
Nem a 2-es autóbusz jön ott, _ _ _ a 15-ös.
Azok a külföldiek nem angolok, _ _ _ franciák.
Itt nincsenek taxik, _ _ _ a szálloda előtt vannak.
Nem pihenünk, _ _ _ sétálunk a hegyek között.
Ez a telefon rossz, _ _ _ az jó.

25. Translate:

A Duna fölött nyolc híd van. A budapesti hidak szépek. Az Erzsébet-híd új, de a másik híd régi. Azok az emberek, akik ott mennek, turisták. Nem sietnek.

26. Translate:

We are walking along the Danube. A tram is coming. Trams are not red here, they are yellow. The bridges are beautiful. A small white ship is passing under the Elisabeth Bridge. Does a bus run here? (*Jár . . .?*) Yes, it does. There are two beautiful old houses behind the square, one is white, the other is red. Where is the bus-stop? *(buszmegálló)* It is over there by the big yellow building. Which tram runs here in front of the hotel? No tram runs here. Tram number 9 runs along the Danube.

3. HARMADIK LECKE

HOL VAN AZ ÉTTEREM?

– Halló!
– Tessék! Itt a portás beszél.

– Kérem, hol van az étterem?
– A földszinten, a bejárat mellett.

– Bár is van a szállodában?
– Természetesen, uram.
– Az is a földszinten van?
– Igen, ott.
– Köszönöm.

19

Hol ül Péter?
Péter az autó**ban** ül.

Hol van a táska?
A táska az autó**n** van.

Hol áll a sofőr?
A sofőr az autó**nál** áll.

autó**kban**
autó**kon**
autó**knál**

		a, á, o, ó, u, ú					
HOL?	Mi**ben**?	**-ban**		**-ben**			•
	Mi**n**?	**-n**	**-on**	**-n**	**-en**	**-ön**	•
	Mi**nél**	**-nál**		**-nél**			•

az autó**ban**
in the car

az autó**n**
on the car

az autó**nál**
by/at the car

1. Answer these questions:

Hol vannak a ruhák?
Hol van az ernyő?
Hol van a rádió?

Hol van a kabát?
Hol van a táska?
Hol vannak a székek?

Hol vannak az emberek?
Hol ülnek a madarak?
Hol áll az autóbusz?

Hol laknak a turisták?
Hol dolgoznak a munkások?
Hol halad a villamos?

Hol ülnek az utasok?
Hol vannak a táskák?
Hol áll a sofőr?

2. Make questions such as the following and answer them:

a) ? A táskában vannak a ruhák?  Igen, a ruhák a táskában vannak.
Igen, a táskában.
Igen, ott.

b) ? Az asztalon vannak a ruhák?  Nem, a ruhák nem az asztalon vannak.
Nem, nem az asztalon.
Nem, nem ott.

3. Make questions and answers following the examples:

- Hol van a táska?
- A táska az ágyon van.
- A táska van az ágyon?
- Igen, a táska van az ágyon.
- Van táska az ágyon?
- Igen, van táska az ágyon.
- Mi van az ágyon?
- Egy táska van az ágyon.
- Az asztalon van a táska?
- Nem, a táska nem az asztalon van.

Stb.

4. Give short answers to the questions in Exercise 3:

- Az ágyon.
- Igen, a táska./Igen, az./A táska./Az.
- Igen, van./Van.
- Egy táska.
- Nem, nem az asztalon./Nem, nem ott./Nem az asztalon./Nem ott.

Stb.

5. Give answers to these questions:

Hol állnak az autók?

Hol olvasnak a fiúk?

Hol van a ház?

Hol ül a kutya?

Hol siet a pincér?

Hol halad a villamos?

---

a) Az autók [kint] állnak.

b) Az autók [az utcán] állnak.

c) Az autók [az épület előtt] állnak.

d) Az autók [kint] állnak [az utcán] [az épület előtt] .

20

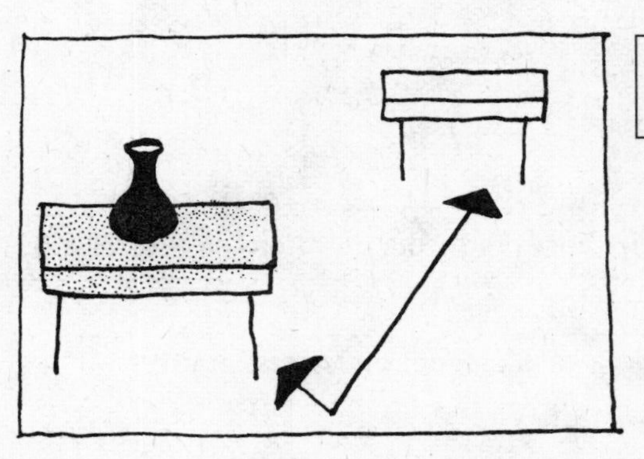

Melyik _ _ _n?
ezen a _ _ _n

[Melyik] [asztal**on**] van a váza?

A váza [ez**en**] [az asztal**on**] van.

ez + -en ⟶ ez**en** ez + -ben ⟶ eb**ben** ez + -nél ⟶ en**nél**	az + -on ⟶ az**on** az + -ban ⟶ ab**ban** az + -nál ⟶ an**nál**

ezeken, **ezekben**, **ezeknél** **azokon**, **azokban**, **azoknál**

	ezen	az	asztalon
on	this		table

	ezeken	az	asztalokon
on	these		tables

6. Complete the sentences with the correct suffixes:

Ez... a tér... gyerekek játszanak. Azok... az asztalok... vázák állnak. A 203-as szoba ez... az emelet... van. A 2-es autóbusz az... az utca.... jár.	-n, -on, -en, -ön
A görög turisták ez... a szálloda... laknak. Te az... a szoba... pihensz. A könyvek ezek... a táskák... vannak. Ők azok... az autók... ülnek.	-ban, -ben
A francia lányok az... a vonat... állnak. A külföldi fiúk ez... az ablak... ülnek. Gabi azok... a padok... fut. Én ezek... a házak... dolgozom.	-nál, -nél

7. Make questions and anwer them:

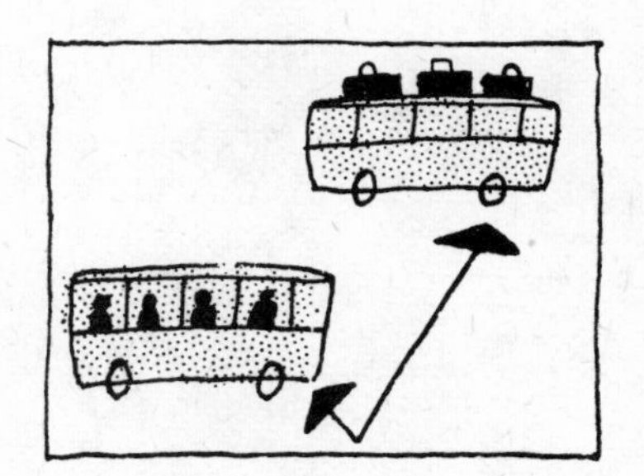

? Melyik háznál állnak a fiúk?	A fiúk annál a háznál állnak.
? Annál a háznál állnak a fiúk?	Igen, a fiúk annál a háznál állnak.
? Ennél a háznál állnak a fiúk?	Nem, a fiúk nem ennél a háznál állnak, hanem annál.

8. Give short answers to the questions in Exercise 7:

- Annál.
- Igen, annál.
- Nem, nem ennél, hanem annál.
- Nem ennél.

21

Melyik ___ alatt?
ez alatt a ___ alatt

Melyik fa alatt ülnek a lányok?

A lányok ez alatt a fa alatt ülnek.

ez az	alatt előtt

e ~~z~~ ⟶ e
a ~~z~~ ⟶ a

e a	mögött fölött mellett között

ezek azok	alatt fölött stb.

	Melyik	fa	alatt?
Under	which	tree?	

	Ez	alatt	a	fa	alatt.
Under	this			tree.	

Postpositions (like adverbial suffixes) are to be added both to the demonstrative pronoun and to the noun. *Ez* and *az* are shortened to *e* and *a* before postpositions beginning with a consonant.

9. Make questions and answer them:

? Melyik szálló mögött állnak magas fák?

? E mögött a szálló mögött állnak magas fák?

? A mögött a szálló mögött állnak magas fák?

E mögött a szálló mögött állnak magas fák.

Igen, e mögött a szálló mögött állnak magas fák.

Nem, nem a mögött a szálló mögött állnak magas fák.

10. Give short answers to the questions in Exercise 9:

E mögött a szálló mögött./E mögött.

Igen, e mögött a szálló mögött./Igen, e mögött./E mögött.

Nem, nem a mögött a szálló mögött./Nem, nem a mögött./Nem a mögött.

A SZÁLLODÁBAN

A magyar fővárosban sok modern szálloda van. A Duna-parton és a Margit-szigeten is van néhány. A Várban is áll egy elegáns, modern szálló, a Hotel Hilton.

Ez a szálloda Budapesten, az ötödik kerületben van. Ez a Híd Szálló. A szállóban huszonegy szoba van. Sok külföldi és magyar vendég lakik itt. Én fent lakom a harmadik emeleten, a 302-es szobában. Ebben a szobában modern bútorok vannak: egy ágy, egy asztal és néhány szék. A szekrény a falnál van. Az ágy mellett áll a lámpa és a telefon. A falakon képek vannak. Az asztalon egy váza áll, a vázában virág. A földön egy táska fekszik, a táskában ruhák, ingek, nadrágok, pulóverek vannak.

11. Answer the questions:

1. Hány modern szálloda van a magyar fővárosban?
2. Van szálloda a Duna-parton?
3. A Margitszigeten is van szálloda?
4. Hol áll a Hotel Hilton?
5. Milyen szálló a Hotel Hilton?
6. Hol van ez a szálloda?
7. Melyik szálló ez?
8. Hány szoba van a Híd Szállodában?
9. Milyen vendégek laknak itt?
10. Ki lakik a 302-es szobában?
11. Hol van a 302-es szoba?
12. Milyen bútorok vannak ebben a szobában?
13. Hol áll a telefon?
14. Mik vannak a falakon?
15. Van virág a vázában?
16. Mi van a táskában?

Hányadik | **autó** modern?
A harmadik | **autó** modern.

Hány?	Hányadik?	
1 egy	1. első	(I.)
2 kettő/két	2. második	(II.)
3 három	3. harmadik	(III.)
4 négy	4. negyedik	(IV.)
5 öt	5. ötödik	(V.)
6 hat	6. hatodik	(VI.)
7 hét	7. hetedik	(VII.)
8 nyolc	8. nyolcadik	(VIII.)
9 kilenc	9. kilencedik	(IX.)
10 tíz	10. tizedik	(X.)
11 tizenegy	11. tizenegyedik	(XI.)
12 tizenkettő	12. tizenkettedik	(XII.)
....	....	
20 húsz	20. huszadik	(XX.)
21 huszonegy	21. huszonegyedik	(XXI.)
....	....	

12. Answer these questions:

Hányadik autóbuszban ül Péter? (4.) — Péter a negyedik autóbuszban ül.
A negyedikben.

1. Hány híd van Budapesten? (8)
2. Hányadik emeleten lakik Éva? (X.)
3. Hányadik kerületben van a Vár? (I.)
4. Hány kerület van Budapesten? (22)
5. Hányadik autó piros? (2.)
6. Hány szék van a szobában? (4)
7. Hányadik megállónál van a Buda Szálló? (7.)
8. Hányadik házban lakik az orvos? (3.)
9. Hány nagy folyó van itt? (2)
10. Hányadik taxi mellett áll a sofőr? (6.)

23

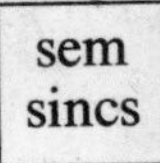

A fiú szőke.
A lány **is** szőke.

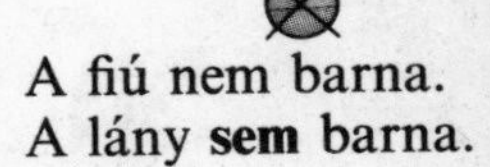

A fiú nem barna.
A lány **sem** barna.

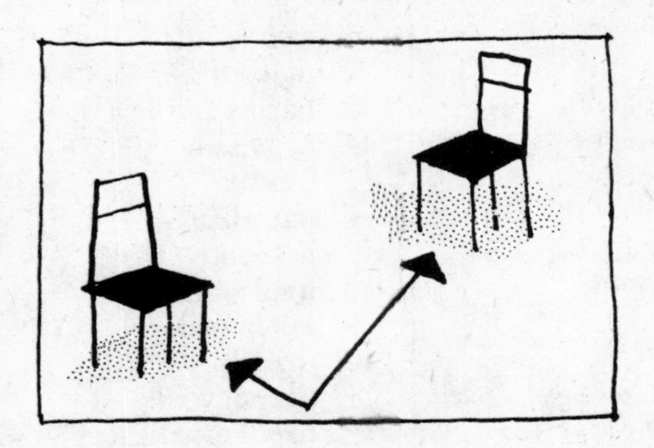

Itt van szék.
Ott **is van** szék.

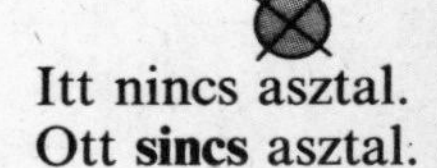

Itt nincs asztal.
Ott **sincs** asztal.

A lány **is** szőke.
The girl is **also** blond.
Ott **is van** szék.
There is also a chair over there.

A lány **sem** barna.
The girl isn't brown **either.**
Ott **sincs** asztal.
There is no table over there **either.**

13. Make questions following the example:

A villamos sárga. (az autó) — Az autó is sárga?

1. Én magyar vagyok. (te)
2. Itt nincsenek külföldiek. (ott)
3. Az első kerületben van szálloda. (az ötödik kerületben)

4. A pincér nem dolgozik. (mi)
5. A fiúk nincsenek a földszinten. (a lányok)
6. A turisták nincsenek az étteremben. (ti)
7. A villamoson sok ember utazik. (az autóbuszon)
8. Péternél nincs pénz. (Évánál)
9. A kabát a szállodában van. (a pénz)
10. Ők nem törökök. (én)

A MEGÁLLÓNÁL

Kint az utcán sok ember jár. A megállónál körülbelül harminc férfi, nő és gyerek áll. Várnak. Péter is ott van ezek között az emberek között. Jön a villamos. A villamoson sok az utas és kevés a hely. Péter ott marad a megállóban.

Jön egy üres villamos. Péter mégsem utazik villamoson, Péternél nincs jegy. Hol van a jegy? A táskában? Ott nincs. A kabátzsebben sincs.

Jön egy taxi is. Péternél pénz sincs, ezért taxin sem utazik. Hol a pénz? A pénztárcában? A nadrágzsebben? A pénz a fehér kabátban van. Ez nagy baj, ugyanis Péteren a fekete kabát van. A fehér kabát és a pénz a szállodában van a szekrényben.

3

14. Complete the sentences, then rewrite them following the example:

A szőke lány… egy piros ernyő van. (Kinél?)
A szőke lánynál egy piros ernyő van. (ez a lány)
Ennél a lánynál egy piros ernyő van.

1. Egy régi szálloda… lakunk. (Miben?)
   ________________________________ (ez a szálloda)
2. A régi tér… nincsenek fák. (Miken?)
   ________________________________ (ezek a terek)
3. A megálló egy modern épület ___ van. (Mi előtt?)
   ________________________________ (ez az épület)
4. A taxi a másik oldal… vár. (Min?)
   ________________________________ (az az oldal)
5. A sofőrök a külföldi autóbuszok ___ pihennek. (Mik mellett?)
   ________________________________ (azok az autóbuszok)
6. Melyik park… sétálok? (Miben?)
   ________________________________ (ez a park)
7. A fiúk a 2-es villamos… az ablaknál ülnek. (Min?)
   ________________________________ (ez a villamos)
8. A magas hegy… kis házak állnak. (Min?)
   ________________________________ (az a hegy)
9. Mit csinálsz ott a rossz telefon…? (Minél?)
   ________________________________ (az a telefon)
10. Az egyik csomag… ernyő is van. (Miben?)
   ________________________________ (ez a csomag)

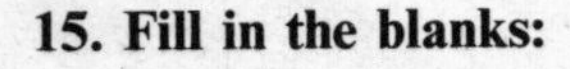

15. Fill in the blanks:

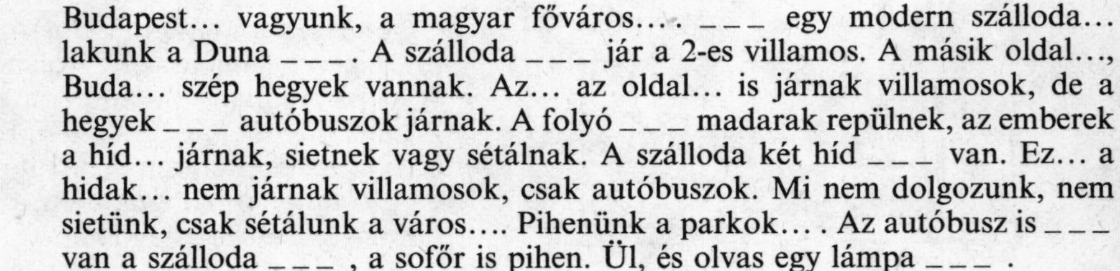

Budapest… vagyunk, a magyar főváros… . ___ egy modern szálloda… lakunk a Duna ___ . A szálloda ___ jár a 2-es villamos. A másik oldal…, Buda… szép hegyek vannak. Az… az oldal… is járnak villamosok, de a hegyek ___ autóbuszok járnak. A folyó ___ madarak repülnek, az emberek a híd… járnak, sietnek vagy sétálnak. A szálloda két híd ___ van. Ez… a hidak… nem járnak villamosok, csak autóbuszok. Mi nem dolgozunk, nem sietünk, csak sétálunk a város… . Pihenünk a parkok… . Az autóbusz is ___ van a szálloda ___ , a sofőr is pihen. Ül, és olvas egy lámpa ___ .

AZ ÉTTEREMBEN

Az étteremben, az asztaloknál magyarok és külföldi turisták ülnek. Dél van, ebédelnek. Sok turista a szállodában reggelizik, ebédel és vacsorázik. De nem minden vendég eszik ott.

– Szervusz, Zoltán! Te is itt laksz a szállodában?

– Nem. Én csak itt dolgozom, ugyanis pincér vagyok.

16. Look at the picture, then answer these questions:

1. Hány ember ül az asztaloknál?
2. Hol ül az angol turista?
3. Hány külföldi vendég van az étteremben?
4. Hol áll Zoltán?
5. Mi Zoltán?
6. Ki ül ennél az asztalnál?
7. Hol lakik ez a fiatalember?
8. Zoltán is a szállodában lakik?

KÖZMONDÁSOK:

Aki keres, az talál.
Seek and you will find.

Amelyik kutya ugat, az nem harap.
Great barkers are no biters.

Nincs új a nap alatt.
There is nothing new under the sun.

Ép testben ép lélek.
A sound mind in a sound body.

SZAVAK

Igék

ebédel have lunch
eszik eat
fekszik lie
játszik play
marad remain, stay
reggelizik have breakfast
sincs is not ___ either
utazik travel
vacsorázik have dinner, have supper

Közös főnevek

ágy (-ak) bed
baj trouble
bár bar
bejárat entrance
bútor (piece of) furniture
csomag package, luggage
dél noon
emelet floor
étterem (éttermek) restaurant

3

fal (-ak) wall
föld (-ek) ground, floor
földszint ground floor
hely place
hotel hotel
ing shirt
jegy ticket
kabát coat, jacket
kabátzseb coat-pocket
kép picture
kerület district
kutya dog
nadrág trousers
nadrágzseb trouser pocket
oldal (-ak) side
pad bench
part bank, shore, coast
pénz money
pénztárca purse
pincér waiter
portás porter
pulóver (-ek) pullover
ruha clothes, dress
szálló hotel
szék chair
szekrény wardrobe, cupboard
sziget island
szoba room
turista tourist, hiker
utas passenger
utca street
vár (-ak) castle
váza vase
vendég guest
virág flower
zseb pocket

Tulajdonnevek

a Duna-part bank of the Danube, Danube embankment
Éva Eve
a Gellért Szálló Hotel Gellért
a Margitsziget Margaret Island
a Vár (Buda) Castle (and/or castle district)
Zoltán a Hungarian man's name

Melléknevek

elegáns elegant
üres empty

Egyéb szavak

csak only, merely
ezért therefore, for this reason
hányadik? which (number)?
harmadik third
harminc thirty
harmincadik thirtieth
hatodik sixth
hetedik seventh
huszadik twentieth
kevés few, little
kilencedik ninth
körülbelül about
mégsem not _ _ _ after all
minden all, every
negyedik fourth
néhány some, a few
nyolcadik eighth
ötödik fifth
tizedik tenth
tizenegyedik eleventh
tizenkettedik twelfth
ugyanis since, because

Kifejezések

Természetesen. Naturally. Of course.
Tessék! here: Hullo.
Uram! Sir!
(A táska) Péternél van. (The bag) is with Peter.
Ez nagy baj. It's too bad!
stb. (s a többi) etc.
Szívesen. Not at all. (Answer for "köszönöm".)

17. Short dialogues:

– Ön hol lakik?
– Szállodában.
– Melyikben?
– A Hotel Hiltonban.
– Hol van ez a szálloda?
– Budán, a Várban.

– ___ ___ ___ ___
– ___ ___ ___ ___
– ___ ___ ___ ___
– A Duna-Intercontinentalban.
– ___ ___ ___ ___
– Pesten, a Duna-parton.

– ___ ___ ___ ___
– ___ ___ ___ ___
– ___ ___ ___ ___
– A Gellért Szállóban.
– ___ ___ ___ ___
– Budán, a Duna-parton.

—— • ——

– Kérem, ebben a szállodában lakik Kovács László?
– Igen, itt lakik.
– Hányadik emeleten?
– A harmadikon.
– Melyik szobában?
– A 315-ösben.
– Köszönöm.
– Szívesen.

– ___ ___ ___ ___ Sós Éva?
– ___ ___ ___
– ___ ___ ___
– A negyediken.
– ___ ___ ___
– ___ 421-___
– ___ ___ ___
– ___ ___ ___

—— • ——

– Bocsánat, uram. Ez az étterem?
– Nem, kérem, ez a bár.
– Hol van az étterem?
– Ott, a másik oldalon.

– ___ ___ ___ a 25-ös szoba?
– ___ ___ ___ a 26-os.
– ___ ___ ___
– ___ ___ ___

—— • ——

– Te itt reggelizel a szállodában?
– Igen, itt. És itt is vacsorázom.
– És hol ebédelsz?
– Kint a városban.
– Melyik étteremben?
– Abban, amelyik a Gellért téren van.

– Önök ___ ___ ___
– ___ ___ ___ ___
– ___ ___ ___ ___
– ___ ___ ___ ___
– ___ ___ ___
– ___ ___ a pályaudvarnál ___

SZÓREND

	A	B ~ —	— ~ C ~ C	D
(?)		**Melyik fiú**	fut	az utcán?
○		**Ez a fiú**	fut	az utcán.
○		**A magas fiú**	fut	az utcán.
(?)		**Hányadik taxi**		üres?
○		**A második taxi**		üres.
(?)		**Hol**	olvas	a lány?
●	A lány	**a szobában**	olvas.	
(?)		**Melyik szobában**	olvas	a lány?
○	A lány	**ebben a szobában**	olvas.	
○	A lány	**abban a szobában**	olvas.	
○○	A lány	**abban a szobában**	olvas,	amelyik az emeleten van.

A fiúk az utcán futnak.

	A	B ~ —	— ~ C ~ C	D
(?)			**Mit csinálnak**	az utcán a fiúk?
(?)		**Kik**	futnak	az utcán?
(?)		**Hol**	futnak	a fiúk?
(?)			**Futnak**	az utcán a fiúk?
(?)		**A fiúk**	futnak	az utcán?
(?)		**Az utcán**	futnak	a fiúk?

	A	B ~ —	— ~ C ~ C	D	
●	A fiúk		**futnak**	az utcán.	(nem állnak)
○		**A fiúk**	futnak	az utcán.	(nem a lányok)
◌		**Az utcán**	futnak	a fiúk.	(nem a parkban)
⊗	A fiúk		**nem futnak**	az utcán.	(hanem állnak)
⊗		**Nem a fiúk**	futnak	az utcán.	(hanem a lányok)
⊗		**Nem az utcán**	futnak	a fiúk.	(hanem a parkban)

18. Put the various forms of these sentences into the chart according to the marks:

Az orvos a bejáratnál telefonál.
A gyerekek a parkban játszanak.
A munkások bent pihennek.
A sofőr a szálloda előtt vár.

	A	B ~ —	— ~ C ~ C	D
?			**Telefonál**	a bejáratnál az orvos?
⊗	Az orvos		**nem telefonál**	a bejáratnál.

	A	B ~ —	— ~ C ~ C	D
?		**Ki**	telefonál	a bejáratnál?
		Az orvos	telefonál	a bejáratnál.
		Nem az orvos	telefonál	a bejáratnál.
?		**A bejáratnál**	telefonál	az orvos?
	Az orvos	**nem a bejáratnál**	telefonál.	

19. Put the sentences into the plural:

Egy fehér madár repül a ház fölött.
Fehér madarak repülnek a házak fölött.

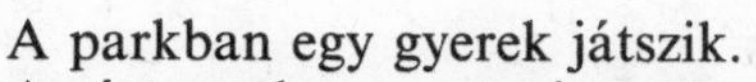

A parkban egy gyerek játszik.
Az étteremben egy turista vacsorázik.
A hegyen egy autó megy.
A hídon egy autóbusz jön.
A mellett az épület mellett egy nő telefonál.
Azon az asztalon nincs lámpa.
Ebben a szobában nincs szék.
Annál az ajtónál egy pincér vár.
Ebben a házban egy munkás lakik.

20. Put the verbs into the *1st person plural*
2nd person singular
2nd person plural

Az első kerületben lakom. Ezen a villamoson utazom. Abban az épületben dolgozom. Étteremben eszem. A parkban sétálok. Egy nagy fa alatt ülök. A téren telefonálok. A megállónál várok. Az autóbuszon olvasok. A szobában pihenek.

21. Add question words according to the short answers:

– _ _ _ kerületben van a szálló?
– Ebben.
– _ _ _ vendégek laknak itt?
– Külföldiek.
– _ _ _ van a megálló?
– Ott.
– _ _ _ emeleten van az étterem?
– A másodikon.

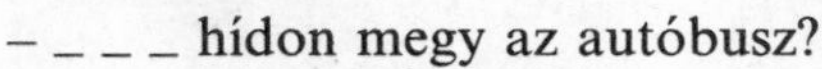

– _ _ _ hídon megy az autóbusz?
– Azon.
– _ _ _ a bútorok a szobában?
– Modernek.
– _ _ _ utasnál van táska?
– Ötnél.

22. Translate:

a) Ez egy szép park. A parkban magas fák és szép virágok vannak. A fák fölött madarak repülnek. Egy fekete kutya fut a fák között. Az alatt a fa alatt gyerekek játszanak. Ezen az oldalon lányok sétálnak. A park mellett van egy villamosmegálló. Sok ember vár ennél a megállónál. Jön egy hosszú, sárga villamos. Sok utas utazik a villamoson.

b) This is a hotel. This hotel is in the fifth district. In the fifth district there are many hotels and many old houses, but there are big modern houses, too. There are many bus and tramlines* here. Tram Number 2 runs along the Danube. I live in this hotel on the ground floor in room No. 6. There is little furniture in this room, but it is modern. I have my breakfast in this hotel in the restaurant, but I have lunch in the city. There are many restaurants in Budapest.

* there is a tram (or bus) line — *villamos (busz) jár*

4. NEGYEDIK LECKE

NEM BAJ?

– Jó napot. Ez a Híd utca 31?
– Igen.
– Van lift?
– Van, uram.
– Felmegyek.
– Tessék, ott a lépcső.
– És a lift?
– A lift rossz, uram.

– Nem baj, felszaladok.
– Hányadik emeletre szalad fel, uram?
– Az ötödikre.
– Ebben a házban senki sem szalad fel az ötödikre.
– Magasak az emeletek? Nem baj, én fiatal és friss vagyok.
– Az jó. De ebben a házban nincs ötödik emelet. Csak négy emelet van.

– Nem baj. Hol lakik az orvos?
– Ebben a házban nem lakik orvos.

24

Hova?
ide
oda

4

Hova | jön | a lány ?

A lány | ide | jön .

A fiú | oda | megy.

25

Hova?
Mibe? Mire? Mihez?
Kibe? Kire? Kihez?

Hova | megy | az orvos ?

Az orvos | a ház**ba** | megy .

A madár | a ház**ra** | repül.

A gyerekek | a ház**hoz** | futnak.

≈ a ház**akba**
a ház**akra**
a ház**akhoz**

Hova?					
	Mi**be**?	**-ba**	**-be**		→•
	Mi**re**?	**-ra**	**-re**		→•
	Mi**hez**?	**-hoz**	**-hez**	**-höz**	→•

a ház**ba**
in into the house

a ház**ra**
on (onto) the house

a ház**hoz**
to the house

4

Melyik _ _ _ba?
ebbe a _ _ _ba

	Melyik	ház**ba**	megy az orvos?
Az orvos	eb**be**	a ház**ba**	megy.

ez + -be ⟶ eb**be** ez + -re ⟶ **erre** ez + -hez ⟶ eh**hez**	az + -ba ⟶ ab**ba** az + -ra ⟶ **arra** az + -hoz ⟶ ah**hoz**

ezekbe
ezekre
ezekhez

azokba
azokra
azokhoz

VERB STEMS ENDING IN -ÍT OR 2 CONSONANTS

2	-**a**sz	-esz	
2 2	-**o**tok	-etek	-**ö**tök
3 3	-**a**nak	-enek	

tüssze*nt*, világ*ít*
u*gr*ik
já*tsz*ik,* fe*ksz*ik,*

* Verbs ending in *-s, -sz, -z* take *-ol, -el, -öl* in 2nd Person Singular (*játszol, fekszel*).

1. Answer these questions:

Hova siet a pincér? →•

Hova futnak a gyerekek? →•

Hova jön a portás? →•

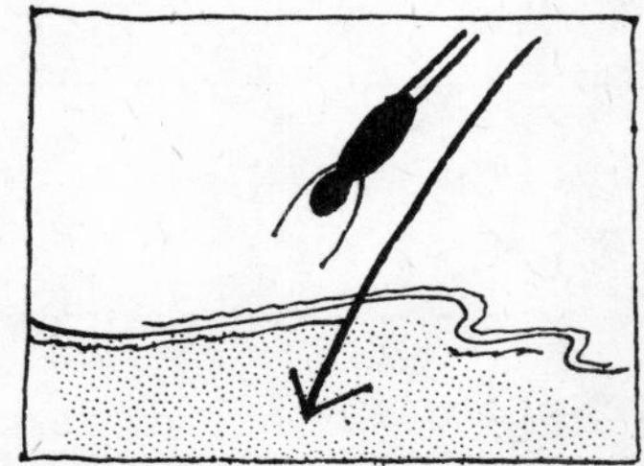

Hova ugrik a fiú? →•

Hova mennek a turisták? →•

Hova szalad a nő? →•

Hova érkeznek az utasok? →•

2. Make questions about the pictures in Exercise 1 and answer them:

a) ? A szobába siet a pincér?  Igen, a pincér a szobába siet.

b) ? Az étterembe siet a pincér?  Nem, a pincér nem az étterembe siet, hanem a szobába.

3. Give short answers to the questions in Exercise 2:

a) A szobába siet.
A szobába.
Oda.

b) Nem az étterembe siet.
Nem az étterembe.
Nem oda.

4. Rewrite the sentences in Exercise 1: *1st person* or
2nd person or
3rd person or

A pincér a szobába siet.

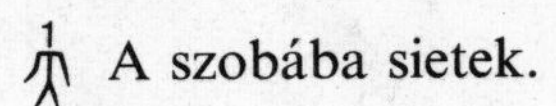

A szobába sietek.

5. Answer the questions according to the pictures in Exercise 1:

Melyik szobába siet a pincér?
A pincér ebbe a szobába siet.

Melyik fához futnak a gyerekek?
Melyik emeletre jön a portás?
Melyik folyóba ugrik a fiú?
Melyik étterembe mennek a turisták?
Melyik rendőrhöz szalad a nő?
Melyik pályaudvarra érkeznek az utasok?

6. Give short answers to the questions in Exercise 5:

Ebbe a szobába siet.
Ebbe a szobába.
Ebbe.

7. Make sentences about the pictures in Exercise 1 as indicated:

A pincér nem abba a szobába siet, hanem ebbe.

8. Make sentences:

megy

A parkba mész. A hídra mész. A megállóhoz mész.

lép

siet

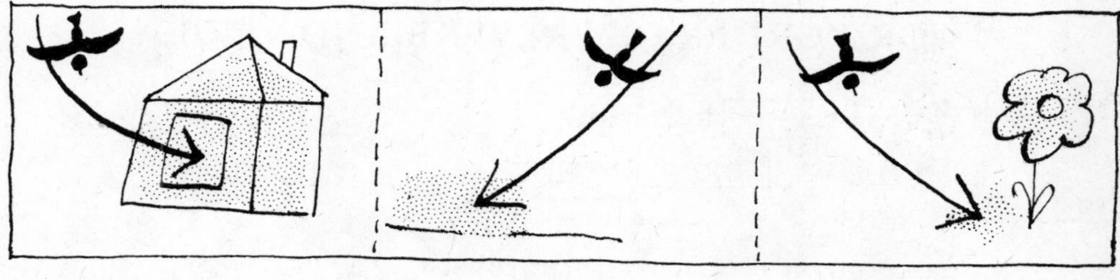

repül

utazik

9. Put the sentences in Exercise 8 into the plural:

A parkokba mentek. A hidakra mentek. A megállókhoz mentek.

26

Mit csinál?
bemegy

Mit csinál a pincér?

A pincér **be**megy a szobába.

A pincér **be**megy a szobába.

A pincér bent van a szobában.

Some Hungarian preverbs indicate direction, e.g.:

ki-	(out)	*fel-*	(up)	*el-*	(away)	*ide-*	(here)	*át-*	(over, through)
be-	(in)	*le-*	(down)	*vissza-*	(back)	*oda-*	(there)		

WORD ORDER OF PREVERB AND VERB

Ki megy be a szobába?

A pincér megy be a szobába.

A pincér a szobába megy be.

A pincér nem megy be a szobába.

Stb.

bemegy	megy be

Hungarian preverbs may have two positions depending on the emphasis within the sentence.

1. The word order is preverb + verb written in one word in the case of

a) a neutral sentence (i.e. with no special stress on any part of the sentence). *A pincér bemegy az étterembe.*

b) an emphasized verb in statements or yes or no questions.
Bemegy a pincér? Igen, bemegy.

2. The word order is: verb + preverb written in two words in pronominal questions, in negatives and when any other part of the sentence is emphasized. *Ki megy be? Péter megy be. Ő nem megy be.*

ki-, be-, fel-, le-

A portás **ki**jön az utcára.

A vendég **fel**megy az emeletre.

Péter **le**jön a földszintre.

be-	←→	ki-
fel-	←→	le-

jön			megy		
bejön	←→	kijön	bemegy	←→	kimegy
feljön	←→	lejön	felmegy	←→	lemegy

≈ fut, repül, sétál, siet, ül, áll, stb.

10. Make questions and answer them:

bemegy

Mit csinálnak a lányok?
A lányok bemennek az áruházba.

felsétál

lejön

beül

kiszalad

11. Look at the pictures in Exercise 10. Make questions and answer them:

a) ? Kik mennek be az áruházba? — A lányok mennek be az áruházba.
? Hova mennek be a lányok? — A lányok az áruházba mennek be.
? Melyik áruházba mennek be a lányok? — A lányok ebbe az áruházba mennek be.

---

b) ? Kik mennek be az áruházba? — A lányok.
? Hova mennek be a lányok? — Az áruházba.
? Melyik áruházba mennek be a lányok? — Ebbe.

12. Look at the pictures in Exercise 10. Make questions and answer them:

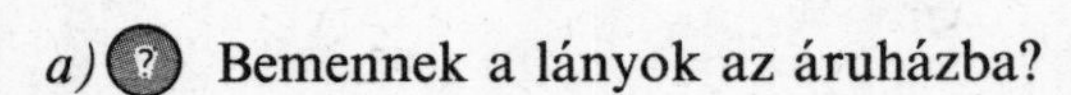
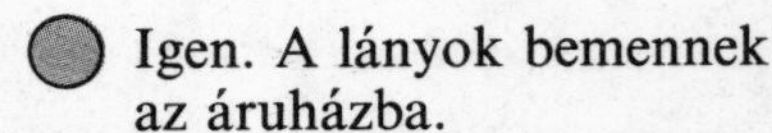

a) ? Bemennek a lányok az áruházba? — Igen. A lányok bemennek az áruházba.

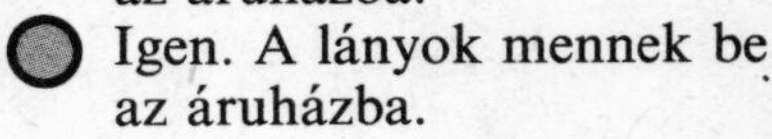

? A lányok mennek be az áruházba? — Igen. A lányok mennek be az áruházba.

Az áruházba mennek be a lányok? — Igen. A lányok az áruházba mennek be.

---

b) Bemennek a lányok az áruházba? — Nem. A lányok nem mennek be az áruházba.

A lányok mennek be az áruházba? — Nem. Nem a lányok mennek be az áruházba.

Az áruházba mennek be a lányok? — Nem. A lányok nem az áruházba mennek be.

13. Give short answers to the questions in Exercise 12:

a) Bemennek a lányok az áruházba? — (Igen.) Bemennek. (Igen.) Be.

A lányok mennek be az áruházba? — (Igen.) A lányok. (Igen.) Ők.

Az áruházba mennek be a lányok? — (Igen.) Az áruházba. (Igen.) Oda.

---

b) Bemennek a lányok az áruházba? — (Nem.) Nem mennek be.

A lányok mennek be az áruházba? — (Nem.) Nem a lányok. (Nem.) Nem ők.

Az áruházba mennek be a lányok? — (Nem.) Nem az áruházba. (Nem.) Nem oda.

el-, vissza-, át-, oda-, ide-

Kati **el**megy az áruházba.

Kati **vissza**megy a szállodába.

Az autóbusz **át**megy Budára.

A gyerekek **oda**futnak az autóhoz.

A madár **ide**repül a padra.

bemegy — go in, enter
kimegy — go out (of)
felmegy — go up, ascend
lemegy — go down, descend
elmegy — go away, leave
átmegy — go through/over/across
odamegy — go to
visszamegy — go back, return

≈

be- ki- fel- le- el- át- ide- oda- vissza-	jön fut lép repül száll szalad sétál siet ugrik (folyik) (fordul) (néz)

ki-, be-, fel-, le-, el-, át- ←→ vissza-

ide- ←→ oda-

14. Make 12 true sentences about the picture:

madarak	felmegy	padra
fiú	beül	házba
autóbusz	beugrik	fához
orvos	kimegy	hegyre
sofőr	leszáll	vízbe
férfi	átjön	földre
öregember	visszamegy	áruházba
fiatalok	leül	utcára
lányok	elmegy	taxiba
anya	odafut	fára
kislányok	bemegy	rendőrhöz
gyerekek		

15. Answer the questions using the picture in Exercise 14:

A házra szállnak le a madarak?
A madarak nem a házra szállnak le, hanem a földre.

1. A hegyre megy fel a férfi?
2. Az autóbuszba ül be a sofőr?
3. A földre ülnek le a lányok?
4. A házhoz futnak oda a gyerekek?
5. A fára mennek vissza a fiatalok?
6. A padra szállnak le a madarak?
7. Az anya megy be a házba?
8. Az orvos ugrik be a vízbe?
9. A sofőr jön át a rendőrhöz?
10. A taxi megy fel a hegyre?
11. A kislányok mennek el az áruházba?
12. Az öregember megy ki az utcára?

27

Hova?
_ _ _ alá

(A cica az asztal alatt van.)

Hova fut a kutya?

A kutya az asztal **alá** fut.

Hova?
alá fölé elé mögé mellé közé

Each postposition we learnt in Lesson One has its corresponding form answering the questions *Hova?* (/To/ where?) and *Honnan?* (From where?) For the latter see Lesson Five.

16. Complete the sentences with the right postpositions:

A gyerekek a fák _ _ _ játszanak. A gyerekek a fák _ _ _ futnak.	között, közé
A portás odaáll az ajtó _ _ _. A portás az ajtó _ _ _ áll.	mellett, mellé
A rendőr az emberek _ _ _ lép. A rendőr az emberek _ _ _ marad.	között, közé
A repülőgép Budapest _ _ _ halad. A repülőgép Budapest _ _ _ érkezik.	fölött, fölé
Az öregek a szobor _ _ _ mennek. Az öregek a szobor _ _ _ pihennek.	előtt, elé
A szálloda _ _ _ érkezünk. A szálloda _ _ _ várunk.	mögött, mögé
A fa _ _ _ ülsz. A fa _ _ _ olvasol.	alatt, alá
Az autóbusz _ _ _ léptek. Az autóbusz _ _ _ vagytok.	előtt, elé

EGÉSZSÉGÉRE!

Ödön egy padon ül a Köröndön. Az alacsony, sovány Ödön mellett egy magas, kövér férfi ül: egy rendőr. A rendőrnél egy színes újság van. Olvas.

Ödön tüsszent. Az újság a földre repül. A rendőr mérges.

Második tüsszentés: a sapka is elrepül.

Ödön felugrik, és a fák mögé szalad. A rendőr is szalad Ödön után. Ödön átfut a téren.

Jön egy villamos. A lámpa piros. Ödön mégis átszalad a villamos előtt a másik oldalra. A rendőr nem itt szalad át, hanem a zöld lámpánál.

Ödön fut az úton, befut egy áruházba, a Divatcsarnokba. A mozgólépcsőn felmegy a harmadik emeletre. A rendőr is felmegy, de nem a lassú mozgólépcsőn, hanem liften.

Ödön a harmadik emeletre érkezik. A rendőr már ott áll a mozgólépcsőnél. Ödön ezért visszafordul, leszalad a lépcsőn a földszintre, és kiszalad az utcára.

Ödön egy autóbusz után fut, a rendőr Ödön után. Ödön felugrik az autóbuszra.

A sarkon egy rendőrautó áll. A rendőr beszáll, és megy a busz után.

A Duna-parthoz érkeznek. Ödön leszáll, a rendőr kiszáll. Futnak a Dunaparton. Itt az Erzsébet-híd. Ödön felszalad a hídra, és a hídon átszalad Budára.

A Gellérthegy előtt Ödön jobbra fut az úton, a rendőr balra, a lépcsőhöz megy. Ödön visszanéz. Hol a rendőr? Mit csinál? A rendőr nincs ott az úton. Nem jön?

Ödön sem szalad, fáradt. A szoborhoz sétál. Ott padok vannak, ott pihennek az emberek.

A szobornál vár a rendőr. Ödön nem fut el, hiszen a rendőr friss, gyors, ő azonban fáradt. A rendőr odamegy Ödönhöz.

Rendőr: Jó napot kívánok!
Ödön: Jaj! Jó napot... én nem...
Rendőr: Egészségére! Viszontlátásra!

17. Tell the story about Ödön by answering the questions:

a) Ki ül egy padon? Hol ül Ödön egy padon? Milyen ember ül Ödön mellett? Mi a magas kövér férfi? Mi van a rendőrnél? Mit csinál a rendőr?

b) Mit csinál Ödön? Hova repül az újság? A sapka is elrepül? Vidám a rendőr?

c) Hova szalad Ödön? Ki szalad Ödön után? Hova fut be Ödön? A földszinten marad? A rendőr is mozgólépcsőn megy fel az emeletre? Hova szalad le Ödön?

d) Mire ugrik fel Ödön? A rendőr autóba száll be? Hova szaladnak a hídon? Ki fut fel a hegyre? Ki vár a szobornál?

18. a) Describe Ödön's way in detail:
b) Describe the policeman's way:

NÉPDAL

1. Csinálosi erdőn, csinálosi erdőn
   Van egy fiatal fa, van egy fiatal fa.

2. Az alatt folyik egy, az alatt folyik egy
   Csendes patakocska, csendes patakocska.

KÖZMONDÁSOK:

Minden út Rómába vezet.
All roads lead to Rome.
Sok kicsi sokra megy.
Many a little makes a nickle.
Csalánba nem üt a mennykő.
Weeds don't spoil.

SZAVAK

Igék

befordul turn (into a street)
érkezik arrive
fordul turn
folyik flow, run
lép step
leül sit down
néz look (at)
szalad run
száll 1. fly;
2. get on/off (a vehicle)
tüsszent sneeze
ugrik jump
világít light
visszanéz look back

Köznevek

ajtó door
áruház (-ak) store(s), warehouse
cica kitten
kislány (little) girl
körút (-utak) boulevard
lámpa (traffic) lights
lépcső step, stairs
lift lift
mozgólépcső escalator
népdal folk song
öregember old man
rendőr policeman
rendőrautó police-car
sapka cap
sarok (sarkok) (street) corner

szobor (szobrok) statue, sculpture
tüsszentés sneeze
újság newspaper
út (utak) road, way
víz (vizek) water

Melléknevek

budai of Buda
fáradt tired
friss fresh
kövér fat
mérges angry
sovány thin

Tulajdonnevek

Anglia England
Divatcsarnok a warehouse in Budapest
Gellérthegy Gellért Hill
Körönd a circus in Budapest
Ödön Hungarian man's name

Kifejezések

Egészségére! Literally: To your health! Here — Bless you!
Jaj! Oh!, Ah!
Nem baj. It does not matter. Never mind.

Egyéb szavak

alá under
át- over, through
azonban yet, still, however
balra to the left
be- in
el- away
elé before, in front of
fel- up
fölé above, over
hiszen as, because
hova? where? (to what place?)
ide here (to this place)
ide- here
inkább rather, more
jobbra to the right
ki- out
körül around
közé among, between
le- down
már already
mégis nevertheless, yet, still
mellé beside
mögé behind
oda there (to that place)
oda- there
senki nobody
után after
vissza- back

19. Short dialogues:

– Szervusz.
– Szervusztok. Az étterembe mentek?
– Igen, ott reggelizünk. Te nem jössz?
– Nem, én a szobában reggelizem.

– _ _ _ _ _ _ _ _ _ _
– _ _ _ _ _ _ _ _ _ _
– _ _ _ _ _ _ ebédelünk. _ _ _ _ _ _
– _ _ _ _ _ _ _ a városban _ _ _ _ _

– _ _ _ _ _ _ _ _ _ _
– _ _ _ _ _ _ _ _ _ _
– _ _ _ _ _ _ vacsorázunk. _ _ _ _
– _ _ _ _ _ _ a városban _ _ _ _

– Felmész a Gellérthegyre?
– Nem megyek fel, fáradt vagyok. És ti?
– Mi felmegyünk.

– Önök lemennek a bárba?
– _ _ _ _ _ _ _ _ _ _ _ _ _ ön?
– _ _ _ _ _ _ _ _ _ _ _ _ _

– Visszamentek a szállodába?
– _ _ _ _ _ _ Nem vagyunk _ _ _
– _ _ _ _ _ _ _ _ _ _

– Felmegyünk az emeletre?
– Fel.
– A mozgólépcsőn megyünk fel?
– Nem. Inkább a liften.

– Lemegyünk a földszintre?
– _ _ _ _ _ _
– A lépcsőn _ _ _ _ _ _
– _ _ _ _ _ _ a liften.

– Visszamegyünk a szállodába?
– _ _ _ _ _ _
– Villamoson _ _ _ _ _ _
– _ _ _ _ _ _ autóbuszon.

SZÓREND

	A	**B** ~ —	~ — C — **C**	D
			Mit csinál	a fiú?
	A fiú	bemegy		a szobába.
?		**Bemegy**		a szobába a fiú?
	A fiú	**bemegy**		a szobába.
	A fiú		**nem megy**	be a szobába.
?		**Ki**	megy	be a szobába?
?		**A fiú**		
		(Nem) a fiú	megy	be a szobába.
?		**Hova**	megy	be a fiú?
?		**A szobába**		
	A fiú	**(nem) a szobába**	megy	be.

A	B	C	D
A fiú	bent	van	a szobában.
A fiú	bemegy		a szobába.

20. Make sentences with the following words and write them in the table, according to the symbols:

1. a turisták, sétál, a Duna-part
2. a munkások, a régi híd, dolgozik
3. Laci, bemegy, a szálloda
4. ki? kijön, az utca
5. a vonat, van, a pályaudvar, bent
6. ki? átszalad, a villamos, előtt, a másik oldal
7. a pincér, odamegy, az asztal
8. a madarak, nem, iderepül, az ablak
9. az étterem, van, a 10. emelet, fent
10. a taxi, nem, odaáll, az áruház, elé
11. melyik?, pincér, a szoba, belép
12. beül, ez az étterem (, ?)

	A	B ~ —	— ~ C ~ C	D
1.				
2.				
3.				
4. ?				
5.				
6. ?				
7.				
8.				
9.				
10.				
11. ?				
12. ?				

21. A dog is chasing the cat. Describe the cat's way marked in the picture. Use the verbs *fut, szalad, ugrik* with different preverb:

4

22. Ask for the indicated part of the sentence, and give the answers, too:

A turisták felmennek a Gellérthegyre.

? Kik mennek fel a Gellérthegyre?

A turisták mennek fel a Gellérthegyre.

A rendőr odamegy a sofőrhöz.

? ______________________________

____

Az utasok felszállnak az autóbuszra.

? ______________________________

____

A lányok átmennek a hídon.

? ______________________________

● ______________________________

A gyerekek kifutnak a térre.

? ______________________________

● ______________________________

A madarak lerepülnek a földre.

? ______________________________

● ______________________________

23. Choose the proper verbal prefix:

A madár [be / fel / át] repül a Duna fölött.

A rendőrök [el / be / fel] szállnak a rendőrautóba.

A pincér [ki / el / oda] megy a vendéghez, aki annál az asztalnál ül.

A turista a szállodában [oda / le / be] megy a földszintre, és reggelizik.

A vonat [be / fel / át] fut a pályaudvarra.

A fiúk [oda / át / be] ugranak a Dunába.

A 12-es autóbusz az egyik hídon [fel / át / ki] megy Pestre, a másik hídon [vissza / el / be] jön Budára.

24. Negate the following sentences:

A rendőrautó befordul ebbe az utcába.
A rendőrautó nem fordul be ebbe az utcába.

A turisták odamennek a szoborhoz.
Beszállunk ebbe a taxiba.
A nők bemennek a Divatcsarnokba.
A gyerekek leülnek a padra.
A fiúk kimennek az utcára.
Felmegyünk a negyedik emeletre.

25. Translate:

Pesten vagyunk. Felszállunk a villamosra. Átmegyünk Budára. Felsétálunk a Gellérthegyre. Fent vagyunk a Gellérthegyen. A Gellérthegy a Duna mellett van a budai oldalon. Itt van egy szép, magas szobor. Sok turista sétál e körül a szobor körül. Mi is odamegyünk a szoborhoz. Leülünk egy padra, ugyanis fáradtak vagyunk. A lépcsőn lemegyünk az Erzsébet-hídhoz.

26. Translate:

We are walking along the boulevard. We are crossing the boulevard at these traffic lights *(lámpa)*, because the bus-stop is on the other side. We are waiting at the bus-stop. The bus is coming. We are getting on the bus. The bus is going to that bridge. It does not cross the bridge. We are going up the stairs to the bridge, and are walking over the bridge to Buda. Gellért Hill is there.

HOVA MÉSZ?

– Szervusz, Kati!
– Szervusz, Péter! Mit csinálsz?
– Csak sétálok. Te hova mész?
– Én kirándulok. Nem jössz?

– A Hűvösvölgybe mész?
– Nem. A János-hegyre.
– Én is megyek.

28

Honnan?
innen onnan

Honnan jön a lány?

A lány onnan jön.

A fiú innen megy el.

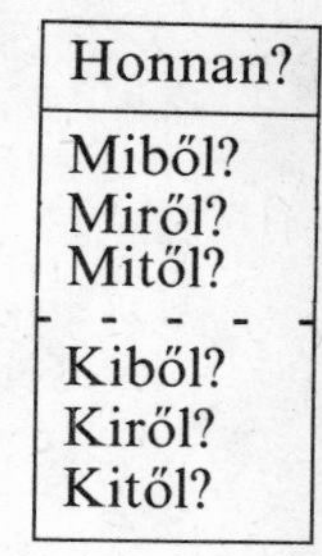

Honnan jön az orvos ?

Az orvos a ház**ból** jön .

A madár a ház**ról** repül el.

A gyerekek a ház**tól** futnak el.

a ház**akból**
a ház**akról**
a ház**aktól**

Honnan?				
	Mi**ből?**	**-ból**	**-ből**	
	Mi**ről?**	**-ról**	**-ről**	
	Mi**től?**	**-tól**	**-től**	

	a	ház**ból**
from out of	the house	

	a	ház**ról**
from	the house	

	a	ház**tól**
(away) from	the house	

Melyik _ _ _ból?
ebből a _ _ _ból

Melyik házból jön az orvos?

Az orvos eb**ből** a ház**ból** jön.

ez	+	-ből	⟶ **ebből**	az	+	-ból	⟶ **abból**
ez	+	-ről	⟶ **erről**	az	+	-ról	⟶ **arról**
ez	+	-től	⟶ **ettől**	az	+	-tól	⟶ **attól**

ezekből
ezekről
ezektől

azokból
azokról
azoktól

1. Answer these questions:

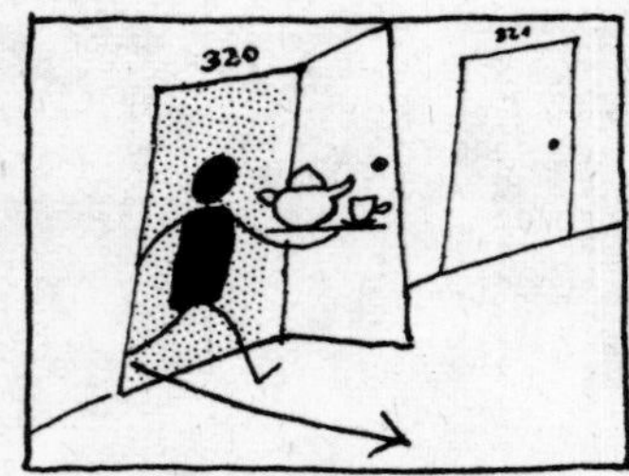

Honnan lép ki a pincér? ⋯•⟶

Honnan indulnak a lányok? ⋯•⟶

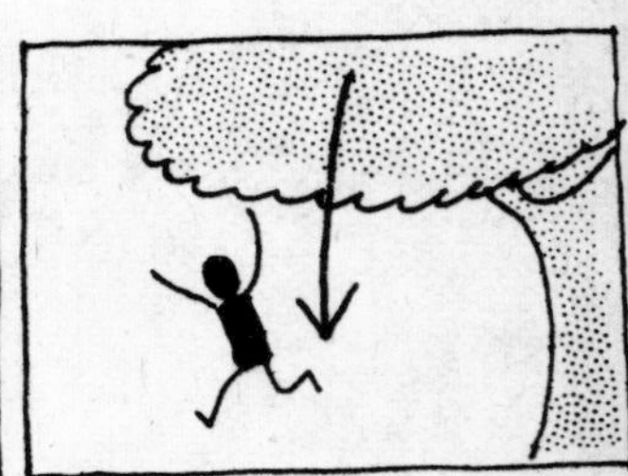

Honnan ugrik le a fiú? ⋯•⟶

Honnan szalad •→
le Ödön?

Honnan jön •→
László?

Honnan érkeznek •→
az utasok?

Honnan megy a hegyre •→
a rendőr?

Honnan jönnek •→
a turisták?

2. Make questions about the pictures in Exercise 1 and answer them:

a) A szobából lép ki a pincér? Igen, a pincér a szobából lép ki.

b) A bárból lép ki a pincér? Nem, a pincér nem a bárból lép ki, hanem a szobából.

3. Give short answers to the questions in Exercise 2:

a) A szobából lép ki.
A szobából.
Onnan.

b) Nem a szobából lép ki.
Nem a szobából.
Nem onnan.

4. Rewrite the answers in Exercise 1 changing the subject to: 1, 2, 3

A pincér a szobából lép ki. 1 A szobából lépek ki.

5. Answer these questions according to the pictures in Exercise 1:

Melyik szobából lép ki a pincér?
A pincér ebből a szobából lép ki.

Melyik térről indulnak a lányok?
Melyik fáról ugrik le a fiú?
Melyik emeletről szalad le Ödön?
Melyik orvostól jön László?
Melyik városból érkeznek az utasok?
Melyik hídtól megy a hegyre a rendőr?
Melyik étteremből jönnek a turisták?

6. Give short answers to the questions in Exercise 5:

Ebből a szobából lép ki.
Ebből a szobából.
Ebből.

7. Make sentences about the pictures in Exercise 1 as indicated:

A pincér nem abból a szobából lép ki, hanem ebből.

8. Make sentences:

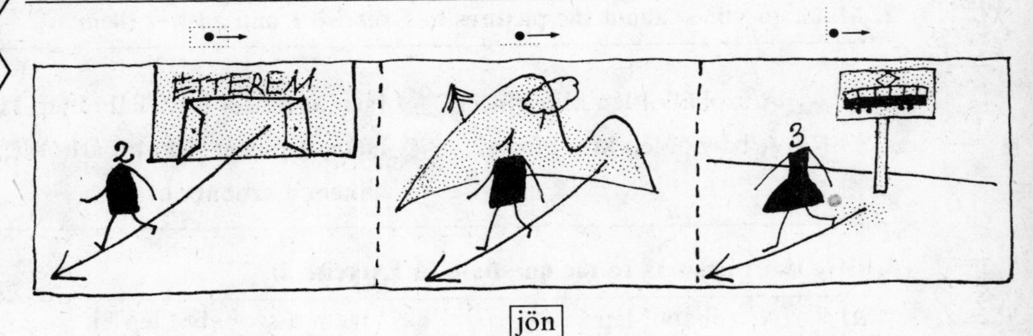

jön

Az étteremből jössz. A hegyről jövök. A megállótól jön.

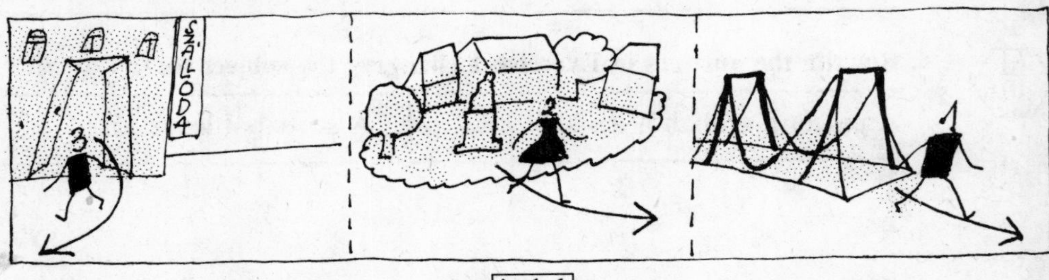

indul

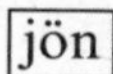

indul

9. Put the sentences in Exercise 8 into the plural:

Az éttermekből jöttök. A hegyekről jövünk. A megállóktól jönnek.

SUFFIXES DENOTING PLACE AND PREVERBS

Hova?		Hol?		Honnan?	
-ba, -be		-ban, -ben		-ból, -ből	
-ra, -re		-n, -on, -en, -ön		-ról, -ről	
-hoz, -hez, -höz		-nál, -nél		-tól, -től	

László **be**megy a szobá**ba.**

László **bent** van a szobá**ban.**

László **ki**megy a szobá**ból.**

5

László bemegy a szobába.
László bent van a szobában.
László kimegy a szobából.

		Hol?	Honnan?	Hova?
A lányok	belépnek	a bejáraton	az utcáról	az áruházba.
A rendőr	átfut	a hídon	Pestről	Budára.
A portás	felmegy	a lépcsőn	a földszintről	az emeletre.
A busz	lejön	az úton	a szobortól	a hídhoz.

10. Make sentences:

... megy

A lány kimegy a szobából. A gyerekek lemennek a hegyről. A sofőr elmegy a busztól.

... lép

. . . repül

. . . szalad

11. Rewrite the sentences in Exercise 10 following the examples:

a) Honnan megy ki a lány?
b) A lány megy ki a szobából.
c) A lány nem megy ki a szobából.
d) A szobából megy ki a lány?

12. Complete the following sentences:

		•	•⟶	⟶•
A gyerekek	át___	a híd. . .	Buda. . .	Pest. . . .
A vendég	fel___		a földszint. . .	az emelet. . . .
László	ki___	a szálloda. . .	a taxi. . . .	
A lányok	oda___			a pénztár. . . .
Ödön	ki___		az áruház. . .	az utca. . . .
A fiú	le___		a fa. . .	a föld. . . .
Az orvos	be___	a földszint. . .		a lift. . . .

REGGEL

Reggel van. A hídnál, a kis téren sok ember jár. Senki sem ül vagy vár. Hova sietnek az emberek? Munkába. A gyárakba, az üzletekbe, áruházakba. Sok gyerek fut az iskolába. Néhány külföldi vendég kijön az étteremből, és a Margitszigetre indul.

Az orvos a kórházból egy beteghez siet. Abból a szállodából két turista lép ki. Az egyik taxiba ül, és felmegy a Várba, a másik a bankba megy. A postás belép az egyik házba, és a földszintről felmegy az emeletre.

Egy rendőr a hídon Budáról Pestre siet. Egy asszony leszáll a buszról, és odamegy ehhez a rendőrhöz:
– Bocsánat, melyik villamos megy innen a Nyugati pályaudvarhoz?
– A 6-os és a 4-es.
– Köszönöm.

13. Answer the questions:

1. Hol jár sok ember?
2. Ki vár?
3. Hova sietnek az emberek?
4. Hol dolgoznak az emberek?
5. Hova futnak a gyerekek?
6. Kik jönnek ki az étteremből?
7. Hova indulnak a külföldi vendégek?

8. Honnan jön az orvos?
9. Hova siet?
10. Melyik szállodából lép ki két turista?
11. Mit csinál az egyik?
12. Hova megy a másik?
13. Ki lép be az egyik házba?
14. Hova megy fel a földszintről?
15. Mit csinál a rendőr?
16. Honnan száll le egy asszony?
17. Hova megy?
18. Melyik villamos megy a Nyugati pályudvarhoz?

30

Honnan?
_ _ _ alól

Honnan jön a kutya?
A kutya az asztal **alól** jön.

Hova?	Hol?	Honnan?
alá	alatt	**alól**
fölé	fölött	**(fölül)**
elé	előtt	**elől**
mögé	mögött	**mögül**
mellé	mellett	**mellől**
közé	között	**közül**
köré	körül	–

31

Merre?
arra északra

Merről?
arról északról

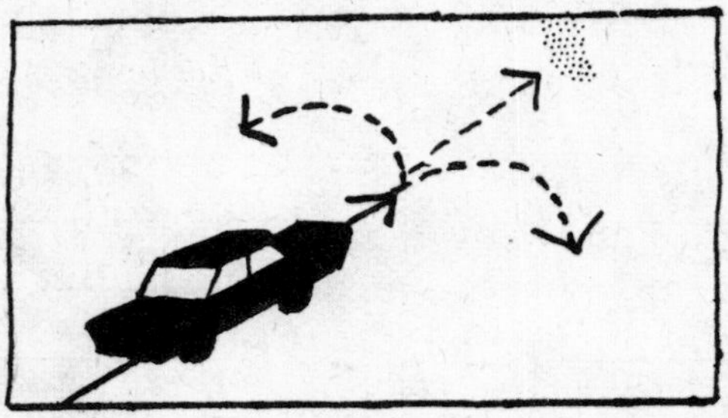

Merre megy az autó?
Az autó **arra** megy.

Merről jön a vonat?
A vonat **arról** jön.

(ez + -re) ⟶ **erre** (ez + -ről) ⟶ **erről**	(az + -ra) ⟶ **arra** (az + -ról) ⟶ **arról**

Az autó észak**ra** / dél**re** / kelet**re** / nyugat**ra** megy.

A vonat észak**ról** / dél**ről** / kelet**ről** / nyugat**ról** jön.

32

Merre?
_ _ _ felé

Merről?
_ _ _ felől

Merre megy az autó?
Mi **felé** megy az autó?
Az autó a híd **felé** megy.

Merről jön a vonat?
Mi **felől** jön a vonat?
A vonat a híd **felől** jön.

Merre?	Which way? (In which direction?)
erre/arra	this/that way (in this/that direction)
a híd felé	toward the bridge

Merről?	From which direction?
erről/arról	from this/that direction
a híd felől	from the direction of the bridge

— • —

Melyik _ _ _ felé?
e felé a _ _ _ felé

Az autó	a felé	a híd felé	megy.
Az autó	e felé	a ház felé	jön.

14. Answer the questions:

Az autó *a gyár mögött* áll.
Hova érkezik az autó?
Az autó *a gyár mögé* érkezik.
Honnan indul az autó?
Az autó *a gyár mögül* indul.

A turisták *a szobor előtt* állnak.
Hova mennek a turisták?
Honnan jönnek a turisták?

A repülőgép *a hegy fölött* repül.
Hova érkezik a repülőgép?

A gyerekek *a fák között* játszanak.
Hova futnak a gyerekek?
Honnan szaladnak ki a gyerekek?

A taxi *az épület mellett* vár.
Hova érkezik a taxi?
Honnan indul a taxi?

A cica *az asztal alatt* fekszik.
Hova fekszik a cica?
Honnan szalad ki a cica?

A portás *az asztal mögött* ül.
Hova ül a portás?
Honnan jön ki a portás?

Az *asztal körül* székek vannak.
Hova ülnek a gyerekek?

15. Choose the proper postpositions:

A villamos a pályaudvar < felé / felől > megy.

A sofőr az autó < mellé / mellett / mellől > lép.

A turisták a fák közül / között / közé reggeliznek.

A gyerekek a szobor elé / előtt / elől játszanak.

A kutya kijön a szék mögül / mögé / mögött .

A fiatalok leülnek az asztal körül / köré .

16. Answer the questions:

Hova szaladnak a lányok? | Hol állnak az emberek? | Honnan indul az autóbusz?

Hova mennek a turisták? | Hol pihennek a munkások? | Honnan jönnek a fiúk?

Hova szalad a kutya? | Hol van a táska? | Honnan szalad el a cica?

Merről jön a vonat? Merre halad az autóbusz?

17. Look at the pictures in Exercise 16, then make questions and answer them:

a) Melyik szobor elé szaladnak a lányok? — A lányok ez elé a szobor elé szaladnak.

b) A szobor elé szaladnak a lányok? — Igen. A lányok a szobor elé szaladnak.

Ez elé a szobor elé szaladnak a lányok? — Igen. A lányok ez elé a szobor elé szaladnak.

18. Give short answers to the questions in Exercise 17/b:

A szobor elé szaladnak a lányok? — (Igen.) A szobor elé. (Igen.) Oda.

Ez elé a szobor elé szaladnak a lányok? — (Igen.) Ez elé a szobor elé. (Igen.) Ez elé.

KATI ÉS ÉN KIRÁNDULUNK

A budai hegyekbe megyünk: Zugligetbe és onnan a János-hegyre. A Margit-hídtól indulunk, villamoson utazunk Pestről Budára. A Moszkva tértől autóbuszon megyünk tovább. Zugligetben van a Libegő. Sok ember ezen utazik fel a hegyre. Mi nem, mi felsétálunk egy keskeny erdei úton. A fákon fehér és piros jelek vannak. Ez a turistaút. Az erdőben a fák között kellemes a séta. Itt a levegő is jó, a városban, sajnos, nem tiszta. Szép idő van, kék az ég, süt a nap. A madarak a fákon énekelnek.

Fent a hegyen, egy szép kis réten gyerekek játszanak. Iskolai kirándulás? A fiúk futballoznak, a lányok is labdáznak. Egy kiskutya is fut a labda után.

Mi az út mellett leülünk egy padra. Pihenünk. Innen a magasból szép a város. Éhesek vagyunk és szomjasak. De nem baj. Katinál van szendvics és limonádé. Eszünk és iszunk.

Egy másik úton lejövünk a hegyről. Szaladunk a szélben, frissek vagyunk, vidámak. Jó ez a kirándulás!

19. Describe Kati's and Péter's way and their actions according to the following titles (try to use new combinations of patterns and words already learned):

a) a Margit-hídtól a Libegőhöz,
b) a Libegőtől a hegyre,
c) fent a hegyen.

KÖZMONDÁS:
Az okos enged, a szamár szenved.
Better to bend than break.

SZAVAK

Igék

énekel sing
futballozik play football (soccer)
indul start, depart
iszik (-om) drink
kirándul make an excursion, go on an outing
labdázik play ball
süt shine
továbbmegy move/go on

Köznevek

asszony woman
bank bank

dél south
ég (egek) sky
erdő wood, forest
észak north
gyár (-ak) factory
idő weather
iskola school
jel sign
kelet east
kert garden
kirándulás excursion
kórház (-ak) hospital
labda ball
levegő air
libegő chair lift
limonádé lemonade
munka work
nap sun, day
nyugat west
pénztár (-ak) cash-desk, booking-office
postás postman
reggel morning
rét meadow
séta walk
szél (szelek) wind
szendvics sandwich
turistaút (-utak) path for hikers
üzlet shop

Melléknevek

beteg sick, ill
déli southern
éhes hungry
erdei wood-, forest-
iskolai school-
keleti eastern
kellemes agreable, pleasant
keskeny narrow
nyugati western
szomjas thirsty
tiszta clean, neat, pure
vidám merry, cheerful

Tulajdonnevek

Debrecen
a Déli pályaudvar Déli Station
Eger
Győr
(a) Hűvösvölgy
a János-hegy
a Keleti pályaudvar Keleti Station
Keszthely
London
a Margit-híd
a Moszkva tér
a Nyugati pályaudvar Nyugati Station
Pécs
Szeged
(a) Zugliget

Egyéb szavak

alól from under/below
arra in that direction, that way
arról from that direction, from there
elől from in front of
erre in this direction, this way
erről from this direction, from here
felé toward, in the direction of
felől from the direction of
honnan? from where?
innen from here
from this place
köré (a)round
közül from among/between
mellől from beside
merre? in which direction?
which way?
merről? from which direction?
from where?
mögül from behind
sajnos unfortunately

Kifejezések

munkába megy go to work
Süt a nap. The sun is shining.
Szép idő van. It is fine.

SZÓREND

_ _ _ **is**

A	**B** ~ –	– ~ C ~ **C**	D
Én	**friss**	vagyok.	
Te *is*	**friss**	vagy.	
Én	**vidám** *is*	vagyok.	

A sofőr		**eszik**	az étteremben.
A portás *is*		**eszik**	az étteremben.
A sofőr		**iszik** *is*	az étteremben.
A sofőr		**eszik**	a szobában *is*.

A fiúk	**bemennek**		a várba.
A lányok *is*	**bemennek**		a várba.
A fiúk	**ki** *is*	**jönnek**	a várból.
A fiúk	**bemennek**		a bárba *is*.

20. Complete the sentences in the table:

A	**B** ~ –	– ~ C ~ **C**	D
A cica	felugrik		a székre.
A kutya *is*	felugrik		a székre.
	le *is*	ugrik	
			az asztalra *is*.

A	B ~ –	– ~ C ~ C	D
A gyerekek		sétálnak	a parkban.
is			
		is	
			is.
Mi	fáradtak	vagyunk.	
is			
	is		
Az orvos	felszáll		az autóbuszra.
is			
	is		
			is.

21. Answer the questions using appropriate words from the list:

Hova mennek a lányok?
A lányok *a Margitszigetre* mennek.
A lányok *az erdőbe* mennek.
A lányok *Zugligetbe* mennek.
Stb.

Hova kirándulnak a gyerekek?
Hova megy fel ez az út?
Honnan indul az autóbusz?
Honnan jönnek a turisták?
Honnan jön le a portás?
Honnan szaladnak ki a gyerekek?

erdő
Margitsziget
Zugliget
vár
pályaudvar
Erzsébet-híd
tér
park
emelet
Duna-part
Gellérthegy

22. Short dialogues:

– Honnan indul a vonat Szegedre?
– A Nyugati pályaudvarról.
– És Győrbe?
– A Keletiről.

– ___________ Pécsre?
– ___ Déli ______
– ___ Debrecenbe?
– ___ Nyugatiról.

– ___________ Egerbe?
– ________ Keleti ______
– ___ Keszthelyre?
– ___ Déliről.

— • —

– Bocsánat, ez a busz átmegy a hídon?
– Nem kérem, felmegy a Gellérthegyre.
– És melyik busz megy át Pestre?
– A 7-es.

– _______ felmegy a Gellérthegyre?
– _______ átmegy Pestre.
– _______ megy fel a Gellérthegyre?
– ___ 27-es.

— • —

– Kérem, merről jön ez a villamos?
– A Duna felől.
– És merre megy?
– A Nyugati pályaudvar felé.

– ___________ busz?
– ___ Déli pályaudvar ___
– __________
– Pest ______

23. Fill in the missing suffixes and postpositions:

(Kati is afraid of her brother because she has torn his favourite book. She wants to hide. Now she is looking for a good place.)

Kati a szekrény és a fal ___ áll. Kijön a szekrény ___, és lefekszik a föld . . ., az ágy___. Kijön az ágy___, kifut a szoba . . ., lefut a lépcső . . ., és kimegy a kert . . .. Egy nagy fa ___ áll. Elfut a fa ___, és lefekszik a virágok ___. Ott marad a virágok ___, és vár. De nem jön senki.

24. Translate:

a) Ez egy nagy zöld rét. A réten sok turista van. Kirándulnak a budai hegyekbe. A gyerekek a fák közé futnak, játszanak. Azok a turisták leülnek a fák alá. Esznek és isznak, ugyanis éhesek és szomjasak. Sok ember jön a Libegő felől. A János-hegy felé mennek. Szép idő van, süt a nap. A friss levegő kellemes.

b) The children go on an excursion. They get off the tram at the Libegő. They take the Libegő. The ride *(út)* over the trees is very pleasant. Under the Libegő there are some houses among the trees. They get out of the Libegő and walk up to János-hegy. They play in a large green meadow. They are hungry, so they eat.

6. HATODIK LECKE

6

HÁNYADIKBA JÁRSZ?

– Te is iskolába mész, Gabi?
– Természetesen.

– Hányadik osztályba jársz?
– Ötödikbe.

– Hol van az iskola?
– Ott a sarkon.

– Az a modern fehér épület?
– Az. Nincs messze a háztól, ahol lakunk.

– Igen, közel van. Hány gyerek tanul abban az iskolában?
– Talán ötszáz. És negyven tanár tanít.

33

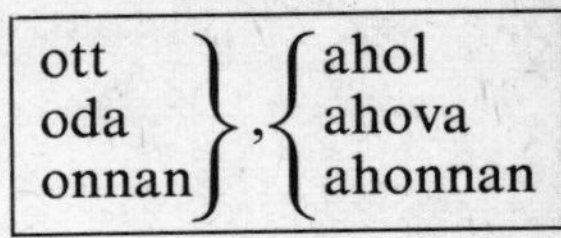

Péter a térre siet. A téren a gyerekek játszanak.

Hova siet Péter ?

Péter **oda** siet, **ahol** a gyerekek játszanak.

Hol?	**ott**	**ahol, ahova, ahonnan**
Hova?	**oda**	
Honnan?	**onnan**	

Merre?	**arra**	**amerre, amerről**
Merről?	**arról**	

Péter	**oda**	siet,		**ahol** a gyerekek játszanak.
Peter		is hurrying	**to** (the place)	**where** the children are playing.

The use of the demonstrative pronoun *oda* is obligatory in the main clause.

1. Answer the questions:

Hova megy az utas?
Az utas a kijárathoz megy.

Hol áll a portás?
A portás a kijáratnál áll.

Az utas oda megy, ahol a portás áll.
A portás ott áll, ahova az utas megy.

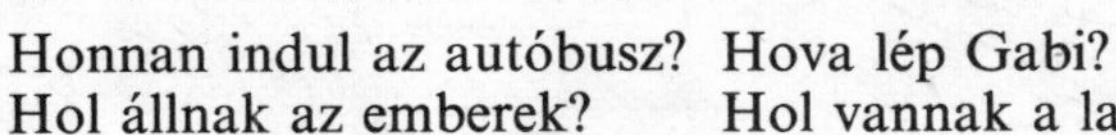

Honnan indul az autóbusz? Hol állnak az emberek?

Hova lép Gabi? Hol vannak a labdák?

Honnan jön az orvos? Hol fekszik a beteg?

Hova mennek a gyerekek? Honnan jön az autóbusz?

Hova megy László? Hol lakik Sós Péter?

Hova utaznak a lányok? Hova mennek a turisták?

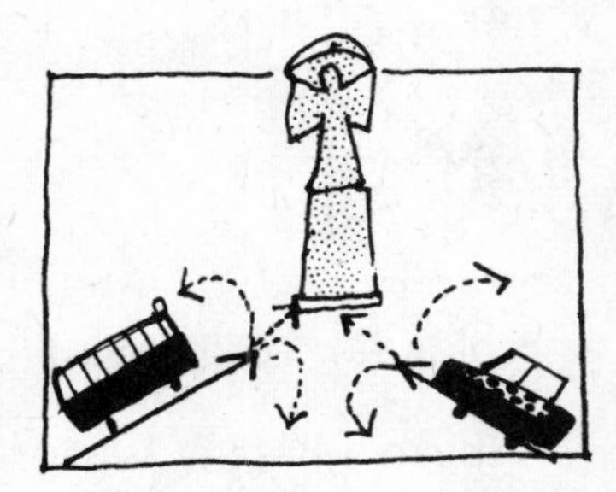

Merre megy az autóbusz? Merre megy a taxi?

Merről jönnek a lányok? Merre mennek a fiúk?

Merről jön a vonat? Merről jön a repülőgép?

6

2. Rewrite the sentences in Exercise 1 where possible:

(Én) a kijárathoz megyek. Ön a kijáratnál áll.

(Én) oda megyek, ahol ön áll.
Ön ott áll, ahova én megyek.

3. Give short answers to the questions in Exercise 1:

Hova megy az utas?	Oda, ahol a portás áll.
Hol áll a portás?	Ott, ahova az utas megy.

34

az…, aki(…) / amelyik(…)

Az orvos | ahhoz | a beteghez | megy. Az a beteg a házban van .

| Melyik | beteghez | megy az orvos?

Az orvos | **ahhoz** | a beteg**hez** | megy, | **aki** a házban van | .

(Az orvos abba a házba megy, amelyik a fák között van.)

Az orvos | abba | a házba | megy. Abban a házban beteg van .

| Melyik | házba | megy az orvos?

Az orvos | **abba** | a házba | megy, | **amelyikben** beteg van |

A fák | a mellett | a ház mellett | vannak, | amelyikbe az orvos megy | .
A fák | a mellett | a ház mellett | állnak, | amelyik felé a gyerek fut | .
A fák | nem a mellett | a ház mellett | állnak, | amelyikből egy nő jön | .

Az orvos	**ahhoz**	a beteg**hez**	megy,		**aki** a házban van.
The doctor			is going	**to** the patient	**who** is in the house.

Note
The relative pronouns (*aki, amelyik*) take the suffixes of the nouns referred to. Combinatory possibilities of demonstrative pronouns used to introduce clauses and relative pronouns are shown in the following table.

Melyik _ _ _?	az a _ _ _,	amelyik / aki amelyikben / akiben amelyiken / akin stb. amelyik alatt / aki alatt stb.
Melyik _ _ _. . .?	abban a _ _ _ban, azon a _ _ _n, annál a _ _ _nál, stb.	amelyik / aki stb.
Melyik _ _ _ _ _ _?	az alatt a _ _ _ alatt, stb.	amelyik / aki stb.
Milyen (Mely) { _ _ _k? _ _ _k. . .? _ _ _k _ _ _?	azok a _ _ _k, azokban a _ _ _kban, azok alatt a _ _ _k alatt, stb.	amelyek / akik amelyekben / akikben amelyek alatt / akik alatt stb.

4. Answer the questions following the examples:

Melyik padon ül a férfi?
A férfi azon a padon ül, amelyik mellett a kutya fekszik.

Melyik pad mellett fekszik a kutya?
A kutya a mellett a pad mellett fekszik, amelyiken a férfi ül.

Melyik autóbuszon utazik sok ember?
Melyik autóbusz megy a Keleti pályaudvar felé?

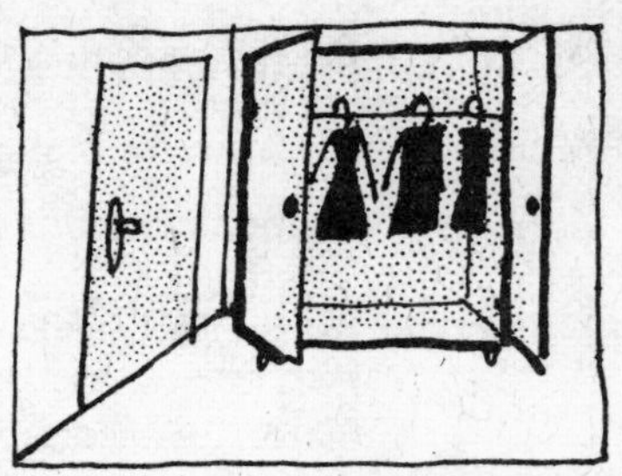

Melyik szekrényben vannak a ruhák?
Melyik szekrény van az ajtónál?

Melyik szállóban laknak a lányok?
Melyik szálló előtt áll a taxi?

Melyik gyár felé halad az autóbusz?
Melyik gyárból jönnek ki a munkások?

Melyik szobortól mennek el a turisták?
Melyik szobor körül vannak virágok?

Melyik doboz mellett van a telefon?
Melyik dobozban van a cigaretta?

Melyik vonatra szállnak fel az utasok?
Melyik vonat megy Szegedre?

Melyik autóból száll ki az orvos?
Melyik autón van egy nagy csomag?

5. Give short answers to the questions in Exercise 4:

Melyik padon ül a férfi? Azon, amelyik mellett a kutya fekszik.
Melyik pad mellett fekszik a kutya? A mellett, amelyiken a férfi ül.

6. Answer the questions with compound sentences as indicated:

A mérnök a gépekhez lép. A munkások a gépeknél dolgoznak.
Hova lép a mérnök?
A mérnök oda lép, ahol a munkások dolgoznak.
Milyen gépekhez lép a mérnök?
A mérnök azokhoz a gépekhez lép, amelyeknél a munkások dolgoznak.

Az angol turisták felsétálnak a hegyre. A hegyen egy régi vár áll.
Hova sétálnak fel az angol turisták?
Melyik hegyre sétálnak fel az angol turisták?

A francia csoport eljön a templom elől.
A templom elé két külföldi autóbusz érkezik.
Honnan jön el a francia csoport?
Melyik templom elől jön el a francia csoport?

Ödön befut az áruházba.
A rendőr is befut az áruházba.
Hova fut be a rendőr?
Melyik áruházba fut be a rendőr?

A régi szobor a múzeumban van.
A múzeumba sok ember jár.
Hol van a régi szobor?
Melyik múzeumban van a régi szobor?

A gyerekek az iskola felől jönnek.
A postás az iskola felé megy.
Merre megy a postás?
Melyik iskola felé megy a postás?

A fiatalok a János-hegyre kirándulnak.
A János-hegyen szép erdő van.
Hova kirándulnak a fiatalok?
Melyik hegyre kirándulnak a fiatalok?

6

AZ OSZTÁLYBAN

Abban az osztályban, amelyikbe Gabi jár, huszonöt gyerek tanul. Csengetnek. A gyerekek a tanteremben, a padokban ülnek. Gabi is ott ül elöl. Földrajzóra van. A tanár a térkép előtt áll és magyaráz: Magyarországról beszél.

– Itt van Magyarország. Ez a Duna, ez a Tisza. A Duna az északi határnál fordul dél felé. Itt a Duna-kanyarban van Esztergom. Ebben a régi kis városban harmincezer ember lakik.

Mindenki a tanárra figyel. A tanár a táblára rajzol, a diákok a füzetbe írnak. A földrajz érdekes.

7. Answer each question with several sentences:

a) Mit csinálnak a gyerekek?
b) Mit csinál a tanár?
c) Mi Esztergom? (Hol van? Milyen? Hány ember lakik ott?)

SZÁMOLUNK

A matematika is érdekes és fontos!

5 + 6 = 11 Öt meg hat az tizenegy.
11 – 6 = 5 Tizenegyből hat az öt.

Hány?	Hányadik?
40 – negyven	40. negyvenedik
41 – negyvenegy	41. negyvenegyedik
50 – ötven	50. ötvenedik
60 – hatvan	60. hatvanadik
70 – hetven	70. hetvenedik
80 – nyolcvan	80. nyolcvanadik
90 – kilencven	90. kilencvenedik
100 – száz	100. századik
101 – százegy	101. százegyedik
129 – százhuszonkilenc	129. százhuszonkilencedik
200 – kétszáz	200. kétszázadik
300 – háromszáz	300. háromszázadik
1000 – ezer	1000. ezredik
1981 – ezerkilencszáznyolcvanegy	1981. ezerkilencszáznyolcvanegyedik
2000 – kétezer	2000. kétezredik

8. Write out the following numbers:

1; 8; 17; 32; 5; 183; 71; 694; 29; 265; 562; 56; 911; 1945; 2;
1.; 8.; 17.; 32.; 5.; 183.; 71.; 694.; 29.; 265.; 562.; 56.; 911.; 1945.; 2.

9. Rewrite the sentences writing out the numbers:

A pályaudvar előtt 9 autó vár.
12 utas ül az autóbuszban.
A 7. megállónál szállunk le.
A 78-as autóbuszon mentek Budára.
Az angol vendégek a szállodában a 312-es szobában laknak.
Felmegyünk a 16. emeletre.
Budapesten 22 kerület van.

10. Rewrite the following equations in words:

$2+7=9$; $15+26=41$; $11-8=3$; $100-42=58$; $33+59=92$; $21-14=7$

35

annyi,	ahány amennyi

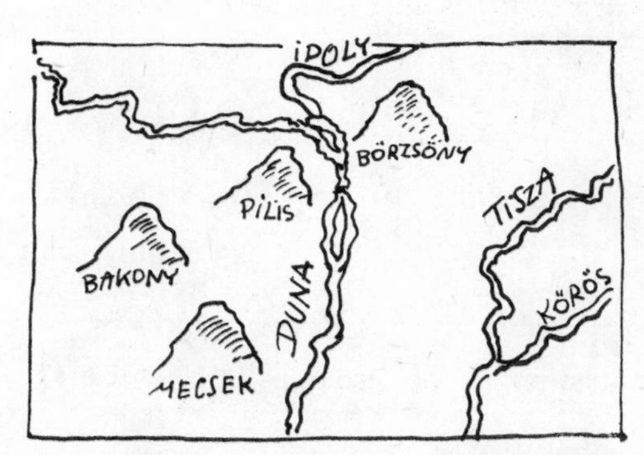

A térképen négy folyó van. A térképen négy hegy van.

Hány folyó van a térképen?

A térképen **annyi folyó** van, **ahány hegy**.

Mennyi víz van a pohárban?

A pohárban **annyi víz** van, **amennyi az üvegben**.

6

11. Make questions referring to the picture, and answer them in both simple and compound sentences:

(?) Hány fiú van a tanteremben?	○ A tanteremben öt fiú van.
	○○ A tanteremben annyi fiú van, ahány lány.
(?) Mennyi víz van a pohárban?	○ A pohárban kevés víz van.
	○○ A pohárban annyi víz van, amennyi az üvegben.

12. Give short answers to the questions in Exercise 11:

Öt./Annyi, ahány lány.
Kevés./Annyi, amennyi az üvegben.

36

valaki
mindenki
senki

Itt valaki / mindenki / senki sem dolgozik.

PRONOUNS

Singular:

ki? aki valaki mindenki senki	mi? ami valami minden[1] semmi	milyen? amilyen valamilyen* (mindenféle)* semmilyen*	melyik? amely(ik) valamelyik mindegyik /minden[2] semelyik

Plural:

kik? akik	mik? amik	milyenek? amilyenek	melyek? amelyek

hány? ahány valahány mindahány sehány	mennyi? amennyi valamennyi mindannyi /minden[3] semennyi	hányadik? ahányadik

The pronoun *minden* is used as follows:

1. As a noun meaning everything — *Minden szép, ami itt van.*
2. As an adjective meaning every/each — *Minden ország szép.*
3. As an adjective meaning all — *Minden gyerek itt van.*

ADVERBS

hol? ahol valahol mindenhol sehol	honnan? ahonnan valahonnan mindenhonnan sehonnan	hova? ahova valahova mindenhova sehova

merre? amerre valamerre (mindenfelé) semerre	merről? amerről valamerről (mindenfelől) semerről

Note

Negative pronouns and adverbs (beginning with *se-*, *sen-* and *sem-*) are used with a negative predicate, i.e. there double negatives are obligatory.

Senki	sem nem	dolgozik.
Nobody		works.

* Pronouns marked with an asterisk also have a plural form.

13. **Make sentences using different pronouns and adverbs as indicated:**

Valaki a pályaudvarra megy.
Ki megy a pályaudvarra?

Mindenki a pályaudvarra megy.
Senki sem megy a pályaudvarra.

Valaki mérges.
Az asztalon van valami.
Valamelyik gyerek a tanteremben tanul.

László taxin megy valahova.
Valamilyen virág van a vázában.
Valamerről gyerekek szaladnak a parkba.

14. **Complete the text with the pronouns and adverbs:**
(minden, mindenki, mindegyik, senki, valaki, valamelyik, valahova, valahonnan, valamilyen, aki, ahol)

Kint hideg van. Az utcán _ _ _ (ki?) siet _ _ _ (hova?); a gyerekek _ _ _ (melyik?) iskolába, a munkások a gyárakba. Az utcákon sok jármű halad. Azok utaznak járművön, _ _ _ (kik?) messze dolgoznak. _ _ _ (melyik?) autóbuszon és villamoson sok ember utazik.
Ez az autóbusz oda megy, _ _ _ (hol?) egy nagy gyár áll. Ebben a gyárban sok munkás van. A gyár zajos. _ _ _ (melyik?) gép mellett dolgozik _ _ _ (ki?). _ _ _ (ki?) sem pihen. Egy teherautó érkezik _ _ _ (honnan?). _ _ _ (milyen?) gép van a teherautón.

37

olyan, amilyen / mint

Ez az asztal új. Az az asztal is új.

Milyen ez az asztal?

Ez az asztal **olyan**, **amilyen** az.
mint az.

— • —

Itt **olyan** asztal van, **amilyen** ott.
mint ott.

Ezek az asztalok olyanok, amilyenek azok.

Itt **olyan** asztalok vannak, **amilyenek** ott.

Olyan, amilyen sentences can be translated with "such as" or "like". In the main clause in Hungarian—as we have seen in many other types of compound sentences—the demonstrative pronoun (*olyan*) is obligatory. The *amilyen* relative pronoun in the subordinate clause takes the suffixes of the noun referred to.

15. Complete the sentences:

Ez a rádió _ _ _, _ _ _ az.
Ez a rádió olyan, amilyen az.
(mint)

Az asztalon _ _ _ könyvek vannak, _ _ _ a polcon.
Ezek a székek _ _ _, _ _ _ az iskolában vannak.
A magyar nyelv nem _ _ _, _ _ _ az angol.
Ez az autó _ _ _, _ _ _ a másik.
Itt sok _ _ _ virág van, _ _ _ Angliában.
_ _ _ szállodában lakunk, _ _ _ ti.
A budapesti villamosok nem _ _ _, _ _ _ a londoniak.
A víz nem _ _ _ üvegben van, _ _ _ a bor.

BUDAPESTEN

A Ferihegyi repülőtérről autóbusz jár a Belvárosba. Erre az autóbuszra száll fel egy francia utas is, aki a Duna Szállóba megy. Ez a hatalmas, modern épület a pesti oldalon, a Duna-parton áll. A Duna Budapestnél északról dél felé folyik. A jobb oldalon fekszik Buda, a bal oldalon Pest. A fővárosban a folyó fölött nyolc híd van. Az Erzsébet-híd és a Lánchíd között van a szálloda, amelyben a francia utas lakik. Innen az ablakból szépek a budai hegyek.

* * *

A Gellérthegyen áll a hatalmas Szabadság-szobor. A régi budai Vár és a Mátyás-templom a Várhegyen van. Itt keskeny kis utcákban az alacsony, régi házak mellett különböző múzeumok vannak. Az érdekes, szép épületek között budapestiek és külföldiek, diákok és turisták sétálnak.

A francia férfi a szállodából taxin megy fel a Várba. A sofőr és az utas beszélget.

– Merre megyünk?

– Erre, a Lánchíd felé. Ott fordul az út a hídra, ahol az a szép, nagy épület áll. Az a Magyar Tudományos Akadémia.

A hídról az autó az alagútba fut be. Az alagút az alatt a hegy alatt van, amelyiken a Vár áll. A régi alagútban modern lámpák világítanak. Innen a taxi a Moszkva tér felé halad. Ott jobbra fordul, felmegy a Várhegyre.

Az utas azon a téren száll ki, ahol a Mátyás-templom áll. A templom mögött van a Halászbástya. Ott sok ember sétál. A francia utas oda siet, ahol egy nagy csoport áll. A Halászbástyáról gyönyörű a város, a pesti Duna-part; balra a Parlament, jobbra a Duna Szálló.

16. Answer the questions:

a)
1. Milyen jármű jár a Ferihegyi repülőtérről a Belvárosba?
2. Melyik autóbuszra száll fel a francia utas?
3. Hova megy?
4. Milyen a Duna Szálló épülete?
5. Hol áll ez a szálloda?
6. Merről merre folyik a Duna Budapestnél?
7. Mi fekszik a jobb oldalon?
8. Melyik oldalon fekszik Pest?
9. Hány híd van a fővárosban?
10. Milyen hidak között van a Duna Szálló?
11. Milyenek a budai hegyek az ablakból?
12. Hol áll a Szabadság-szobor?
13. Mi van a Várhegyen?
14. Milyen utcák vannak a Várban?
15. Milyenek itt a házak?
16. Hol vannak múzeumok?
17. Kik sétálnak az épületek között az utcákon?

b)
1. Mit csinál a francia férfi? (Min megy fel a várba?
Mit csinál a taxiban?
Hol száll ki a taxiból?
Hova siet?)
2. Merre megy a taxi? (Honnan indul?
Melyik híd felé megy?
Milyen épület előtt halad el?
Min megy át Budára?
Mibe fut be?
Merre halad az alagút után?
Merre fordul a Moszkva térnél?
Hova megy fel?
Hova érkezik a Várban?)
3. Milyen Budapest? (Hol van a Tudományos Akadémia?
Milyen?
Melyik híd van az Akadémiánál?
Hol van az alagút?
Milyen?
Milyen lámpák világítanak az alagútban?
Hol áll a Mátyás-templom?
Mi van a templom mögött?
Milyen innen a város?
Mi van a pesti Duna-parton?)

17. Describe what you see in the photos accompanying the text:

6

SZAVAK

Igék

csenget ring
fekszik lie, be situated
figyel vre listen to, pay attention to
ír (-ok) write
jár (vhova) go (to), visit
magyaráz explain
rajzol draw
számol count
tanít teach
tanul learn, study

Melléknevek

bal left
érdekes interesting
északi northern
fontos important
gyönyörű beautiful
hatalmas huge, enormous
hideg cold
jobb right
különböző different
tudományos scientific
zajos noisy

Tulajdonnevek

a Belváros City
a Duna-kanyar Danube-bend
Esztergom
a Ferihegyi repülőtér Ferihegyi Airport
a Halászbástya (Fisher-men's Bastion)
a Lánchíd (Chain Bridge)
Magyarország Hungary
a Magyar Tudományos Akadémia Hungarian Academy of Sciences
a Mátyás-templom Matthias Church
a Parlament Parliament
a Szabadság-szobor Statue of Liberty

Köznevek

alagút (-utak) tunnel
akadémia academy
belváros city
bor wine
doboz box
cigaretta cigarette
csoport group
egyetem university
földrajz geography
földrajzóra geography class
füzet copybook
gép machine
határ border
jármű (-vek) vehicle
kijárat exit
középiskola grammar school
matematika mathematics
mérnök engineer
múzeum museum
nyelv language
óra lesson, class
ország country
osztály class
pad school-bench
pohár (poharak) glass
polc shelf, rack
repülőgép aircraft, aeroplane
repülőtér (-terek) airport
szabadság freedom, liberty
tábla blackboard
tanár teacher
tanterem (-termek) classroom
teherautó lorry
templom church
térkép map
üveg bottle

Kifejezések

Csengetnek. The bell rings.

6

Egyéb szavak

ahonnan from where
ahova (to) where
amilyen like, as
amerre to where (in which direction)
amerről from where (from which direction)
annyi, ahány as many as
annyi, amennyi as much as
elöl ahead, in front
közel (vmihez) near (to)
meg plus
mely? which?
messze (vmitől) far (from)
mindahány all (of), each
mindannyi all (of), each
mindegyik each
minden every, all, everything
mindenfelé in all directions
mindenféle all kinds of
mindenfelől from all directions
mindenhol everywhere
mindenhonnan from everywhere
mindenhova (to) everywhere
mindenki everybody
mint as, like
olyan such
sehol nowhere
sehonnan from nowhere
sehova (to) nowhere
semelyik none
semennyi not . . . any
semerre in no direction
semerről from no direction
semmi nothing
semmilyen not . . . any kind of
valahány some
valahol somewhere
valahonnan from somewhere
valahova (to) somewhere
valaki somebody
valamelyik one of (them)
valamennyi some
valamerre in some direction (or other)
valamerről from some direction (or other)
valami something
valamilyen some (kind of)

vala- ⟶ v
e.g.
valaki ⟶ vki
valami ⟶ vmi
valakire ⟶ vkire
valamire ⟶ vmire
valakire *or* valamire ⟶ vre
valahol ⟶ vhol
valahova ⟶ vhova
etc.
! *only in word-lists*

KÖZMONDÁSOK:

Minden kezdet nehéz.
Everything is difficult in the beginning.
Nem mind arany, ami fénylik.
All that glitters is not gold.
Ahány ház, annyi szokás.
So many countries, so many customs.

18. Short dialogues:

– Hol van a Mátyás-templom?
– Fent a Várban.
– Hányas busz megy oda?
– A 16-os.

– _ _ _ _ _ _ _ a Gellért Szálló?
– _ _ _ _ _ _ _ a Duna-parton.
– _ _ _ _ _ _ _ villamos _ _ _
– A 19-es.

– _ _ _ _ _ _ _ a Parlament?
– _ _ _ _ _ _ _ a Belvárosban.
– _ _ _ _ _ _ _ villamos _ _ _
– A 2-es.

— • —

– Te mit csinálsz Budapesten?
– Itt tanulok. Egyetemre járok. És te?
– Én itt lakom. Dolgozom.
– Hol dolgozol?
– Egy áruházban.

– Ti _ _ _ _ _ _ _ _ _ _ _ _ _ _ _ _ _ _ _
– _
– _
– _
– Egy gyárban.

– Te _ _ _ _ _ _ _ Debrecenben?
– _ _ _ _ _ _ _ középiskolába _ _ _
– _
– _
– Egy szállodában.

— • —

– Ez nem a Gellérthegy?
– De igen, az.
– A 27-es busz megy fel a hegyre?
– Igen, az.

– _ _ _ _ _ _ _ Divatcsarnok?
– _
– Itt van a bejárat?
– _

– Nem itt van a buszmegálló?
– _
– Az 1-es busz is erre jár?
– _

– _ _ _ _ _ _ _ Keleti pályaudvar?
– _
– Innen indulnak a vonatok Győrbe?
– _

19. Make correct sentences selecting words from the three groups:

a gyerekek	befordul	a szállodában
a kutya	sétál	a hegyre
a madár	telefonál	az iskolában
az autó	felmegy	a hegyről
a turisták	elrepül	a parkban
(én)	tanul	az alagútba
(te)	lejön	az étteremben
ő	figyel	a folyó mellett
(mi)	fut	a Várba
(ti)	eszik	a lépcsőn
ők	kirándul	a fáról

A gyerekek sétálnak a parkban.
A gyerekek futnak a folyó mellett.
A gyerekek esznek az étteremben.
(Stb.)

SZÓREND

	A	**B** ~ —	— ~ C ~ **C**	D
	A lány	bemegy		az áruházba.
	Valaki	bemegy		az áruházba.
	Mindenki	bemegy		az áruházba.
		Ki	megy	be az áruházba?
		Senki sem	megy	be az áruházba.

	A lány	bent	van	az áruházban.
	Valaki	bent	van	az áruházban.
	Mindenki	bent	van	az áruházban.
		Ki	van	bent az áruházban?
		Senki	sincs	bent az áruházban.

6

20. Complete the table:

		A	B ~ —	— ~ C ~ C	D
		A fiatalok	felmennek		a Gellérthegyre.
valaki					
mindenki					
kik?	?				
senki (sem)	⊗				
		A gyerekek	bent	vannak	a tanteremben.
valaki					
mindenki					
kik?	?				
senki (sincs)	⊗				
		A villamos	átmegy		Budára.
valami					
minden					
mi?	?				
semmi (sem)	⊗				
		A vendégek	bemennek		az étterembe.
valahova					
mindenhova					
hova?	?				
sehova (sem)	⊗				

21. Give answers to these questions in both simple and compound sentences. Then make your own questions and answer them:

Melyik autóbuszról száll le sok külföldi?
Erről az autóbuszról száll le sok külföldi.
Arról az autóbuszról száll le sok külföldi, amelyik a templom előtt áll.

Melyik utcába fordul be az autóbusz?
Hol áll a rendőr?
Melyik házon van egy szobor?
Melyik szobor előtt áll egy nő és két gyerek?
Melyik padon ül két öreg ember?
Hova fut a kutya?
Stb.

22. Collect words. Answer the questions with as many proper words or idioms as you can:

Mik vannak az utcán?
Kik vannak az étteremben?
Mit csinál a villamos?
Mit csinál Gabi az iskolában?
Milyen a turista?
Milyen az autó?
Milyen a kirándulás?

6

23. Fill in the missing words:

Gabi ___ az iskolába jár, ___ a sarkon van. Közel van ___ a házhoz, ___lakik. ___ a gyerekek, ___ abban az iskolában tanulnak, mind a közelben laknak. Gabi bemegy ___ a tanterembe, ___ az 5. b osztály tanul. Ebben az osztályban is ___ gyerek tanul, ___ a másik ötödikben. Gabi leül ___ ___ a kislány mellé, ___ az első padban ül. Bejön a tanár. Ő ___ az asztalhoz ül, ___ a tábla előtt van. ___ a falon, ___ a tábla van, térképek is vannak. A tanár odamegy ___ a térképhez, ___ Magyarország van.

24. Rewrite the following sentences using negative pronouns:

Mindenki itt van.
Senki sincs itt.

Minden a táskában van.
Mindenhonnan érkeznek vonatok.
Mindegyik turista külföldi.
Mindenhol vannak virágok.
A cica mindenhova felmegy.
Mindenkinél van pénz.

25. Translate:

a) Ez a tanterem olyan, amilyen a többi. Annyi gyerek tanul itt, amennyi a másik osztályban. A gyerekek arra fordulnak, amerről a tanár jön. Mindenki leül. Gabi oda ül, ahol üres hely van. Belép a tanár. Mindenki figyel. Senki nem beszél.

b) – Where are you going?
– I am going up to the Castle.
– Is there anything interesting there?
– Of course, there are the old Buda Castle, Matthias Church and the Fishermen's Bastion, too.
– Are you going to take a tram?
– No, I am going to walk over the Chain Bridge and from there I will take a taxi to the square.
– Which square?
– The one where Matthias Church is.

FIRST TEST

I. Look at the pictures and complete the two passages with the right words:

Ez egy _ _ _ (A). Mik vannak itt? A _ _ _on (1) _ _ _ (2) vannak. Az _ _ _ (3) előtt egy _ _ _ (4) és _ _ _ (hány?) _ _ _ (5) áll. Jobbra _ _ _ (hány?) _ _ _ (6) van. Az _ _ _ben (hányadik?) _ _ _ (7) vannak, a _ _ _on (hányadik) egy _ _ _ (8). A _ _ _ön (9) a _ _ _ (10) alatt egy _ _ _ (11) _ _ _ (mit csinál?). Van rádió is a szobában? Rádió _ _ _ itt. De _ _ _ (12) vannak az _ _ _ (13) fölött. Egy _ _ _ (14) _ _ _ (mit csinál?) ott, és _ _ _ (mit csinál?) Az anya nincs bent. De ő is itt _ _ _ (mit csinál?).

Score:

(max.: 25)

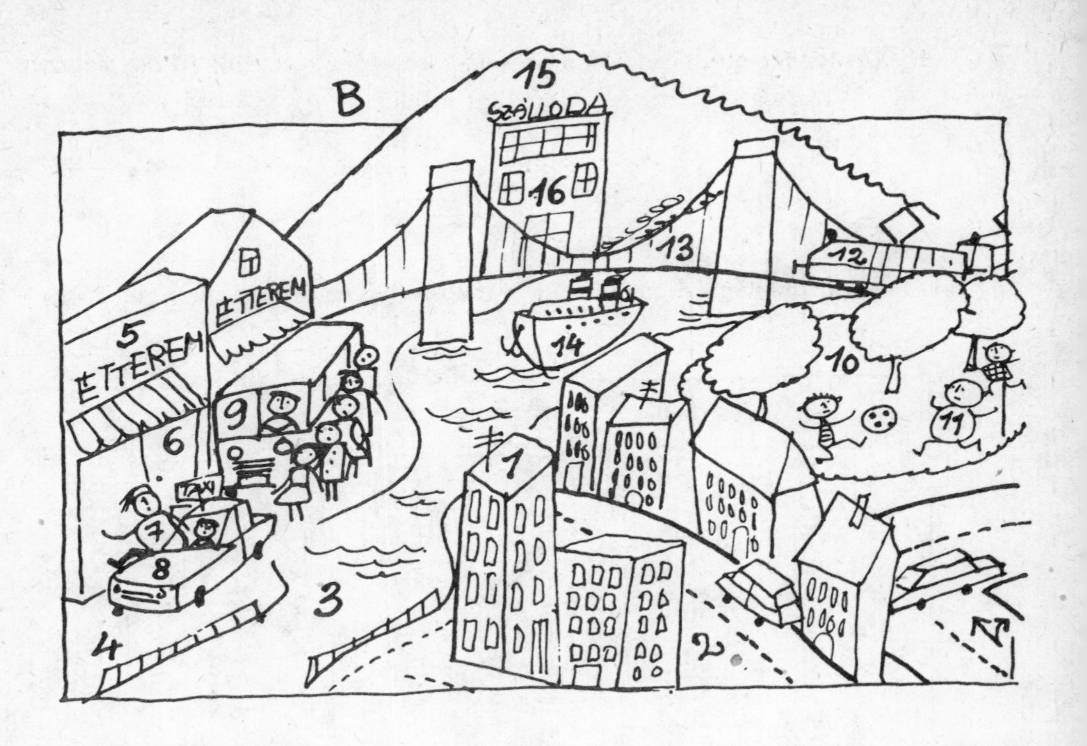

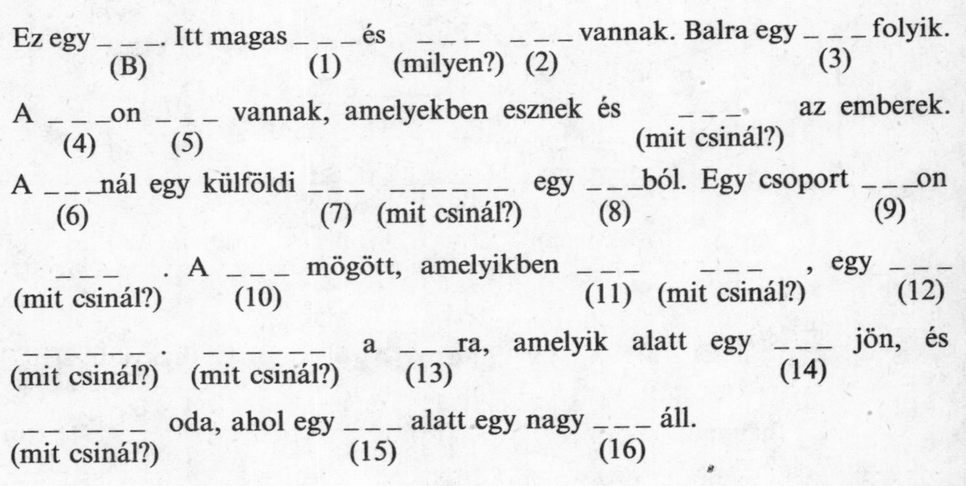

Ez egy ___. Itt magas ___ és ___ ___ vannak. Balra egy ___ folyik.
(B) (1) (milyen?) (2) (3)

A ___on ___ vannak, amelyekben esznek és ___ az emberek.
(4) (5) (mit csinál?)

A ___nál egy külföldi ___ ______ egy ___ból. Egy csoport ___on
(6) (7) (mit csinál?) (8) (9)

___ . A ___ mögött, amelyikben ___ ___ , egy ___
(mit csinál?) (10) (11) (mit csinál?) (12)

______ . ______ a ___ra, amelyik alatt egy ___ jön, és
(mit csinál?) (mit csinál?) (13) (14)

______ oda, ahol egy ___ alatt egy nagy ___ áll.
(mit csinál?) (15) (16)

Score:

(max.: 25)

II. Answer the questions with compound sentences according to the pictures:

Melyik szekrényben vannak a ruhák?

____

Hol játszik a kislány?

____

Melyik szekrényen van a virág?

____

Hova érkezik a csoport?

____

Melyik park mögött fordul be a villamos?

____

Score: ☐ *(max.: 20)*

III. Construct questions (answers) based on the following sentence:

Két török turista azon a mozgólépcsőn lemegy a metróba.

Kik _______________ ?
Milyen _______________ ?
Hány _______________ ?
Melyik _______________ ?
Mi... _______________ ?
Hova _______________ ?
(lemegy?) _______________ ?
Igen, _______________ .
Nem, _______________ .
(azon a ?) _______________ ?

Score: ☐ *(max.: 20)*

Total: ☐

BONUS QUESTION

IV. Read the following statements carefully. Fill in the chart if you want to, then answer the questions if you can:

A múzeum ott van, ahonnan a törökök jönnek. A pályaudvar ott van, ahova az angolok mennek. A szálloda ott van, ahova a franciák érkeznek. A görögök onnan indulnak, ahova a törökök mennek. A franciák onnan jönnek, ahova a görögök érkeznek. Az angolok nem onnan jönnek, ahonnan a törökök, de ők is oda érkeznek, ahonnan a görögök indulnak.

	Honnan?	Hova?
Törökök		vagy
Angolok	vagy	
Franciák	vagy	
Görögök	vagy	vagy

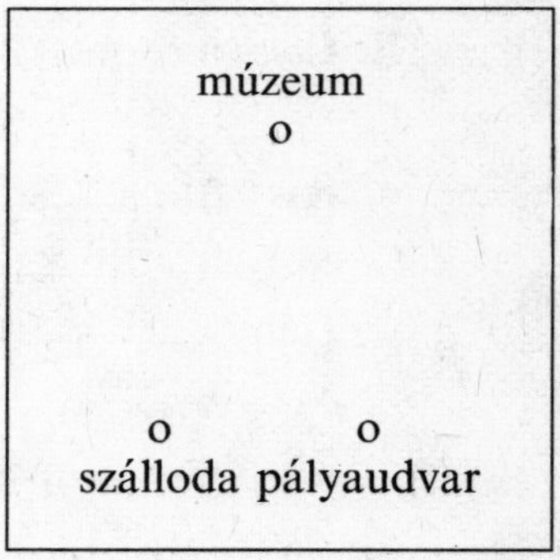

Hova mennek a törökök?

___

Honnan indulnak a franciák?

___

Honnan jönnek az angolok?

___

Hova mennek a görögök?

___

Kik mennek a pályaudvarra, és kik jönnek a múzeumból?

___

múzeum
o

o o
szálloda pályaudvar

Bonus points:

(*max.: 10*)

EVALUATION

Scores	
80—100:	Congratulations, you have made excellent progress.
60—79:	This is quite good, but please pay more attention to the parts you made mistakes in.
under 59:	Unfortunately the Hungarian language is difficult. You ought to go through the previous lessons once again.

TALÁLKOZÁS AZ UTCÁN

Imre: – Szervusz, Laci!
Laci: – Szervusz, Imre! Kedvesem, ő a barátom, Kertész Imre.
Imre: – Kezét csókolom.
Laci: – Imre, ő Irén, a feleségem.
Irén: – Jó napot kívánok.

Imre: – Hol vannak a gyerekek?
Laci: – Az egyik fiam moziban van, a másik otthon. A kislányunk pedig a nagymamánál, a Balaton mellett.

Imre: – Az én családom is nyaral. Ők a Mátrában vannak. De bocsánat, itt a buszom. Viszontlátásra!
Laci: – Szervusz!
Irén: – Viszontlátásra!

38

Kinek a _ _ _a?
az én _ _ _om

7

	Kinek	az asztal**a**	ez?
Ez az	**én**	asztal**om**.	

Ez az asztal**om**.
Az asztal**om** új.
Az asztal**om** az ablaknál van.

①	Ez	az **én**	asztal**om**.	*This is my table.*
②	Ez	a **te**	asztal**od**.	*This is your table.*
③	Ez	az **ő**	asztal**a**.	*This is his/her table.*
①①	Ez	a **mi**	asztal**unk**.	*This is our table.*
②②	Ez	a **ti**	asztal**otok**.	*This is your table.*
③③	Ez	az **ő**	asztal**uk**.	*This is their table.*

	asztal – asztal**ok**	ház – ház**ak**	szék – szék**ek**	gyümölcs – gyümölcs**ök**
① ② ③	asztal**om** asztal**od** asztal**a**	ház**am** ház**ad** ház**a**	szék**em** szék**ed** szék**e**	gyümölcs**öm** gyümölcs**öd** gyümölcs**e**
①① ②② ③③	asztal**unk** asztal**otok** asztal**uk**	ház**unk** ház**atok** ház**uk**	szék**ünk** szék**etek** szék**ük**	gyümölcs**ünk** gyümölcs**ötök** gyümölcs**ük**

7

	autó – autó**k**	kifli – kifli**k**	cipő – cipő**k**
① ② ③	autó**m** autó**d** autó**ja**	kifli**m** kifli**d** kifli**je**	cipő**m** cipő**d** cipő**je**
①① ②② ③③	autó**nk** autó**tok** autó**juk**	kifli**nk** kifli**tek** kifli**jük**	cipő**nk** cipő**tök** cipő**jük**

— • —

f*a* – f*á***k**	poh*á*r – poh*a*r**ak**	szob*o*r – szobr**ok**
f*a* – f*á***ja** leck*e* – leck*é***je**	poh*á*r – poh*a*r**a** t*é*r – t*e*r**e**	szob*o*r – szobr**a** étter*e*m – étterm**e**

— • —

	kabát	kert	diák, híd, park, bár, föld, nadrág, lift, pad, újság, út, bank, nap, rét, sofőr, telefon, csomag, földszint, kert stb.
③ ③③	kabát**ja** kabát**juk**	kert**je** kert**jük**	

	ap*a*	any*a*
③ ③③	ap**ja** ap**juk**	any**ja** any**juk**

	ajt*ó*	erd*ő*	id*ő*
③ ③③	ajt*a***ja** ajt*a***juk**	erd*e***je** erd*e***jük**	id*e***je** id*e***jük**

fiú
fi**am**, fi**ad**, fi**a**, fi**unk**, fi**atok**, fi**uk**

•

①	(-o, -a, -e, -ö)-**m**
②	(-o, -a, -e, -ö)-**d**
③	**-(j)a, -(j)e**
①①	(-u, -ü)-**nk**
②②	(-o, -a)-**tok**, (-e)-**tek**, (-ö)-**tök**
③③	**-(j)uk, -(j)ük**

As you can see in the small table above, the possessive suffixes in the first and second person singular and the second person plural are analogues with the plural nominative case of the nouns. Irregularities occurring in the plural nominative are also found here.

In the third person singular and plural *-j* is added after all nouns ending in a vowel and after a number of nouns ending in a consonant. The latter is marked in the word lists.

*a ház**am*** = my house
*az **én** ház**am*** = my house

E.g. *A ház**am** új.* My house is new.
*Az **én** ház**am** új, a **te** ház**ad** régi.*
My house is new, your house is (an) old (one).

In Hungarian the personal pronoun denoting the possessor is used only in a stressed position.

*az ő asztal**a*** = his/her table
*az ő asztal**uk*** = their table

The personal pronoun used as a possessor is the same in third person singular and plural. A distinction is made by the suffix attached to the thing possessed: *asztal**a*** (singular), *asztal**uk*** (plural).

1. Complete the sentences:

Az _ _ _ autó. . . új. A _ _ _ ház. . . magas. Az _ _ _ rádió. . . jó.

A _ _ _ újság. . . érdekes.

Az _ _ _ szék. . . alacsony.

A _ _ _ szekrény. . . nagy.

2. Complete the sentences and write your own:

A _ _ _ szoba. . . az első emeleten van.
Az _ _ _ kutya. . . a cica után fut.
Az _ _ _ ernyő. . . a földön fekszik.

3. Put the correct possessive suffixes into the blanks:

a) Ez az én szoba. . . . Az asztal. . . az ablaknál áll. Az ágy. . . a fal mellett van. A szekrény. . . magas, a szék. . . alacsony. A nadrág. . ., ing. . ., kabát. . . és cipő. . . a szekrényben van. A könyv. . ., a füzet. . ., a toll. . . és a ceruza. . . az asztalon van. Ott van a pohár. . . is. A pénztárca. . . és a pénz. . . nincs ott. A polc. . . az ágy fölött van. Ott van a rádió. . . és az óra. . . .

b) Ez a te ház. . . . A család. . . otthon van. Az anya. . . és az apa. . . a szobában beszélgetnek. A fiú. . . és a lány. . . a kertben játszanak. A kertben van a kutya. . . és a macska. . . is. A nővér. . . és a feleség. . . nincs otthon. Ők dolgoznak.

c) Ez egy szép lány. Az ő név. . . Kati. A haj. . . szőke, a szem. . . kék. Az arc. . . csinos. A ruha. . . modern. A cipő. . ., a szoknyá. . . és a pulóver. . . színes. A táska. . . kicsi és könnyű. De a barát. . . csúnya, kövér és öreg.

d) Ez a mi lakás.... Az ajtón ott van a név.... A szoba... nem üres. Szép a bútor.... A televízió... külföldi, a rádió... magyar. Egy barát... van a szobában. Ő a vendég....

e) Ez a ti csoport.... Az autóbusz... a múzeum előtt áll. A vezető... a múzeumról beszél. A szálloda... nem ebben a városban van. A sofőr... a buszban pihen. A labda... is a buszban van. A kutya... nincs ott. A cigaretta... rossz, és a pénz... kevés. De az üveg... nem üres, jó a bor.... Sajnos, piszkos a pohár....

f) A gyerekek tanulnak. Ez az ő iskola.... A tanterem... szép és tiszta. A tábla... fekete. A térkép... két ablak között van. A televízió... az asztal mellett áll. A tanár... és a tanárnő... nincs bent a tanteremben.

4. Put the correct possessive suffixes into the blanks:

Ez a mi család.... Te az én testvér... vagy. Ő az én nővér.... Az anya... (①①) és az apa... (①①) nincs otthon. Az ő anya... sincs itt. De a nagymama... (③) itt van. A kutya... (②②) a kertben van. Ott van a cica... (②②) is. Kinek a labda... ez? A te labda...? A kert... (①①) és a ház... (①①) kicsi. Az ő kert... (③③) nagy. Ott játszik a kisfiú... (②) és a kislány... (①).

Kinek a _ _ _a?
a _ _ _(nak a) _ _ _a

Kinek	a kutyája	fut	a parkban	?
A fiú(**nak**	**a)** kutyá**ja**	fut	a parkban	.

Az ön	kutyája	fut a parkban.

7

Kiknek	a kutyája	fut a parkban?
A fiú**k(nak**	**a)** kutyá**ja**	fut a parkban.

Az önök	kutyája	fut a parkban.

③	az	ő	kutyá**ja**
③③	az	ő	kutyá**juk**

<table>
<tr><td>③</td><td>az ön</td><td rowspan="2">kutyája</td><td>a fiú</td><td rowspan="2">kutyája</td></tr>
<tr><td>③③</td><td>az önök</td><td>a fiúk</td></tr>
</table>

Minek	a fala	fehér?
A ház(nak	a) fala	fehér.

a fiú**(nak**	**a)**	kutyá**ja**
the boy'**s**		dog

In the possessive attributive construction the thing possessed is always marked with suffixes *-a, -e, -ja, -je* but the possessive attributive ending *-nak, -nek* is mostly omitted.

Note
The general word order in the possessive attributive construction is possessor + possession.

5. Complete the questions and answer them:

Kinek a _ _ _ ez?
Kinek a cigarettája ez?
Ez a portás cigarettája.

Kinek a _ _ _ van a parkban?

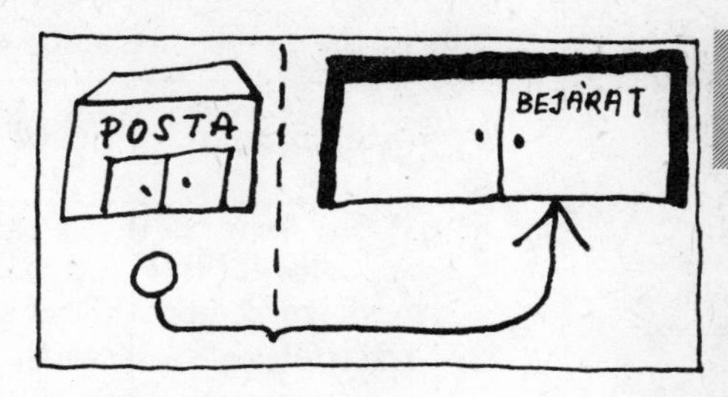

Minek a _ _ _ széles?

Kiknek a _ _ _ érkezik a parthoz?

Kinek a _ _ _ van ezen az emeleten?

Minek a _ _ _ nem működik?

Kiknek a _ _ _ van az asztalon?

6. Change the possessor into its plural form:

A te nővéred csinos.	A ti nővéretek csinos.

1. Az ön fényképe színes.
2. A gyerek labdája a fa alatt van.
3. A mérnök asztala közel van az ablakhoz.
4. Az ő repülőgépe Budapestre érkezik.
5. A tantermem a harmadik emeleten van.
6. Az orvos munkája nem könnyű.
7. Az autóbuszod a szállodától indul.
8. A gyerek apja iskolában tanít.
9. Az ő családja a fővárosban él.
10. Az ön ablaka a Dunára néz.

7 

7. Fill in the possessive suffixes and then substitute pronouns for the possessor:

A postás munka... nehéz.	A postás munkája nehéz. Az ő munkája nehéz.

1. A kisfiú labda... piszkos.
2. A mérnök lakás... modern.
3. Laci feleség... csinos.
4. A nagymama kert... nagy.
5. Kati cipő... új.
6. A munkások gyár... Budapest határánál fekszik.
7. A fiúk szoba... tiszta.
8. A gyerekek család... Budán lakik.
9. A lányok élet... vidám.
10. A turisták taxi... a bejáratnál vár.

40

Kovács László és a családja	Budapesten lakik.
Kovács**ék**	Budapesten lak**nak**.

-ék

Kovács László és a felesége / a családja } = Kovács**ék**

— • —

Kovács**ékhoz** vendégek jönnek.
Kovács**éknál** vendégek vannak.
Stb.

— • —

Irénke neve: Kovács László**né**.
Kovács**né**.

-né

-né put after a man's name is the same as Mrs (e.g. Mrs Kovács, Mrs László Kovács) in English.

— • —

Mária tanár**nő**.

-nő indicates that the noun refers to a female.

tanárnő – a woman teacher
orvosnő – a woman doctor
pincérnő – waitress
munkásnő – female worker
barátnő – (girl)friend

KOVÁCSÉK (I.)

Kovács László családja Budapesten él. Budán laknak egy modern házban. Ebben a házban hat lakás van. Laciék mellett egy barátjuk lakik, ő a szomszédjuk. A ház körül szép kert van, a kertben néhány fiatal fa és sok színes virág. Laciék ablaka a Dunára néz.

A lakásban három szoba van. Az egyikben Laci és a felesége lakik, a másikban a két fiú, a kis szobában pedig a kislányuk, Kati. De ő nincs otthon. A magymamájánál van a Balaton mellett.

8. Answer the questions:

1. Hol él Kovács László családja?
2. Milyen házban laknak?
3. Hány lakás van ebben a házban?
4. Ki lakik Laciék mellett?
5. Mi van a ház körül?
6. Vannak fák és virágok a kertben?
7. Merre néz Laciék ablaka?
8. Négy szoba van a lakásban?
9. Hány gyerek van a családban?
10. Mi a kislány neve?
11. Kinél van Kati?
12. Hol él Kati nagymamája?

A CSALÁDOM

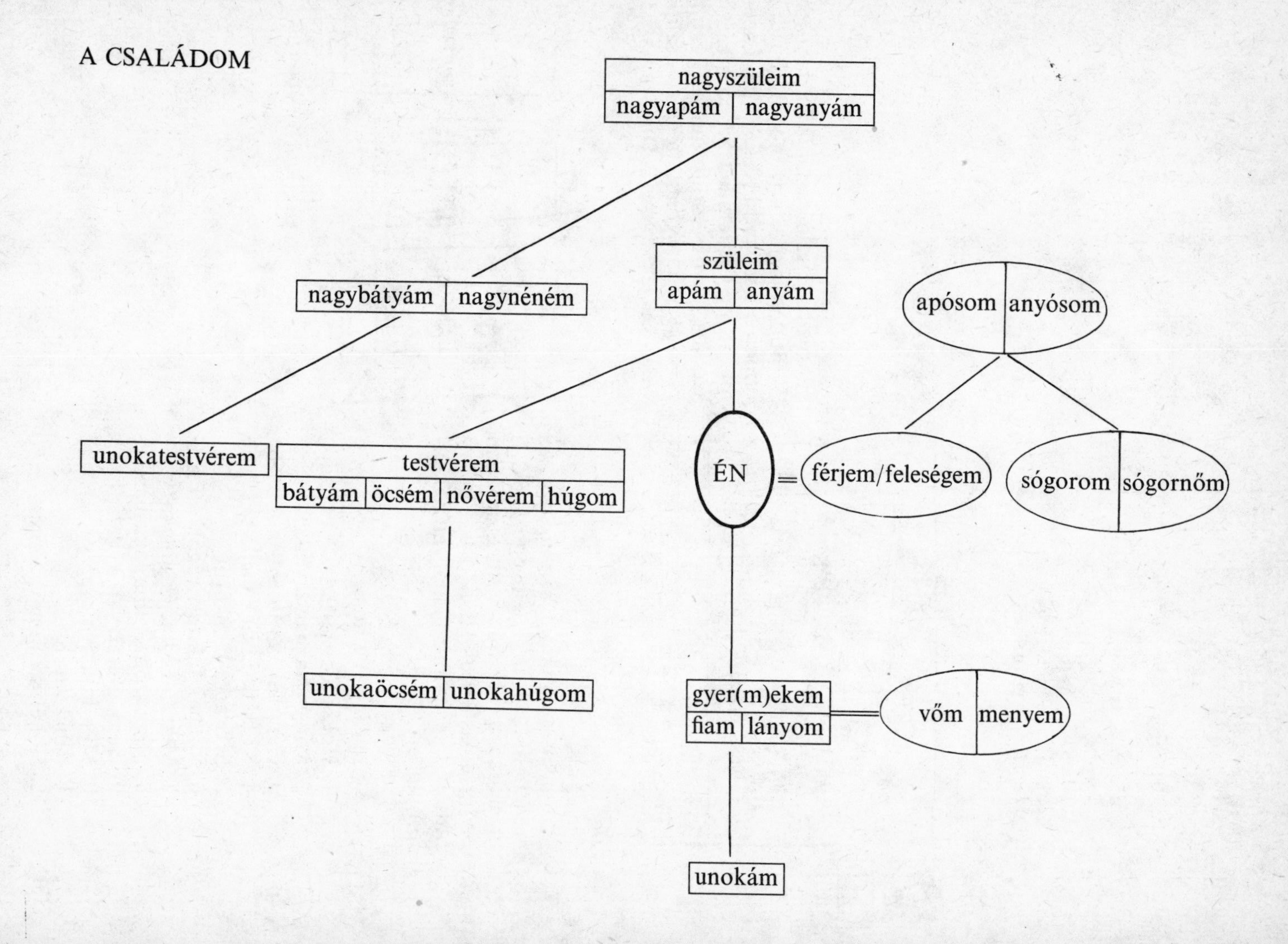

nagyszüleim
nagyapám
nagyanyám
szüleim
apám
anyám
nagybátyám
nagynéném
apósom
anyósom
unokatestvérem
testvérem
bátyám
öcsém
nővérem
húgom
ÉN
férjem/feleségem
sógorom
sógornőm
unokaöcsém
unokahúgom
gyer(m)ekem
fiam
lányom
vőm
menyem
unokám

A KOVÁCS CSALÁD

apa

Kovács László
Nemes Irén férje
a gyerekek apja

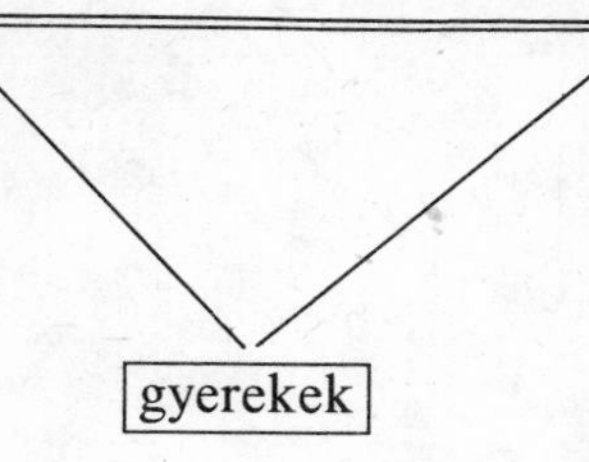

anya

Kovács Lászlóné Nemes Irén
Kovács László felesége
a gyerekek anyja

gyerekek

Gabi, Péter
az apa és az anya fia
Kati testvére

Kati
az apa és az anya lánya
Gabi és Péter testvére

9. Answer the questions:

Ez a Szabó család.

a) Hány ember van a családban?
b) Mi a nevük? *(Give them Hungarian names.)*
c) Ki kicsoda? *(Who is who?)* *(Use the following words in your description of the relationship among the members of the Szabó family.)*
apa – anya – férj – feleség – fiú – lány – gyerek – testvér – nagyszülők stb.

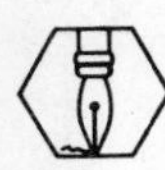

10. Rewrite the sentences in Exercise 9: *a)* 2 *b)* 1

---

a) Ez a te családod. Stb.
b) Ez az én családom. Stb.

11. Speak of your family. Use the proper words to describe them:
mérnök, pincér, portás, munkás, diák, orvos, sofőr, tanárnő stb.

Az (én) apám tanár.
Az (én) _ _ _ _ _ _ *(Go on.)*

41

Kinek a _ _ _a . . . ?

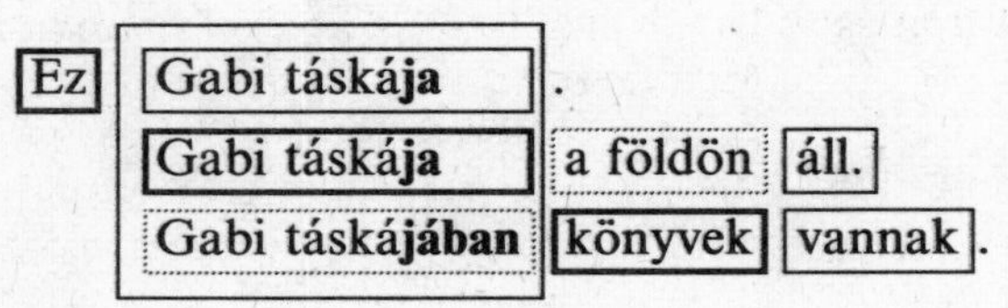

Ez	Gabi tásk**ája**	.	
	Gabi tásk**ája**	a földön	áll.
	Gabi tásk**ájában**	könyvek	vannak.

(táska + **m** + **ban**) → tásk**ámban** tásk**ádban** tásk**ájában** tásk**ánkban** tásk**átokban** tásk**ájukban**

Note
All adverbial and accusative suffixes follow the possessive suffix.

12. Answer the questions using the given words:

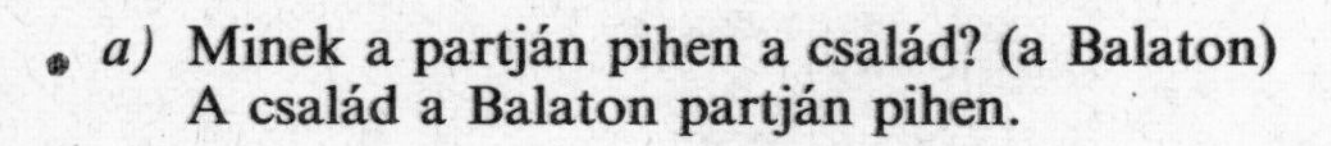

a) Minek a partján pihen a család? (a Balaton)
A család a Balaton partján pihen.

1. Kinek a szobájában játszanak a gyerekek? (Kati)
2. Kiknek a tantermébe lép be a tanár? (ti)
3. Minek a bejáratánál vár a taxi? (a szálloda)
4. Minek a fővárosáról beszélünk? (Magyarország)
5. Kiknek az autójából száll ki a mérnök? (önök)
6. Kinek a testvéréhez megy az orvos? (Gabi)

b) Hol van a Hotel Hilton? (város, központ)
A Hotel Hilton a város központjában van.

1. Hova mennek a turisták? (Mátyás-templom, bejárat)
2. Honnan érkezik ez a repülőgép? (Anglia, főváros)
3. Hol ülnek a külföldi vendégek? (szálloda, bár)
4. Kihez jön az orvos? (① , apa)
5. Miben van a pénz? (ön, pénztárca)
6. Min utazunk a Balatonhoz? (②② , autó)

c) Mi előtt állnak az autók? (Kovácsék, ház)
Az autók Kovácsék háza előtt állnak.

1. Mi fölött van a lámpa? (②, asztal)
2. Mi mögé fut be a kutya? (lányok, pad)
3. Mi elől indul az autóbusz? (pályaudvar, épület)
4. Mi felé megy ez a villamos? (város, központ)
5. Ki mellé ül le Kati? (Péter, barát)
6. Mi körül van szép kert? (Kovácsék, ház)

13. Make sentences which correspond to the situations in the picture (use the table):

Kati				
A fák		Szabóné	férj	
Az autó		Szabó László	feleség	olvas
A táska		a kert	ablak	áll
A gyerekek		az utca	kert	van
A kutya		Szabóék	cica	dolgozik
A cica	nem	Kati	anya	megy
A rendőr		a ház	sarok	játszik
Szabó Lászlóné			apa	fut
A szendvics			bejárat	
A hegy			autó	
A munkások			zseb	

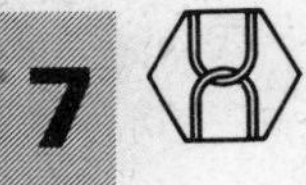

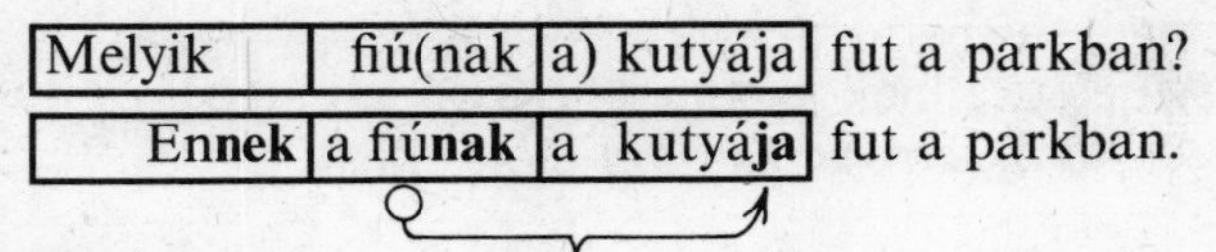

Ezeknek a fiúknak a kutyája fut a parkban.

In the case of a possessor constructed of a demonstrative pronoun + a noun the suffix *-nak, -nek* is obligatory with both of them.

—— • ——

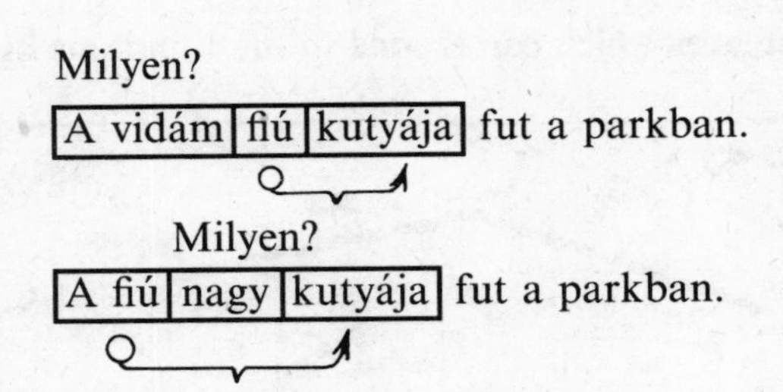

14. Change the sentences following the examples:

A lány testvére beteg. (ez a lány)
Ennek a lánynak a testvére beteg.
Sok utas vár a repülőtér épületében. (új épület)
Sok utas vár a repülőtér új épületében.

1. Az áruház liftje nem működik. (ez az áruház)
2. A gyerekek tanárnője fiatal. (ezek a gyerekek)
3. A szálloda portása a bejáratnál áll. (modern szálloda)
4. Az utasok a vonat ablakánál ülnek. (ez a vonat)
5. Bemegyek az üzlet bejáratán. (széles bejárat)
6. A gyár mérnöke otthon is dolgozik. (az a gyár)
7. Az emberek munkája érdekes. (azok az emberek)
8. A vendégek táskája a taxiban van. (külföldi vendégek)
9. Az orvos órája rossz. (régi óra)
10. A város levegője nem jó. (ez a város).

Péteren van kabát.
Péternek van **kabátja**.

Gáboron nincs kabát.
Gábornak is van kabátja.

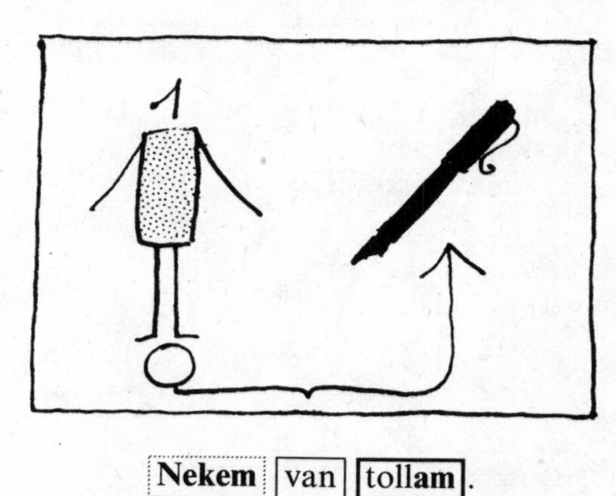

Nekem van **tollam**.

subject

Péter**nek**	van	kabát**ja**.
Peter	has	a coat.

subject

subject

Nekem	van	toll**am.**
I	have	a pen.

subject

Ki**nek**	van	toll**a**?
A fiú**nak**	van	toll**a**.
Ön**nek**		

Kik**nek**	van	toll**uk**?
A fiúk**nak**	van	toll**uk**.
Önök**nek**		

1	**Nekem**	van	toll**am**.
2	**Neked**		toll**ad**.
3	**Neki**		toll**a**.
1 1	**Nekünk**		toll**unk**.
2 2	**Nektek**		toll**atok**.
3 3	**Nekik**		toll**uk**.

—— • ——

Mi**nek** van ablak**a**?
Az épület**nek** van ablak**a**.

—— • ——

Melyik	fiúnak	van tolla?
Ennek	a fiúnak	van tolla.
A magas	fiúnak	van tolla.

Milyen tolla van a fiúnak?
Új tolla van a fiúnak.

43

vkinek van/nincs _ _ _a

Van Gabinak könyve?

Gabinak **van** könyve. Gabinak **nincs** könyve.

Gabinak van könyve?

Gabinak van könyve. **Nem Gabinak** van könyve.

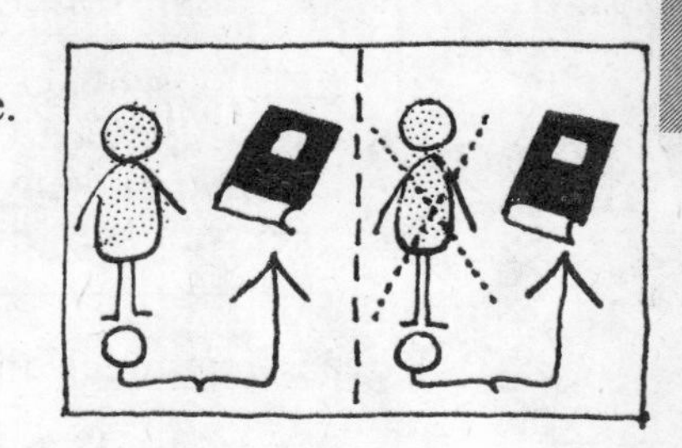

Könyve van Gabinak?

Gabinak **könyve** van. Gabinak **nem könyve** van.

15. Make possessive sentences with the given words:

portás	– rádió
iskola	– kert
család	– lakás
gyerekek	– barát
kislány	– apa
ön	– munka
Gabi	– testvér
fiúk	– labda
önök	– limonádé

A portásnak van rádiója.

16. Complete the sentences in the table:

Nekem	van	füzetem.
_ _ _	_ _ _	csomagotok.
Neki	_ _ _	lakás . . . .
_ _ _	_ _ _	poharad.
_ _ _	_ _ _	cigarettájuk.
Nekünk	_ _ _	telefon . . . .
Neked	_ _ _	pénz . . . .

17. Put the proper question:

A turisták szobája kényelmes.
Kiknek a szobája kényelmes?
A turistáknak kényelmes szobájuk van.
Kiknek van kényelmes szobájuk?

1. Kovács Lászlónak modern lakása van.
2. A mérnök cigarettája a táskában van.
3. A repülőtérnek két bejárata van.
4. Az angol vendégek szobája a harmadik emeleten van.
5. A folyó partján villamosok járnak.
6. A szállodának két liftje van.
7. A sofőröknek sok munkájuk van.
8. A modern városok levegője tiszta.

18. Answer the questions according to the pictures:

Van a családnak televíziója?

Van az iskolának kertje?

A kisfiúnak van labdája?

Fia van az orvosnak?

Van a portásnak könyve?

Tolla van a tanárnőnek?

19. Give short answers to the questions in Exercise 18:

20. Make sentences according to the signs:

⊗	család	autó	A családnak nincs autója.
?	család	autó	A családnak van autója?
○	család	autó	A családnak autója van.

○	mérnök	cigaretta
⊗	anya	kabát
?	áruház	mozgólépcső
⊗	én	csomag
⊗	rendőr	autó
?	önök	rádió
○	mi	óra
⊗	asszony	lakás
?	te	pénz
?	sofőr	sapka
⊗	ön	pulóver
○	ők	kutya

KOVÁCSÉK (II.)

Kovács László mérnök egy nagy budapesti gyárban. A felesége, Irén egy könyvtár vezetője a város központjában. A családnak van autója is. Laci autón megy a munkába, ugyanis a gyár messze van a lakásuktól. Budapest határánál fekszik, egy erdő mellett. A gyerekek abba az iskolába járnak, amelyik az ő utcájukban van.

KÖZMONDÁSOK:

A lónak négy lába van, mégis megbotlik.
It is a good horse that never stumbles.
Nem esik messze az alma a fájától.
As is the tree such is the fruit.
Like father like son.

21. **a) Repeat the text in the first person singular:**
b) Who are you? What is your profession? Who is your wife/husband? (Go on.)

SZAVAK

Igék

él live
működik work, function, operate
néz (vkire, vmire) look (at)
nyaral be on summer vacation
have summer holidays
találkozik meet

Köznevek

anyós mother-in-law
apa (apja) father
após father-in-law
arc face
barát (-ja) friend
bátya (bátyja) elder brother
ceruza pencil
cipő shoe
család (-ja) family
élet life
feleség wife
fénykép photo
férj husband
fiú, (fiam, fia) son
fürdőszoba bathroom
haj (-ak) hair
húg younger sister
kifli crescent roll
kisfiú (-fiam, -fia) son
kislány daughter
könyvtár (-ak) library
központ (-ja) centre
lakás flat, dwelling
lány daughter
macska cat
meny daughter-in-law
mozi cinema
nagyanya (-anyja) grandmother
nagyapa (-apja) grandfather
nagybátya (-bátyja) uncle
nagymama grandma
nagynéni (-néném, -nénje) aunt
nagyszülő(k) (-szüleim) grand-parent(s)
név (nevek) name
nővér elder sister
öcs (öcsém, öccse) younger brother
posta post, post-office
sógor brother-in-law
sógornő sister-in-law
szem eye
színház (-ak) theatre
szomszéd (-ja) neighbour
szótár (-ak) dictionary
szükség need, necessity
szülő(k) (szüleim) parent(s)
találkozás meeting
tanárnő (woman-)teacher
televízió television
testvér brother or sister
újság news
unoka grandchild
unokahúg niece
unokaöcs (-öcsém, -öccse) nephew
unokatestvér cousin
vezető head, chief, guide
vő (veje) son-in-law

Melléknevek

csinos pretty
csúnya ugly
kényelmes comfortable, cosy
könnyű light, easy
nehéz (nehezek) hard, difficult
piszkos dirty
széles broad, wide
vörös red

Tulajdonnevek

a Balaton
Imre Emeric
Irén Irene
János John
Kertész Imre
a Mátra
Nemes Irén
a Nemzeti Színház National Theatre
a Puskin mozi
az **Opera** Opera House
Szabó László
Szekér Balázs
Zoli Zoltán (pet name)
Zsuzsa Susan

Egyéb szavak

kicsoda? who?
pedig as for . . ., but
otthon at home

Kifejezések

férjnél van be married
Kedvesem! Darling.
Kezét csókolom. a formal greeting men use for ladies (I kiss your hand.)
Mi újság? What's the news?
(az ablakok) a Dunára néznek (the windows) look out on the Danube
Rendben van. All right.
Szívesen. With pleasure.
vkinek szüksége van vmire need sg

22. Short dialogues:

– Milyen a ti szobátok?
– Nagy és világos.
– És a fürdőszobátok?
– Kicsi, de modern.

– _ _ _ _ te _ _ _ _ _
– _ _ _ _ _ _ _ _ _ _ _ _
– _ _ _ _ _ _ _ _ _ _ _ _
– _ _ _ _ _ _ _ _ _ _ _ _

– _ _ _ _ _ önök _ _ _ _
– _ _ _ _ _ _ _ _ _ _ _ _
_ _ _ _ _ _ _ _ _ _ _ _
– _ _ _ _ _ _ _ _ _ _ _ _

— • —

– Halló, Éva! Itt Zoli beszél.
– Szia, Zoli. Mi újság?
– Van két jegyem a Puskin moziba. Eljössz?
– Szívesen. Hol találkozunk?
– A mozi előtt. Jó?
– Rendben van. Sietek.

– _ _ _ Zsuzsa! _ _ _ János _ _ _
– _ _ _ _ _ _ _ _ _ _ _ _
– _ _ _ _ _ _ _ a Nemzeti Színházba. _ _ _
– _ _ _ _ _ _ _ _ _ _ _ _
– _ _ _ _ _ _ _ _ _ _ _ _
– _ _ _ _ _ _ _ _ _ _ _ _

– ___ Kati! ____ __ Péter ___
– ___ ___ ___ ___
– ___ ___ __ az Operába. ______
– ___ ___ ___ ___
– ___ ___ ___ ___
– ___ ___ ___ ___

– Kérem. Van angol–magyar szótáruk?
– Természetesen. És magyar–angol szótárunk is van.
– Köszönöm, arra nincs szükségem.

– ___ ___ ___ Budapest-térképük?
– ___ ___ ___ _ Magyarország-
___ ___
– ___ ___ ___ ___ ___

– ___ ___ ___ _ fekete-fehér televíziójuk?
– ___ ___ __ színes ___ ___
– ___ ___ ___ ___ ___

23. Answer the questions, and make new sentences of your own:

– Mi van a szobában?
– Kinek a könyve ez? *(Go on.)*
– Ez az anya ruhája? *(Go on.)*
– Kinek van tolla? *(Go on.)*
– Milyen ruhája van az anyának? *(Go on.)*
– Van tolla az anyának? *(Go on.)*

24. Játék:

Gabi és Kati játszanak. Gabi kérdez, Kati felel: igen, nem, is.

Ki az?

– Ember?	– Igen.
– Él?	– Igen.
– Öreg?	– Nem.
– Férfi?	– Nem.
– Nő?	– Nem.
– Gyerek?	– Igen.
– Fiú?	– Igen.
– A barátom?	– Is.
– Péternek is barátja?	– Igen.
– Magas?	– Igen.

– Szőke? – Igen.
– Szép fiú? *(Kati arca piros.)* – Igen.
– Szekér Balázs? *(Kati arca vörös.)* – Igen.

Go on with this game thinking of another person or thing.

25. Translate:

a) Ez a lány a fényképen Kati barátnője. A neve Zsuzsa. Szép lány, szőke haja van és kék szeme. Tanárnő a XI. kerület egyik iskolájában. Férjnél van, és van egy kisfia. A lakásuk Budán van, a Gellérthegy egy csendes utcájában, a Dunára néz. Van egy kis kertjük is. A kertjükben sok szép virág van.

b)
– Hello, János!
– Hello, Zoli! This is my friend, Péter. He is our neighbour.
– Hello, Péter! I am Zoltán Nagy.
– Where are you going?
– Into my garden. I have a small garden on the bank of the Danube. I have a lot to do there. *(vkinek sok munkája van)*
– Unfortunately, I haven't got a garden, but I have a lot to do, too.

8

8. NYOLCADIK LECKE

A PÁLYAUDVARON

(Kovács László a pályaudvar bejáratánál egy vasutastól érdeklődik.)
– Bocsánat. Az ott az Orient-expressz, a hatodik vágányon?
– Nem, kérem. Az a prága–berlini gyors. Az Orient az első vágányra érkezik. Ott várnak rá az emberek a peronon.
– Köszönöm.

(Kovács László visszamegy a családjához, amely egy telefonfülke mellett áll. Csak a felesége, Irén és az egyik fia, Gabi van itt. Péter otthon vár rájuk, Kati pedig a nagymamánál van a Balatonon.)

– Odamegyünk az első peronra. Sajnos, késik az Orient.
– Apu, az Orient honnan jön? Londonból?
– Nem, Gabikám. Párizsból jön, Münchenen, Salzburgon és Bécsen keresztül.

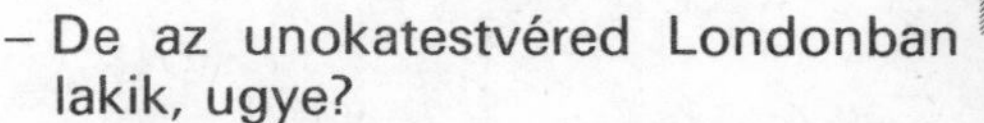

– De az unokatestvéred Londonban lakik, ugye?
– Tamás Londonban él, de a nővérének Párizs mellett van egy kis villája. A nővérének a férje francia, és ők Párizsban dolgoznak. Tamás náluk nyaral, onnan érkezik Budapestre.

– Apu, itt a vonat! Jaj, de sok ember száll le!
– Laci, itt senki sem jön, aki hasonlít Tamás fényképéhez.
– Nyugalom, Irénke, várunk. No, ott jön! Az a magas férfi, ott hátul. Csak most szakálla van, azért nem hasonlít a fényképéhez.

– Tamás! Szervusz, Tamás! Isten hozott Budapesten!
– Szervusztok! Á, te vagy Irén. És te? Gabi vagy, igaz? Nagyon kedvesek vagytok. Szívből örülök.

– Kint van a kocsim. Hol vannak a csomagjaid?
– Annál a hordárnál.
(A kocsihoz mennek.)
– Köszönöm, tessék. Elég 20 forint?
– Te énmellém ülsz, Gabi pedig Irén mellé.

44

mellette

(Péter a pályaudvaron áll.)	Hol	van a csomag?
(Péter a pályaudvaron áll.) A csomag	**Péter** mellett	van.
A csomag	mellett**e**	van.

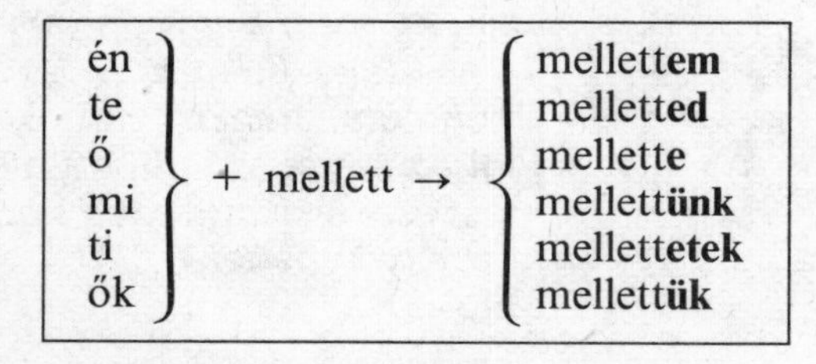

én	+ mellett →	mellett**em**
te		mellett**ed**
ő		mellett**e**
mi		mellett**ünk**
ti		mellett**etek**
ők		mellett**ük**

ön mellett

önök mellett

	Ki mellett	van a csomag?
A csomag	**ő**mellett**e**	van.

énmellett**em**
temellett**ed**
őmellett**e**
mimellett**ünk**
timellett**etek**
őmellett**ük**

Hungarian postpositions can take the possessive personal suffixes (i.e. *mellettem*). This construction equals the English preposition + personal pronoun construction (beside me). There are also emphasized forms constructed of personal pronoun + postposition + possessive suffixes (*énmellettem*).

— • —

Hova?	Hol?	Honnan?
mellé	mellett**e**	mellől**e**
alá	alatt**a**	alól**a**
fölé	fölött**e**	(fölül**e**)
elé	előtt**e**	elől**e**
mögé	mögött**e**	mögül**e**
felé	—	felől**e**
közé	között**e**	közül**e**
köré	! körülött**e**	—
	után**a**	

mellé**m**, mellé**d**, mellé(**je**), mellé**nk**, mellé**tek**, mellé**jük**
alatt**am**, alatt**ad**, alatt**a**, alatt**unk**, alatt**atok**, alatt**uk**

1. Complete the postpositions with the correct suffixes:

1. Kati mellé. . . (1) ül a moziban.
2. A kutya mögé. . . (2) fekszik.
3. Két rendőr megy felé. . . (3).
4. A gyerekek köré. . . (1 1) állnak.
5. A tanárnő közé. . . (2 2) ül.
6. Egy taxi érkezik elé. . . (3 3).

2. Answer the questions:

Hol fekszik a kutya?

Hol van az üveg?

Hol játszanak a gyerekek?

Hol repül a repülőgép?

Hova érkezik a busz?

Merre jön a pincér?

Honnan fut el a kislány?

Hova repül a madár?

Hova ül le Péter?

3. Answer the questions in the following way using the pictures in Exercise 2:

Kik mögött fekszik a kutya? Mimögöttünk.

4. Rewrite the sentences in Exercise 2 following the examples:

a) A kutya nem előttünk fekszik, hanem mögöttünk.
b) A kutya nem őmögöttük fekszik, hanem mimögöttünk.

5. Replace the noun + postposition construction with a postposition + possessive suffix construction:

Az iskola magas épület. Fák állnak *az iskola előtt.*
Fák állnak előtte.

A szülők a szobában beszélgetnek. A gyerekek *a szülők mellett* játszanak.
A szobor a parkban van. Színes virágok vannak *a szobor körül.*
A fiúk a téren várnak. Két lány siet *a fiúk felé.*
A falon *egy nagy tükör* van. Egy fiatal nő lép *a tükör elé.*
A televízióban érdekes műsor van. A család leül *a televízió elé.*
A Duna partján *egy szálloda* áll. Külföldi busz közeledik *a szálloda felől.*
A parkban *magas fák* állnak. Gyerekek labdáznak *a fák alatt.*

6. Complete the postpositions with the correct suffixes:

Előtt. . . (1) annyi pénz van, amennyi előtt. . . (2).
Három lány van között. . . (1 1).
Egy külföldi család lakik mellett. . . (2 2).
Beülök mellé. . . (2) az autóba.
A parkban egy madár száll le elé. . . (3 3) a fáról.
Egy mérges kutya fut után. . . (1 1).
A gyerekek elfutnak elől. . . (3).
Egy új taxi jön felé. . . (2 2).

45

nála

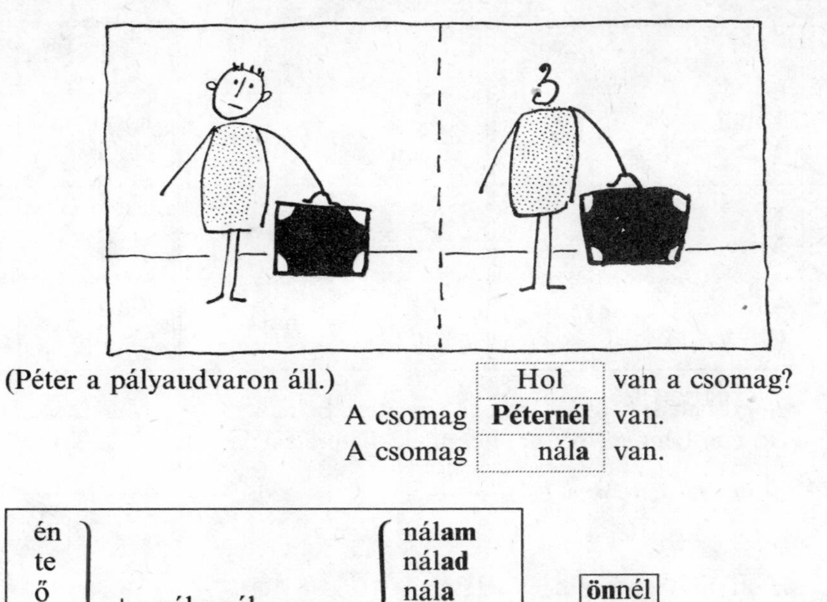

(Péter a pályaudvaron áll.)

	Hol	van a csomag?
A csomag	**Péternél**	van.
A csomag	ná**la**	van.

én te ő mi ti ők	+ -nál, -nél ⟶	nál**am** nál**ad** nál**a** nál**unk** nál**atok** nál**uk**

önnél

önöknél

Adverbial suffixes, like postpositions, can take possessive personal suffixes (i.e. *nálam* = with me; by me; on me). In this case, too, the stressed form is obtained through the addition of personal pronouns (i.e. *énnálam*).

— • —

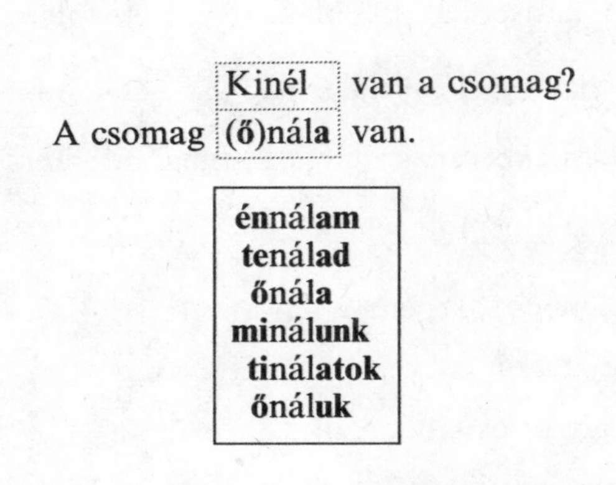

	Kinél	van a csomag?
A csomag	**(ő)**nál**a**	van.

énnál**am**
tenál**ad**
őnál**a**
minál**unk**
tinál**atok**
őnál**uk**

— • —

8

	Hova?		Hol?		Honnan?
Kibe? Mibe?	bele	Kiben? Miben?	benn**e**	Kiből? Miből?	belől**e**
Kire? Mire?	rá	Kin? Min?	rajt**a**	Kiről? Miről?	ról**a**
Kihez? (Mihez?)	hozzá	Kinél? (Minél?)	nál**a**	Kitől? (Mitől?)	től**e**

belé**m**, belé**d**, belé(**je**), belé**nk**, belé**tek**, belé**jük**
benn**em**, benn**ed**, benn**e**, benn**ünk**, benn**etek**, benn**ük**

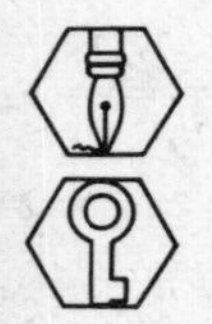

7. Fill in the sentences:

-hoz, -hez, -höz

Az utcán odalép _ _ _ (1) egy ember.

Az étteremben a pincér odamegy _ _ _ (2).

A kisfiú _ _ _ (3) siet.

Vendégek érkeznek _ _ _ (1 1).

Nem megyünk el _ _ _ (2 2).

Az apjuk repülőgépen utazik _ _ _ (3 3).

-ba, -be

A csap alatt egy pohár áll. Hideg víz folyik _ _ _.

A csap alatt poharak állnak. Hideg víz folyik _ _ _.

-ra, -re

A parkban egy kényelmes pad van. Leülünk _ _ _.

A tantermekben nagy táblák vannak. A tanárok írnak és rajzolnak _ _ _.

A gyerekek nem figyelnek _ _ _ (2 2).

-nál, -nél

Sajnos, nincs sok pénz _ _ _(1).

Van egy térkép _ _ _ (2).

Egy nagy piros labda van _ _ _ (3).

_ _ _ (1 1) Magyarországon sok fiatal futballozik.

Hány mérnök dolgozik _ _ _ (2 2) a gyárban?

A külföldi vendégek _ _ _ (3 3) maradnak.

8. Complete the questions with the correct suffixes and answer them as follows:

8

Ki. . . szalad a kisfiú?
Kihez szalad a kisfiú?
A kisfiú hozzám szalad.

Ki. . . van új kabát?

Ki. . . van a virág?

Kik. . . indulnak a vendégek?

Kik. . . világít a lámpa?

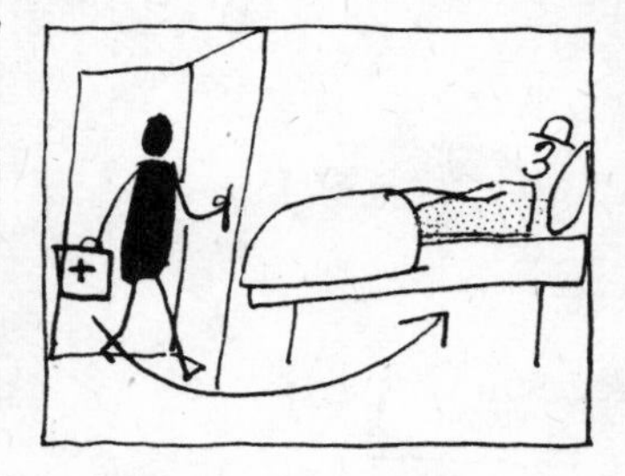

Ki. . . jön az orvos?

Ki. . . van sapka?

9. Make new sentences about the pictures in Exercise 8 following the examples:

a) A kisfiú nem hozzád szalad, hanem hozzám.
b) A kisfiú nem tehozzád szalad, hanem énhozzám.

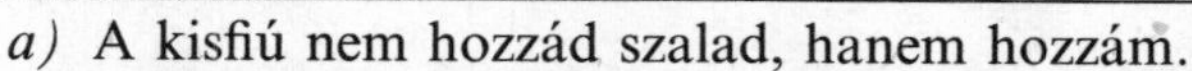

10. Make sentences about the pictures:

Rajtam új sapka van.
Önnél fekete táska van.

– – – – – –
– – – – – –

Nálatok üres üvegek vannak.

11. Read the text replacing the pictures with the appropriate words:

nevet, úszik, szív, tornázik, labdázik, játszik, arc, szemüveg, zene, énekel, karcsú, táncol, szem, ing

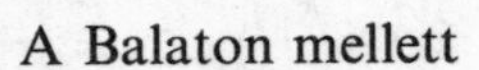

A Balaton mellett

A Balaton partján sok ember pihen. Mindenki vidám, mindenki  . A gyerekek a parton  , vagy  a vízben. Egy férfi a másik part felé  . Neki erős  van. Egy erős fiatalember  . Meleg van. A parton sok nő fekszik a víz mellett. Az  barna. Sötét  van rajtuk.

A parthoz közel van egy kis szálloda. A szálló egyik termében szól a  . Egy fekete hajú lány  . Egy magas férfi és egy  nő  . A nőnek szőke haja és kék 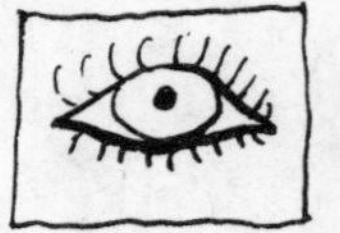 van. A férfi fehér ruhában van, az  sárga.

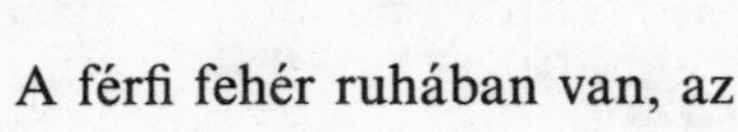

Lacinak van**nak** fényképe**i**.

Laci fényképe**i** szép**ek**.

fénykép ⟶ fényképe ⟶ fénykép**ei**

fénykép**eim** fénykép**eid** fényképei
fénykép**eink** fénykép**eitek** fénykép**eik**

asztal**a**- ház**a**- kabát**ja**- széke- gyümölcse- kertje-
! autó- cipő- labdá- lecké-

①	**-im**
②	**-id**
③	**-i**
①①	**-ink**
②②	**-itok** **-itek**
③③	**-ik**

szülő
szül**eim**, szül**eid**, szül**ei**, szül**eink**, szül**eitek**, szül**eik**

The plural of possessive suffixes is marked with the suffix *-i*. The plural suffix is generally added to the 3rd person singular possesive form.
The *-i* suffix is added directly to a word stem ending in a vowel.

12. Make sentences about the pictures:

Az utasnak vannak táskái.
Az utasnak nagy táskái vannak.
Az utasnak három táskája van.
Az utas táskái a földön állnak.
Az utas táskáiban ruhák vannak.
Az utas táskái között egy ernyő van.

13. Construct two sentences for each item following the examples. (In the second sentence use the pronoun instead of the noun):

nagymama virágok

A nagymamának vannak virágai.
Az ő virágai a ház előtt vannak.

Kati testvérek

fiúk szép fényképek

lányok színes ruhák

mérnök külföldi barátok

diákok nehéz leckék

14. Answer the questions:

Kinek vannak könyvei?
Kinek a könyvei vannak a polcon? ①

Nekem vannak könyveim.
Az én könyveim vannak a polcon.

Kinek vannak barátai külföldön? ③
Kinek a barátai külföldiek?

Kiknek vannak madaraik? ②②
Kiknek a madarai színesek?

Kiknek vannak gyerekeik? ③③
Kiknek a gyerekei járnak iskolába?

Kiknek vannak új fényképeik? ③③
Kiknek az új fényképei vannak a falon?

Kinek vannak szép ruhái? ②
Kinek a szép ruhái vannak ebben a szekrényben?

Kiknek vannak szép virágaik? ①①
Kiknek a szép virágai vannak a vázában?

Kinek vannak nagy csomagjai? ③
Kinek a csomagjai vannak a taxiban?

15. Complete the sentences:

Péter ___ (anya) vidéken él. Az anya... egy szép kis ház... van ott. A ház fal... fehérek, az ___ (ajtó) és az ablak... zöldek. Az anya... virág... és fa... is vannak a kert...ben. Az anya élet... nem könnyű, ___ (ő) sok munka... van. A ___ (fiú) és a lány... a városban laknak.

TAMÁS CSALÁDJA

(Otthon, Laciék nagyszobájában. Tamás mesél a családjáról.)

– Ezen a fényképen itt van az egész családunk. A szüleim, a nővérem, a sógorom és a gyerekük, Jean-Luc. (Tamás édesanyja Laci nagynénje, vagyis Laci anyjának a nővére. Szép, ősz hajú asszony. Angliában él, a férje angol. Tamásnak tehát két anyanyelve van: az angol és a magyar.)

– A szüleim egy kis városkában élnek, Oxfordhoz közel. Az apám az egyik középiskolában tanít.

Ez a házunk. Az egész ház és a környéke az anyám birodalma, de ez az ajtó itt az apám dolgozószobájába vezet: itt van a könyvtára. Értékes, régi könyvei vannak. Oxfordból is átjárnak hozzá a barátai, kollégái. Nála olvasnak, vagy tudományos kérdésekről vitatkoznak.

A fürdőszoba és a konyha a földszinten van. Az emeleten mindenkinek van egy saját szobája, a nővéremnek is és nekem is, pedig mi már nem élünk ott. Én Londonban lakom, ugyanis ott dolgozom. Tervezőmérnök vagyok. A kis szoba azonban mindig vár rám a szüleim házában, benne a régi könyveim, játékaim, labdák, teniszütők stb.

A londoni lakásomban van a dolgozószobám. Íróasztal, polcok, rajzállvány, speciális lámpák: ezek a fő bútoraim. Ott tervezek, rajzolok. Az ablakaim egy nagy parkra néznek, mindenhol zöld fű, sok fa, és egy kis tó is van a parkban.

Én csak angol–magyar vagyok, de a nővérem igazi „nemzetközi hölgy". Magyar anyja, angol apja, francia férje és konyhája, olasz neve és spanyol vizslája van. Ez itt ő, Beatrice, a nővérem; mellette a fia és a kutyájuk, Hidalgo. A férje, az én sógorom sportember: edző egy párizsi futballcsapatnál. A fiuk, Jean-Luc tízéves, futballista, tengerész és gengszter egy személyben.

16. Answer the questions:

a) 1. Kikről mesél Tamás?
2. Kik vannak az első fényképen?
3. Van Tamásnak nővére?
4. Ki Laci nagynénje?
5. Milyen asszony Tamás édesanyja?
6. Hol él Tamás édesanyja?
7. Mi Tamás anyanyelve?

b) 1. Hol élnek Tamás szülei?
2. Mi Tamás apja?
3. Hol tanít?
4. Saját házuk van Tamáséknak?
5. Hol van az apa könyvtára?
6. Milyen könyvei vannak?
7. Kik járnak át hozzá Oxfordból?
8. Mit csinálnak nála?

c) 1. Mi van a földszinten?
2. Van Tamásnak és nővérének saját szobájuk a házban?
3. Hol van a szobájuk?
4. Hol lakik Tamás?
5. Mi Tamás?
6. Hol vár rá a kis szoba?
7. Mi van benne?

d) 1. Hol van Tamás dolgozószobája?
2. Milyen bútorai vannak?
3. Mit csinál a dolgozószobájában?
4. Mire néznek az ablakai?
5. Mi van a parkban?

e) 1. Mi Tamás nővérének a neve?
2. Milyen neve van?
3. Az anyja magyar?
4. Az apja is magyar?
5. Mi a férje?
6. Hol dolgozik?
7. Hány éves a fiuk?
8. Mi Jean-Luc?

KÖZMONDÁS:
Az kiabál, akinek a háza ég.
He who is in trouble badly shouts.

SZAVAK

Igék

átjár (vhova) frequent
érdeklődik inquire
fáj (vkinek vmije) ache
hasonlít (vre) resemble, be similar to
késik be late
közelekedik approach
mesél (vről) tell, narrate
nevet laugh
örül (vnek) be glad, pleased
szól speak
táncol dance
tervez design

tornázik do gymnastics
úszik swim
vezet lead (to)
vitatkozik (vmiről) discuss, debate, argue
vár (vre) wait (for)

Köznevek

alma apple
almafa apple-tree
anyanyelv mother tongue
apu Daddy
birodalom (birodalmak) empire, realm
csap (-ja) tap
dolgozószoba study
édesanya (anyja) mother
edző coach, trainer
eladó seller, shop-assistant
expressz express(-train)
falu (falvak) village
fej head
fiatalember youth, young man
fok degree
forgalom (forgalma) traffic
forint (-ja) forint
futballcsapat football team
futballista footballer
fű (füvek) grass
gengszter gangster
gyors(vonat) fast train
házfelügyelő concierge
hordár porter
hölgy (-ek) lady
idegenvezető guide
idő time
íróasztal desk
játék toy
kérdés question
kisfiú little boy
kocsi car
kolléga colleague
konyha kitchen
környék surroundings
külföld foreign lands, abroad
láz fever, temperature
műsor programme
nyugalom (nyugalma) rest, calmness
panasz complaint
papír (-ja) paper
peron (-ja) platform
rajzállvány drawing easel
sportember sportsman, athlete
szakáll (-ak) beard
személy person
szemüveg eye-glasses
  sötét szemüveg sunglasses
szín colour
szív heart
telefonfülke call-box
tengerész sailor
teniszütő racket
terem (termek) hall
tervezőmérnök designer
torok (torkok) throat
tükör (tükrök) mirror
tó (tavak) lake
vágány rail, platform
városka small town
vasutas railway employee
vidék countryside
villa cottage
vizsla setter
zene music

Melléknevek

egész whole
elég enough
erős strong
értékes precious
(vhány) éves (. . .) year(s) old
fő main
(vmilyen) hajú haired
igazi true, real
karcsú slim
kedves sweet, kind, nice, dear
meleg warm
nemzetközi international
olasz Italian
ősz grey (haired)
rendes tidy, neat
sötét dark

spanyol Spanish
speciális special
szabad free, unoccupied

Tulajdonnevek

Bécs Vienna
Berlin
Irénke Irene (pet name)
München
Párizs Paris
Prága Prague
Salzburg
Tamás Thomas

Egyéb szavak

á oh, ah
bele into him/it
belőle from him/it, out of it
benne in him/it
hátul behind, at the back
hozzá to him/it
jaj ah, alas
vmin keresztül through
mindig always
most now
nagyon very
nála with/by/on him
no well
pedig but, though, as for
rá on (to) him/it
rajta on/upon him/it
róla from/about him/it
saját own
tehát so
tőle from him/it
ugye isn't it? (doesn't he?)
vagyis i.e.

Kifejezések

Isten hozott! Welcome!
Szívből örülök. I'm very glad.
jaj, de. . .! how. . .!
Nyugalom! Take it easy.

47

annak, aki(. . .)
annak a _ _ _nak, aki(. . .)

Kinek	van labdája?	
Annak	van labdája,	**aki** a szobor előtt áll .

Melyik	fiúnak	van labdája?	
Annak	a fi**únak**	van labd**ája**,	**aki** a szobor előtt áll .

Kinek	a labdája	nagy?	
Annak	a labd**ája**	nagy,	**aki** a szobor előtt áll.

Melyik	fiúnak	a labdája	nagy?	
Annak	a fiú**nak**	a labd**ája**	nagy,	**aki** a szobor előtt áll.

17. Make questions based on the picture and answer them:

Kinek van sapkája?	Annak van sapkája, aki a megállóban vár.
Kinél van táska?	Annál van táska, akinek ernyője van.
Melyik nőnek van nagy csomagja?	Annak a nőnek van nagy csomagja, aki az üzletből jön.

18. Answer the questions following the examples:

A lánynak szőke haja van.
A lány felszáll a 7-es buszra.

Kinek van szőke haja? Annak van szőke haja, aki felszáll a 7-es buszra.	Melyik lánynak van szőke haja? Annak a lánynak van szőke haja, aki felszáll a 7-es buszra.

Az idegenvezetőnek érdekes élete van.
Az idegenvezető külföldre jár.

Kinek van érdekes élete?	Melyik idegenvezetőnek van érdekes élete?

A gyerekeknek új táskájuk van.
A gyerekek az első osztályba járnak.

Kiknek van új táskájuk?	Milyen gyerekeknek van új táskájuk?

A lányok moziba mennek.
A lányoknak szabad idejük van.

Kik mennek moziba?	Milyen lányok mennek moziba?

Az utas a pénztárhoz siet.
Az utasnak nincs jegye.

Ki siet a pénztárhoz?	Melyik utas siet a pénztárhoz?

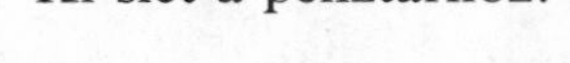

19. Change the sentences in Exercise 18 as indicated:

Annak, aki felszáll a 7-es buszra, szőke haja van.
Annak a lánynak, aki felszáll a 7-es buszra, szőke haja van.

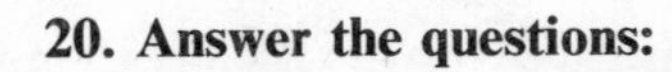

20. Answer the questions:

Az öregember unokája a parkban játszik.
Az öregember a padon ül.

Kinek az unokája játszik a parkban?	Melyik öregember unokája játszik a parkban?
Annak az unokája játszik a parkban, aki a padon ül.	Annak az öregembernek az unokája játszik a parkban, aki a padon ül.

A postás táskája nehéz.
A postás Budára megy.

Kinek a táskája nehéz?	Melyik postás táskája nehéz?

A gyerekek szobája rendes.
A gyerekek nincsenek otthon.

Kiknek a szobája rendes?	Milyen gyerekek szobája rendes?

A mérnök az étteremben ebédel.
A mérnök kocsija kint áll.

Ki ebédel az étteremben?	Melyik mérnök ebédel az étteremben?

Az anya gyerekei otthon maradnak.
Az anya munkába indul.

Kinek a gyerekei maradnak otthon?	Melyik anya gyerekei maradnak otthon?

21. Fill in the missing words:

Kati odamegy _ _ _ az eladóhoz, _ _ _ fekete haja van.
Bemegyünk _ _ _ az áruházba, _ _ _ négy emelete van.
Nincs jegyük _ _ _ az utasoknak, _ _ _ a pénztárnál állnak.
_ _ _ a szállodának a tizedik emeletén lakunk, _ _ _ a Duna-parton áll.
_ _ _ a lánynak, _ _ _ beszélek, kék szeme van.
Nagyon kényelmes szobái vannak _ _ _ a szállodának, _ _ _ lakunk.
Szép színük van _ _ _ a virágoknak, _ _ _ a szobor körül vannak.

22. Short dialogues:

– Ön a házfelügyelő?	– _ _ _ _ _ _ _ _ _ _ _ _ _ _ _ _ _ _ _
– Én vagyok az. Tessék, kérem.	– _ _ _ _ _ _ _ _ _ _ _ _ _ _ _ _ _ _ _
– Ebben a házban laknak Nagy Jánosék?	– _ _ _ _ _ _ _ _ _ _ Magyar Péterék?
– Igen, itt. Fent laknak a harmadikon.	– _ _ _ _ _ _ _ _ _ _ ötödiken.
– Köszönöm.	– _ _ _ _ _ _ _ _ _ _ _ _ _ _ _ _ _ _ _

– Hol élnek a szüleid?
– Vidéken, egy kis faluban.
– A testvéreid is ott laknak?
– Nem. A bátyám Budapesten dolgozik, a húgom pedig külföldön tanul.

– _
– Budapesten, a VIII. kerületben.
– _
– A nővérem Szegeden _ _ _ az öcsém _ _ _ Győrben _ _ _

– _
– Angliában, egy kis városban.
– _
– _ _ _ _ _ _ _ _ _ _ _ Londonban _ _ _ _ _ _ Párizsban _ _ _ _ _ _ _

— • —

– Mi a panasza?
– Nagyon fáj a fejem.
– Láza van?
– Igen. 38,5 (harmincnyolc egész öt tized) fok.

– _
– _ _ _ _ _ _ _ _ _ _ _ _ _ _ _ _ torkom.
– _
– _ _ _ _ _ _ _ _ 39 _ _ _ _ _ _ _ _ _ _ _

23. Fill each of the blanks in this passage:

Az utcánkban van egy kis ház. Két család lakik _ _ _ (a házban).
Az utcánkban van egy kis ház. Két család lakik *benne*.

Ez a mi utcánk. Itt nem nagy a forgalom, nem sok autó jár _ _ _ (az utcánkon). _ _ _ (az utcánk mellett) van egy kis park. Sok kis gyerek játszik _ _ _ (a parkban). Színes, kényelmes padok is vannak ott. Az anyák, apák, nagymamák ülnek _ _ _ (a padokon). Ez itt a házunk. Egy taxi érkezik _ _ _ (a ház elé). Egy fiatal férfi és egy nő kiszáll a kocsiból, de a harmadik utas nem száll ki _ _ _ (a kocsiból). Bemennek a házba, odamennek, ahol a falon ott van azoknak a neve, akik itt laknak. Annak a neve, akihez jönnek, nincs _ _ _ (a nevek között.) Kimennek a házból, és visszaülnek a taxiba. A mi lakásunk ott van a házban. A szüleim, a testvéreim és én lakunk – – – (a lakásban). A bejárattól jobbra van a konyha és egy nagy szoba. _ _ _ (a konyha és a nagy szoba között) van az én kis szobám. A szobámban csak egy ágy, egy asztal és egy nagy polc van. A könyveim vannak _ _ _ (a polcon).

24. Fill in the right form of the verbs in brackets:

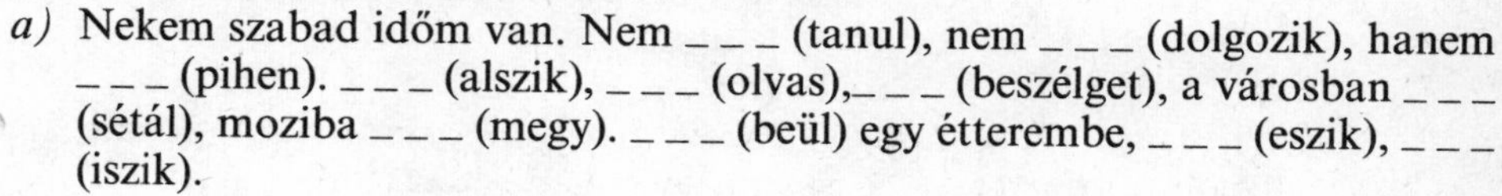

a) Nekem szabad időm van. Nem _ _ _ (tanul), nem _ _ _ (dolgozik), hanem _ _ _ (pihen). _ _ _ (alszik), _ _ _ (olvas), _ _ _ (beszélget), a városban _ _ _ (sétál), moziba _ _ _ (megy). _ _ _ (beül) egy étterembe, _ _ _ (eszik), _ _ _ (iszik).

b) **Put part a) into the plurel:**

Nekünk szabad időnk van. ....

c) Ti színházba ___ (indul). ___ (leszalad) a lépcsőn, és ___ (kilép) az utcára. ___ (odasiet) a villamosmegállóba. Villamoson ___ (utazik) a színházhoz. A villamosban ___ (leül) egy ablak mellé. Az út elég hosszú, ezért ___ (olvas). A színház elé ___(érkezik). ___ (leszáll) a villamosról, de nem ___ (bemegy) a színházba. Előtte ___ (vár) Évára.

d) **Put part c) into the singular:**

Te színházba ___________________________________

e) Önök külföldiek. Budapesten ___ (nyaral). Egy szállodában ___ (lakik). A szobájuk kényelmes. Ott ___ (pihen), ___ (olvas), ___ (beszélget), de nem ott ___ (eszik). A szálloda éttermében ___ (reggelizik) és ___ (vacsorázik), és a városban ___ (ebédel). A városban autóbuszon vagy taxin ___ (utazik).

f) **Put part e) into the singular:**

Ön külföldi. ___________________________________

25. Introduce some of your relatives (a female, a male, a child):

Describe their appearances, their main features, their social status, their hobbies, etc.

a) anyám, nagyanyám, nagynéném, nővérem
b) apám, nagyapám, öcsém, bátyám, sógorom, unokatestvérem
c) testvérem, unokatestvérem, testvérem fia/lánya

26. Translate:

a) Nagyék Pesten élnek. Nem saját házukban laknak, hanem egy magas pesti ház ötödik emeletén. A lakásuk nem nagy, de kényelmes. A két gyerek szobájában semmi sincs a helyén. Az íróasztalukon sok füzet és papír van, mellette a földön könyvek fekszenek. A ruháik nem a szekrényeikben vannak, hanem az ágyakon és a székeken. A barátaik, akik hozzájuk jönnek, nem a székeken ülnek, hanem a földön.

b) This is my aunt, my father's sister. She is a fifty seven year old woman. She does not work, but she always has a lot to do around the house and the garden. Her kitchen is very clean, although she is cooking all the time. Now my children are at her house (*nála*).
They are very happy (*vidám*) in her big garden among her trees and her beautiful flowers. She has got a young setter, too.

9. KILENCEDIK LECKE

A KÖZÉRTBEN

– Tessék, uram, mit kér?
– Egy kiló kenyeret, négy zsemlét és egy vajat.

– Igen. Valami mást?
– Igen, kérek húsz deka szalámit, tíz deka sonkát és talán huszonöt deka sajtot.
– Milyen sajtot?
– Füstölt sajtot.

– Tessék. Még valamit szabad?
– Egy fél kiló kávét és egy liter bort is. Badacsonyit.
– Tessék, szürkebarát. A pénztárnál fizet, uram.

– Köszönöm. Gyümölcsöt hol kapok? Szőlőt keresek és egy kiló szép jonatánalmát. Nagyon szeretem a magyar almát.
– Ott a sarokban a gyümölcspultnál adnak. Viszontlátásra.
– Viszontlátásra.

9

48

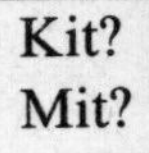

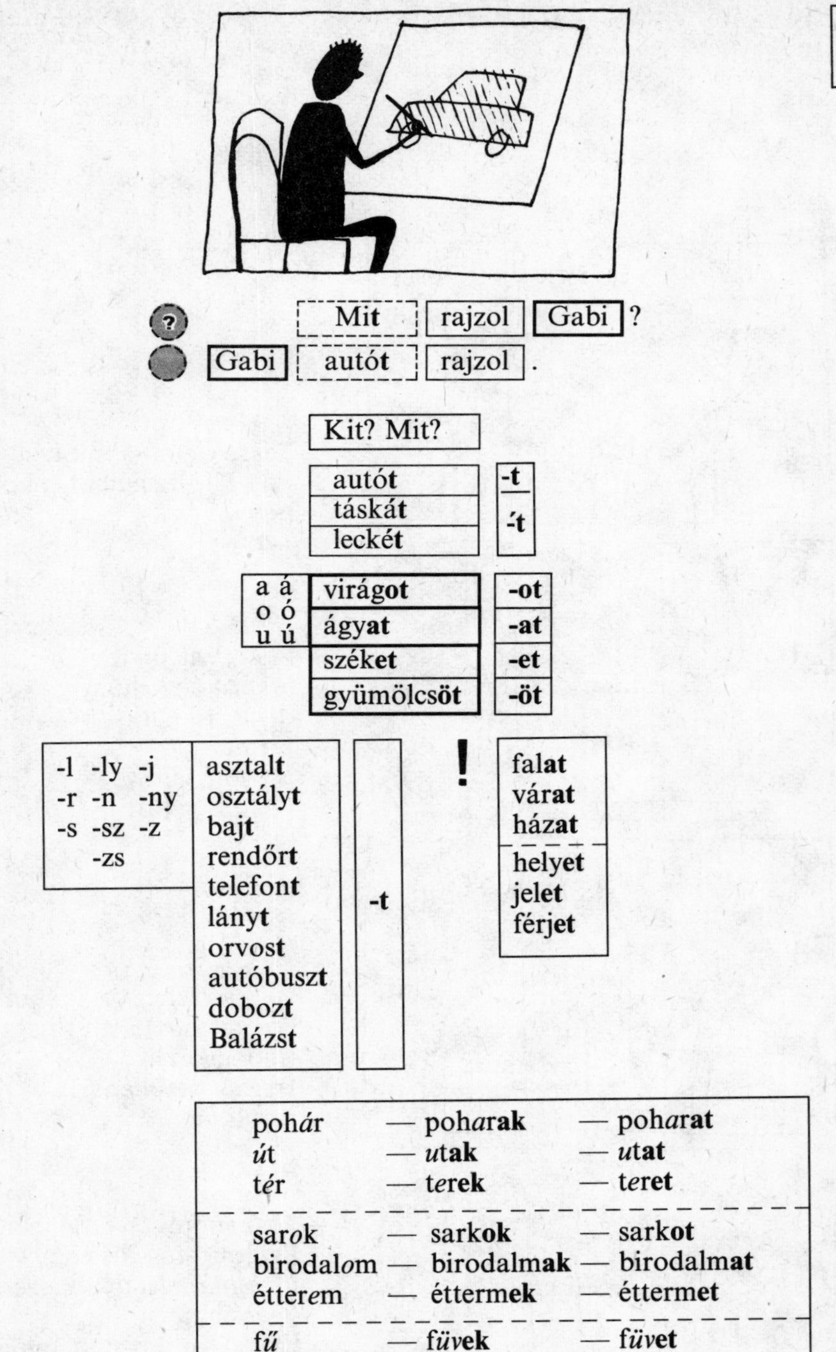

? Mit rajzol Gabi?

Gabi **autót** rajzol.

Kit? Mit?	
autó**t**	-t
táská**t**	-́t
lecké**t**	-́t

a á o ó u ú		
	virág**ot**	-ot
	ágy**at**	-at
	szék**et**	-et
	gyümölcs**öt**	-öt

-l -ly -j -r -n -ny -s -sz -z -zs		
	asztal**t** osztály**t** baj**t** rendőr**t** telefon**t** lány**t** orvos**t** autóbusz**t** doboz**t** Balázs**t**	-t

!

fal**at** vár**at** ház**at**
hely**et** jel**et** férj**et**

	poh*á*r	— poh*a*r**ak**	— poh*a*r**at**
	*ú*t	— *u*t**ak**	— *u*t**at**
	t*é*r	— t*e*r**ek**	— t*e*r**et**
	sar*o*k	— sark**ok**	— sark**ot**
	birodal*o*m	— birodalm**ak**	— birodalm**at**
	étter*e*m	— étterm**ek**	— étterm**et**
	f*ű*	— f*ü*v**ek**	— f*ü*v**et**
!	férfi	— férfi**ak**	— férfi**t**

Unlike in English, the object in the Hungarian sentence is marked with the suffix *-t*. We have seen that in Hungarian the function of a word does not depend on its position in the sentence. This is true for the object as well.

Egy autó	befordul	a sarkon.	
	Befordul	a sarkon	*egy autó.*
A car	is turning round	the corner.	

Function: Subject

Péter		lát	*egy autót.*
Péter	*egy autót*	lát.	
Péter		sees	*a car.*

Function: Object

1. The formation of the accusative of singular nouns is analogous with the formation of the plural of nouns except that the suffix *-t* takes the place of *-k*.
2. Words ending in a vowel form their accusative like the plural of nouns, without a linking-vowel before the *-t*.
3. In general, the suffix *-t* can be added directly to words ending in *-l*, *-r*, *-j*, *-ly*, *-n*, *-ny*, *-s*, *-sz*, *-z*, *-zs* without a linking-vowel. (Except those which take an *a* as the linking-vowel in the formation of the plural, and some words which take *e*. E.g.: *házak—házat*, *fejek—fejet*.)
4. Alterations in the stems of the words occur in the accusative, too. E.g. *tér—terek—teret*.
5. Further exceptions are marked in the word lists.
6. Formation of the accusative of adjectives, pronouns and numerals is similar to that of nouns.

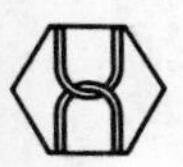

Hány**at**?	Hányadik**at**?
egy**et** kett**őt** ! há*rm***at** négy**et** öt**öt** hat**ot** ! h*e***t**et** nyolc**at** kilenc**et** tíz**et** húsz**at** ötven**et** száz**at** ! ez*r***et**	az/a első**t** második**at** harmadik**at** negyedik**et** ötödik**et** stb.

Milyen | autót | rajzol Gabi?
Gabi | kék | autót | rajzol.

Hány | autót | rajzol Gabi?
Gabi | két | autót | rajzol.

	Miket	rajzol Gabi?
Gabi	autó**kat**	rajzol.

Kiket?
Miket?

Miket?		
autó**kat**	cipő**ket**	
ruhá**kat**	leckéket	
virág**okat**	gyümölcs**öket**	**-at, -et**
ágy**akat**	szék**eket**	
pohar**akat**	ter**eket**	

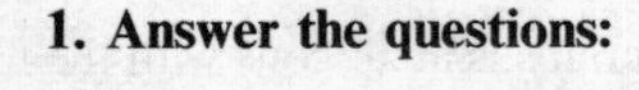

1. Answer the questions:

Mit rajzol Gabi?

Mit olvas Kati?

Mit esznek a fiúk?

Mit iszik a vendég?

Mit tanulnak a diákok?

Mit visz a sofőr?

2. Make questions and answer them based on the pictures in Exercise 1:

a)  Gabi autót rajzol? — Igen, Gabi autót rajzol.
b) Gabi vonatot rajzol? — Nem, Gabi nem vonatot rajzol, hanem autót.

3. Repeat the questions in Exercise 2 and give short answers:

a) Gabi autót rajzol? Igen, autót. / Igen, azt. / Azt.
b) Gabi vonatot rajzol? Nem, nem vonatot. / Nem, nem azt. / Nem azt.

4. Make sentences based on the pictures in Exercise 1:

a) 1 or 1 1 Autót rajzolok.

b) 2 or 2 2 Autót rajzolsz.

5. Answer the questions, then shorten the questions and answer them:

Milyen cipőt vesz Kati?
Kati szép cipőt vesz.
Milyet vesz Kati?
Szépet.

Hány hidat látnak a turisták?

Milyen autót néznek a fiúk?

Hány könyvet vesznek a lányok?

Milyen bort iszik Péter?

Hány csomagot visz a sofőr?

Milyen táskát hoz az orvos?

6. Make sentences based on the pictures in Exercise 5:

a) 1 *or* 1 1 Szép cipőt veszek.

b) 2 *or* 2 2 Szép cipőt veszel.

7. Complete the sentences:

a)

	Kik? Mik?			Kit? Mit?	
A téren	ember. . . gyerek. . . rendőr. . . szobor. . . üzlet. . . áruház. . . gyár. . . pad. . . szálloda. . . fa. . .	állnak.	Péter egy	– –	lát a téren.

b)

	Kik?			Kit?	
Az étteremben	munkás. . . orvos. . . sofőr. . . lány. . . tanár. . . férfi. . . turista. . . diák. . . külföldi. . . fiatal. . . beteg. . . angol. . . gengszter. . . vasutas. . . hordár. . . hölgy. . . vendég. . .	ebédelnek.	Egy	– –	várnak a barátai az étteremben.

c)

	Mik?			Mit?	
A lakásban	asztal. . . szék. . . szekrény. . . bútor. . . ágy. . . telefon. . . polc. . .	vannak.	A munkás	– –	hoz a lakásba.

d)

	Mik?			Mit?	
A táskában	pulóver. . . kabát. . . nadrág. . . ing. . . ruha. . . pohár. . . sapka. . .	vannak.	Az utas kivesz	– – – – – – – – – egy – – – – – – – – – – – –	a táská- ból.

e)

				Mit?	
Az asztalon	szendvics kifli gyümölcs kenyér vaj zsemle szalámi sajt sonka szőlő	van.	A turisták	– –	esznek.
A pohárban	víz limonádé kávé bor sör			– – – – – – – – – – – – – – –	isznak.

8. Give short answers to the questions:

Mit keresnek a külföldiek? (áruház) Egy áruházat.

Mit keresnek a külföldiek? (út, utca, tér, étterem)
Mit isznak a gyerekek? (víz, limonádé)
Mit nézünk a térképen? (város, folyó, hegy, templom)
Kit vár Irén a bejáratnál? (asszony, nő, fiú, portás, férfi)
Mit rajzolnak a gyerekek a táblára? (fa, gyár, autó, repülőgép, hajó)
Hány poharat hoz a pincér? (egy, kettő, három, öt, hat, hét, tíz)
Milyen házat rajzol Gabi? (fekete, fehér, modern, barna, új, magas, nagy)
Milyen lányt vár Péter a bárban? (görög, magyar, csinos, szőke)
Mit tölt a pincér a pohárba? (bor, sör, víz, tej)

9. Put the object of the sentence into the plural:

Gabi egy repülőgépet lát.	Gabi repülőgépeket lát.

A család egy színes fényképet néz.
A taxi egy külföldi vendéget hoz.
A fiúk egy lányt várnak az iskola előtt.
A tanárnő egy nevet ír a táblára.
A kislány egy piros labdát hoz a kertbe.
A rendőr egy autót figyel a sarkon.
A sofőr egy pályaudvart keres a térképen.

VENDÉGEK JÖNNEK!

Csengetnek. A postás áll az ajtó előtt. Levelet hoz.
– Laci! Vendégek jönnek! Márta és a férje Szegedről.
– Hozzánk?
– Hozzánk, és persze Tamáshoz. Ők is a rokonai. . .
– Hát persze. Van itthon elég ennivaló és ital?
– Nincs. Lemegyek az áruházba, és vásárolok valamit.
– Jó. Én pedig rendet csinálok. A lakás elég rendetlen.
– Persze, hiszen te meg a gyerekek . . .
– Jó, jó. Mit veszel?
– Kenyeret, húst, krumplit, bort és gyümölcsöt. Meg valami süteményt. Kávéra nincs szükségünk, az van itthon. Kérek pénzt.
– Ott van a pénztárcámban.

10. Answer the questions with complete sentences:

1. Mit hoz a postás Laciékhoz?
2. Kik jönnek hozzájuk?
3. Hol él Márta és férje?
4. Kinek a rokonai ők is?
5. Van otthon elég ennivaló és ital?
6. Mit csinál Irén?
7. Mit csinál Laci?
8. Milyen a lakás?
9. Mit vesz Irén?
10. Szükségük van kávéra?
11. Mit kér Irén Lacitól?
12. Hol van a pénz?

11. Put down the full answers to get a comprehensive story:

(A ház előtt *egy autó* áll.) Mit rajzol Gabi?
Gabi **az autót** rajzol**ja.**

Miket rajzol Gabi?
Gabi **az autókat** rajzol**ja.**

Kit néz Péter?
Péter **Irént** néz**i.**

Gabi	**az autót**	rajzol**ja.**	
Gabi		is drawing	**the car.**

DEFINITE CONJUGATION

	rajzol	kér	üt
1	rajzol**om**	kér**em**	üt**öm**
2	rajzol**od**	kér**ed**	üt**öd**
3	rajzol**ja**	kér**i**	üt**i**
1 1	rajzol**juk**	kér**jük**	üt**jük**
2 2	rajzol**játok**	kér**itek**	üt**itek**
3 3	rajzol**ják**	kér**ik**	üt**ik**

-om	**-em**	**-öm**
-od	**-ed**	**-öd**
-ja	**-i**	
-juk	**-jük**	
-játok	**-itek**	
-ják	**-ik**	

	olvas	vesz	néz
1	olvasom	veszem	nézem
2	olvasod	veszed	nézed
3	olvas**sa**	veszi	nézi
1 1	olvas**suk**	ves**szük**	néz**zük**
2 2	olvas**sátok**	veszitek	nézitek
3 3	olvas**sák**	veszik	nézik

-s, -sz, -z + **-j-** → **-ss-**, **-ssz-**, **-zz-**

	Melyik	leckét	tanulja Gabi?
Gabi	**az** új	leckét	tanul**ja.**

	Hányadik	leckét	tanul**ja** Gabi?
Gabi	**a** kilence**dik**	leckét	tanul**ja.**

Hungarian verbs can be conjugated in two ways: *a)* indefinite
b) definite

The indefinite conjugation is used when there is no object in the sentence, or the object is an indefinite one.

Péter fut.
Péter lát **egy** *autó***t**.

Otherwise the definite conjugation must be used. This case is indicated by the fact that the object of the sentence is definite, e.g. has a definite article: *Péter* **az** *autó***t** *lát***ja,** is a proper noun: **Kati***t vár***juk.**

12. Read the sentences and answer the questions:

(A hegyen egy régi vár áll.)
Mit lát Tamás a hegyen?
Tamás a régi várat látja a hegyen.

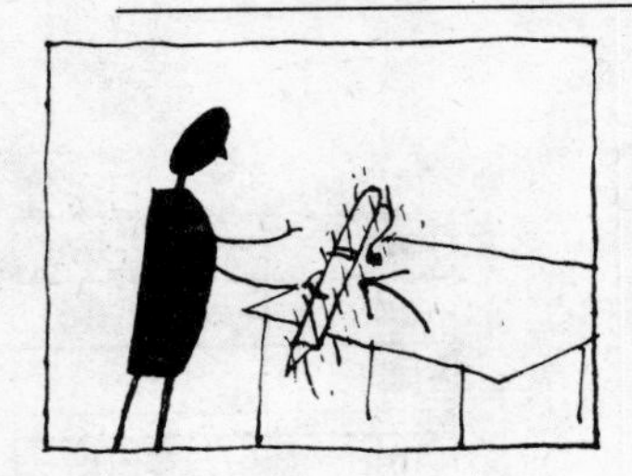

(Az asztalon egy toll van.)
Mit vesz fel a mérnök?

(A pohárba víz folyik.)
Mit iszik a turista?

(Kati előtt egy könyv van.)
Mit olvas Kati?

(A kirakatban szép ruhák vannak.)
Mit néznek a nők?

(Ezek Tamás fényképei.)
Mit tesz az asztalra Irén?

(Gábor a híd felől jön.)
Kit várnak a lányok?

13. Make sentences using the pictures in Exercise 12:

a) 1 *or* 1 1 A régi várat látom a hegyen.

b) 2 *or* 2 2 A régi várat látod a hegyen.

14. Replace the verbs in the sentences with those given in brackets:

A tanár tanítja a leckét. (magyaráz)
Az új leckét tanuljátok? (olvas)
A sofőr a turista csomagjait kéri. (hoz)
A barátunkat várjuk a pályaudvaron. (keres)
A kávétokat főzitek? (iszik)

15. Put the given verbs into the sentences in their correct form according to the direct objects:

Te _ _ _ a mondatokat? Én mindent _ _ _, de az utolsó szót nem _ _ _. (ért)
Péter egy külföldi lányt _ _ _ az étteremben. A testvére nem a lányt _ _ _, hanem a szendvicseket. (néz)
A portás az autókat _ _ _ az utcán. Te is _ _ _ valamit? (figyel)
Ti nem _ _ _ kávét? A kávét nem _ _ _, csak egy kis bort _ _ _. (kér)
_ _ _ a repülőgépet az erdő fölött? Én nem _ _ _ semmit. (lát)
A lányok nem _ _ _ nehéz csomagot. A nehéz csomagokat mi _ _ _. (visz)
Te mit _ _ _ a poharakba? Én ebbe a pohárba bort _ _ _, a sört azokba a poharakba _ _ _. (tölt)

IRÉN VÁSÁROL

Irén leszalad a lépcsőn, kilép az utcára, és átmegy az út másik oldalára. Ott van a Skála Áruház. Bemegy, de bent már nem siet. Az élelmiszerek a földszinten vannak, de Irén a mozgólépcsőn felmegy az első emeletre. A szép női ruhákat, kabátokat, kosztümöket, a színes cipőket és táskákat nézi.

– Mennyibe kerül ez a zöld szoknya? – kérdezi az egyik eladót.

– Hatszázötven forint. Szép a színe, ugye? Vannak ilyen színű pulóvereink is.

Irén felpróbálja az egyik pulóvert.

– Ez nagy. Én nem vagyok ilyen kövér.

– Bocsánat. Hozok egy másikat.

Mind a két darab gyönyörű, és nem is drága. Irénnek éppen ilyenre van szüksége. Fizet, és átmegy egy másik osztályra. Cipőt keres. De nem talál zöld cipőt. Egy lilát vesz. A táskájába teszi a csomagokat, és siet haza.

Irén hazaér. Csenget. Laci beengedi. Irén leteszi a csomagokat egy székre. Laci csodálkozik. A csomagokban csak ruhák vannak.

– És az ennivaló? És a bor? A sütemény?

– Kávét adunk, és mellé egy kis szódavizet. Itthon csak beszélgetünk. Étteremben vacsorázunk. Ott te fizetsz, de én – az új ruhámban megyek!

16. Answer the questions:

1. Hova indul Irén?
2. Messze van tőlük a Skála Áruház?
3. Hol vannak az élelmiszerek?
4. Irén a földszinten marad?
5. Miket néz az első emeleten?
6. Milyen szoknyát néz?
7. Mennyibe kerül a szoknya?
8. Mit próbál fel Irén?
9. Jó a pulóver?
10. Irén kövér?
11. Mit hoz az eladó?
12. Vesz pulóvert Irén?
13. Melyik osztályra megy át?
14. Milyen cipőt keres?
15. Talál zöld cipőt?
16. Milyet vesz?
17. Mibe teszi be a csomagokat?
18. Ki engedi be otthon Irént?
19. Mire teszi le Irén a csomagokat?
20. Mit keres bennük Laci?
21. Mi van bennük?

17. Rewrite the narrative paragraphs of the text:

a) 1 Leszaladok a lépcsőn, stb.

b) 2 2 Leszaladtok a lépcsőn, stb.

KÖZMONDÁSOK:

Egy fecske nem csinál nyarat.
One swallow does not make a summer.

Gyakorlat teszi a mestert.
Practice makes perfect.

Kivétel erősíti a szabályt.
The exception proves the rule.

 NÉPDAL

Sej, a tari réten
Piros barna kislány.
Arra megy egy piros barna legény,
Leveszi kalapját.

SZAVAK

Igék

ad (vmit) give
beenged (vkit vhova) let sy in
csinál (vmit) make
csodálkozik (vmin) wonder
dob (vt) throw
ért (vmit) understand
felhív(-ok) (vkit) ring up
felpróbál (vmit) try on
fizet (vmit) pay
hazaér return/arrive home
hív(-ok) (vkit vhova) call (to)
hoz (vt) bring
kap (vmit) get sg
keres (vmit) look for
kér (vmit vkitől) ask for
kerül (vmibe) cost
készít (vmit) make, prepare
küld (vt vhova) send
lát (vt) see
parancsol (vmit) command, order
süt (vmit) bake, fry, roast
szeret (vt) like, love
talál (vt) find
tesz (vt vhova) put
tol (vmit) push
tölt (vmit vmibe) pour
üt (vt) strike, beat
vásárol (vmit) buy
vásárol go shopping
vesz (vmit) 1. take;
2. buy
vezet (vkit vhova) lead
visz (vmit) carry

9

Köznevek

barátnő (girl-/lady-)friend
darab (-ja) piece (of)
deka decagram
doktornő woman-doctor
élelmiszer food, provision
ennivaló food
hús meat
igazgató director, head (of a firm)
ital drink
jonatánalma Jonathan (apple)
kávé coffee
kenyér (kenyerek) bread
kerékpár (-ja) bicycle
kiló kilogram
kosztüm (-ök, -je) woman's suit
közért (-je) approx. grocery
krumpli potato
kulcs key
levél (levelek) letter
liter litre
osztály department
pult (-ja) counter
rend (-je) tidiness, order
rokon relative
ruhaüzlet clothier's/dress shop
sajt (-ja) cheese
  füstölt sajt smoked cheese
sonka ham
sör beer
sütemény cakes, pastries
szalámi salami
szódavíz (-vizet) soda-water
szoknya skirt
szőlő grapes
szürkebarát a kind of Hungarian wine (from Badacsony)
tál (-ak) dish
tej (-et) milk
vaj (-ak) butter
zsemle roll

Melléknevek

drága expensive
füstölt smoked
lila violet
műszaki technical
női woman('s)
rendetlen untidy
sötétkék dark blue
(vmilyen) színű coloured
utolsó last

Tulajdonnevek

a Badacsony
Márta Martha
a Műszaki Egyetem Polytechnical University
a Skála Áruház a department store in Buda

Egyéb szavak

éppen just
fél (felet) half
hát well
ilyen such, of this kind
itthon (here) at home
más other
persze of course

Kifejezések

Bocsánat. Excuse me. Sorry.
Hát persze. Of course.
Még valamit szabad? Anything else?
Mennyibe kerül? How much does it cost?
Mit parancsol? Anything I can do for you?
vki rendet csinál (vhol) to tidy (a place)
Tessék. At your service. Here you are.

SZÓREND

	A	B ~ —	— ~ C ~ C	D
(?)		**Mit**	rajzol	Péter?
( )	Péter	**(egy/az) asztalt**	rajzol(ja).	
(?)		**Milyen/Melyik asztalt**	rajzol(ja)	Péter?
( )	Péter	**(egy/az) új asztalt**	rajzol(ja).	

18. Complete the table:

	A	B ~ —	— ~ C ~ C	D
	A pincér	vizet	tesz	az asztalra.
(?)				
( )				
(?)				
( )				
(?)				
( )				

	A pincér	leteszi		a vizet az asztalra.
(?)				
( )				
(?)				
( )				
(?)				
( )				

	A pincér	az asztalra	teszi	a vizet.

19. Make questions and answer them:

behoz

Mit csinál a pincér?
A pincér behozza az üveget a szobába.

felvisz

visszatesz

kivesz

behív

elküld

ledob

odatol

átvezet

20. Make questions based on the pictures in Exercise 19 and give short answers:

Behozza az üveget a szobába a pincér?

a) (Igen.) Behozza.
(Igen.) Be.
Igen.

b) (Nem.) Nem hozza be.
Nem.

21. Rewrite the sentences in Exercise 19: *a)* 1 *or* 1 1

b) 2 *or* 2 2

a) Behozom az üveget a szobába.
b) Behozod az üveget a szobába.

22. Short dialogues:

– Mit parancsol?
– Egy kiló kenyeret kérek.
– Valami mást?
– Köszönöm, mást nem kérek.

– ____________________
– Húsz deka szalámit ______
– ____________________
– ____________________

– ____________________
– Egy liter tejet ________
– ____________________
– ____________________

— • —

– Bocsánat, az egyetemet keresem.
– Melyiket? A Műszakit?
– Igen, azt.
– Látja azt a nagy épületet? Az az.

– _____ a pályaudvart ______
– ______ A Nyugatit?
– ____________________
– ____________________

9

– Kit keres, kérem?
– Az igazgató urat.
– Sajnos, nincs bent.
– Nem baj, majd felhívom telefonon.

– _
– A mérnök urat.
– _
– _

– _
– A doktornőt.
– _
– _

23. Complete the following text:

Laci belép egy ruhaüzletbe. Odamegy az eladóhoz.
– Jó napot kívánok. Kérek egy inget.
– _ _ _ _ _ _ _ _ _ _ _ _ _?
– Sötétkéket.
– _ _ _ _ _ _ _ _ _ _ _ _ _?
– Negyveneset.
– Éppen van ilyen ingünk. Nem is drága, csak 220 forint. . . _ _ _.
Tessék.
Laci felpróbál. . . .
– _ _ _ _ _ _ _ _ _ _ _ _ _? – kérdezi az eladó.
– Sajnos, nem. Nagy.
– _ _ _ _ _ _ _ _ _ _ _ _ _ – mondja az eladó.
– Ez már jó. Laci örül, éppen ilyen ing. . . van szükség. . . .
– _ _ _ _ _ _ _ _ _ _ _ _ _? – kérdezi az eladó.
– Köszönöm, semmi mást – feleli Laci.

24. Translate:

a) Vendégek jönnek hozzánk, a barátnőm és a férje. Szendvicseket csinálok. A barátnőm nagyon szereti a süteményt, de sajnos nincs időm süteményt sütni. Lemegyek az üzletbe, és veszek. Valamilyen italra is szükségünk van. Talán egy üveg szürkebarátot veszek. Azt mindenki szereti.

b) We are expecting* our guests. My sister and her family are coming from Vienna. The flat is neat and clean, there are beautiful flowers in the vases. We are not going to have dinner at home. We'll just have a chat at home and then we'll go to a restaurant. My wife is making coffee in the kitchen. I am putting fruit in a large dish, grapes and nice red apples. The bell is ringing and I am running to the door.

* expect a guest – *vendéget vár*

VAN SZABAD ASZTALUK?

– Jó estét kívánok! Kezét csókolom.
– Jó estét. Van szabad asztaluk?

– Hogyne, kérem. Tessék, ott egy hatszemélyes asztal a sarokban. De a kerthelyiségben is van hely.
– Azt hiszem, inkább kiülünk a kertbe.

– Tessék. Az nagyon kellemes hely. Vacsoráznak?
– Igen.
– Máris küldöm az étlapot.

50

engem
őt

Kit / Kiket | lát | Péter ?

Péter	engem	lát.		
	téged	lát.		
			őt önt	lát**ja.**
	minket	lát.		
	titeket	lát.		
			őket önöket	lát**ja.**

51

-lak/-lek

Én | néz**lek** | téged/titeket

Én lát**lak** téged/titeket.

Látlak. ~ Én látlak téged.

The Hungarian verbal suffix *-lak, -lek* denotes both the 1st person singular subject (I) and the 2nd person singular or plural object (you).

Note
Verbs with definite conjugation indicate the direct object known from the situation, even when it is omitted (especially as for the singular object).

E.g.		
	Látlak.	I see you.
	Látod a barátomat?	
	Látom.	I see him.
	Látjátok a kocsimat?	
	Látjuk.	We see it.

1. Make sentences:

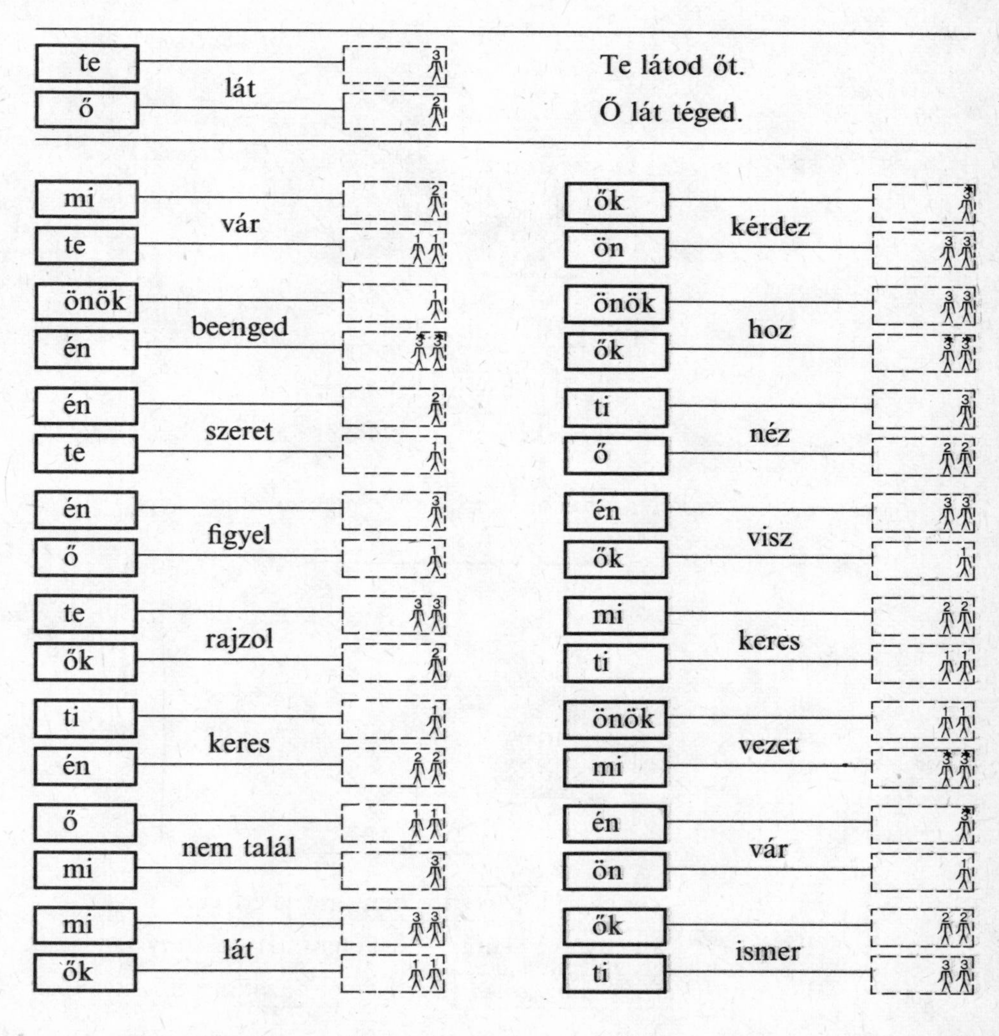

10

2. Answer the questions:

Titeket vár a taxi az utcán? (ők)
Nem minket vár a taxi az utcán, hanem őket várja.

Téged keres a rokonod? (ők)
Minket kérdez az eladó? (ő)
Őt hívja a portás a telefonhoz? (én)
Minket néznek azok a lányok az ablakban? (ti)
Önöket viszi az autóbusz a kirándulásra? (ők)
Engem szeretsz? (ő)
Őket viszik a szüleik moziba? (mi)

52

ezt
azt

Mit kér Péter?

Péter **ezt** kéri. Péter **azt** kéri.

Péter **ezeket** kéri. Péter **azokat** kéri.

ezt
azt a _ _ _t

Melyik kenyeret kéri Péter?

Péter **ezt a kenyeret** kéri. Péter **azt a kenyeret** kéri.

Péter **ezeket a kenyereket** kéri. Péter **azokat a kenyereket** kéri.

53

azt, aki(...) ami(...)

10

Mit kér Péter?

Péter **azt** kéri, **ami** a polcon van.

Péter **azt** keresi, **aki** a huszonötös szobában lakik.

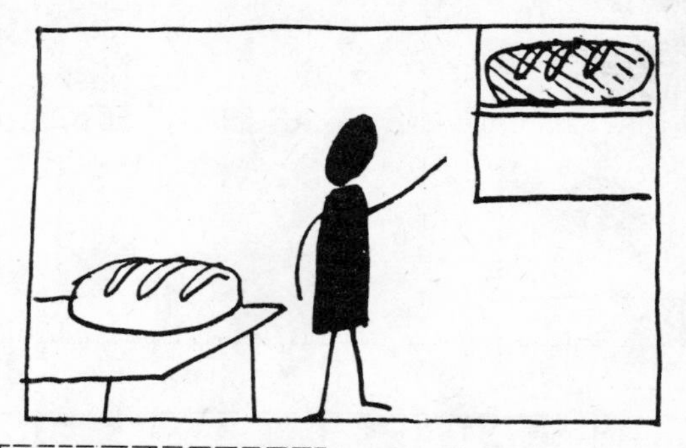

azt a _ _ _ t, aki(...) amelyik(...)

Melyik kenyeret kéri Péter?

Péter **azt** a **kenyeret** kéri, **amelyik** a polcon van.

Péter **azt** a lányt keresi, **aki** a huszonötös szobában lakik.

3. Make sentences as in the example:

A turisták egy közértet keresnek. (ez; a közértben jó bort találnak)
A turisták ezt a közértet keresik.
A turisták azt a közértet keresik, amelyikben jó bort találnak.

A hordár egy csomagot visz a vonathoz. (az; a csomagban nehéz könyvek vannak)
Egy szendvicset eszünk. (ez; a szendvicsen vaj és sonka van)
Kiveszek egy könyvet a könyvtárból. (ez; a könyvre szükségem van)
A dolgozószobában találsz egy levelet. (az; a levelet keresed)
A vendégek várnak egy pincért. (az; a pincér a kávéjukat hozza)
Leteszek az asztalra egy vázát. (ez; a vázában lila színű virágok vannak)
Egy gyereket látok. (az; a gyerek az ablakom alatt labdázik)

4. Answer the questions as in the example:

Kiket vár ez az autóbusz a pályaudvar előtt? (ők Párizsból jönnek)
Ez az autóbusz azokat várja a pályaudvar előtt, akik Párizsból jönnek.

Mit kérünk az eladótól? (azt nem látjuk a pulton)
Mit eszünk? (azt a konyhában találjuk)
Kiket nem szeret a barátom? (ők rendetlenek)
Kit kérdez a tanárnő? (ő előtte ül)
Mit hozol a táskádban? (arra szükségem van a kiránduláson)
Kiket enged be a portás a gyárba? (ők ott dolgoznak)

5. Answer the questions:

(?) Melyik kutyát keresi a kislány?
( ) A kislány ezt a kutyát keresi.

Melyik ruhát kéri Irén?

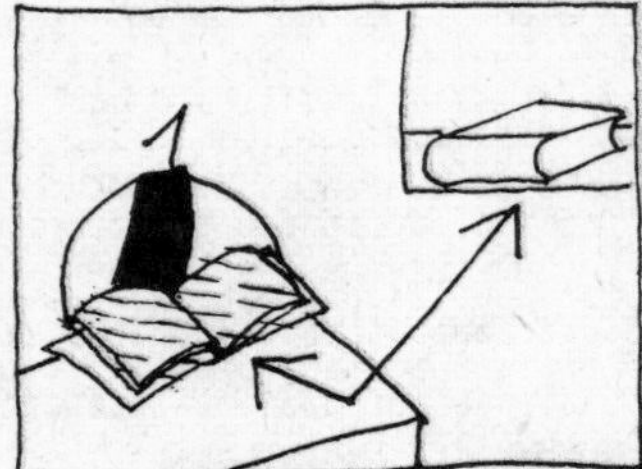

Melyik könyvet olvasod?

Melyik szobrot nézitek?

Melyik fiút várják a lányok?

Melyik autót rajzolod?

Melyik lányt keresi Tamás?

6. Answer the questions in Exercise 5 as in the example:

a) A kislány azt a kutyát keresi, amelyik a fák között szalad.
b) Azt, amelyik a fák között szalad.

7. Put the object of the sentences in Exercise 6 into the plural:

a) A kislány azokat a kutyákat keresi, amelyek a fák között szaladnak.
b) Azokat, amelyek a fák között szaladnak.

8. Answer the questions based on pictures in Exercise 5:

Azt a kutyát keresi a kislány, amelyiket a férfi vezeti?
a) A kislány nem azt a kutyát keresi, amelyiket a férfi vezeti.
b) Nem azt.
c) Nem. Azt, amelyik a fák között szalad.

1. Azt a ruhát kéri Irén, amelyik az asztalon fekszik?
2. Azt a könyvet olvasod, amelyik a polcon van?
3. Azt a szobrot nézzük, _ _ _ _ _ _?
4. Azt a fiút _ _ _, _ _ _ _ _ _?
5. _ _ _ _ _ _ _ _ _ _
6. _ _ _ _ _ _ _ _ _ _

9. Complete the sentences:

A rokonaim az. . . a városokat szeret. . ., amely. . . nem forgalmasak.
Te is az. . . várod, akik. . . én?
Az. . . az éttermet keresem, amelyik. . . jó sör. . . adnak.
Azok. . . szeretem, aki. . . sok levél. . . írnak.
Az. . . a fiú . . . figyelem, aki a város épületeit rajzol. . ..
Nem az . . . a ruhát veszed fel, amelyik a széken van?

10

AZ ÉTTEREMBEN (I.)

Laci a Duna étterembe viszi a vendégeit. A társaság végigsétál a pesti Dunaparton. Nézik a budai oldalt: a Várat, a Mátyás-templomot és a Halászbástyát.

Az étteremben a kerthelyiségbe mennek. Az egyik pincér egy szabad asztalhoz vezeti őket. Kellemes nyári este van, az öreg fák alatt nincs meleg.

Az asztalfőn Tamás, a külföldi rokon ül. Tőle jobbra Laci és Márta, balra pedig Irén és András. Irén természetesen az új zöld szoknyában és pulóverben meg a lila cipőben van.

Az étteremben halk zene szól. Sok vendég ül az asztaloknál. A pincéreknek rengeteg munkájuk van. Tányérokat, poharakat, kanalat, kést és villát tesznek az asztalokra. Ételt és italt hoznak a konyhából. Az egyik vendég kérdez valamit, a pincér válaszol, és a konyhába siet. Egy másik pincér étlapot tesz Laciék asztalára. Tamás felveszi. Olvassa az ételek nevét. Némelyiket nem ismeri, de Márta és Irén megmagyarázzák, milyen az az étel. Az ételeknek szép nevük és elég magas áruk van.

10. Answer the questions:

1. Melyik étterembe viszi Laci a vendégeit?
2. Hol sétál végig a társaság?
3. Mit látnak a másik oldalon?
4. Hol ülnek le az étteremben?
5. Ki vezeti őket az asztalhoz?
6. Milyen fák állnak a kerthelyiségben?
7. Ki ül az asztalfőn?
8. Hol ül Irén?
9. Ki mellett ül András?
10. Kik között ül Irén férje?
11. Hol ül András felesége?
12. Milyen ruha van Irénen?
13. Milyen zene szól az étteremben?
14. Mennyi munkájuk van a pincéreknek?
15. Mit csinálnak a pincérek?
16. Mit tesz az egyik pincér Laciék asztalára?
17. Ki veszi fel az étlapot?
18. Minden ételt ismer Tamás?
19. Mit magyaráz meg Márta és Irén?
20. Milyen nevük és áruk van az ételeknek?

11. Cover the respective parts of the text and relate the story making use of the pictures:

a) Describe the position of the people around the table.
b) What are the waiters doing?

54

azt, hogy

	Mit	mond	a portás?
A portás	azt	mondja:	„Nincs üres szoba."
A portás	**azt**	mond**ja**,	**hogy** nincs üres szoba.
A vendég	azt	kérdezi,	hol van a lift.

In reported speech the conjunction *hogy* (that) is used, nevertheless it can be omitted like in English.

Since the subordinate clause denotes an object, which is considered a definite one, the verb of the main clause (*mond, kérdez, gondol* etc) always takes the definite conjugation (even if the demonstrative pronoun *azt* is omitted).

12. Answer the questions:

Mit mond Kati?
Kati azt mondja, hogy hideg van.

Mit mond a vasutas?

Mit gondol a pincér?

Mit kérdez a turista?

Mit felel az eladó?

Mit hisz Ödön?

Mit tud a vendég?

13. Change the sentences in Exercise 12:

a) 1 Azt mondom, hogy hideg van.
b) 2 Azt mondod, hogy hideg van.

14. Put the sentences in Exercise 13 into the plural:

a) 1 1 Azt mondjuk, hogy hideg van.
b) 2 2 Azt mondjátok, hogy hideg van.

15. Make subordinate clauses following the example:

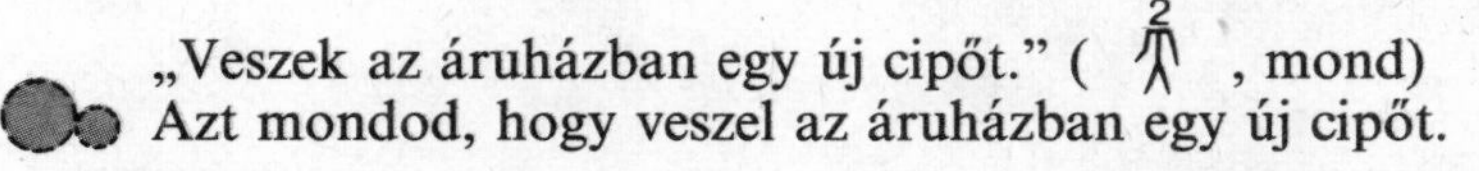

„Veszek az áruházban egy új cipőt." (2 , mond)
Azt mondod, hogy veszel az áruházban egy új cipőt.

1. „Szép idő van." (1 , állít)
2. „Nincs elég pénzünk." (3 3 , mond)
3. „Ebben a szállodában lakunk." (2 2 , felel)
4. „A magyar nyelv könnyű." (3 3 , állít)
5. „A könyvtárba megyek." (2 , felel)
6. „Mennyibe kerül egy kiló sonka?" (1 1 , kérdez)
7. „A franciák sok bort isznak." (3 , mesél)
8. „Hol nyaralnak a gyerekek?" (3 , kérdez)
9. „Szeretem a friss gyümölcsöt." (3 , mond)
10. „Londonban nagyon sok autó van." (2 , mesél)

16. Make sentences from the table:

orvos				Franciaországban érdekes az élet
sofőr				a lift nem működik
pincér		felel		a badacsonyi borok nagyon jók
portás		kérdez		nincs üres szoba a szállodában
turista		ír		merre van a Mátyás-templom
utas		mesél		ez az ember gengszter
rendőr		állít		melyik vágányról indul a vonat
postás		gondol		a bankban sok pénz van
mérnök	azt	hisz	hogy	sok munkája van
tanár		tud		nagyon nehezek a táskák
nagymama		tervez		a ruha 1200 forintba kerül
gengszter		lát		a diákok mindent tudnak
hordár		mond		várja a gyerekek levelét
tengerész		olvas		a gyors a harmadik vágányra érkezik
vasutas				Angliába utazik a rokonaihoz
eladó				Londonban nagy gyárak vannak
diák				az autó a pályaudvar előtt áll

AZ ÉTTEREMBEN (II.)

Jön a pincér.
– Mit parancsolnak? – kérdezi.
Tamás halászlét kér. Az egy híres magyar étel. De Márta férje azt mondja, hogy a halászlé csak Szegeden az igazi. Ő inkább paprikás csirkét eszik.
– De Andris! – szól rá a felesége. – Miket beszélsz? Itt is jó a hal.
Laci sem kér halászlét. Azt mondja, nem szereti a leveseket. Ő sült húst eszik, krumplit és salátát.
– Ti mit kértek? – kérdezi Tamás Iréntől és Mártától.
– Én rántott szeletet – felel Márta.
Irén gondolkozik:
– Én is azt választom, amit Márta – mondja.
– Milyen italt parancsolnak? – kérdezi a pincér.
A nők bort kérnek.
– A szürkebarát nagyon jó – szól közbe Tamás.
– Egy üveg szürkebarátot kérünk, és egy tokaji furmintot.
– Téged nem kérdezlek – fordul Laci Andráshoz. – Tudom, hogy autót vezetsz. Te csak gyümölcslevet kapsz.
A pincér hozza az ételeket és italokat:
– Jó étvágyat kívánok!

17. Answer the questions based on the above dialogue:

Ki mit kér? (Mit nem kér? Mit szeret, mit nem szeret? Mit eszik? Mit iszik?)

Vendég: – Én a halászlét nem szeretem. Húslevest kérek, rántott szeletet, krumplit és salátát. Gyümölcslevet iszom.

Tamás: ______

András: ______

Laci: ______

Márta: ______

Irén: ______

55

_ _ _ját

Mit kér Kati?

Kati a rádió**mat** kér**i**.

Kinek a rádió**ját** kéri Kati?

Kati az én rádiómat kéri.

≈

a rádió**mat**
a rádió**dat**
a rádió**ját**
a rádió**nkat**
a rádió**tokat**
a rádió**jukat**

≈ a rádió**imat**
stb.

— • —

Egy ember**t** vár**ok**.

Az apá**mat** vár**om**.
Apá**mat** vár**om**.

Nouns with a possessive suffix are considered definite. Thus the verb is used in the definite conjugation in the case of an object with possessive suffixes.

18. Rewrite the sentences:

Egy kutyát viszek a térre. ①
A kutyámat viszem a térre.

Kérek egy inget. ①

A postás levelet hoz. ②

A francia mérnök egy autót vezet. ③

A hordár táskákat visz a taxihoz. ②②

Rokonokat várunk. ①①

Egy pénztárcát keresel a táskában. ②

Beviszünk egy televíziót a szobánkba. ①①

A portás az asztalra tesz egy kulcsot. ①

! A lányok egy fényképet néznek. ③

! A gyerekek könyveket olvasnak. ③③

Egy repülőgépet várok. ③③

Önök bort isznak az étteremben. ③③

Szemüvegeket látok az asztalon. ②②

AZ ÉTTEREMBEN (III.)

Az éhes vendégeknek jó étvágyuk van. Sokat esznek. A pincér elviszi az asztalról az üres tányérokat, és hozza a kávét. A társaság jókedvű, isznak, beszélgetnek, hallgatják a zenét.

– Fizetek, kérem – hívja Laci a pincért, aki máris az asztalhoz lép. Nézi az étlapon az árakat, és számol.

– Egy adag tejfölös paprikás csirke, galuska, sertéssült, egy halászlé, két rántott szelet, köretek, saláták, két üveg bor, gyümölcslé, sütemény, öt kávé. . . az összesen 780 forint.

Laci fizet, és borravalót is ad. Irén nem néz Lacira. Az új lila cipőjét nézi az asztal alatt. Egy kicsit fáj a lába. Szűk az új cipő. Hiába, nagy lábon élünk. . . .

KÖZMONDÁSOK.

Egy bolond százat csinál.
One fool makes many.

Nem a ruha teszi az embert.
The cowl doesn't make the monk.

Sok lúd disznót győz.
Even the strongest must fall to the crowd.

19. You are a waiter. Make 10—20 sentences about your work in the restaurant, using the following words:
odamegy, köszön, odavisz, letesz, kérdez, kér, felel, vár, gondol, fizet, kap; vendég, étlap, kés, kanál, villa, kenyér, só, paprika, pohár, bor, sör, leves, hús, krumpli, sütemény, számla stb.

20. a) Compile a menu for a restaurant in Budapest. Fill in the names of dishes and drinks in the proper place:

ÉTLAP

Levesek:	____________	*Hideg ételek:*	____________
Köretek:	____________	*Meleg ételek:*	____________
Édességek:	____________	*Italok:*	____________

(halászlé, kávé, vaj, húsleves, paprikás csirke, zsemle, rántott hal, szőlő, krumplileves, szódavíz, sült krumpli, sör, paprikás krumpli, sonka, rántott szelet, alma, tokaji furmint, sajt, sütemény, szürkebarát)

b) Suppose you enter a restaurant or a snack-bar in the morning /at lunchtime/ in the evening. Tell the waiter what you like or dislike. Give your order:

21. Let's talk about meals:

a) Describe your dinner (supper) in England (in the States, Australia, etc.) and in Hungary.
b) What kind of food, which dishes do you like?
c) What can you cook?

Learn the names of some Hungarian foods:

hús (*meat*) – sertés(hús) (*pork*), marhahús (*beef*), borjú(hús) (*veal*), birka(hús) (*mutton*), kacsa (*duck*), csirke (*chicken*), liba (*goose*), pulyka (*turkey*)
hal (*fish*) – ponty (*carp*), csuka (*pike*), harcsa (*catfish*), keszeg (*bream*), tonhal (*cod*), szardínia (*sardines*)
sajt (*cheese*) – füstölt sajt (*smoked cheese*), krémsajt (*cream cheese*)
pékáru (*baker's ware*) – kenyér (*bread*), zsemle (*roll*), kifli (*crescent roll*)
gyümölcs (*fruit*) – alma (*apple*), körte (*pear*), sárgabarack (*apricot*), őszibarack (*peach*), szőlő (*grapes*), cseresznye (*cherry*), meggy (*sour cherry*), szilva (*plum*), dinnye (*melon*), eper (*strawberry*), málna (*raspberry*)

22. Read this recipe. What do you need to cook this dish?

Recept. Paprikás csirkét főzünk. Veszünk egy 1–1,5 kg-os (egy-másfél kilós) csirkét, és darabokra vágjuk. Egy fej hagymát összevágunk. Egy lábosban 8–10 dkg zsírt teszünk a tűzre. A forró zsírba beletesszük a hagymát, és sárgára pirítjuk. Ráteszünk egy kanál pirospaprikát, majd beletesszük a húsdarabokat. Egy kis sót adunk hozzá. Azután egy-két kanál húslevest vagy vizet öntünk rá, és fedő alatt pároljuk. A végén egy pohár tejfölt öntünk rá.

SZAVAK

Igék

állít (vmit) state
beletesz (vmit vmibe) put sg in(to)
csókol (vt) kiss
feláll stand up
felvesz (vmit) put on
fordul (vkihez) turn to sy, address one-self to sy
gondol (vmit) think
gondolkozik (vmin) think, reflect
hallgat (vt) listen to
hisz (vmit) think, believe
hozzáad (vmit vmihez) add
ismer (vt) know
kíván (vmit) wish
köszön greet
közbeszól interrupt sy
megmagyaráz (vmit) explain
mond (vmit) say, tell
önt (vmit vhova) pour
összevág (vmit) cut
párol (vmit) stew
pirít (-ok) (vmit) fry
ráönt (vmit vmire) pour on
szól sound
tervez (vmit) plan
tud (vmit) know
vág (vmit) cut
választ (vmit) choose
végigsétál (vhol) walk all over/along
vezet (vmit) drive
(vkit vhova) escort

Köznevek

adag (-ja) portion, dose
ár (-ak) price
asztalfő head of table
barack (-ja) apricot
birka sheep
birkahús mutton
borjú calf
borjúhús veal
borravaló tip
cseresznye cherry
csirke chicken
paprikás csirke paprika chicken
csuka pike
dkg (dekagramm) decagram
dinnye melon
édesség sweets
eper (epret) strawberry
este evening
étel food
étlap (-ja) bill, menu card
étvágy (-at) appetite
fedő pot-lid
folyóirat periodical
furmint (-ja) (a kind of white wine)
galuska dumplings, gnocchi
gyümölcslé (-levek) fruit juice
hagyma onion
hal (-ak) fish
halászlé fish-soup
híradó newsreel
húsdarab (-ja) piece of meat
húsleves broth
kacsa duck
kanál (kanalak) spoon
kerthelyiség garden
kés knife
keszeg bream
kéz (kezek) hand
köret garnish
körte pear
krémsajt (-ja) cream cheese

krumplileves potato-soup
láb (-ak) foot
lábas pan
leves soup
liba goose
málna raspberry
marha cattle
marhahús beef
meggy sour cherry
őszibarack (-ja) peach
paprika green pepper, paprika
pékáru baker's ware
pirospaprika paprika
ponty carp
pulyka turkey
recept (-je) recipe
saláta salad
sárgabarack (-ja) apricot
sertés pig
sertéshús pork
sertéssült (-je) roast pork
só salt
számla bill
szelet slice
rántott szelet (breaded) cutlet
szardínia sardines
szilva plum
tányér (-ja) plate
tejföl sour cream
tokaji Tokay (wine)
tonhal (-ak) cod
tűz (tüzek) fire
vég end
villa fork
zsír (-ja) fat

Melléknevek

alsó lower
édes sweet
felső upper
forgalmas busy, crowded
forró hot
halk soft, low
hatszemélyes for 6 person
híres famous
jókedvű in good spirits
különleges special
nyári summer
paprikás seasoned with paprika
rántott breaded (fried in bread-crumbs)
sült roast, baked
szűk narrow
tejfölös with sour cream

Egyéb szavak

bele- in(to)
egészen quite, entirely
elég quite, rather
engem me
haza- (back) home
hiába in vain, here: sure
hogy that
hogyne of course
kicsit a little, a bit
máris at once
mind all
minket us
némelyik some
össze- together
összesen altogether
rá- on(to)
rengeteg a great many
téged you (sing., informal)
titeket you (plural, informal)
végig- throughout, to the end

Kifejezések

vmit darabokra vág cut up
Jó estét kívánok. / Jó estét. Good evening.
Jó étyágyat kívánok. Bon appetit.
nagy lábon él live in grand style
paprikás krumpli (potatoes stewed with paprika)
sült krumpli baked potatoes

10

SUMMARY OF DEFINITE AND INDEFINITE OBJECTS

I. *Nouns and pronouns substituting nouns*

indefinite			*definite*			
Kit?	Mit?		Pétert	Budapestet		
(egy) fiút	(egy) várost		a fiút	a várost		
			(a) barátomat	(a) városomat		
engem, téged minket, titeket			őt, önt őket, önöket	ezt, azt ezeket, azokat		
		lát		(azt)	lát**ja**	, aki , ami , amelyik
				(azt)		, hogy
valakit	valamit					
mindenkit	mindent					
senkit sem	semmit sem					
akit	amit					

II. *Adjectives and pronouns substituting adjectives*

Milyen várost? Milyet?		Mely**ik** város? Mely**ik**et?	
ilyen/olyan várost ilye(n)t, olya(n)t		ezt/azt a várost ezt, azt	
valamilyen várost valamilyet	lát	valamely**ik** várost valamely**ik**et	lát**ja**
minden várost		mindegy**ik** várost mindegy**ik**et, mindet	
semmilyen várost sem semmilyet sem		semely**ik** várost sem semely**ik**et sem	
amilyet, amelyet		amely**ik**et	

III. *Numerals and pronouns substituting numerals*

Hány várost? Mennyi pénzt? Hányat? Mennyit?		Hányad**ik** várost? Hányad**ik**at?	
két várost, sok pénzt kettőt sokat	lát	a másod**ik** várost a másod**ik**at	lát**ja**
annyi várost annyit			
ahányat, amennyit		ahányad**ik**at	

23. Complete the questions:

Kit vár. . . a repülőtéren? 2
Kit vársz a repülőtéren?

1. Mit _ _ _ (eszik) az étteremben? (2 2)
2. Melyik műsort néz. . . ön a televízióban?
3. Kit keres. . . a szálloda bárjában? (1 1)
4. Melyik kosztümöt választ. . . Laci felesége?
5. Kiket ismer. . . önök Budapesten?
6. Mit mond. . . a postás?
7. Melyik lányt szeret. . .? (2)
8. Milyen fényképeket mutat. . .? (1)
9. Mit _ _ _ (iszik)? (1 1)
10. Hány üveg bort vesz. . . a boltban? (2 2)

24. Answer the questions in Exercise 23:

Kit vársz a repülőtéren? [a testvérem. . .]
A testvéremet várom a repülőtéren.

1. [krumpli. . . és hús. . .]
2. [a híradó. . .]
3. [egy lány. . .]
4. [az. . .], [amelyiknek két zsebe van]
5. [magyar barátaink. . .]
6. [az. . .], [hogy levelünk van]
7. [Vera. . .]
8. [a színes fényképeid. . .]
9. [sör. . .]
10. [két üveg bor. . .]

25. Complete the sentences:

Gabi az ágyon fekszik a szobájában. Egy barátját ___ (vár). A rádióban szól a zene. Gabi ___ (hallgat) a zenét. A szobában nincs rend. A könyvek az asztalon, a ruhái az ágyon vannak. Gabi feláll, rendet ___ (csinál). ___ (betesz) a ruháit a szekrénybe. A könyveket ___ (feltesz) a polcra. Az ágy mellől, a földről ___ (felvesz) egy térképet, és a falra ___ (tesz). A konyhából tányéron ___ (behoz) néhány almát, és az asztalra ___ (tesz) őket. Belép a barátja. ___ (lát), hogy az asztalon alma van. ___ (kér) egyet. A fiúk beszélgetnek. Könyveket és folyóiratokat ___ (néz), zenét ___ (hallgat). Nagyon ___ (szeret) a szép zenét.

26. Rewrite the text in Exercise 25:

a) 1 Az ágyon fekszem a szobámban. Stb.

b) 2 Az ágyon fekszel a szobádban. Stb.

27. Complete the sentences with the correct form of the verbs:

Péter ___ (vár) valakit az iskola előtt.

___ (2 , kér) valamit? Köszönöm, nem ___ (1 , kér) semmit.

Azt ___ (1 , tanul), amit nem ___ (1 , tud).

Mindenkit ___ (2 2 , ismer) ebben a városban? Nem ___ (1 1 , ismer) senkit sem.

Ez francia könyv, az angol. Önök melyiket ___ (választ)?

Annyi pénzt ___ (1 1 , tesz) az asztalra, amennyit önök ___ (kér).

Mit ___ (2 , keres)? Azt az újságot ___ (1 , keres), amelyiket te ___ (olvas).

Ön már ___ (ismer) valamelyik budapesti színházat? Mindet ___ (1 , ismer).

Semmilyen képet sem ___ (2 2 , talál) ebben a könyvben? De igen, mindenféle képet ___ (1 1 , talál) benne.

Nem ___ (1 , lát) senkit a szálló bejáratánál.

Nem ___ (2 , szeret) azokat, akiket nem ___ (2 , ismer)?

28. Short dialogues:

– Halló, Kati. Péter vagyok.
– Szervusz, Péter. Mi újság?
– Van két jegyem a moziba. Eljössz?
– Persze. Hol találkozunk?
– A mozi előtt várlak.

– _ _ _ Irén. Márta _ _ _ _ _ _
– _
– _ _ _ három _ _ _ a színházba. Eljöttök?
– _
– _ _ _ _ _ _ _ _ _ _ _ _ _ _ _ _ _ titeket.

—— • ——

– A gyerekeidet is elviszed Angliába?
– Természetesen. Őket is várják a rokonok.

– _ _ _ fiadat _ _ _ _ _ _ _ _ _ _ _ _ _
– _

– _ _ _ lányukat _ _ _ _ _ _ _ _ _ _ _ _
– _

—— • ——

– Melyik ruhádat veszed fel?
– A kéket.
– És a fekete cipődet?
– Nem azt, hanem a fehéret.

– _
– _ _ _ szürkét.
– _ _ _ barna _ _ _ _ _ _
– _ _ _ _ _ _ _ _ _ _ _ feketét.

—— • ——

– Melyik rádiót kéri?
– Azt, amelyik ott van a felső polcon.

– _ _ _ táskát _ _ _ _ _ _
– _ _ _ _ _ _ _ _ _ _ _ alsó _ _ _ _ _ _

—— • ——

– Kit keresel?
– Senkit sem keresek.

– Mit olvasol?
– _

– Melyik könyvet kéri?
– _

—— • ——

– Ismersz valakit a fiúk közül?
– Senkit sem.
– És a lányok közül?
– Mindenkit.

– Ismer valakit a külföldiek közül?
– _
– _ _ _ _ _ _ magyarok _ _ _ _ _ _
– _

10

28. Translate:

a) – Melyik étterembe megyünk?
– Abba, amelyik a sarkon van.
– Azt hiszed, hogy az jó étterem?
– Én azokat az éttermeket szeretem, ahol zene is van.

– Te mit választasz? Én azt az ételt kérem, amit annál az asztalnál esznek.
– Azt hiszem, nincs nálam elég pénz.
– Nem baj, én fizetek.

b) – I do not like fish.
– But I think Hungarian fish soup is something quite special. It is not like any other dish.
– You are right, but I do not eat any dish with fish in it.
– We are only arguing about foods and do not eat. I am very hungry.
– Then we'll ask a menu from the waiter, and you'll choose something you like.
– Of course, I'll stick to (*marad vmi mellett*) the fish soup.

SECOND TEST

I. Complete the text (Pay attention to the marks):

A _ _ _ . . . modern iskolák vannak. Ott tanul. . . a _ _ _ .
①①(város) ①① (gyerekek)

Ez a _ _ _ osztálya. Elöl van a tanár _ _ _ , hátul vannak a padok. Itt ül. . .
① (fiú) (asztal)

a gyerekek, ez az _ _ _ _ _ _. Minden padban két gyerek ül,
③③ (hely)

mindenki. . . van _ _ _ . Az iskola _ _ _ szélesek. A szép, színes
(szomszéd) (ablakok)

épület. . . van egy nagy _ _ _ is. A kert _ _ _ott van. . . az _ _ _ alatt.
(kert) (fák) ①① (ablakok)

A gyerekek _ _ _ játsz. . .. Nemcsak a gyerekeket, hanem a
(1 1 + alatt)

_ _ _. . . is lát. . . ott lent. Ő is ott van _ _ _ . Sötét ruha van
③③ (tanár) (3 3 + között)

_ _ _ , egy érdekes könyv van a _ _ _. . . De a gyerekek olvassák a
(3 + -on) ③(kéz)

_ _ _. . ., nincs _ _ _ a _ _ _ .
③(könyv) (3 + -nál) ③(szemüveg)

Score:

(*max.: 30*)

II. Complete the questions if needed referring to the text above and answer them:

_ _ _ a városában vannak modern iskolák?

Kiknek a _ _ _ tanulnak ott?

Kinek van asztala, és kiknek van padjuk?

_ _ _ van kertje?

_ _ _ _ _ _ van a tanár?

Van a tanárnak szemüvege?

Score:

[ ]

(max.: 20)

III. Complete the text:

Egy levél. . . visz. . . (1) a postára.
– Nem tud. . . (3), hol van itt közel egy posta? – kérdez. . . (1) egy lánytól, aki. . . a szálloda előtt lát. . . (1).
A posta épület. . . ott van a szálló mögött az. . . a kis utca. . . – felel. . . a lány.
A postán sok ember vár. Én is odaállok _ _ _ (3 3 , közé), ahhoz az ablak. . ., amelyik fölött ez. . . látom: „Levelek”. Letesz. . . (1) a levelem. . . a postás _ _ _. Ő az. . . mond. . ., hogy 5 forintot fizet. . . (1).
Keres. . . (1) a pénztárcámat, de nem talál. . . (1). Nincs _ _ _ (1 ,-nál) pénz. Kiszalad. . . (1) az utca. . .. Lát. . . (1), hogy egy barátom jön a posta felé. Odaszaladok _ _ _ (3 ,-hoz).
– Éppen téged keres. . . (1) – mondom. Van nálad pénz? Ad. . . (2) néhány forint. . .?
A barátom. . . kapok pénzt, és visszaszaladok a posta. . .. A barátom is bejön. _ _ _ is van néhány levele. Ő is odaáll az _ _ _ az ablak _ _ _, amelyik. . . én állok. Letesz. . . (1 1) a levelek. . . és a pénz. . .. Fizet. . . (1 1), és kimegyünk a posta _ _ _.

Score:

[ ]

(max.: 40)

Total: [ ]

Bonus Question

IV. Read the text then answer the questions. Fill in the chart if it will help you:

A Kiss család
Kovács Lászlóné nagymamája Kiss Jánosné. A másik nagyanyja Nagy Zoltánné. Kiss Péter apja Kiss János fia. Nagy Zoltánnénak van egy lánya. Kiss Gabi az ő fia, és Kiss László az ő férje.

Az egész család bent van a lakásban. Kiss Péter és öccse a gyerekszobában játszik. Kiss László apja és Kiss Gabi sógora az asztalnál ül, és bort iszik. Az asszonyok a konyhában ebédet főznek. Csak Kiss Péter nővére nincs ott, ő a televízió előtt ül, és egy érdekes filmet néz. Kiss László felveszi a kabátját. A felesége apjának nincs cigarettája, és őt küldi le az üzletbe.

	Ki?	Mit csinál?
1. nagyapa és nagyanya		
2. nagyapa és nagyanya		
apa		
anya		
1. gyerek		
2. gyerek		
3. gyerek és férje		

Hány feleség van a családban? ______

Kinek a fia és kinek a bátyja játszik? ______

Kik vannak a gyerekszobában? ______

Kik isznak bort az asztalnál? ______

Melyik asszony nincs a konyhában? ______

Kinek a fia megy az üzletbe? ______

Kinek a férje küldi őt az üzletbe? ______

Hány Kiss van a családban? ______

Hány Kissné van a családban? ______

Kiknek van sógoruk a családban? ______

Bonus Points:

[ ]

(max.: 10)

EVALUATION

Score

80—100:	Congratulations, you have made excellent progress.
60—79:	Quite good, but please pay more attention to the parts you made mistakes in.
under 59:	Unfortunately the Hungarian language is difficult. You ought to go through the previous lessons once again.

11.

TIZENEGYEDIK LECKE

VASÁRNAP REGGEL

– Anyu, hány óra van?
– Fél hat. Még korán van. Ráérsz.

– Már ilyen késő van? Akkor sietek. Negyed hétkor kezdődik az edzés.
– De Gabikám! Hiszen ma nincs is edzésed.

– Dehogyis nincs! Edzés mindennap van.
– Hétköznap igen, de ma vasárnap van.

– Tényleg vasárnap van. Akkor még nem kelek fel. Visszafekszem, és alszom nyolcig. A verseny csak tízkor kezdődik.

AZ IDŐ

1 óra = 60 perc
1 nap = 24 óra

A napok neve
hétfő
kedd
szerda
csütörtök
péntek
szombat
vasárnap

1 hét = 7 nap
1 hónap = 30 vagy 31 nap
(a február 28 vagy 29 nap)

A hónapok neve

január
február
március
április
május
június
július
augusztus
szeptember
október
november
december

1 év = 12 hónap

Az évszakok neve
tavasz
nyár
ősz
tél

56

Hány óra van?

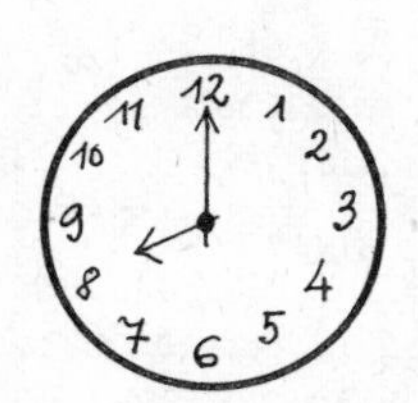

Hány óra van?
Nyolc óra van. (8^{00})

8^{00}		nyolc	óra	
8^{15}	(1/4) negyed	kilenc		
8^{30}	(1/2) fél	kilenc		van
8^{45}	(3/4) háromnegyed	kilenc		
9^{00}		kilenc	óra	

8^{06}	nyolc óra	06 perc	
8^{15}	nyolc óra	15 perc	van
8^{37}	nyolc óra	37 perc	
8^{59}	nyolc óra	59 perc	

negyed kilenc – a quarter past eight

In constructions answering the question *hány óra van?* (what is the time?), unlike in English, the nouns *negyed, fél, háromnegyed* are used in reference to the next full hour, not the previous one.

57

Mikor?
_ _ _ órakor

Mikor érkezik Gabi az iskolába?

Gabi nyolc óra**kor** érkezik az iskolába.

		Mikor? Hány Hány**kor**?	óra**kor**?
8^{00}		nyolc	óra**kor**
		nyolc**kor**	
8^{15}	negyed	kilenc**kor**	
8^{30}	fél	kilenc**kor**	
8^{45}	háromnegyed	kilenc**kor**	
9^{00}		kilenc	óra**kor**
		kilenc**kor**	

8^{06}	nyolc óra hat perc**kor** stb.

Mikor?		8 óra	**kor**
When?	**at**	8 o' clock	

1. Answer the questions:

Hány óra van?
Mikor érkezik a vonat a pályaudvarra?

Hány óra van?
Mikor vacsorázik a család?

Hány óra van?
Mikor indulunk a moziba?

Hány óra van?
Mikor csenget a postás?

2. Answer the questions:

a)

Hány óra van?

Mikor indul a vonat Pécsre?

Öt óra van.

A vonat öt órakor indul Pécsre.

Hány óra van?

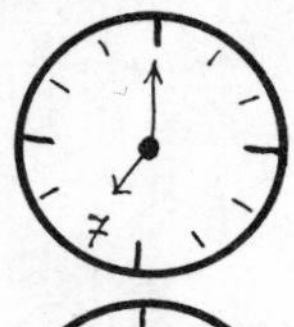

Mikor kel fel ön?

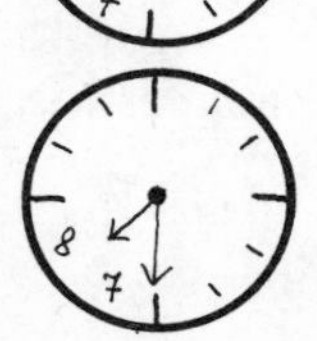

Mikor megy le az étterembe?

Hány óra van?

Mikor lép ki a szállodából?

Mikor érkezik a múzeumhoz?

Mikor találkozik a barátaival?

Mikor mennek be a bárba?

Mikor megy fel a szobájába?

Mikor fekszik le?

b)

Mikor indulnak a gyerekek az iskolába? (7^{30})
A gyerekek fél nyolckor indulnak az iskolába.

Mikor ebédel a család? (12^{30})
Mikor indul a vonat Szegedre? (6^{45})
Mikor kel fel Laci? (5^{15})
Mikor érkezik a repülőgép a budapesti repülőtérre? (20^{15})
Mikor lépnek ki Katiék a lakásból? (7)
Mikor csengetnek? (12^{45})
Mikor indulnak a lányok a sportpályára? (15^{30})

	Mikor	indul Péter a könyvtárba?
Péter	nyolc óra **előtt**	indul a könyvtárba.

Mikor?
--- előtt

előtt után között	Hét óra előtt indulunk a színházba. Ebéd után pihenünk. A könyvtárban két és három óra között kevés ember van.

nyolc óra előtt – before 8 o'clock
ebéd után – after lunch
két és három óra között – between 2 and 3 o'clock

3. Answer the questions:

(A család *hét óra*kor lép be az étterembe.)
Mikor (hány óra után) vacsorázik a család?
A család *hét óra* után vacsorázik.

(Gabi *nyolc óra*kor lép be az iskola kapuján.)
Mikor (hány óra után) ül a helyére az osztályban?

(A *mozi*ból nem megyünk haza, hanem *sétá*lunk a városban.)
Mikor (mi után) sétálunk a városban?
Mikor (mi előtt) megyünk moziba?

(*Fél tizenkettő*kor megy az utolsó, és *öt óra*kor indul az első autóbusz.)
Mikor nem járnak az autóbuszok?
Mikor (hány óra után) megy haza az egyik sofőr, és mikor (hány óra előtt) indul munkába a másik?

(Ebben az étteremben csak *ebéd*elnek és *vacsorá*znak a vendégek.)
Mikor nincs munkájuk a pincéreknek?

(A külföldi csoport vonata *tíz óra*kor indul.)
Mikor (hány óra előtt) érkezik a pályaudvarra a csoport?

! (A lányok délután még *dolgoznak,* de este már egy érdekes műsort néznek a tévében.)
Mikor (mi után) nézik az érdekes műsort a lányok?

59

Milyen nap van?	Mikor megyünk moziba?	Mikor?
Hétfő van.	Melyik nap**on** megyünk moziba?	_ _ _n
	Hétfő**n** megyünk moziba.	_ _ _ban

perc**ben**	hónap**ban**	évszak**ban**
órá**ban**	január**ban**	**tavasszal**
nap**on**	február**ban**	nyár**on**
hét**főn**	március**ban**	**ősszel**
kedd**en**	április**ban**	tél**en**
szerdá**n**	május**ban**	
csütörtök**ön**	június**ban**	év**ben**
péntek**en**	július**ban**	1981-**ben**
szombat**on**	augusztus**ban**	
! vasárnap	szeptember**ben**	
	október**ben**	
hét**en**	november**ben**	
	december**ben**	

4. Answer the questions:

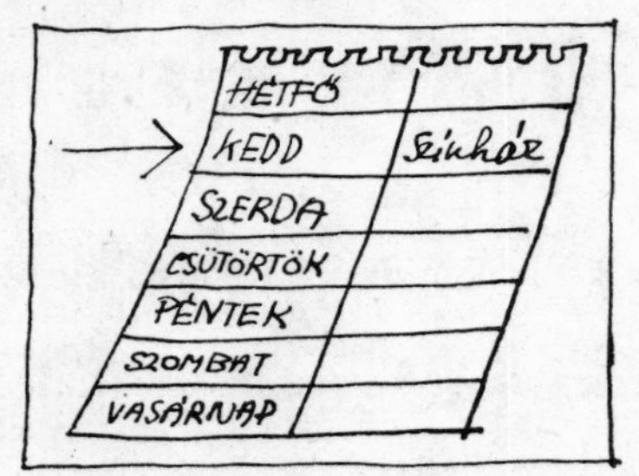

Milyen nap van?
Mikor megy a Kovács család színházba?

Milyen nap van szombat és hétfő között?
Mikor nem dolgoznak az emberek?

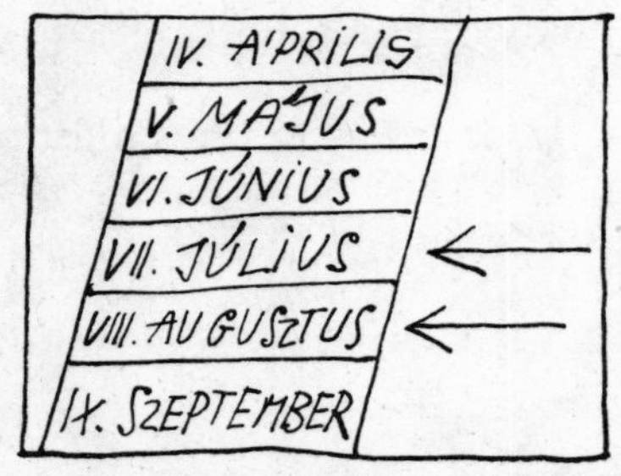

Melyik a hetedik és a nyolcadik hónap?
Mikor van szünet az iskolákban?

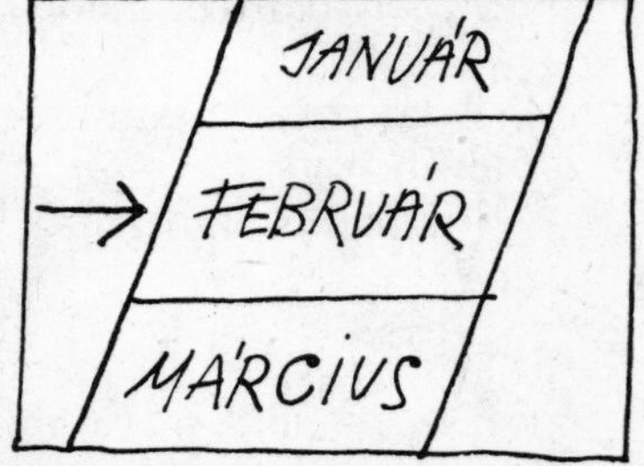

Melyik hónap következik január után?
Melyik hónapban van 28 nap?

5. Complete the sentences:

Kedd. . . elutazunk Pécsre.
Kedden elutazunk Pécsre.

Július. . . és augusztus. . . sok külföldi jön Magyarországra.
Hétfő. . . nincs műsor a televízióban.
Szombat. . . moziba megyünk.
_ _ _ (tavasz) és _ _ _ (ősz) sokat kirándulunk.
Ez. . . a hónap. . . nem dolgozom.
A sógorom minden év. . . két-három európai országban jár.
Minden óra. . . érkezik néhány vonat a pályaudvarra.
Csütörtök. . . nem megyek sehova sem.
Október. . . nem mindig kellemes az idő Budapesten.
Ez. . . a hét. . . Budapesten maradunk.
Melyik hónap. . . utazol vissza Angliába?
Magyarországon tél. . . hideg, nyár. . . meleg van.

60

Mikor ebédelünk?
Most ebédelünk.

Mikor?
most

most	reggel
ma	délelőtt
holnap	délben
(az) idén	délután
jövőre	este
mindig	éjjel
néha	nappal
máskor	
már	
még	
későn	
korán	
soha(sem)	

6. Answer the questions:

Mikor fekszel le?
Este fekszem le.

Mikor kelünk fel?
Mikor ebédelünk?
Mikor dolgoztok?
Önök mikor alszanak?
Mikor tanul Gabi az iskolában?
Mikor tanulnak a gyerekek otthon?
Mikor megy haza ez a kislány?

11

TE MIT SPORTOLSZ?

– Gabi, te mit sportolsz? Futballozol?
– Azt is. De a kedvenc sportom az öttusa.
– Nézed vagy csinálod?
– Mindkettőt. A tévében és a versenyeken nézem, a Központi Sportiskolában gyakorlom.
– Tizenegy éves gyerekek már öttusáznak Magyarországon?
– Az az igazság, hogy nem öt, hanem még csak három sportágban dolgozunk. Mindennap úszunk és futunk, és egy héten négy napon vívunk. A lovaglás és céllövés csak két év után jön.
– És hol futballozol?
– Az iskolai csapatban. A mi osztályunkban sok erős fiú van. A csapatunk az első az iskolában, és az iskolánk az első a kerületben.
– Én is sportolok: lovagolok egy londoni klubban.
– Saját lovad van?
– Sajnos, nincs. A lovat a klub adja. De a kerékpár, amin minden szombaton vidékre megyek, a sajátom.

7. Rewrite the dialogue in the 3rd person:

a) Gabi futballozik is, de a kedvenc sportja az öttusa.

____

b) Tamás is sportol, lovagol.

____

Ma hétfő van. A [hétfői] [újságok] érdekesek.

Milyen? Mikori?

(5) órai	reggeli
napi	délelőtti
hétfői	déli
keddi	délutáni
stb.	! esti
! heti	éjjeli
hónapi (havi)	nappali
januári	mai
februári	holnapi
stb.	! mostani
évi	! idei
tavaszi	jövő évi
nyári	
őszi	
téli	

8. Use the correct forms of the words in brackets:

(reggel) Ma _ _ _ vidékre utazunk.
A _ _ _ vonat hétkor indul.

Ma reggel vidékre utazunk.
A reggeli vonat hétkor indul.

(este) Minden _ _ _ televíziót nézek a szobámban.
Az _ _ _ műsorban érdekes filmek vannak.

(év) Ebben az _ _ _ sokat utazunk.
A testvérem a jövő _ _ _ terveinkről beszél.

(szombat) _ _ _ kedves vendégek jönnek hozzánk.
A _ _ _ újságban érdekes hírek vannak.

(vasárnap) _ _ _ senki sem dolgozik.
A _ _ _ ebédet mindig a nagymama főzi.

(december) _ _ _ erős hideg van.
A gyerekek várják a _ _ _ hideget.

(ősz) _ _ _ Angliába utazom.
Az _ _ _ hónapokban sok a beteg ember.

TAMÁS A VÁROSBAN

Tamás itt, Magyarországon egész nap a városban jár-kel, vagy vidékre utazik, de sohasem fáradt. Majdnem mindig gyalog jár. Fentről a hegyekből a tájat nézi, a városokban az utcákat, az embereket, a kirakatokat figyeli. Minden új, minden érdekes egy ismeretlen országban. Nagyon szereti a régi épületeket, templomokat. Nézi a szép kapukat, bemegy az udvarokba, néha lefényképez egy-egy szép részletet. Sok emléktárgyat vásárol. Angol barátai meg a családja majd örülnek, amikor magyar népművészeti tárgyakat kapnak tőle.

9. Rewrite the text: 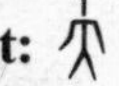

Itt, Magyarországon egész nap a városban járok-kelek, . . .

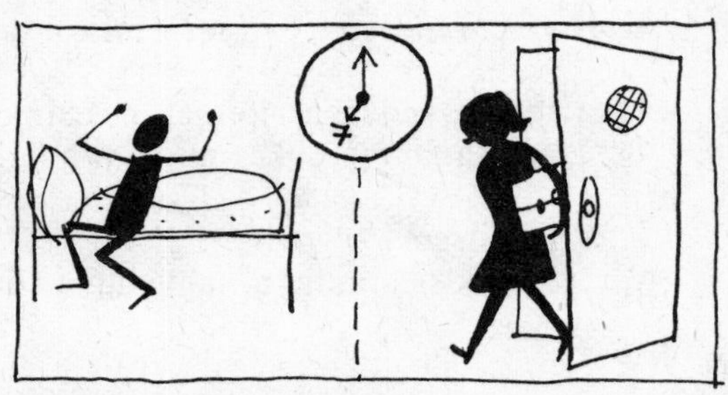

Mikor?
akkor, amikor

Gabi hét órakor kel fel. Az anyja hét órakor munkába indul.

Mikor kel fel Gabi?

Gabi **akkor** kel fel, **amikor** az anyja munkába indul.

 Amikor az anyja munkába indul, (akkor) Gabi felkel.

10. Answer the questions:

kimegy érkezik

Mikor megyünk ki a pályaudvarra?
Akkor megyünk ki a pályaudvarra, amikor Mária vonata érkezik.

tornázik labdázik
Mikor tornáznak a lányok?

feláll belép
Mikor állnak fel a diákok?

siet csenget
Mikor siet az ajtóhoz Kati?

hazaér vacsorázik
Mikor ér haza az apa?

11. Give short answers to the questions of Exercise 10:

Mikor megyünk ki a pályaudvarra?
Akkor, amikor Mária vonata érkezik. (Amikor Mária vonata érkezik.)

12. Make sentences based on the pictures in Exercise 10:

Amikor Mária vonata érkezik, kimegyünk a pályaudvarra.

13. Finish the sentences:

Akkor nézünk televíziót, _ _ _ _ _ _ _ _ _ _ _ _ _ _
Akkor nézünk televíziót, amikor jó műsor van.

Akkor vacsorázunk az étteremben, _
Amikor az autóbusz a szállodához érkezik, _
Akkor keresünk hordárt a pályaudvaron, _
Akkor maradunk otthon, _
Amikor nincs pénzem, _
Amikor a szomszéd lakásban táncolnak a fiatalok, _ _ _ _ _ _ _ _ _ _ _ _ _ _
Akkor fekszenek az emberek a kórházban, _
Amikor nincs ennivaló otthon, _
A tengerészek akkor jókedvűek, _
Az orvosok akkor is dolgoznak, _
Amikor egy madár repül az ablakomhoz, _
A sógorom akkor is csak limonádét iszik, _

63

Mettől meddig?

Hely

Mettől **meddig** szalad a gyerek?
A gyerek **a fától** **a házig** szalad.

Idő

Mettől **meddig** tanulnak a diákok?
A diákok **nyolctól** **egyig** tanulnak.

Meddig szalad a gyerek?
A gyerek **a házig** szalad.

Meddig tanulnak a diákok?
A diákok **egyig** tanulnak.

Mettől meddig? (place) — from where to where?
Mettől meddig? (time) — from what time till what time?

14. Answer the questions:

11

Mettől meddig utazik vonaton Tamás?

Mettől meddig pihenünk a Balaton partján?

Mettől meddig futnak a sportolók?

Mettől meddig futnak a sportolók?

Mettől meddig építik az utat a munkások?

Mettől meddig dolgoznak a gyárban a munkások?

15. Give short answers to the questions in Exercise 14:

Mettől meddig utazik vonaton Tamás?
Párizstól Budapestig.

16. Make questions and short answers based on the pictures of Exercise 14:

Meddig utazik vonaton Tamás?
a) Tamás Budapestig utazik vonaton.
b) Budapestig.

17. Answer the questions:

a)

A repülőgép repül. (Budapest–London)
A repülőgép Budapesttől Londonig repül.

A turisták sétálnak. (Duna-part–Vár)
A fiatalember villamoson utazik. (lakás–munkahely)
A vonat megy. (Szeged–Budapest)
A férfi úszik. (part–hajó)
A villamos jár. (tér–pályaudvar)

b)

A fiúk futballoznak. (9^{00}–10^{00})
A fiúk kilenctől tízig futballoznak.

A fiatalok a klubban táncolnak. (10^{00}–12^{00})
Gábor az óránál várja Évát. (5^{45}–6^{15})
A nagymama a konyhában főz. (reggel–dél)
A gyerekek a Balatonnál nyaralnak. (július–augusztus)
A mozgólépcső működik. (reggel–este)
Kellemes az idő. (tavasz–ősz)

GABI EGY NAPJA

Még csak tizenegy éves vagyok, de már nincs egy perc szabad időm sem. Minden reggel fél hatkor kelek fel. Az első edzés: futás. Tudniillik futok a fürdőszobába. Mosakodom, fogat mosok és fésülködöm. Én vagyok az első. Utánam anyu jön, a harmadik helyen apu áll. Már szó szerint áll – a fürdőszoba ajtaja előtt.

Hat órakor reggelizem valamit, és indulok a edzésre. Fél hét előtt már a Sportiskola uszodájában vagyunk, kezdődik a úszás. Úszom néhány kilométert, az edző, a mester a medence széléről kiabál, hogy kevés meg lassú – és én még úszom tovább. Nyolc órakor kimászom a medencéből. Már nagyon fáradt

vagyok, pedig csak most kezdődik a nap, illetve kilenc órakor a tanítás az iskolában. Kilenctől egy óráig tanítás van. Egy és fél kettő között ebéd a Sportiskola éttermében. Utána egy óra pihenés, de én néha ilyenkor írom a leckék egy részét. Háromtól ötig vívóedzés. Hat órakor az atlétikai pályán vagyunk, vagy felmegyünk a hegyekbe, és ott futunk. Ez is jó pár kilométer a hegy lábától a tetőig és vissza. Nyolc órakor érkezem haza. Tanulok, vacsorázom. A család már a tévét nézi. Nem sokat beszélgetünk. Amikor én is leülök a tévé elé, vagy egy könyvet veszek a kezembe, már nagyon álmos vagyok.

Hogy mikor pihenek? Néha vasárnap. És persze nyáron. Júliusban vagy augusztusban egy hónap szünet van az edzéseken. Akkor mi is szabadságon vagyunk.

18. Answer the questions:

1. Hány éves Gabi?
2. Mennyi szabad ideje van?
3. Hány órakor kel fel?
4. Hova fut?
5. Mit csinál a fürdőszobában?
6. Ki következik utána?
7. Mit csinál az apja?
8. Hány órakor reggelizik Gabi?
9. Mi a reggeli edzés?
10. Mennyit úszik?
11. Mit kiabál az edző a medence széléről?
12. Mit csinál Gabi?
13. Hány órakor mászik ki a medencéből?
14. Mettől meddig van tanítás az iskolában?
15. Mikor és hol ebédel Gabi?
16. Mi következik ebéd után?
17. Mikor van a vívóedzés?
18. Mit csinál Gabi hat órakor?
19. Mennyit fut a hegy lábától a tetőig és vissza?
20. Hány órakor érkezik haza?
21. Mit csinál otthon?
22. Mit csinál a család?
23. Mikor pihen Gabi?
24. Mennyi szünet van nyáron az edzésekben?
25. Melyik hónapban van a szünet?

11

KÖZMONDÁSOK:
Ki korán kel, aranyat lel.
The early bird catches the worm.
Jó pap holtig tanul.
It's never too late to learn.
Kutyaugatás nem hallatszik az égbe.
Who cares about what he says.

SZAVAK

Igék

alszik sleep
épít (vmit) build
érdekel vkit interest, be interesting for
felkel get up
fésülködik comb one's hair
gyakorol (vmit) exercise
jár-kel walk, wander about
kezdődik begin, start
kiabál shout, cry
következik have one's turn, follow
lefekszik go to bed
lefényképez (vt) take a photo of
lovagol ride a horse
mászik climb, crawl
mos (vmit) wash
mosakodik wash oneself
öttusázik do the pentathlon
ráér (vmire) have time (for/to)
sportol take part in sports
teniszezik play tennis
vív (-ok) fence

Köznevek

anyu mummy
április April
augusztus August
büfé buffet
céllövés target-shooting
csapat team
csütörtök Thursday
december December
délelőtt (-je) forenoon, morning
délután (-ja) afternoon
ebéd (-je) lunch, dinner
edzés training
éjjel night
emlék remembrance, memory
emléktárgy (-ak) souvenir
év year
évszak (-ja) season
február (-ja) February
felirat notice, inscription
fog (-at) tooth
futás running
futball football
futballmeccs football match
hét (hetek) week
hétfő Monday
hétköznap (-ja) week-day
hír news
hónap (-ja) month
igazság justice
indulás departure, start
január (-ja) January
július July
június June
kapu gate, goal

kedd (-je) Tuesday
késő late
kilométer kilometre
klub (-ja) club
koncert (-je) concert
lecke homework
ló (lovak) horse
lovaglás horse-riding
május May
március March
meccs match, meeting
medence basin
mester master
munkahely place of work
művészet art
nap (-ja) day
nappal day
nép people
népművészet folk art
november (-ben) November
nyár (nyarak) summer
október (-ben) October
óra hour, clock
ősz autumn, fall
öttusa pentathlon
pálya (sports)ground, field
péntek (-je) Friday
perc minute
pihenés rest
rész part
részlet detail
sport (-ja) sport
sportág (-ak) branch of sport
sportiskola sport-school
sportklub (-ja) sports club
sportműsor sports programme
sportoló sportsman, athlete
sportpálya sports fields
stadion (-ja) stadium
szél edge
szeptember September
szerda Wednesday
szombat (-ja) Saturday
szünet break, interval, holiday, vacation
tag (-ja) member
táj (-ak) region, scenery
tanítás teaching, here: school
tárgy (-ak) object
tavasz spring
tél (telek) winter
tenisz tennis
terv plan
tető (teteje) top, peak
tévé tv
udvar courtyard
úszás swimming
uszoda swimming pool
vacsora dinner, supper
vasárnap (-ja) Sunday
verseny competition
vívóedzés fencing training

Melléknevek

álmos sleepy
atlétikai athletic, track and field
évi annual, (a) year's
havi monthly
heti weekly, (a) week's
hónapi monthly, (a) month's
idei of this year
ismeretlen unknown
jövő future, next
kedvenc favourite
központi central
mai of today, today's
mostani present, actual
napi daily, (a) day's
nappali day-
népművészeti folkloristic
szomszéd next, neighbouring

Egyéb szavak

akkor at that time, then
amikor when
dehogyis! not at all
délelőtt in the morning
délután in the afternoon
éjjel at night
este in the evening
gyalog on foot
háromnegyed three quarters
holnap tomorrow

11

idén this year
illetve respectively, or rather
ilyen so
ilyenkor (at) that time
jövőre (by) next year
későn (too) late
korán early, in good time
ma today
majd then, afterwards
majdnem almost, nearly
már nem not . . . any more
máskor another time
még still, yet, more
meddig? till when? till what time? how far?
mettől? from what time? from where?
mikor? when?
mindennap every day
mindkettő both (of)
nappal by day, during the day-time
negyed (a) quarter
néha sometimes
pár 1. pair; 2. some, few
például for instance
reggel in the morning
saját (-ja) own, proper
soha never, not . . . ever
sohasem never, not . . . ever
szerint according to
tényleg really, indeed
tovább (csinál vmit) continue (to do sg)
tudniillik namely

Tulajdonnevek

Bartók mozi
Központi Sportiskola
Népstadion People's Stadium
Szentendre

Kifejezések

dehogyis nincs of course there is
egy-egy a few, one or two
Hány óra van? What is the time?
jó pár several
a jövő év (hónap, hét) next year (month, week)
negyed (kettő) quarter past (one)
háromnegyed (öt) a quarter to (five)
fél (négy) half past (three)
Késő van. It is late.
Korán van. It is early (yet).
vmi a sajátja vkinek it is his, it belongs to him
vki szabadságon van be on holiday(s)
szó szerint literally

19. Put the appropriate suffixes or words into the sentences:

A szoba [. . .] meleg van.
Január [. . .] hideg van.

Ezen a _ _ _ [-en] mindennap vendégeket várunk.
Ezen a _ _ _ [-en] mindig a vendégek ülnek.

Szombat [. . .] Kovácsék a Margitszigeten vacsoráznak.
A híd [. . .] ma nagy a forgalom.

_ _ _ [-ban] nem járnak a gyerekek iskolába.
Az _ _ _ [-ban] nemcsak tanulnak, hanem játszanak is a gyerekek.

Tamás a nővére [. . .] hasonlít.
Jövő [. . .] új lakást veszünk.

20. Complete the sentences with the words given in brackets:

Sok munkánk van. (ez a hét)
Ezen a héten sok munkánk van.

Kellemes idő van. (azok a hónapok)
Nem játszanak érdekes filmeket. (ez a hét)
Érkezik a repülőgép. (ezek a percek)
A gyerekek a Balatonnál nyaralnak. (ez az év)
Étteremben vacsorázunk. (az a nap)

21. Put the correct words and suffixes into this passage (where necessary):

Török turista vagyok, csak ez. . . a hét. . . vagyok Budapesten. Mindennap. . . ___ kelek fel. Hét. . . kilenc. . . van a reggeli az étteremben, de én már fél nyolc. . . a lifthez sietek. Nyolc óra ___ már a helyemen ülök az asztalnál a görög barátaim mellett. Az ebéd. . . csak négy óránk van. ___ a városban sétálunk. A séta ___ a városban keresünk egy éttermet. Éhesek vagyunk. Ebéd ___ már sehova sem megyünk. ___ a pincér hozza az étlapot, már fél egy van. A görög barátaim a török ételeket szeretik, én a híres magyar ételeket keresem. A pincér azt mondja, hogy ez egy görög étterem. ___ felállunk, és egy másik éttermet keresünk. Két óra. . . már nem fontos, hogy milyen az étterem. De a sarkon egy múzeumot találunk, itt görög szobrokat és török ruhákat látunk. ___ a kijárat felé megyünk, a bal oldalon egy ajtó mellett feliratot látunk. Itt van a múzeum büféje. Indulás ___ itt eszünk szendvicset, és iszunk kávét. Ez a ma. . . ebédünk. Ebéd ___ is múzeumokba megyünk. Még ___ van, nem vacsorázunk. Várjuk az estét. De július. . . hét óra ___ még nincs este, mondják a barátaim. Este. . . az üzletekben vásárolunk. Csak ___ sietünk vissza a szállodába, ___ már sötét van. Fáradtak vagyunk, a szobánkban vacsorázunk. Vacsora ___ már sehova sem megyünk. ___ van, reggel. . . ___ kelünk fel.

22. Relate Tamás's program; how he spends his week:

HÉTFŐ:	de. (délelőtt) vásárlás a Belvárosban, du. (délután) 5-kor rokonok jönnek
KEDD:	8–10 uszoda, 12^{30} ebéd a magyar barátokkal, 19^{00} Opera
SZERDA:	de. múzeum, 20^{30}-kor érdekes film a tévében
CSÜTÖRTÖK:	10^{15}-kor Moszkva térről indulás a Szabadság-hegyre, 17^{30} Népstadion bejáratánál, futballmeccs
PÉNTEK:	9^{30}–11^{00} tenisz, délután 6 óra: film a Bartók moziban
SZOMBAT	8-kor indulás Szentendrére, ebéd Szentendrén; du. lovaglás Visegrádon
VASÁRNAP:	de. otthon Laciéknál, ebéd után vendégek jönnek, este 7: koncert

23. Write a daily timetable for yourself. What will you do tomorrow from morning to evening?

24. Short dialogues:

– Bocsánat. Mikor indul a szegedi vonat?
– Nyolc óra öt perckor.
– Köszönöm.

– _ _ _ _ _ _ _ _ _ _ érkezik az Orient expressz?
– Huszonegy óra tizennégy perckor.
– _ _ _ _ _ _ _ _ _ _

– _ _ _ _ _ _ _ _ _ _ indul a londoni gép?
– Tizenegy óra huszonötkor.
– _ _ _ _ _ _ _ _ _ _ _

—— • ——

– A szobájába kéri a reggelit?
– Igen.
– Hány órára parancsolja?
– Fél nyolcra.

– _ _ _ _ _ _ _ _ _ _ _ _ _ vacsorát?
– _ _ _ _ _ _ _ _ _ _
– _ _ _ _ _ _ _ _ _ _
– Háromnegyed hétre.

—— • ——

– Meddig maradnak Magyarországon?
– Július 15-ig.
– És utána hova utaznak?
– Hazamegyünk Angliába.

– _ _ _ _ _ _ _ _ _ _ Budapesten?
– Augusztus 5-ig.
– _ _ _ _ _ _ _ _ _ _
– Lemegyünk a Balatonra.

—— • ——

– Mettől meddig van a reggeli?
– Héttől kilencig.
– És a vacsora?
– Nyolctól tízig.

– _ _ _ _ _ _ _ _ _ _ jár a kettes metró?
– Reggel fél öttől este fél tizenkettőig.
– _ _ _ _ _ _ _ _ _ _ a hármas?
– Az is fél öttől fél tizenkettőig.

25. Translate:

a) Tamás szereti a sportot. A tévében mindig nézi a sportműsorokat. Itt Magyarországon minden második napon úszik, nagyon szereti a budapesti uszodákat. A futball is nagyon érdekli. Ma este siet haza, mert francia–magyar futballmeccs van a tévében. Holnap délelőtt 10-től 12-ig teniszezik.

b) There are many children in Hungary who are members of different sportclubs. Their life is not easy. For instance *(például)*, my nephew, Gabi, gets up very early every morning and goes to the swimming-pool or to the sports grounds. When training in the swimming pool he swims two or three kilometres. He goes to training in the afternoon, too. From Monday to Saturday he has no free time. He watches TV only on Sundays.

TE SOHASEM PIHENSZ?

– Mit csinálsz, Tamás? Nagyon csendben vagy ott a sarokban.
– Tervet készítek, Irénke. A magyarországi programokról.

– Látod, én nem készítek terveket, mégis mindennap annyi a munkám, hogy nincs egy perc szabad időm sem.
– Sajnálom, hogy olyan sokat dolgozol. Tudom, hogy a hivatali munkádon kívül itthon is nagyon sok a tennivalód. Sohasem pihensz.

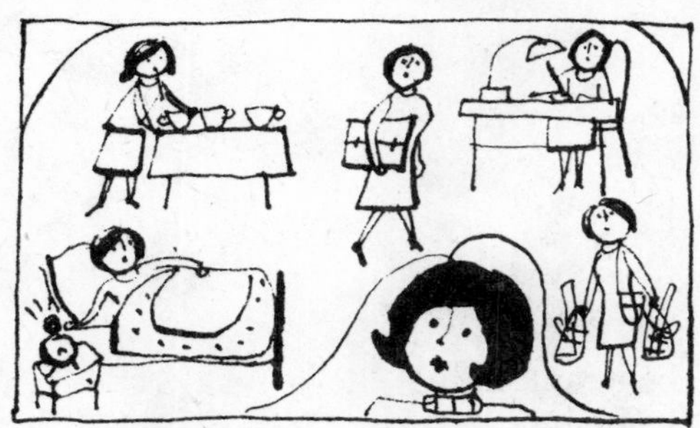

– Így van. Reggel én vagyok az első, aki felkel. Reggelit csinálok. Szaladok a hivatalba. Munka után minden délután ennivalót vásárolok. Este gyakran főzök, bár néha hideget eszünk. Utána mosogatok, és rendbe teszem a gyerekek ruháit. Igaz, ők is, Laci is sokat segítenek.

– Én is akarok segíteni, amíg itt vagyok nálatok.
– Köszönöm. De a főzésben nem tudsz segíteni. Talán inkább a vásárlásban.

– És a takarításban is. Holnap én akarok takarítani.
– Majd te takarítasz, én pedig mosok, és így szabad marad az esténk. Csinálunk valami jó programot.

64

_ _ _ni akar

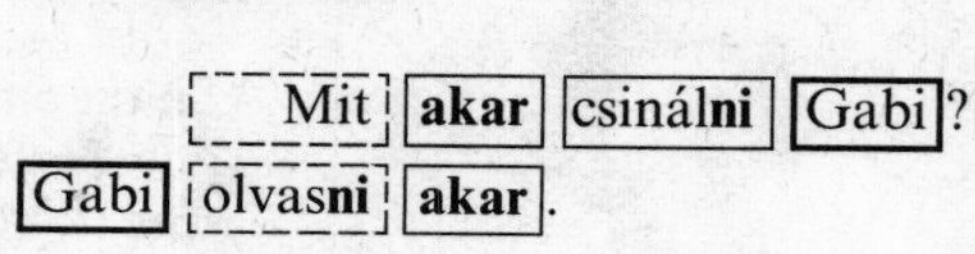

Mit	akar	olvasni Gabi?
Gabi könyvet	akar	olvasni.
! Gabi **a** könyvet	akar**ja**	olvasni.
Hol	akar	olvasni Gabi?
Gabi a szobában	akar	olvasni.
Hova	akar	bemenni Gabi?
Gabi a szobába	akar	bemenni.
Mi	akar	lenni Gabi?
Gabi mérnök	akar	lenni.

≈

tud szeret próbál kezd	olvasni

Note
The use of the infinitive as a direct object is more restricted than in English. To avoid a general mistake of English speakers use it only with the above mentioned verbs.

— • —

-ni

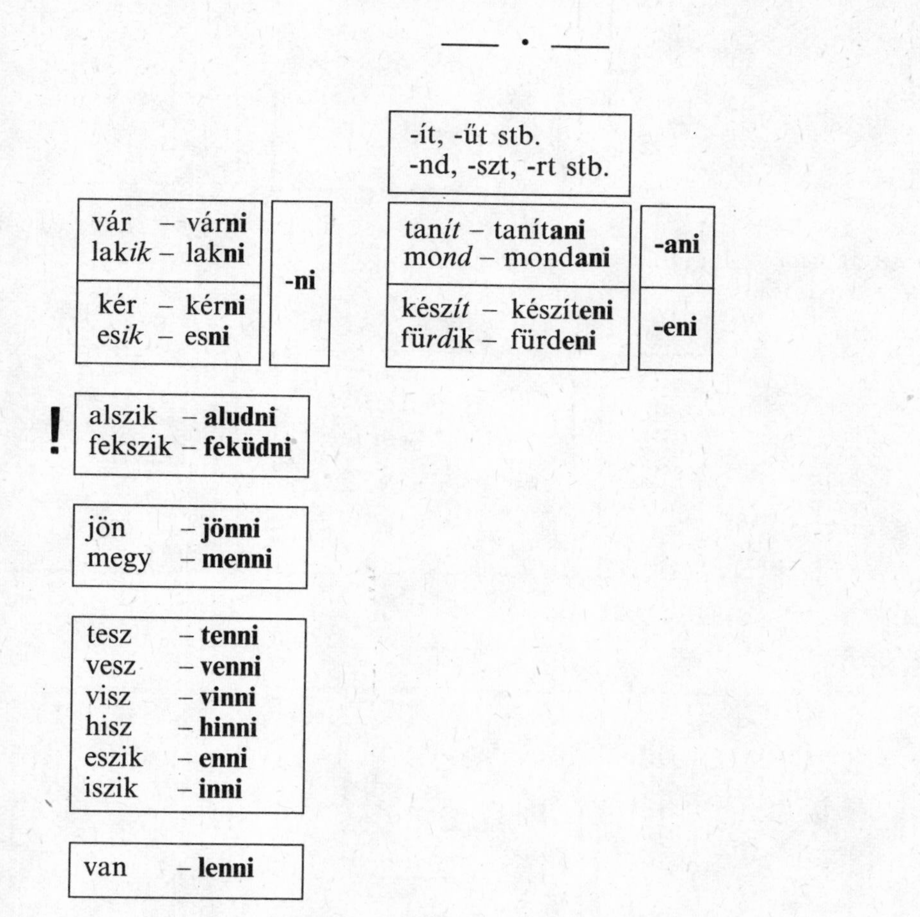

The infinitive is formed by adding the ending *-ni* to the stem of the verb (usually 3rd person singular present tense): *vár-ni, kér-ni,* but *lak-ni, es-ni.* If the stem of the verb ends in two consonants or a long vowel + *t* (mostly *-ít*), it has the ending *-ani, -eni: mond-ani, tanít-ani, készít-eni, fürd-eni* (but: *lát-ni*).

12

1. **Answer the questions then make your own questions and answer them:**

gyerekek játszik
Mit akarnak csinálni
a gyerekek?

munkás pihen
Mit akar csinálni
a munkás?

lányok énekel
_ _ _ _ _ _ _ _ _ _ _ _ _
_ _ _ _ _ _ _ _ _ _ _ _ _

család vacsorázik
_ _ _ _ _ _ _ _ _ _ _ _ _

fiatalok táncol
_ _ _ _ _ _ _ _ _ _ _ _ _

Péter úszik
_ _ _ _ _ _ _ _ _ _ _ _ _

orvos alszik
_ _ _ _ _ _ _ _ _ _ _ _ _

tanár tanít
_ _ _ _ _ _ _ _ _ _ _ _ _

sofőr iszik
_ _ _ _ _ _ _ _ _ _ _ _ _

2. **Make questions and answers based on the pictures in Exercise 1:**

Hol akarnak játszani a gyerekek?
A gyerekek a parkban akarnak játszani.

Hol akar pihenni a munkás?
Mit akarnak énekelni a lányok?
Hol akar _ _ _ _ _ _ _ _ _ _ _ _
Hol _ _ _ _ _ _ _ _ _ _ _ _ _ _ _ _

Hol _ _ _ _ _ _ _ _ _ _ _ _ _ _ _ _
Mikor _ _ _ _ _ _ _ _ _ _ _ _ _ _ _
Kiket _ _ _ _ _ _ _ _ _ _ _ _ _ _ _
Mit _ _ _ _ _ _ _ _ _ _ _ _ _ _ _ _

3. Make sentences based on the pictures in Exercise 1: *a)* 1 *or* 1 1
b) 2 *or* 2 2

a) Játszani akarunk.
b) Játszani akartok.

4. Make sentences based on the pictures in Exercise 1: *a)* 1 *or* 1 1
b) 2 *or* 2 2

a) A parkban akarunk játszani.
b) A parkban akartok játszani.

5. Complete the sentences with the verb in brackets:

A lányok moziba mennek. (akar)
A lányok moziba akarnak menni.

Péter a pénztárcájába teszi a pénzét. (akar)
János sötét szobában alszik. (szeret)
Mérnök vagyok. (akar)
A gyerekek sokat esznek. (tud)
A fiatalok kólát isznak. (akar)
A rádió fölé teszem a képet. (próbál)
A cica az ágyra fekszik. (akar)
Kenyeret és vajat vesztek a boltban. (akar)
Virágot teszünk a vázába. (akar)
Péter rokonai nyáron Magyarországra jönnek. (akar)

6. Fill in the blanks with the correct verbs:

(akar, szeret, tud, próbál, kezd)

Péter még kisfiú. Csak most _ _ _ iskolába járni. Nagyon _ _ _ rajzolni. Egy kicsit _ _ _ olvasni is. Már sok betűt ismer. Néha írni is _ _ _. Tengerész _ _ _ lenni. Már _ _ _ úszni, és nagyon _ _ _ utazni.

7. Fill in the correct suffixes where necessary:

Laci a filmet akar. . . nézni a tévében.
Laci egy filmet akar. . . nézni a tévében.

Minden évben szeret. . . (1) néhány napot vidéken tölteni.
A szabadságomat a Balatonnál szeret. . . tölteni.

Vissza tud. . . (2) vinni ezt a könyvet a könyvtárba?
Vissza tud. . . (2) vinni egy könyvet a könyvtárba?

Az anya főzni kezd... a konyhában.
Az anya főzni kezd... az ebédet.

Fel akar... ( ) vinni az emeletre valamit.

Fel akar... ( ) vinni az emeletre a televíziót.

Be tud... tenni a táskádba néhány emléktárgyat?
Be tud... tenni a táskádba a térképemet?

A lányok szeret... lemezt hallgatni.
A lányok szeret... hallgatni ezeket a lemezeket.

SZÓREND

	A	B ~ –	– ~ C ~ C	D
		Mit	akar	csinálni Péter?
	Péter	sétálni	akar.	
?		**Sétálni**	akar	Péter?
	Péter	**(nem) sétálni**	akar.	
?			**Akar**	sétálni Péter?
	Péter		**(nem) akar**	sétálni.
?		**Ki**	akar	sétálni?
?		**Péter**	akar	sétálni?
		(Nem) Péter	akar	sétálni.
		Be	akar	menni Péter a moziba?
	Péter	be	akar	menni a moziba.
	Péter		**nem akar**	bemenni a moziba.

	A	B ~ –	– ~ C ~ C	D
		Ki	akar	bemenni a moziba?
		Péter	akar	bemenni a moziba?
		(Nem) Péter	akar	bemenni a moziba.
		Hova	akar	bemenni Péter?
		A moziba	akar	bemenni Péter?
	Péter	**(nem) a moziba**	akar	bemenni.

8. Complete the chart:

	A	B ~ –	– ~ C ~ C	D
	A fiúk	kávét	akarnak	inni a büfében.

	A	B ~ –	– ~ C ~ C	D
		Be	tudjuk	tenni a csomagokat az autóba.

	A	B ~ –	– ~ C ~ C	D
	A gyerekek	ki	akarnak	menni a kertbe.
	Péter		szeret	aludni ebéd után.
	Vera	idén	kezd	egyetemre járni.

TAMÁS TERVEI

HÉTFŐ	1		8	Laci és Irén hazautazik	15	Belváros	22		29
KEDD	2		9		16		23		30
SZERDA	3		10	Tihany	17	Vár	24		31
CSÜTÖRTÖK	4	Tervkészítés	11		18	Dunakanyar	25	Utazás haza Angliába	
PÉNTEK	5		12	Badacsony	19		26		
SZOMBAT	6	utazás a Balatonra	13		20	Szeged: [illegible]	27		
VASÁRNAP	7		14	Utazás Pestre	21		28		

Tamás tervet készít. Még három hét szabadsága van. Ezt mind Magyarországon akarja tölteni. Még nagyon sokat akar látni a fővárosból és az országból.

Most a hét végén a Balatonra mennek. Oda, ahol Kati nyaral a nagymamájánál: Balatonfűzfőre. Laci és Irén már hétfőn visszajönnek Pestre, de ő és a gyerekek ott maradnak. Sokat kirándulnak majd. Elmennek Tihanyba és Badacsonyba is. Tihanyba hajón mennek át, de Badacsonyba már vonaton, ugyanis az elég messze van Fűzfőtől, odáig nagyon hosszú az út hajón.

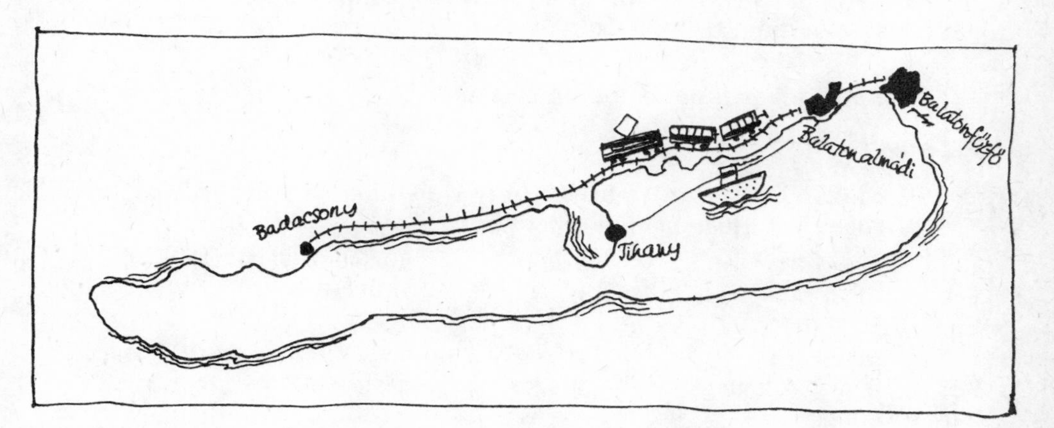

Amikor visszajön Pestre, Tamás végig akarja járni a főváros híres utcáit és tereit. Látni akar minden nevezetes épületet, szobrot, régi történelmi és művészeti emléket. A Belvárosban és a Várban egy-egy napot akar tölteni. Uszodába és lóversenyre is szeret járni, arra is talál majd időt.

Ezután egy kirándulás következik, de ez már a harmadik héten. A cél a Duna-kanyar: a festői kis város, Szentendre és a nevezetes visegrádi romok. Azon a héten még egy utazás van a programban: a szegedi rokonokhoz. Oda Laci autóján mennek, végig az Alföldön. Tamás nagyon kíváncsi a magyar falvakra, a magyar parasztokra is.

9. Retell the passage in the 1st person:

Tervet készítek. Még három . . .

10. Make plans for a weekend-trip to a well-known place in Hungary or in your country. Include the following words:

akar	vonat	történeti	közel
tölt	hajó	művészeti	messze
kirándul	autó	híres	
utazik	út	nevezetes	
felmegy, lemegy	utazás	festői	
átmegy	város	kíváncsi	
végigjár	falu	gyönyörű	
lát	part	kellemes	
néz	épület		
	emlék		

Eva azt kérdezi: „Jó idő van?"
Éva azt kérdezi, (hogy) jó idő van-**e**.

≈ Éva azt kérdezi: „Érdekes az új film?"
Éva azt kérdezi, (hogy) érdekes-**e** az új film.

≈ Kati nem tudja, indul-**e** délben vonat.
Tamás kíváncsi arra, meleg-**e** a Balaton vize.
Jánost nem érdekli, hogy jó idő van-**e**.

Erika azt kérdezi: „Milyen idő van?"
Erika azt kérdezi, hogy milyen idő van.

Erika azt mondja: „Jó kedv**em** van."
Erika azt mondja, hogy jó kedv**e** van.

The interrogative particle *-e* is equivalent to "whether" or "if". It is used in reported questions or after a main clause expressing uncertainty when there is no interrogative pronoun. It always follows the conjugated verb or the predicate (in nominal sentences).

11. Make questions and answer them as in the example:

kérdez

Mit kérdez a vendég?
A vendég azt kérdezi, hogy van-e szabad szoba.

(nem) tud

kíváncsi

érdekel

kérdez

kíváncsi

(nem) érdekel

12. Rewrite the answers to Exercise 11: 1 *or* 1 1

Azt kérdezem, hogy van-e szabad szoba.

13. Make sentences following the example:

kérdez

Péter azt kérdezi: „Szereted a zenét?"
Péter azt kérdezi, hogy szeretem-e a zenét.
Szereted a zenét? – kérdezi Péter.

mond

kérdez

gondol

kérdez

felel

mond

14. Put the sentences into reported speech:

Szereted a magyar borokat? – kérdezi Irén Tamástól.
Irén azt kérdezi Tamástól, hogy szereti-e a magyar borokat.

Van saját lovad? – kérdezi Laci Tamástól.
Hány kilométert akartok úszni? – kérdezi az edző a gyerekektől.
Nem kérek sört, csak kólát iszom – mondja Irén.
Szerettek teniszezni? – kérdezi Gabi a barátaitól.
Vissza akarunk utazni Pestre – mondják Laciék.
Gyakran fáj a feje? – kérdezi az orvos a betegtől.
Fel tudsz menni a várhoz gyalog? – kérdezi Gabi a nagymamájától.

TAMÁS LEVELE EGY LONDONI BARÁTJÁHOZ
(Részlet)

„. . . A családról és a környezetről most nem írok, majd talán máskor, egy másik levelemben. Most éppen tervet készítek arról, hogy mit akarok csinálni a következő három héten. Úti céljaimról majd akkor tudok mesélni, amikor visszamegyek Londonba. Most inkább a kulturális programokról akarok írni. Azt tervezem, hogy két-három napot a budapesti múzeumokban töltök. Azt mondják, sok szép, híres festmény és szobor van itt, nagy magyar és külföldi festők és szobrászok alkotásai.

A tévében egy sorozatot adnak Petőfiről, a világhírű magyar költőről. Azt is nézni akarom. Magyar regényeket akarok olvasni, remélem, találok valami érdekeset. Színházba és moziba is járok. Ez is segít a nyelvtanulásban. Végül az a tervem, hogy veszek egy olyan könyvet, amelyben magyar népdalok vannak, és viszek haza Londonba egy csomó hanglemezt, amelyekről magyar klasszikus zenét tudok hallgatni. Hát egyelőre ezek a terveim . . ."

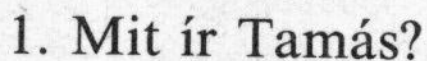

15. Answer the questions:

1. Mit ír Tamás?
2. A családról és a környezetről ír?
3. Miről ír?
4. Miről készít tervet?
5. Hány napot akar a budapesti múzeumokban tölteni?
6. Kiknek az alkotásai vannak a budapesti múzeumokban?
7. Kiről adnak sorozatot a tévében?
8. Mit akar olvasni Tamás?
9. Színházba és moziba nem akar járni?
10. Milyen hanglemezeket akar hazavinni Londonba?

SZAVAK

Igék

akar (vmit csinálni) want
esik fall
fürdik have a bath
hiányzik (vhonnan) be absent, be missed
horgászik fish
kerékpározik ride a bicycle
kezd (vmit csinálni) begin
kimos (vmit) wash (out)
lemos (vmit) wash (out)
leszalad run down
marad (vmilyen) remain, stay
mosogat wash up
parkol park
próbál (vmit csinálni) try
remél vmit hope
sajnál (vt) be sorry, feel sorry for, regret
segít (vkinek, vkit vmiben) help, aid, assist
vkinek (vmit csinálni) help sy (to do sg)
takarít clean, tidy up
tölt (vmit) spend
varr (vmit) sew
végigjár (vmit) go through

Köznevek

alkotás piece, work (of art)
betű letter
bolt (-ja) shop
cél (-ok, -ja) aim
csend (-je) silence
dal song
diszkó disco
dolog (dolgok) thing, work
emlék relic
festmény painting
festő painter
film (-je) picture, film
főzés cooking
fürdő bath
hanglemez record (disc)
hétvég week-end
hivatal office
kedv mood
kóla coke
környezet surroundings, environment
költő poet
lemez record (disc)
lóverseny horse-race(s)
motorkerékpár (-ja) motocycle
nyelvtanulás language-learning
paraszt (-ja) peasant, farmer
program (-ja) programme
regény novel
reggeli breakfast
rom (-ja) ruin
sorozat series
strand (-ja) beach
szobrász sculptor
takarítás cleaning
tennivaló sg to do
tévéfilm (-je) film for TV
utazás travel, journey
vásárlás shopping

Melléknevek

festői picturesque
finom fine
hivatali official
kertes (with) garden
kíváncsi (vmire) curious, wondering
klasszikus classic(al)
következő following, next
kulturális cultural
magyarországi of/from Hungary
művészeti of art(s)
nevezetes notable, renowned
történelmi historical
úti of travel(s)
világhírű world-famous

Tulajdonnevek

az Alföld (-et) Great Plain
Balatonfűzfő
a Gellért-fürdő Gellért bath
Kőszeg
Tihany
Visegrád

Egyéb szavak

azután then, afterwards
bár though, although
csomó a lot (of)
egyelőre for the moment
ezután after (this)
gyakran often, frequently
ha if
így so
vmin kívül besides
odáig as far as that
végig (vmin) through
végül at last

Kifejezések

csendben van (vki) be silent
sok dolga / tennivalója van (vkinek) have a lot/much to do, be busy
így van that's right
időt talál (vmire) have time for
jó idő van the weather is fine
rossz idő van the weather is bad
vmennyi időt tölt spend time
hideget eszik (vki) have a cold meal
rendbe tesz (vmit) make order, arrange
jó kedve van (vkinek) be in a good mood

NÉPDAL

A malomnak nincsen köve, mégis lisztet jár, mégis lisztet jár,
tiltják tőlem a rózsámat, mégis hozzám jár,
tiltják tőlem a rózsámat, mégis hozzám jár.

16. Fill in the right verbal suffixes:

– Hova _ _ _ (megy)? – kérdez. . . Tamás Laciéktól.
– Laci le akar. . . mosni az autót – feleli Irén. – Én pedig leszalad. . . az üzletbe. Azt tervez. . ., hogy finom ebédet főz. . ., és süteményt is süt. . .. Te mit akar. . . csinálni délelőtt?
– Rendbe tesz. . . a ruháimat, és kimos. . . néhány inget. Azután elmegy. . . a Gellért-fürdőbe, és úsz(ik). . . egy órát.
– Jó úszást! – mond. . . Irén. – De egy órára vár. . .. Akkor ebédel. . .. Ma Gabiék is csak fél egyig tanul. . ..
– Siet. . . – feleli Tamás. – Ebéd után én mosogat. . ., és ti pihen. . ..

17. Short dialogues:

– Tudsz úszni?
– Tudok.
– És kerékpározni?
– Azt is.

– _ _ _ autót vezetni?
– _ _ _ _
– És motorkerékpárt?
– _ _ _ _ _

– Tudsz főzni?
– _ _ _ _ _
– És varrni?
– _ _ _ _ _

– Szeret horgászni?
– Nem.
– És futballozni?
– Azt sem.

– _ _ _ táncolni?
– _ _ _ _ _
– És énekelni?
– _ _ _ _

—— • ——

– Mit akarsz csinálni ma este?
– Moziba menni.
– És holnap?
– Pihenni.

– _ _ _ _ _ _ _ _ _ _ délelőtt?
– Strandra _ _ _
– _ _ _ délután?
– Olvasni.

—— • ——

– Mi a tervetek estére?
– El akarunk menni a Bartók moziba.
– És ha nem kaptok jegyet?
– Akkor felmegyünk a Gellérthegyre.

– _ _ _ _ _ _ _ _ _ _ ?
– _ _ _ _ _ _ _ _ _ _ a meccsre.
– _ _ _ _ _ _ _ _ _ _
– _ _ _ kimegyünk a Margitszigetre.

—— • ——

– Nem tudja, kérem, van-e még jegy a mai előadásra?
– Azt hiszem, még van néhány.
– Köszönöm.

– _ _ _ _ _ _ _ _ _ _ _ _ _ _ a meccsre?
– _ _ _ _ _ _ _ _ _ _
– _ _ _ _ _ _ _ _ _ _

18. Translate:

a) Mária sokat dolgozik a munkahelyén és otthon is. Hétköznapokon soha nem tud uszodába vagy moziba menni. Ma szabad délutánja van. Ma nem takarít, pedig a lakása elég rendetlen. Uszodába akar menni. Úszás után felmegy egy barátnőjéhez, aki a Gellérthegyen lakik. Csak fél nyolcig marad nála, ugyanis 8-kor kezdődik egy tévéfilm, amit nézni akar.

b) Kati is eight years old and her brother Péter is ten. They live in a pretty house with a garden *(kertes ház)*. They are nice *(rendes)* children, they help out a lot at home. Their parents are always busy, they haven't got much free time. On weekdays Kati does the washing up and Péter cleans the rooms. They also like working in the garden. At weekends the family goes on outings to the countryside. Next weekend they want to go to Kőszeg. It is a beautiful small town in the western part of Hungary. The children have not been there yet.

13. TIZENHARMADIK LECKE

KÖSZÖNJÜK A MEGHÍVÁST

– Lacikám, szól a telefon! Felveszed?
– Megyek már, Irénke! Halló. Tessék? Nem értem. Halló!
– Kivel beszélsz, Laci?
– Nem tudom. Rossz a vonal, nem értek egy szót sem. No, talán most. Tessék, ki beszél?

– Te vagy, Pista? Szervusz. – Irén, Halász Pista van a telefonnál. – Mi újság, Pistám? (Már jól hallja Pista hangját a kagylóból.)
– Lacikám, azt akarom kérdezni, hogy van-e már programotok ma estére.

– Azt csak Irén tudja. – Irén, Pista kérdezi, hogy mit csinálunk ma este.
– Szabadok vagyunk.
– Se főzés, se mosás, se takarítás? Nagyszerű, Pista, szabad esténk van.

– Akkor várunk benneteket egy kis beszélgetésre. Már itt van néhány vendég, például a húgom, akivel Irén úgy szeret beszélgetni.
– Köszönjük a meghívást. Szívesen megyünk. Nálatok mindig kellemesen töltjük az időt.

– Remélem, a londoni unokatestvéredet is elhozzátok.
– Természetesen.
– Örömmel várom őt is, sok mindenről akarok beszélni vele. Hát akkor a viszontlátásra.
– Szervusz, viszlát!

66

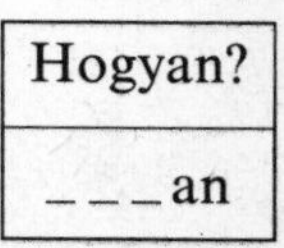

Hogyan?
___an

(A lány fut. A futás gyors.)

(Laci fekszik. Laci beteg.)

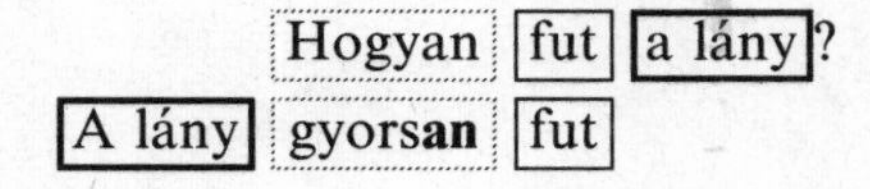

Hogyan fut a lány?
A lány gyors**an** fut

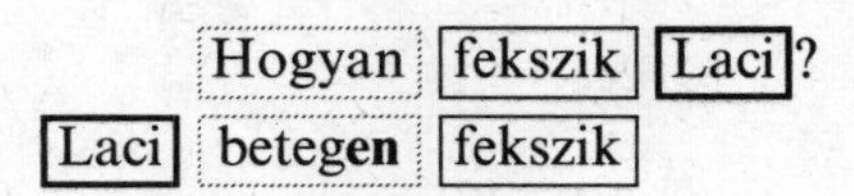

Hogyan fekszik Laci?
Laci beteg**en** fekszik

A vendég kényelmes**en** ül.

Laci lázas**an** fekszik.

A lány	gyors**an**	fut.	
The girl		is running	quick**ly**.

Laci	beteg**en**	fekszik.	
Laci		lies	ill.

gyors**an** állandó**an**	**-an**
fiatal**on**	**-on**
beteg**en** gyönyörű**en**	**-en**
olcsó**n**	**-n**
drágá**n** feketé**n**	**-́n**

! könny*ű* – könny**en**
lass*ú* – lass**an**
hossz*ú* – hossz**an**

! neh*é*z – neh**ezen**

Hogyan?

___ ul

Hogyan táncol Éva és Zoli?

Éva jól táncol, Zoli rossz**ul**.

≈ rend*etlen***ül**
kényelm*etlen***ül**
modern**ül**

Hogyan?
Milyen nyelven?

___ ul

Hogyan	beszélünk?
Milyen nyelv**en**	

Én magyar**ul** beszélek.
Ő görög**ül** beszél.

Mi nem vietnami nyelv**en** beszélünk.

The suffix of the adverb of mode is formed primarily on the analogy of the plural nominative (e.g. *gyors – gyorsak – gyorsan*).

But there are exceptions: Adjectives ending in *-i* usually do not form their adverbial forms with the suffixes *-n, -an, -en* or *-l, -ul, -ül*. They generally take the ending *-lag, -leg* (e.g. *gyakorlatilag* practically; *elméletileg* theoretically), or a circumscription is used (e.g. *vietnami nyelven* in the Vietnamese language).

But note: *kínaiul* = in the Chinese language, or *kíváncsian* = curious(ly).

1. Make questions and answer them:

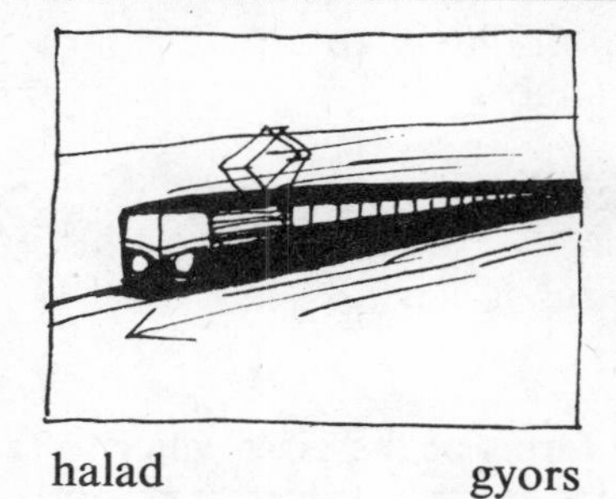

Hogyan halad a vonat?
A vonat gyorsan halad.

halad gyors

énekel szép

úszik lassú

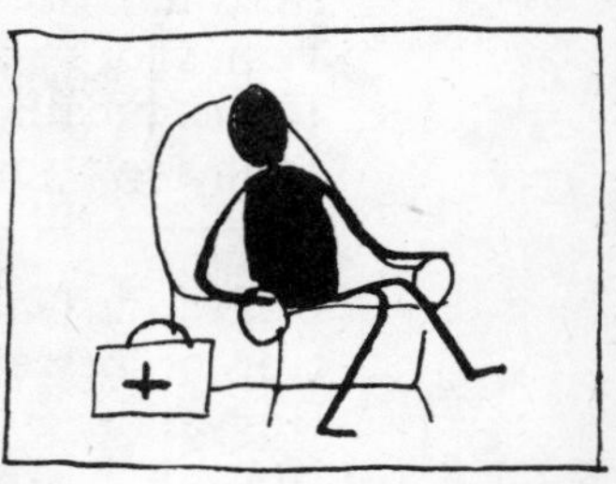

ül kényelmes

érkezik éhes

játszik vidám

ír szép

2. Make questions and answer them based on the pictures in Exercise 1:

Lassan halad a vonat?
A vonat nem lassan halad, hanem gyorsan.

3. Fill in the correct suffixes:

Az utasok kényelmes. . . ülnek a repülőgépen.
A kisfiú piszkos. . . jön be a kertből.
Zoli nővére gyönyörű. . . táncol.
A levest meleg. . ., a gyümölcslevet hideg. . . kérem.
Ők könnyű. . . tanulnak idegen nyelveket.
Péter jó. . . beszél német. . . .

A lányok jókedvű. . . indulnak a moziba.
Tamás hosszú. . . beszél a családjáról.
Éhes. . . és szomjas. . . érkezünk haza a kirándulásról.
Te rossz. . . beszélsz, de kitűnő. . . írsz angol. . . .
Nem szeretek kényelmetlen. . . utazni.
Inkább drága. . ., de kényelmes. . . utazom.
Kíváncsi. . . várjátok a rokonaitokat.
Sok ember már fiatal. . . egy csomó országot ismer.
A fiatalok vidám. . . töltik az estét.

4. Answer the questions. Use the adverbial forms of the given adjectives:

Hogyan beszél Tamás magyarul? (jó, hibátlan, gyors)
Tamás jól beszél magyarul.
Tamás hibátlanul beszél magyarul.
Tamás gyorsan beszél magyarul.

Hogyan ír Gabi? (csúnya, szép, rendes, rendetlen)
Hogyan beszélgetnek a lányok? (hangos, vidám, jókedvű, német)
Hogyan megy az autó? (gyors, zajtalan, egyenes)
Hogyan beszél az idegenvezető a múzeumban? (hangos, érdekes, hosszú, angol)
Hogyan utaznak az utasok? (kényelmes, kényelmetlen, kellemes, kellemetlen)

5. Answer the questions as in the example:

Rosszul vagy? Á, dehogy! Nagyon is jól.

Fáradtan érkeznek haza a gyerekek?
Unalmasan beszél az idegenvezető?
Hangosan szól a rádió?
Hosszan magyaráz a tanár? (rövid ↔ hosszú)
Szomorúan indulnak haza a gyerekek?
Nehezen tanultok idegen nyelveket?
Csúnyán ír Gabi?

67

Hogyan?
így

Hogyan megy a hegyre a sofőr?
A sofőr **így** megy a hegyre.
A sofőr **egyedül** megy a hegyre.
A sofőr autón megy a hegyre.

Hogyan mennek a hegyre a fiúk?
A fiúk **úgy** mennek a hegyre.
A fiúk **együtt** mennek a hegyre.
A fiúk **gyalog** mennek a hegyre.

68

Hogyan?
___ nélkül

(Gabi iskolába megy. Nincs nála táska.)

Hogyan megy Gabi iskolába?
Gabi táska **nélkül** megy iskolába.

(Gabi testvére beteg.)

Gabi a testvére nélkül megy iskolába.
Gabi **nélküle** megy iskolába.

Ki nélkül?	(én)nélkül**em**, (te)nélkül**ed**, (ő)nélkül**e** ön nélkül
	(mi)nélkül**ünk**, (ti)nélkül**etek**, (ő)nélkül**ük** önök nélkül

Hogyan?		táska	**nélkül**
How?	**without**	a bag	

6. Put the appropriate adverbs or postpositions into this passage:
Szombat este van. A család vacsora után ___ nézi az esti műsort a tévében. Az apa a szemüvegét keresi. Szemüveg ___ nem látja tisztán a képet. Egy vidám filmet adnak. A család jól szórakozik, a gyerekek hangosan nevetnek. Csak Zoli ül szomorúan a sarokban. A barátnője beteg, ___ nem megy sem a klubba, sem moziba. ___ sehol sem jó. Elhatározza, hogy elmegy hozzá. Feláll, és csendesen az ajtóhoz megy. ___ mész kabát ___? – kérdezi az anyja. Hideg van. Zoli gyorsan felveszi a kabátját, és kilép az utcára. Veráék háza közel van, nem száll fel a villamosra; ___ megy.

69

(Tamás kényelmesen utazik. Kényelmesen szeret utazni.)

Hogyan?
úgy, ahogy(an) mint

Hogyan utazik Tamás?
Tamás **úgy** utazik, **ahogy(an)** szeret.

— • —

(János rendesen dolgozik. Gábor is rendesen dolgozik.)

Hogyan dolgozik János?
János úgy dolgozik, ahogy(an) Gábor.
mint Gábor.

7. Fill in the blanks:

Mi ___ dolgozunk, ___ ti.
Mi úgy dolgozunk, ahogy ti.
(mint ti.)

Te ___ élsz, ___ akarsz.
Te úgy élsz, ahogy akarsz.

A munkások ___ dolgoznak, ___ a mérnök mondja.
A rádió ___ szól, ___ a televízió.
Gabi ___ tud olvasni, ___ az osztálytársai.
Mindenki ___ szórakozik, ___ szeret.
Tamás ___ beszél magyarul, ___ egy igazi magyar.
Március van, de ___ süt a nap, ___ nyáron.
A sofőr ___ vezet, ___ az utas kéri.
Irén ___ készíti a salátát, ___ Tamás szereti.
A gyerekek ___ nőnek, ___ a fű.

nő (növ-)

1	növök
2	nősz
3	nő
1 1	növünk
2 2	nőtök
3 3	nőnek

70

Mivel?
Kivel?

Mivel rajzol Gabi?
Gabi ceruzá**val** rajzol.

Kivel sétál Éva?
Éva Zoli**val** sétál.

Péter a libegő**vel** megy fel a hegyre. Zsuzsa Imré**vel** beszélget.

After a wordstem ending in a consonant the *v* of the suffix *-val, -vel* assimilates to the consonant.

Péter szemüveg**gel** olvas.
János kanál**lal** eszi a levest.
Vilamos**sal** megyünk a városba.
Autóbus**szal** megyünk haza.

! Az orvos tol**lal** ír. (toll → tollal)

≈ A munkások gép**ekkel** dolgoznak.
A fiúk a lány**okkal** sétálnak.

≈ A barátaim a húg**ommal** beszélgetnek.

Gabi	ceruzá**val**	rajzol.	
Gabi		is drawing	**with** a pen.

8. Make questions and answer them:

rajzol

Mivel rajzol a mérnök?
A mérnök ceruzával rajzol.

olvas

világít

utazik

felmegy

eszik

játszik

9. Rewrite the sentences in Exercise 8: *a)* 1 or 1 1
b) 2 or 2 2

a) Ceruzával rajzolok.
b) Ceruzával rajzolsz.

10. Make questions and answer them:

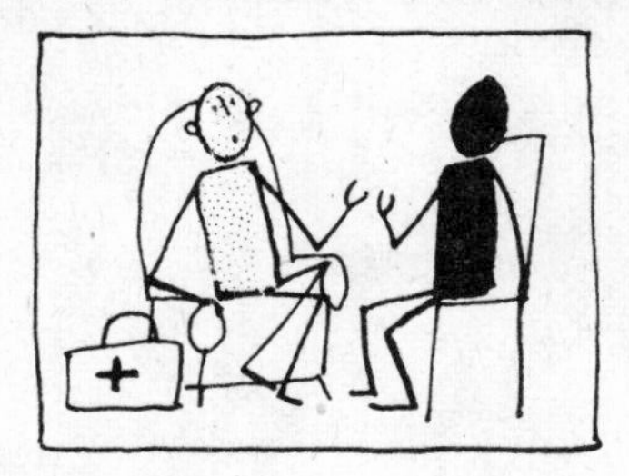

Kivel beszélget Laci?
Laci az orvossal beszélget.

beszélget

sétál

labdázik

játszik

találkozik

vitatkozik

táncol

11. Rewrite the sentences in Exercise 10: *a)* 1 or 1 1 / *b)* 2 or 2 2

a) Az orvossal beszélgetek.
b) Az orvossal beszélgetsz.

12. Fill in the blanks using the suffix *-val, -vel:*

Péter minden reggel hideg víz. . . és szappan. . . mosakszik.
A városban metró. . . , busz. . . , villamos. . . vagy taxi. . . közlekedünk.
Külföldre vonat. . . , hajó. . . , autó. . . vagy repülőgép. . . utazunk.
Kanál. . . , kés. . . és villa. . . eszünk.
A ceruza. . . és a toll. . . írunk, a fésű. . . fésülködünk, az óra. . . pedig az időt mérjük.

Kati az anyja..., apja... és a testvérei... vidékre utazik.
Az anyám..., apám... és a testvéreim... vidékre utazom.
Sokat vitatkozol a rokonaid... és a barátaid....
Tamás sokat beszélget a magyar emberek..., férfiak... és nők..., öregek... és fiatalok..., gyerekek... és felnőttek....

13. Complete the table using nouns from the following list:
barátai, lány, kocsi, vonat, mosógép, fia, kutyája

	Mivel? Kivel?		
Gabi	kerékpárral	megy	vidékre.
Irén		mos.	
A turisták		utaznak	Szegedre.
Tamás		találkozik	a mozi előtt.
A család		megy	a Balatonra.
Az apa		nézi	a futballmeccset.
Tamás nővére		sétál	a parkban.
Gabi		beszélget	a sportról.

A KECSKEMÉTI KONZERVGYÁRBAN (I.)

– Tamás – fordul Laci az unokatestvéréhez –, elviszünk egy jó barátunkhoz látogatóba.
– Én is ismerem? – kérdezi Tamás.
– Nem, de majd bemutatlak neki. Ő nagyon akar találkozni veled.
– Érdekes ember?
– Az, és érdekes a munkája is. Újságíró.
– Melyik újságnál dolgozik?
– A Pesti Híreknél. De más lapoknak is ír.

* * *

A nyári nap melegen süt. Az országúton szünet nélkül haladnak a teherautók Kecskemét felé. Nagy ládákban finom gyümölcsöt és zöldséget szállítanak a konzervgyárba. A teherautók mögött egy kék Fiat jön. Halász István vezeti, mellette barátjának az unokatestvére, Tamás ül. István nem vezet gyorsan. Ő is oda akar menni, ahova a teherautók. Riportot akar készíteni a gyárról.

– Nagyon kedves tőled, hogy elviszel abba a gyárba – mondja Tamás. – Ez teljesen ismeretlen terület a számomra. Én csak építőipari üzemeket ismerek.

– Örülök, hogy velem jössz. Nekem sem olyan nehéz ez a feladat, ha egy külföldi szemével próbálok körülnézni.

A nyári hónapokban a konzervgyárban éjjel-nappal folyik a munka. Teherautóval, vonattal szállítják ide a friss árut. A súlyos ládákat daruval emelik le az autóról. A nagy udvaron mindenfelé gyümölcshegyek emelkednek.

14. Rewrite the dialogue in reported speech:

Laci azt mondja az unokatestvérének, hogy elviszi egy barátjához látogatóba. *(Go on.)*

15. Answer the questions:

1. Milyen idő van?
2. Hova mennek a teherautók?
3. Mit szállítanak?
4. Kik ülnek a kék Fiatban?
5. Hogyan vezet István?
6. Mit akar csinálni a konzervgyárban?
7. Mit mond Tamás Istvánnak?
8. Mivel szállítják az árut a konzervgyárba?
9. Mivel emelik le a ládákat a járművekről?

Melyik ___val?
ezzel a ___val

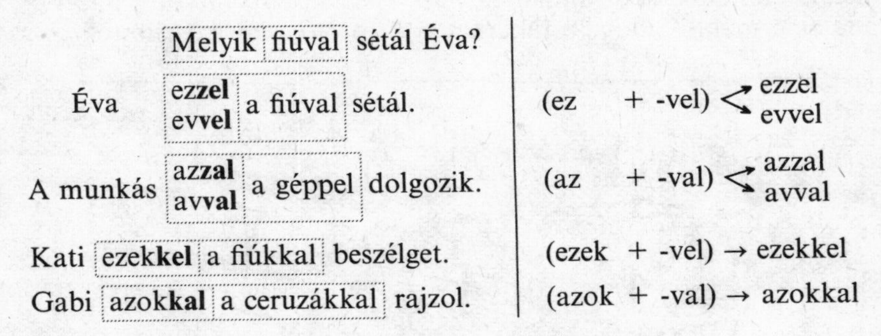

	Melyik fiúval	sétál Éva?	
Éva	**ezzel** / **evvel** a fiúval	sétál.	(ez + -vel) < ezzel / evvel
A munkás	**azzal** / **avval** a géppel	dolgozik.	(az + -val) < azzal / avval
Kati	ezek**kel** a fiúkkal	beszélget.	(ezek + -vel) → ezekkel
Gabi	azok**kal** a ceruzákkal	rajzol.	(azok + -val) → azokkal

16. Complete the sentences using the pronouns in brackets:

Autóval megyünk a pályaudvarra. (ez)
Ezzel az autóval megyünk a pályaudvarra.
(Evvel az autóval megyünk a pályaudvarra.)

A testvérem repülőgéppel utazik Londonba. (az)
Telefonon beszélsz a barátoddal. (ez)
A mozi előtt találkoztok a lányokkal. (ezek)
Gabi nem szeret írni a tollal. (ez)
A lányok a fiúkkal játszanak. (azok)
Nem a vonattal akarok vidékre utazni. (ez)
A mérnök nem lát jól a szemüveggel. (az)
A késekkel nem tudunk enni. (ezek)
A fiúk a lányokkal akarnak táncolni. (azok)

(Zoli Éva barátja.)
Kivel sétál Éva?
(Éva Zolival sétál.)
Éva **vele** sétál.

Kivel?
vele

Kivel?	(én)vel**em**, (te)vel**ed**, (ő)vele önnel
	(mi)vel**ünk**, (ti)vel**etek**, (ő)vel**ük** önökkel

Hogyan?
___val együtt

13

	Hogyan?	
	Kivel együtt	tanul Éva?
Éva	Zoli**val** **együtt**	tanul.

Éva **vele együtt** tanul.

	Zoli**val**	**együtt**
together	**with** Zoli	

71

azzal,	aki(. . .) ami(. . .)

azzal a ___val,	aki(. . .) amelyik(. . .)

(Zoli Évával beszélget. Éva az ablaknál áll.)

Kivel beszélget Zoli?

Zoli **azzal** beszélget, **aki** az ablaknál áll.
(avval)

Melyik nővel beszélget Zoli?

Zoli **azzal** a **nővel** beszélget, **aki** az ablaknál áll.
(avval)

≈ Gabi azzal játszik, amivel Zoli.
Gabi azzal a labdával játszik, amelyikkel Zoli.

17. Fill in the blank places:

Gabi az. . . megy moziba, _ _ _ _. . . együtt jár edzésre.
Gabi azzal (avval) megy moziba, akivel együtt jár edzésre.

Tamás az. . . a vonat. . . jön Budapestre, _ _ _ este érkezik.
Péter a megállóban beszélget azok. . . , _ _ _ a buszt várják.
Minden délután találkozom az. . . a lány. . . , _ _ _ a szomszéd házban lakik.
Azok. . . a ceruzák. . . rajzolsz, _ _ _ az asztalon vannak.
Angolul beszélgetünk azok. . . a külföldiek. . . , _ _ _. . . együtt utazunk.
Éva az. . . az eladó. . . vitatkozik, _ _ _. . . szőke haja van.
Kati az. . . sétál, _ _ _ _. . . szeret.
Önök jó barátságban vannak azok. . . , _ _ _ _. . . együtt vacsoráznak.
Az. . . az autóval megyünk, _ _ _ a fa alatt áll.

A KECSKEMÉTI KONZERVGYÁRBAN (II.)

(Halász István cikke a Pesti Hírekben)

Híres város az Alföldön Kecskemét. És nemcsak az Alföldön, hanem egész Magyarországon, sőt külföldön is híres: gyümölcseiről, italairól (például a kecskeméti barackpálinkáról) és konzerveiről. . .

A gyár udvarán piros alma és kék szilva, a másik oldalon sárgabarack és őszibarack mosolyog a vendégre. A sárga és zöld paprikák mellett pirosan ragyog a paradicsom.

A gyárban elsősorban lányok és asszonyok dolgoznak. Fehér köpenyben, a hajukon fehér kendővel állnak a gépek és az asztalok között. Az ablakon át friss szél érkezik az alföldi mezők felől a termekbe, fújja a lányok haját, simogatja arcukat.

– Mindig ilyen vidáman beszélnek, énekelnek?
– Jó kedvünk van – feleli egy fekete hajú, fekete szemű lány.
– Szeretnek itt dolgozni?

– Igen. Szívesen vagyunk itt együtt. A munka nem túl nehéz, és elég jól keresünk. Örömmel segítünk is egymásnak.

Gyorsan, ügyesen tisztítják a gyümölcsöt, főzik a lekvárt, készítik a gyümölcslevet. A gyár egész környéke tele van a lekvárok és gyümölcsök édes illatával.

Ahova most lépünk be, ott nincsenek munkások a gépek mellet. Egyetlen nő irányítja őket.

– Ezek a gépek már emberi erő nélkül mossák, tisztítják a zöldséget, a babot, a borsót; egyedül készítik a főzelékeket, a savanyú káposztát. Az étel üvegekbe vagy dobozokba kerül, és kész a konzerv. A gépek segítségével olcsón tudunk termelni. Évről évre nő a termelésünk.

Ősszel és főleg télen, amikor kevés a friss áru az üzletekben, a háziasszonyok örülnek a konzerveknek. Jóízűek, olcsók – hamar készen van az ebéd, a vacsora.

18. Fill in the missing words according to the text:

Kecskemét gyümölcseiről, italairól ___ város. A konzervgyárban sok konzervet ___ . A gyárban ___ nők dolgoznak. Fehér ___ vannak, fejükön fehér ___ . Munka közben ___ beszélgetnek, énekelnek, ugyanis jó ___ van. Szívesen vannak ___ . Ügyesen ___ a gyümölcsöt, főzik a ___ . Vannak olyan gépek, amelyek emberi erő ___ készítik a konzervet. Télen kevés a friss ___ és ___, ezért a háziasszonyok ___ a konzerveknek.

KÖZMONDÁSOK:

Ki mint vet, úgy arat.
We reap as we sow.

Nincsen rózsa tövis nélkül.
No rose without a thorn.

Éhes disznó makkal álmodik.
A hungry horse dreams of oats.

Bagoly mondja verébnek, hogy nagyfejű.
The pot calling the kettle black.

13

SZAVAK

Igék

bemutat (vkit vkinek) introduce
elhoz (vmit) bring
eljut (vhova) reach
emelkedik rise, go up
felvesz (telefont) answer (the telephone)
fúj (vmit) blow
hív (vt vminek) call, name
irányít (vt) direct
keres (vt) earn
kerül (vhova) get swhere
körülnéz look around
köszön (vmit) thank
közlekedik travel
leemel (vmit vhonnan) take down
mér (vt) weigh, measure
mosolyog (vkire) (mosolygok, mosolyogsz) smile
nő (növök, nősz) grow, increase
örül (vnek) be glad of
ragyog shine
simogat (vt) caress
szállít (vt) deliver, transport
szól (vről) speak of
szórakozik have fun, have a good time
termel (vmit) produce
tisztít (vmit) clean
tölt (vmit) pass, spend

Köznevek

állam state
áru goods
bab (-ja) bean(s)
barackpálinka apricot brandy
barátság friendship
beszélgetés talk, chat
borsó pea(s)
burgonya potato(es)
cikk article
citrom lemon
cukor (cukrot) sugar
csokoládé chocolate
daru crane
doboz box
dolgozó labourer, worker
építőipar building industry
erő (ereje) strength, force
felnőtt adult
fényképezőgép camera
fésű comb
főzelék creamed vegetables
gyümölcshegy pile of fruits
hang (-ja) voice, sound
háziasszony hostess, housewife
illat odour, (sweet) smell
író writer
isten God
íz taste
jobbulás recovery, betterment
kagyló (telefon-) receiver
káposzta cabbage
kendő kerchief
kérdés question
készétel ready-made food, canned food
konzerv (-ek) canned food
konzervgyár (-ak) canning factory
köpeny (white) coat, smock
köztársaság republic
láda box
lap (-ja) (news)paper
lekvár (-ja) jam, marmelade
meghívás invitation
metró underground
mező (mezeje) field
mosás wash(ing)
mosógép washing-machine
mustár (-ja) mustard
országút (-utak, -útja) highway
osztálytárs (-ak) classmate
öröm joy
paradicsom tomato
pillanat moment
riport (-ja) report
rizs rice
sárgabaracklekvár (-ja) apricot-jam
segítség help, aid, assistance

szappan soap
szóda(-víz) soda-water
tea tea
termelés production
terület area, territory
torma horse-radish
történelem (történelmet) history
történet story, history (of)
újságíró journalist
üzem factory
virsli frankfurter
vonal (-ak) line
zöldség vegetable(s)
zöldségkonzerv canned vegetable(s)

Melléknevek

állandó permanent
demokratikus democratic
csúnya ugly
dolgozó working
dühös angry
édes sweet
egyenes straight
egyesült united
emberi human
építőipari of the building industry
hangos loud
hibátlan (-ok) faultless, perfect
hosszú long
idegen foreign, strange
influenzás have the flu
(vmilyen) ízű tastes of ...
jóízű savoury, delicious, tasty
kellemetlen unpleasant
kényelmetlen uncomfortable
keserű bitter
kész ready
kínai Chinese
kitűnő excellent
lázas feverish
nagyszerű magnificent
olcsó cheap
rendes proper
savanyú sour
súlyos heavy
(vmilyen) szemű ...-eyed
szomorú sad
szövetségi federal
teljes complete
unalmas dull, boring
ügyes clever
vietnami Vietnamese
zajtalan (-ok) noiseless

Tulajdonnevek

az Astoria a hotel in Budapest
Halász István
az Örs vezér tere Örs vezér Square
Pista Steve

Egyéb szavak

ahogy(an) as
általában generally
(vmin) át through
benneteket you (pl. informal acc.)
egyedül alone
egyetlen sole, only
együtt (vkivel) together (with)
éjjel-nappal day and night
elsősorban first of all
főleg mainly
hamar soon
hogy(an)? how?
így so, in this way, like this
különösen especially
mert because
nélkül without
nemcsak not only
olyan so, such
részére for sy
ritkán rarely
rögtön at once
sőt moreover
számára for
tele (vmivel) full of
teljesen entirely, completely, absolutely
túl too
úgy so, like that, so much
vele with him/it
viszlát by by, see you again

Kifejezések

á, dehogy not at all
barátságban van vkivel be on good terms
egy pillanat moment
látogatóba megy pay a visit
Mi újság? what's new?
szeretnék (csinálni vmit) I'd like
vajas kenyér bread and butter
folyik a munka the work goes on
Hogy hívnak? What's your name?
Hogy vagy? How are you?
jól keres be well-paid
kedves vkitől vmi it's nice of sy
vkinek a segítségével with the help of sy

72

Kinek?
_ _ _ nak

Kinek ad virágot Péter?

Péter **Évának** ad virágot.

Éva levelet ír **Péternek**.

— • —

(A sofőr a taxi mellett áll.)
(Az utas pénzt ad a sofőrnek.)
Az utas pénzt ad **neki**.

Péter	Évá**nak**	ad	virág**ot**.	
Péter		gives	flowers	to Éva.

Péter	virág**ot**	ad	Évá**nak.**	
Péter	—	gives	Éva	flowers.

In Hungarian unlike in English a distinction is made in the form of direct and indirect objects. As we have seen the direct object (accusative) takes the suffix *-t (virágot)*. The indirect object (dative) takes the suffix *-nak, -nek (Évának)*.

19. Make questions and answer them:

hoz

- Kinek hoz a nővér vizet?
- A nővér a betegnek hoz vizet.
- Mit hoz a nővér a betegnek?
- A nővér vizet hoz a betegnek.

20. Write sentences based on the pictures in Exercise 19:

a) 1 or 1 1
b) 2 or 2 2
c) 3 or 3 3

a) A nővér nekem hoz vizet.
b) A nővér neked hoz vizet.
c) A nővér neki hoz vizet.

21. Make questions based on the pictures in Exercise 19 and give short answers to them:

a) Neked hoz vizet a nővér?
Nem nekem, hanem neki.

b) Nem neked hoz vizet a nővér?
De igen, nekem.

13

22. *a)* **Complete the sentences with the correct forms of the given nouns:**

A pincér ___ hoz ___ . (bor, vendégek)
A pincér bort hoz a vendégeknek.

Az edző odaadja ___ ___ . (labda, fiúk)
Irén ___ süt ___ . (sütemény, család)
Tamás ___ ír ___ . (levél, barátja)
Az idegenvezető ___ magyarázza ___ . (a város története, turisták)
Tamás ___ vásárol ___ . (népművészeti tárgyak, rokonok)
A nagymama ___ küld vidékről ___ . (gyümölcs, unokái)

b) **Ask and answer questions such as the following:**

Kiknek hoz a pincér bort?
A pincér a vendégeknek hoz bort.

23. Fill in the correct suffixes:

Péter telefonál Éva ....
Péter beszél Éva ....
Péter látogatóba hívja Éva....
A tanár magyaráz a diákok....
A tanár a matematika... magyarázza.
Az idegenvezető felel a turisták....
Az idegenvezető felel a kérdések....
Tamás segít Irén....

73

___ számára
___ részére

A postás | átad | Irénnek | egy levelet | Tamás **számára** / **részére**.

Kinek a számára / részére ?

A postás csomagot hoz Laci(nak a) számára / részére .

13

1	számo**mra**			1	rész**emre**		
2	számo**dra**			2	rész**edre**		
3	szám**ára**	3	az ön számára	3	rész**ére**	3	az ön részére
1 1	szám**unkra**			1 1	rész**ünkre**		
2 2	szám**otokra**			2 2	rész**etekre**		
3 3	szám**ukra**	3 3	az önök számára	3 3	rész**ükre**	3 3	az önök részére

— • —

Kinek a számára?
az én számomra a te számodra stb.

Kinek a részére?
az én részemre a te részedre stb.

A postás	átad	Irénnek	egy levelet	Tamás **számára.**	
The postman	hands		a letter	**for** Tamás	over to Irén.

The postpositions *számára* and *részére* denote a more indirect dative. There is no significant difference between their meaning and usage.

24. Fill in the correct forms of *számára* or *részére*:

Anyám levelet küld _ _ _ (1).

Anyám levelet küld számomra.

Irén új cipőt vesz Gabi _ _ _ .

Hozok néhány szendvicset _ _ _ (2 2).

A nagymama vacsorát főz az unokái _ _ _ .
A mi _ _ _ mindig van szabad asztal ebben az étteremben.
Ma nincs levél az ön _ _ _ .

A gyerekek délelőtt televíziót néznek. Érdekes műsor van _ _ _ (3 3).

Az önök _ _ _ is veszek jegyet a színházba.
A gyár uszodát épít a dolgozó fiatalok _ _ _ .

74

annak, aki(...) / ami(...)

annak a ___ nak, aki(...) / amelyik(...)

(Zoli virágot ad Évának. Éva az ablaknál áll.)

Kinek ad virágot Zoli?
Zoli **annak** ad virágot, **aki** az ablaknál áll.

Melyik lánynak ad virágot Zoli?
Zoli **annak** a **lánynak** ad virágot, **aki** az ablaknál áll.

— • —

Gabi nagyon örül **annak**, **amit** a szüleitől kap.
Gabi nagyon örül **annak** a **könyvnek**, **amelyik** Angliáról szól.

25. Here are some broken sentences. Look at the picture and finish each part in A with one from B:

A	B
A postás levelet visz annak a lánynak,	amelyik a pad alatt fekszik.
A gyerekek nagyon örülnek annak,	aki a taxiban ül.
A kislány nem annak a kutyának ad cukrot,	aki az első emeleten lakik.
Kovácsné fizet a sofőrnek,	amit az apjuktól kapnak.
A kislány annak a kutyának ad cukrot,	aki a pályaudvarra akar menni.
A rendőr annak magyaráz,	amelyiket a kisfiú vezeti.

ITT MINDEN NYELVEN BESZÉLNEK?

Tamás és István a konzervgyári látogatás után egy kis étterembe megy. Itt akarnak ebédelni. Az étterem bejáratánál különböző nyelvű feliratokat látnak:

Man spricht deutsch.
English spoken.
ON PARLE FRANÇAIS.
Itt minden nyelven beszélnek.

Az egyik asztalnál egy külföldi vendég németül szól a pincérhez. A pincér nem érti. A külföldi most angolul szól. Hiába, a pincér nem ért egy szót sem. Oroszul és franciául sem! Végül a vendég dühösen Tamásékhoz fordul, és angolul kérdezi:

– Hát ki beszél itt minden nyelven?
– A vendégek, uram – felel Tamás.

26 Short dialogues:

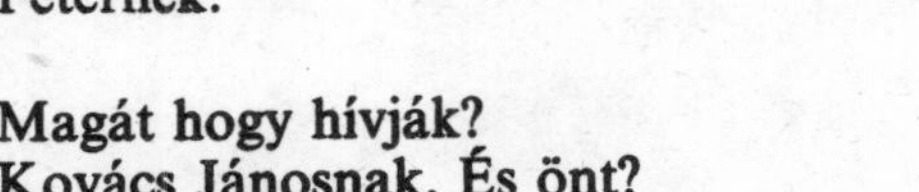

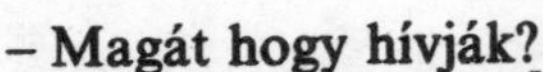

– Hogy hívnak? – _ _ _ _ _ _ _ _ _ _
– Katinak. És téged? – _ _ _ _ _ _ _ _ _ _
– Péternek. – _ _ _ _ _ _ _ _ _ _

– Magát hogy hívják? – _ _ _ _ _ _ _ _ _ _
– Kovács Jánosnak. És önt? – _ _ _ _ _ _ _ _ _ _
– Nagy Péternek. – _ _ _ _ _ _ _ _ _ _

13

– Szervusz, Péter. Hogy vagy?
– Köszönöm, jól.
– És a kedves feleséged?
– Sajnos nem túl jól. Beteg.
– Mi baja?
– Influenzás.
– Sajnálom. Jobbulást kívánok neki.

– Jó napot, Szabó úr. ___ van?
– __________
– ______ felesége?
– __________
– __________
– __________
– __________

— • —

– Bocsánat, uram. Hogy jutok el innen az egyetemhez?
– Metróval elmegy az Astoriáig, ott átszáll a 7-es buszra, és egy megállót megy vele a Duna felé.

____
___ a Népstadionhoz?
– A 7-es busszal __________
a metróra, ___ három ______
az Örs vezér tere felé.

— • —

– Halló! Kovács úrral szeretnék beszélni.
– Ki keresi?
– Szabó János.
– Egy pillanat. Rögtön szólok neki.

– ____ Kovácsnéval ______
– ______
– Nagy Mária.
– __________

— • —

– Tessék parancsolni.
– Egy rántott szeletet kérek.
– Mivel kéri: rizzsel vagy burgonyával?
– Inkább rizzsel.

– __________
– Egy pár virslit ____
– _____ mustárral vagy tormával?
– ____ mustárral.

— • —

– Te hogyan iszod a bort: tisztán vagy szódával?
– Tisztán szeretem. És te?
– Én inkább szódával.

– ______ a kávét: keserűen vagy cukorral?
– Keserűen ______
– ______ cukorral.

27. Complete the text according to the questions:

A család minden reggel ___ (hogyan?) reggelizik. Tamás is Laciék... (kivel?) ül az asztalnál. Irén reggelit készít a család... (kinek?). Teát isznak. Tamás erős... (hogyan?) issza a teát, tej... (mivel?) és kevés cukor... (mivel?). Angliában általában ___ (hogyan?) szeretik. Gabi édes... (hogyan?) és citrom... (mivel?) kéri. Vajas kenyeret esznek sajt... (mivel?) és szalámi... (mivel?). Irén csak sajtot eszik kenyér ___ (hogyan?), mert karcsú akar maradni. Reggeli után Irén rendet csinál a konyhában, Laci segít ___ (kinek?). Negyed nyolckor ___ (hogyan?) indulnak otthonról. Tamás ___ (hogyan?) marad a lakásban. Gabi nem száll villamosra, ___ (hogyan?) megy az iskolába. A kocsi... (mivel?) Laci megy, mert az ő munkahelye messze van. Irén autóbusz... (mivel?) megy a hivatalba.

28. Complete the compound sentences:

___ a busszal megyünk, ___ felmegy a Várba. Ez a műsor ___ a gyerekeknek szól, ___ szeretik a történelmet. Laci ___ issza a teát, ___ az angolok szeretik. A gyerekek ___ úsznak, ___ az edző mondja nekik. Irén egész délelőtt ___ dolgozik, ___ egy gép. A gyerekek örülnek ___, ___ a vendég hoz nekik. Az újságíró ___ beszélget, ___ a gépeket irányítja. Az edző ___ ad csokoládét, ___ jól úszik.

29. Answer the questions as in the example:

Kivel játszik az anya a szobában? (③ lány)

Az anya a lányával játszik a szobában.

Kivel dolgozik Zoli egy gyárban? (③ szomszéd)

Kikhez utazik a kislány Szegedre? (③ rokonok)

Mikre felel az idegenvezető? (①① kérdések)

Miről beszélgetnek a külföldiek? (országuk történelem)

Mivel a kezében áll a postás az ajtó előtt? (② levél)

Kinek ír cikket a gyárról az újságíró? (③ újság)

Mikkel szállítja a konzervgyár a gyümölcskonzerveket? (③ teherautók)

30. Who knows more words? Collect as many answers to the questions as you can:

	Mit csinál?
A nap	süt. ragyog. felkel. lemegy.

	Mit csinálnak?	
A gyár dolgozói	___	a gyümölcsöt.

A szél [Mit csinál? / ___].　　　Ez az étel [Milyen? / ___].

Irén a konyhában tisztítja [Mit? / ___].　　　A nők [Hogyan? / ___] dolgoznak.

A gyümölcsöt [Mikbe? / ___] teszik.　　　Irén ma este [Mit? / ___] főz.

31. Give short answers using the demonstrative pronoun *az* in its correct form:

Autóbusszal mész?
Igen, azzal.

A holnapi kirándulásnak örülsz?
Halász István a konzervgyárról ír riportot?
A sportműsort akarod nézni a tévében?
Irén mosógéppel mos?
Az új ruhádban akarsz a színházba menni?
A terveidről írsz?
A magyar falvakra vagytok kíváncsiak?

32. Complete the sentences using the correct adverbial forms of the pronouns *ő* and *ők*:

Tamásnak jó fényképezőgépe van. Szép képeket tud csinálni _ _ _ . (Mivel?)
Szép képeket tud csinálni vele.

Ritkán jár ez az autóbusz. Mindig sok ember van _ _ _ . (Min?)
Nehéz a táskám. Sok könyv van _ _ _ . (Miben?)
A vendég csokoládét hoz. A gyerekek örülnek _ _ _ . (Minek?)
Teherautók mennek Kecskemét felé. Gyümölcs van _ _ _ . (Miken?)
Tamás magyar falvakat akar látni, kíváncsi _ _ _ . (Mikre?)
Kati új játékokat kapott. Szeret játszani _ _ _ . (Mikkel?)

33. Complete the table:

Hol?	Kik?	Milyen nyelven beszélnek?
Magyarországon	a magyarok	magyarul
Finnországban	a finnek	finnül
Franciaországban	a _ _ _	franciául
_ _ _	a görögök	_ _ _

Lengyelországban _ _ _ Spanyolországban _ _ _	a _ _ _ az olaszok a _ _ _ a törökök	_ _ _ _ _ _ _ _ _ _ _ _
Németországban (az NDK-ban és az NSZK-ban)	a németek	_ _ _
Csehszlovákiában Dániában Hollandiában _ _ _ Portugáliában _ _ _	a csehek a szlovákok a dánok a _ _ _ a norvégek a _ _ _ a _ _ _	_ _ _ _ _ _ _ _ _ hollandul _ _ _ _ _ _ románul
Angliában (Nagy-Britanniában) Ausztriában Bulgáriában	az angolok az osztrákok a bolgárok	_ _ _ németül _ _ _
az Egyesült Államok- ban (az USA-ban) a Szovjetunióban	az amerikaiak az oroszok	angolul oroszul
Kínában Kubában Nigériában	a _ _ _ a _ _ _ a _ _ _	kínaiul spanyolul angolul
Japánban	a japánok	japánul
Vietnamban	a vietnamiak	vietnami nyelven

34. Translate

a) Az újságíróknak érdekes munkájuk van. Sokat utaznak, sok emberrel találkoznak. Cikkeket írnak, riportokat készítenek a lapjuk számára. Halász Pista újságíró. Kecskemétre utazik, riportot akar készíteni a konzervgyárról. Tamás is vele utazik. Kíváncsi arra, hogy milyen egy magyar konzervgyár.

b) Irén is a working woman. On weekdays she has little free time, so she doesn't cook big dinners for her family. She often buys canned vegetables or different kinds of canned foods. Gabi likes fruit juices and jams very much, especially apricot jam. But Irén's mother, who lives in the country, doesn't like canned foods and never buys jam. She makes her own jam every summer. She says they taste and smell different.

14. TIZENNEGYEDIK LECKE

A VONATON

– Taxi! Taxi!
– Tessék. Hova kívánnak menni?
– A Déli pályaudvarra. Csak gyorsan! Nyolc óra tizenötkor indul a vonatunk!
– Az már elment, kérem. Negyed kilenc múlt öt perccel. De a nyolc negyvenötöst még elérjük. Majd sietünk.

– Majd én megyek a pénztárhoz, Laci. Én akarok jegyet venni. . . Bocsánat, merre van a pénztár?
– Fent az emeleten.
– Köszönöm. Hűha, de hosszú sor áll a pénztár előtt! Pedig hat ablaknál is adják a jegyeket.
– Szombaton mindig nagy a forgalom.

– Kérek négy jegyet, gyorsvonat első osztályra, Balatonfűzfőig.
– Igen. Négy gyors, első osztály, Fűzfő, 302 forint. Helyjegyet is kér? Összesen 326 forint.
– Igen, ez 320. Lacikám, van nálad 6 forint?

– Természetesen, illetve. . . Hol a pénzem? Nincs nálam pénz! A másik kabátomban hagytam a pénzemet? Vagy hol? Irén! Te nem láttad? Ott volt az asztalon.
– Ugye kérdeztem, hogy minden nálad van-e! Szerencsére én elhoztam. Itt van.

– Kérem, melyik vágányon áll a Füred-expressz?
– Nem áll az, kérem. Most ment el, egy perccel ezelőtt.
– Az ördögbe is! A következő vonat csak kilenc után indul.

* * *

– Bocsánat, uram, de ez a mi helyünk.
– Itt mindenki oda ül, ahova akar.
– Ön téved. Ez helyjegyes vonat, a mi jegyünk ide szól, tizenhármas kocsi, 61–64-es ülések.
– Az én jegyem is 62-es. Ez ugyanis nem a Füred-expressz.
– Igen, de nem is a pécsi gyors. Ön egészen rossz vonatra szállt. Ez a Balatonhoz megy.

– Kávét, csokoládét, üdítőt, cukorkát tessék!
– Anyu, kérek cukrot.
– Mondtam már, hogy a cukor árt a fogadnak. Nem kapsz.
– Jó. Akkor csokoládét kérek.
– Az is árt. Otthon sosem akarsz csokoládét enni.
– Jó. Akkor szomjas vagyok. És nagyon melegem van.
– Tessék. Kapsz almát, az mindenre jó.

– Igaza van, kedvesem, az alma nagyon jó. Maguk hova utaznak?
– Fűzfőre.
– Én is oda viszem az unokámat. Még sosem látta a Balatont, még sosem volt egy igazi jó nyara.

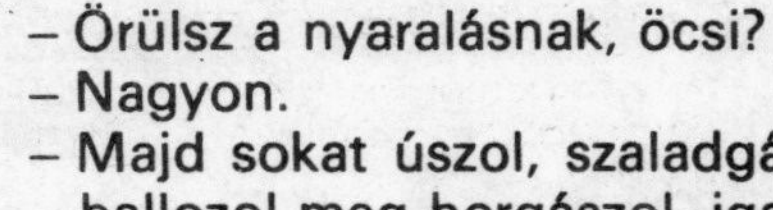

– Örülsz a nyaralásnak, öcsi?
– Nagyon.
– Majd sokat úszol, szaladgálsz, futballozol meg horgászol, igaz?
– Nagymama, úszni és horgászni akarok!

– Csend! A szobában maradsz! Uram, maga is mire tanítja ezt a szegény gyereket? A víz hideg és mély, futballozás közben elesik, és eltöri a kezét, amikor horgászik, beesik a vízbe... Szép dolog! Milyen emberek! Beszélgetni kezdenek az emberrel, és mindjárt beleszólnak a magánügyeibe!

75

Mit csinált?

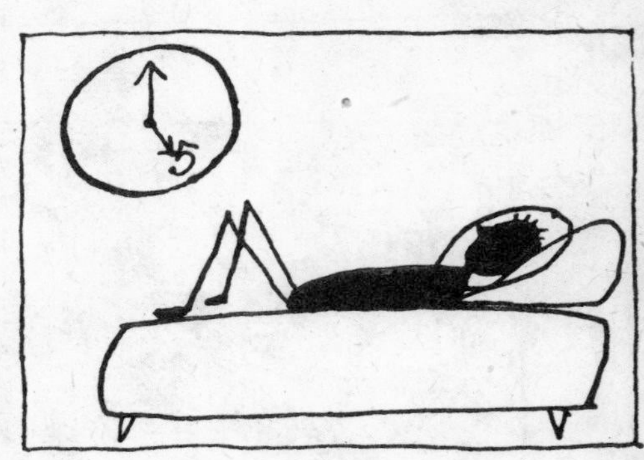

Gabi 3 órakor tanul .

Gabi 3 órakor tanult .
5 órakor pihen.

PAST TENSE INDICATIVE

I.

	Indefinite	Definite	Indefinite	Definite	Indefinite	Definite
	conjugation		conjugation		conjugation	
1	mos**tam**	mos**tam**	néz**tem**	néz**tem**	lök**tem**	lök**tem**
2	mos**tál**	mos**tad**	néz**tél**	néz**ted**	lök**tél**	lök**ted**
3	mos**ott**	mos**ta**	néz**ett**	néz**te**	lök**ött**	lök**te**
1 1	mos**tunk**	mos**tuk**	néz**tünk**	néz**tük**	lök**tünk**	lök**tük**
2 2	mos**tatok**	mos**tátok**	néz**tetek**	néz**tétek**	lök**tetek**	lök**tétek**
3 3	mos**tak**	mos**ták**	néz**tek**	néz**ték**	lök**tek**	lök**ték**
		mos**talak**		néz**telek**		lök**telek**

_ _ _t. . . _ _ _ott	_ _ _t. . . _ _ _ett	_ _ _t. . . _ _ _ött

II.

-l, -r, -n, -ny, -j, -ly;	*-ad, -ed (in verbs of two syllables)*
tanu*l* fo*ly*ik szal*ad*	pihe*n* ké*r* köszö*n* ébr*ed*
_ _ _ t(. . .)	_ _ _ t(. . .)

! **enged** ——→ I.

III.

a) verbs ending in two consonants
b) verbs ending in -ít
c) verbs of one syllable ending in -t

ug*r*ik tan*ít* fu*t*	ébre*szt* ép*ít* ér*t*	tö*lt* ü*t*
_ _ _ ott(. . .)	_ _ _ ett(. . .)	_ _ _ ött(. . .)

But notice: mo*nd*, ke*zd*, kü*ld*
lá*t* etc. ——→ I.

áll, szá*ll* etc. ——→ II.

14

SUMMARY OF THE PAST TENSE

	I.	II.	III.
1	-t	-t	-ott, -ett, -ött
2			
3	-ott, -ett, -ött		
1 1	-t		
2 2			
3 3			

Indefinite		*Definite*	
conjugation			
-am	-em	-am	-em
-ál	-él	-ad	-ed
–	–	-a	-e
-unk	-ünk	-uk	-ük
-atok	-etek	-átok	-étek
-ak	-ek	-ák	-ék
		-alak	-elek

! tesz, vesz, visz, hisz ⟶ tett(. . .), vett(. . .), vitt(. . .), hitt(. . .)

eszik, iszik ⟶ ett. . ., itt. . .,

(3) evett, (3) ivott

jön ⟶ jött(. . .)
megy ⟶ ment(. . .)

alszik, fekszik ⟶ aludt(. . .), feküdt(. . .)

nő, lő ⟶ nőtt(. . .), lőtt(. . .)

1. Fill in the correct verbal suffixes in the Past:

Zoli belép. . . a szobájába.
Te nem dolgoz. . . tegnap?
Az anya lekvárt főz. . ., a lánya üvegeket mos. . . .
Ma nem hallgat. . . (1) rádiót.
Nem hoz. . . (2 2) fényképezőgépet?
Laci újságot olvas. . ., Gabi tévét néz. . . a barátaival.
A gyerekek két kilométert úsz(ik). . . .

2. Put the sentences into the Past:

Laci telefonálni akar, vonalra vár.
A vendég a pincérhez fordul.
A mérnök szépen rajzol.
Irén a tennivalóiról beszél.
Tamás korán kel fel.
A nagymama vidéken él.
A háziasszony örül a vendégeknek.

3. Change the sentences in Exercise 2 to 1

Telefonálni akartam, vonalra vártam.

4. Put the sentences into the Past:

Tamás négy hetet tölt Magyarországon.
A feleség takarít, a férj kávét készít.
Irén finom süteményt süt.
A munkásnő zöldséget tisztít.
A pincér nem ért franciául.
Laci öt jegyet vált a holnapi előadásra.
Gabi várat épít a Balaton partján.

5. Change the sentences in Exercise 4 to 1

Négy hetet töltöttem Magyarországon.

6. Use both of the given verbs in the sentences in the Past Tense:

Laci nem ___ semmit. (felel, kérdez)
Laci nem felelt semmit.
Laci nem kérdezett semmit.

A múlt héten a gyerekekkel együtt ___ a sportpályán. (2) (fut, sportol)
A mérnök a konzervgyárról ___ a vendégeknek. (beszél, magyaráz)
Mindenki jó étvággyal ___. (reggelizik, ebédel)
Jó műsort ___ a rádióban. (1) (hall, hallgat)
Irén soha nem ___ angolul beszélni. (akar, szeret)

7. Look at the pictures on page 222. (lesson 9). Make sentences in the Past Tense:

a) A pincér behozott egy üveget a szobába.
b) A pincér behozta az üveget a szobába.

8. Make sentences in the Past Tense based on the pictures on page 216. (lesson 9):

a) Tamás egy régi várat látott a hegyen.
b) Tamás a régi várat látta a hegyen.

9. Change the sentences in Exercise 8 to: *a)* 1 *or* 1 1
b) 2 *or* 2 2

a) Egy régi várat láttam a hegyen.
A régi várat láttam a hegyen.

b) Egy régi várat láttál a hegyen.
A régi várat láttad a hegyen.

10. Fill in the correct suffixes in the Past Tense:

Péter moziba akar... menni.	Péter moziba akart menni.
Péter moziba akar... vinni a gyerekeket.	Péter moziba akarta vinni a gyerekeket.

Mit főz... (2) a vendégeknek?
A kedvenc ételüket főz... (2) a vendégeknek?

Ezt az érdekes könyvet kér... (3).
Egy érdekes könyvet kér... (3).

Budapestet még sohasem lát... (1 1).
Ilyen várost még sohasem lát... (1 1).

Lát... (3 3) engem a tévéműsorban?
Lát... (3 3) őt a tévéműsorban?

Azt a szobrot keresitek a könyvben, amelyiket a múzeumban lát... (2 2)?
Azt a lányt keresitek a külföldiek között, akit a múzeumban lát... (2 2)?

El akar... (2) hozni mindenkit?
El akar... (2) hozni egy rokonodat is?
El akar... (2) hozni a szüleidet is?

Egy szót sem ért... (1) a leveledből.
Az első szót nem ért... (1) a leveledben.

Nagyon szeret... (1) egy lányt.
Nagyon szeret... (1) őt.
Nagyon szeret... (1) téged.

UTAZÁS A BALATONRA

Laci szombat reggel hét órakor ébredt fel. Ránézett az órára: – Baj van! A vonat nyolc óra tizenötkor indul. Gyorsan kiugrott az ágyból, felkeltette a feleségét, a gyerekeket és Tamást. Nagyon siettek, de már elmúlt nyolc óra, amikor az utcára értek. Nyolc óra húszig nem jött üres taxi. A pályaudvaron hosszú sor állt a pénztár előtt. A második vonat is elment az orruk előtt. Amikor felszálltak a következőre, a helyük már foglalt volt. Egy kövér öregember ült ott. Vitatkozni kezdtek. Az öregembernek nem arra a vonatra

szólt a jegye. Igaz, hogy az ő helyjegyük sem. Végre leültek. Mellettük egy néni ült az unokájával. Beszélgetni kezdtek. Kiderült, hogy szegény kisfiúra szomorú hetek várnak. Egész nyáron nem engedik a vízbe.

11. Answer the questions:

1. Mikor ébredt fel szombaton Laci?
2. Hány órakor indult a vonatuk?
3. Kit keltett fel Laci?
4. Hánykor értek le az utcára?
5. Meddig nem jött üres taxi?
6. Elérték a vonatukat?
7. A második vonatot elérték?
8. Ki ült a helyükön, amikor végre felszálltak?
9. Erre a vonatra szólt az öregnek a jegye?
10. És az ő helyjegyük?
11. Kik ültek mellettük?
12. Milyen nyár várt a kisfiúra?

76

volt

Gabi most a szobájában van. Gabi 3 órakor a könyvtárban **volt**.

1	vol**tam**
2	vol**tál**
3	volt
1 1	vol**tunk**
2 2	vol**tatok**
3 3	vol**tak**

Péter nincs a szobában.	Péter **nem volt** a szobában.
Péternek van pénze.	Péternek volt pénze
Péternek nincs autója.	Péternek nem volt autója.
Péter mérnök.	Péter mérnök volt.
Péter nem orvos.	Péter nem volt orvos.

12. Look at the pictures on page 33. (lesson 1). Make questions and answer them:

a) Hol volt a táska?
A táska lent volt.

b) Fent volt a táska?
A táska nem volt fent.
A táska nem fent volt, hanem lent.

13. Look at the pictures on page 35. (lesson 1). Make questions and answer them:

a) Milyen volt az autó?
Az autó kicsi volt.

b) Nagy volt az autó?
Az autó nem volt nagy.
Az autó nem nagy volt, hanem kicsi.

14. Look at the pictures on page 50. (lesson 2). Make questions and answer them:

Milyenek voltak az autók?
Az autók kicsik voltak.

15. Change this passage into the Past Tense:

Vasárnap délelőtt van. Süt a nap, kellemes az idő. Nem csoda, május van. Az utcán nincs nagy forgalom, de a Duna-part és a budai hegyek tele vannak emberekkel. Bizony, ilyen időben kár otthon maradni. Én mégis otthon vagyok. Ülök a szállodai szobámban és olvasok. Fáj a fejem, lázas vagyok. Sajnos, beteg vagyok. Pedig már csak néhány napom marad Magyarországon. S még mennyi mindent akarok látni!

16. Make sentences following the example:

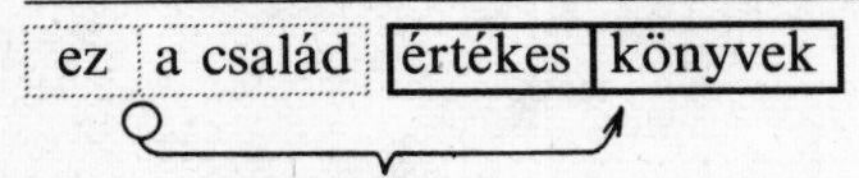

Ennek a családnak értékes könyvei vannak.
Ennek a családnak értékes könyvei voltak.

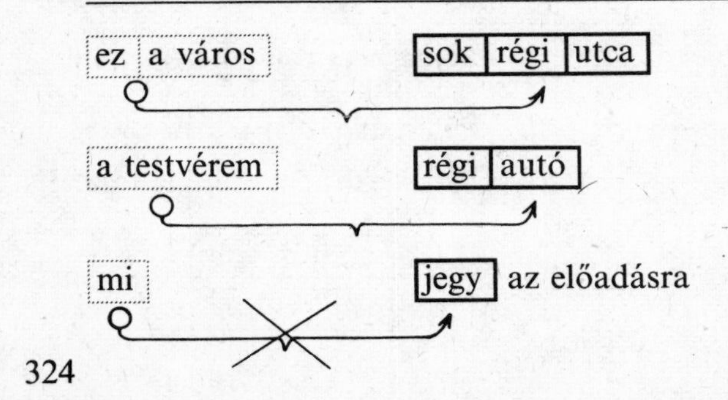

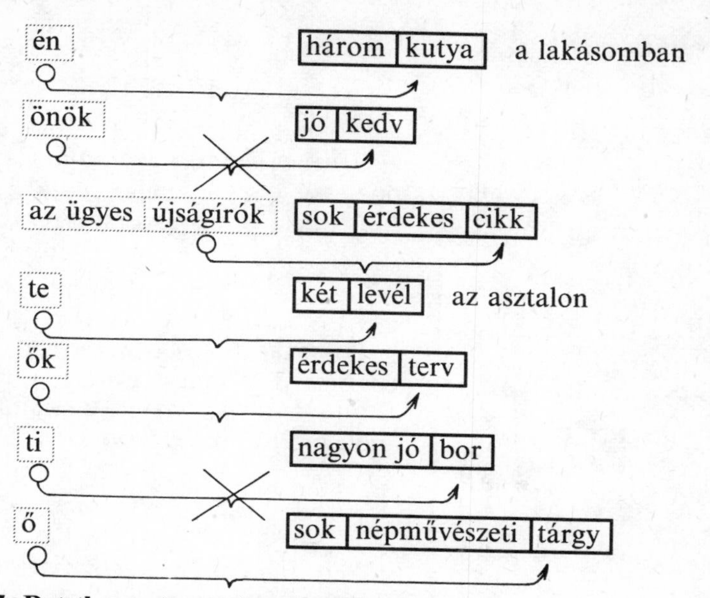

17. Put the sentences into the Past Tense:

a) A gyár gépei modernek.
Szép az idő.
A munkásnők jókedvűek.
Tamás kíváncsi a filmre.
Fáradt vagyok a séta után.
Éhesek vagyunk.
Csinosak vagytok.
Dühös vagy?

b) Tamás vidéken van.
A gyerekek az iskola udvarán vannak.
Budapest központjában vagyunk.
Délután otthon vagy?
Kettőtől hatig otthon vagyok.
A munkásnők a gépek mellett vannak.
A munkahelyem messze van a lakásomtól.
Ez az asszony rosszul van.
Nagyon hideg van.
A busz tele van.

c) Elég sok szabad időnk van.
Mindenkinek jó kedve van.
Önöknek is vannak otthon állataik?
Hány szobátok van?
Sok jó barátunk van.
Van néhány értékes festményem.

18. Rewrite the sentences using the Past Tense. Negate the words in italics:

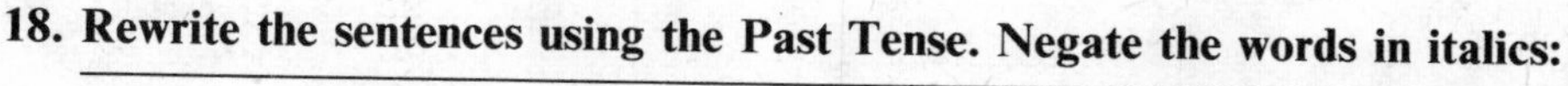

A poharak *tiszták*.
A poharak *nem voltak tiszták*.

Jó műsor *van* a tévében.
Irén *a konyhában* van.
Három jegyre van szükségünk.
A testvérem újságíró.
Nektek van igazatok.
A betegek jól *vannak*.
Péternél *van* fürdőruha.

14

MESE AZ ÖREG MOLNÁRRÓL, A FIÁRÓL ÉS A SZAMARUKRÓL

Hol volt, hol nem volt, élt régen egy kis faluban egy öreg molnár. Nem volt neki senkije, semmije, csak egy tíz éves kisfia és egy szürke szamara.

Egy szép napon az öreg és a fia a szomszéd városba indult a vásárra. A fiú elöl ment, vezette a szamarat. Az öreg mögöttük ballagott.

Alig mentek egy keveset, amikor egy csoport gyerek jött velük szembe. A gyerekek hangos nevetésre fakadtak:

– Ki látott már két ilyen szamarat! Ott van az az erős állat, kényelmesen sétál, s az öreg a fiával gyalog megy. Na de ilyet!

Gondolta az öreg, hogy igazuk van a gyerekeknek. Erős szamár ez, könnyen elbír egy embert. Felült hát a szamár hátára, s a fia mellette gyalogolt az úton.

Még csak a falujuk közepén jártak, amikor három asszony jött velük szembe. Amikor észrevették az öreget a fiával és a szamárral, hangosan így szóltak:

– Ki látott már ilyet? Ki hallott már ilyet? Az erős férfi a szamáron utazik, a gyenge kisgyerek pedig gyalog megy. Ez bizony nem helyes.

Az öreg az első pillanatban vitatkozni akart velük, de aztán azt gondolta, hogy talán igazuk van az asszonyoknak. Leszállt a szamárról, és a fiát ültette fel rá. Így indultak tovább.

A falu végén három férfival találkoztak. A férfiak szidni kezdték a fiút:

– Ki hallott már ilyet? Ki látott már ilyet? A tízéves nagy fiú ül a szamáron, és az öreg gyalog megy. De csúnya dolog!

Az öreg most már nem is akart vitatkozni. Gondolta, hogy biztosan igazuk van ezeknek az embereknek is. Felült hát a szamárra ő is a fia mögé. Így mentek tovább a város felé.

A határban azonban ismét találkoztak néhány emberrel. Ezek felháborodottan kiáltották:

– Ki hallott már ilyet? Ki látott már ilyet? Két erős ember ül egy gyenge kis szamáron. Hiszen már alig tud lépni szegény állat. Nem ló az, csak egy gyenge kis szamár.

Most már az öreg molnár is elvesztette a türelmét.

– Hát semmi sem jó az embereknek? Nem jó, ha gyalog megyünk. Az sem jó, ha én ülök a szamáron, de az sem, ha a fiam. S ha ketten ülünk rajta, az is baj.

Gondolt egyet, a fiával a vállukra vették a szamarat, s így mentek tovább.

Amikor végre megérkeztek a városba, hatalmas nevetés fogadta őket. Amerre csak elhaladtak, az emberek úgy nevettek, hogy a könnyük is kicsordult tőle. Hát bizony, három ilyen szamarat még valóban senki sem látott a világon.

77 TENSES IN REPORTED SPEECH

Kati azt mondja, hogy levelet ír.	Kati azt mondja, hogy levelet írt.
Kati azt **mondta,** hogy levelet **ír**.	Kati azt **mondta,** hogy levelet **írt**.

In reported speech, unlike in English, the tense is not affected by that of the main clause, i.e. the tense of the verb remains the same as in direct speech.

19. Answer the questions:

„Fáj a fejem." Mit mond a beteg?
A beteg azt mondja, hogy fáj a feje.

„Elmegyek a moziba." Mit mondott Éva?
„A magyar nyelv nagyon nehéz." Mit gondoltak a külföldiek?
„Már elment a vonat." Mit gondolt a sofőr?
„Nincs elég pénzem." Mitől félt Péter?
„Meddig marad a szállodában?" Mit kérdezett a portás a vendégtől?
„Voltál már a múzeumban?" Mit kérdezett Irén Tamástól?
„Délután elmegyek a múzeumba." Mit felelt Tamás Irénnek?
„Igaza van a rendőrnek." Mit tudott a sofőr?
„A vonat befut a pályaudvarra." Mit láttak az emberek?
„Semmi sem jó az embereknek." Mit kiáltott a molnár?

20. Answer the questions:

Kivel beszélget Kati?
a) Kati azzal beszélget, aki a padon ül.
b) Kati azzal beszélget, aki a padig futott.

Melyik kutyától félnek a gyerekek?
(ugat)

Melyik autót nézik az emberek?

Kinek ad virágot a fiú?

Kiknek magyaráz az idegenvezető?

21. Change the sentences in Exercise 20 into the Past Tense:

a) Kati azzal beszélgetett, aki a padon ült.
b) Kati azzal beszélgetett, aki a padig futott.

78

(A film 7 órakor kezdődik.)

_ _ _ val _ _ _	előtt után

Mikor?

Kati és Zoli 7óra **előtt** 10 perc**cel** találkozik a mozinál.

≈ Péter 7 óra után 10 perccel érkezik a mozihoz.

(Most 8 óra van. Az előadás 7 órakor kezdődött.)

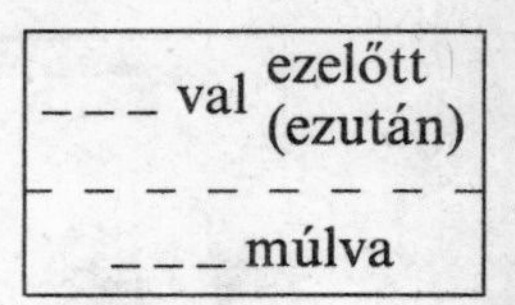

___ val ezelőtt (ezután)
___ múlva

Mikor?

Az előadás 1 **órával ezelőtt** kezdődött.

A lányok 2 óra **múlva** indulnak haza.

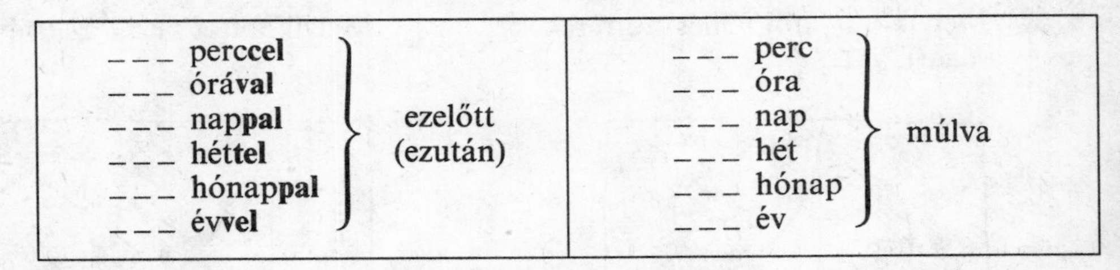

___ perc**cel** ___ órá**val** ___ napp**al** ___ hét**tel** ___ hónap**pal** ___ év**vel**	ezelőtt (ezután)	___ perc ___ óra ___ nap ___ hét ___ hónap ___ év	múlva

22. Use different adverb of time in the sentences as shown in the example:

Most
1982. október 21.
csütörtök
délután 3 óra van.

---

2 óra 50 perckor / Tíz perccel ezelőtt érkeztem haza a munkából.

A futballmeccs 4 órakor / egy óra múlva kezdődik.

---

7 órakor / ___ ___ ___ ___ keltem fel.

Kedden / ___ ___ ___ ___ színházban voltunk.

Júniusban / ___ ___ ___ ___ kezdtem magyarul tanulni.

1972-ben / ___ ___ ___ ___ fejeztem be a középiskolát.

3 óra 5 perckor ___ ___ ___ ___	felhívom telefonon az unokatestvéremet.
Vasárnap ___ ___ ___ ___	kirándulni megyünk.
Október 28-án ___ ___ ___ ___	szabadságra megyek.
1984-ben ___ ___ ___ ___	majd Magyarországon töltöm a szabadságomat.

A BALATON

Ha egy külföldi Magyarországra látogat, biztosan elmegy a Balatonra is. A „magyar tenger" nagyszerű üdülőhely.

A Balaton Közép-Európa legnagyobb tava. A Dunántúl közepén fekszik, körülbelül 100 kilométerre Budapesttől. Hosszúsága 77 kilométer, szélessége Siófok és az északi part között 14 kilométer. Átlagos mélysége három méter.

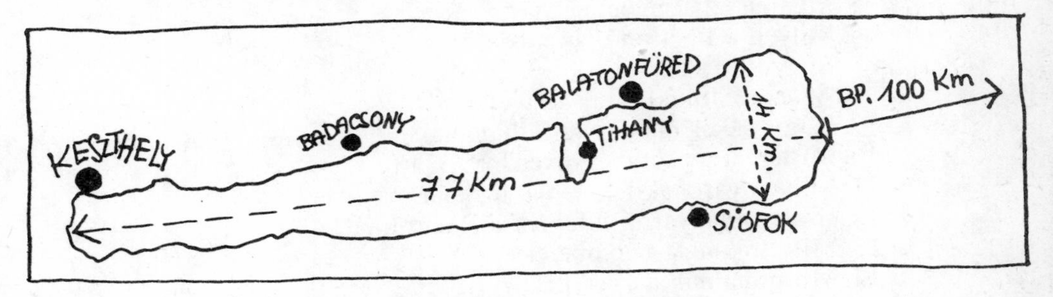

A déli part lapos, majdnem sík terület. Itt a tó vize nem mély, ez a gyerekek kedvenc fürdőhelye. Az északi oldalon dombos, hegyes a part. A víz 4–5 méter mély, sőt Tihanynál 12 méter. Ezen a vidéken sok a szőlőhegy, híres borok teremnek itt.

A Balaton népszerű fürdőhelye a három város: Füred, Siófok és Keszthely. Badacsony és Tihany pedig nagyon kedvelt kirándulóhelyek. Nyáron sok százezer magyar és külföldi üdül a Balatonnál. A tó környéke csupa szín, zaj, mozgás és vidámság. Az emberek napoznak, úsznak, eveznek és vitor-

láznak, a fiatalok között sok a széllovas. A gyerekek fürdenek, labdáznak. Este azután a part a horgászok birodalma.

A strandokon szól a zene. Minden nyaraló, üdülő és szálloda tele van vendégekkel. (Télen persze csak a kis falvak lakói végzik mindennapi munkájukat.)

A szelíd tó képe, a víz sima tükre azonban néha egy pillanat alatt változik: jön a veszedelmes balatoni vihar.

23. Answer the questions:

1. Mi a „magyar tenger”?
2. Hol fekszik a Balaton?
3. Milyen messze van Budapesttől?
4. Mennyi a hosszúsága és a szélessége?
5. Mennyi az átlagos mélysége?
6. Milyen a Balaton déli partja?
7. Mély itt a víz?
8. Az északi oldal is sík terület?
9. Hány méter mély a víz Tihanynál?
10. Mi terem a szőlőhegyeken?
11. Milyen városok fekszenek a Balaton mellett?
12. Csak a magyarok üdülnek a Balatonnál?
13. Mit csinálnak az emberek?
14. Mit csinálnak a gyerekek?
15. Kiknek a birodalma a part este?
16. Van nyáron üres hely az üdülőkben, szállodákban?
17. Télen is tele van a tó partja vendégekkel?
18. Kik maradnak a tónál télen is?
19. Mikor nem szelíd a tó képe?

KÖZMONDÁSOK:

Meghalt Mátyás király, oda az igazság.

Justice died with King Matthias.

 NÉPDAL

Tizenhárom fodor van a szoknyámon.
Azt gondoltam, férjhez megyek a nyáron.
De már látom, semmi se lesz belőle,
Tizenkettőt levágatok belőle.

SZAVAK

Igék

árt (vnek) do harm to sy
ballag walk slowly
befejez (vmit) end, finish
beleszól (vmibe) interfere
ébreszt (vkit) wake up sy
elbír (vt) be able to carry, bear
elér (vt) reach, catch
elesik fall, have a fall
elmúlik pass, be over
eltör (vmit) break sg
eltörik break, be broken
elvész be lost
elveszt (vt) lose
enged (vkit vhova) let
enged (vkit vmit csinálni) allow, let
ér (vhova) reach, get to
észrevesz (vt) notice
evez row
fakad (nevetésre) break into (laughter)
felébred wake up
felkelt (vkit) wake up sy
felültet (vkit vhova) sit sy up (on sg)
fogad (vkit) receive sy
gyalogol walk
hagy (vt vhol) leave
kiált (vmit) shout, cry
kicsordul run over, spill
kiderül turn out
leér get down
lő (lövök, lősz vmit) shoot
napozik have a sunbath
ránéz (vre) look at
szaladgál run up and down
szid (vkit) scold
terem grow
téved make a mistake, be wrong
történik (vmi vkivel) sg happens (to)
ugat bark
üdül take one's holiday
vált (vmit) buy (a ticket)
változik change, alter

végez (vmit) do sg, finish sg
vitorlázik sail

Köznevek

állat animal
cukorka sweets
csoda miracle
futballozás football, soccer
fürdőhely bath
fürdőruha swimming suit
gyorsvonat fast/express train
hát (-ak) back
határ fields (on the edge of the villages)
helyjegy seat reservation
horgász fisherman
hosszúság length
iroda office, bureau
kár pity
kép sight
kirándulóhely area for outings
könny (-ek) tear
közép (vminek a közepe) middle
lakó inhabitant, tenant
magánügy (-ek) private affair
mélység depth
mese tale, story
molnár miller
mozgás movement
néni an older woman, aunt
nevetés laughter
nyaralás summer holiday
nyaraló summer cottage
orr nose
osztály class
öcsi little chap, laddie
ördög devil
szamár (szamarak) donkey
szélesség width
széllovas windsurfer
szőlőhegy vineyard (on a hillside)
tenger sea
tévéműsor TV programme
türelem (türelmet) patience
üdítő refreshing drink
üdülő resort
üdülőhely summer resort area
ülés seat
váll (-ak) shoulder
vásár fair, market
vidámság gaiety, happiness
vihar storm
világ world
zaj noise

Melléknevek

átlagos average
balatoni of the Balaton
dombos hilly
felháborodott indignant
foglalt engaged, occupied
galéria gallery
gyenge weak
hegyes mountainous, hilly
helyes right
helyjegyes (a train) with reserved seats
kedvelt popular
lapos flat
legnagyobb biggest
mély deep, low
mindennapi everyday
múlt past
nemzeti national
népszerű popular
sík flat, even
sima smooth
szállodai hotel
szegény poor
szelíd mild, meek
szürke grey
veszedelmes dangerous

Tulajdonnevek

a Nemzeti Galéria National Gallery
a Nemzeti Múzeum National Museum

Egyéb szavak

alig hardly, scarcely
azelőtt before
aztán then, afterwards
bizony certainly
biztosan surely
csupa all, mere
ezelőtt (vmivel) ago
ezután (vmivel) after
hűha oh, oh!
ismét again
korán early
közben during, in the meantime
maga (maguk) you (formal)
mindjárt immediately
(vmennyi idő) múlva in (. . .minutes/hours, etc.)
néha sometimes
régen long ago
semmi nothing
sosem (sohasem) never
százezer one hundred thousand
szemben (vmivel) opposite to, in front of
szembe (vkivel) opposite, facing
szerencsére fortunately
tegnap yesterday
tovább further
valóban indeed, truly, really
végre at last

Kifejezések

Merre van a pénztár? Where is the booking office?
Az ördögbe is! Damn it!
Melegem van. I am hot.
vmi jó vmire sg is good for
a jegy szól vhova the ticket is for a place
igaza van vkinek sy is right
Csend! Silence!
vki jegyet vált buy a ticket
vkinek az orra előtt under one's very nose
nem csoda no wonder
kár csinálni vmit it is a pity to do sg
vki rosszul van feel unwell
vki jól van feel/be well
Hol volt, hol nem volt. . . Once upon a time
egy szép napon one day
vki nevetésre fakad break into laughter
Na de ilyet! Such a thing!
De csúnya dolog! How unfair it is!
vki elveszti a türelmét lose one's patience
vkinek eltörik a keze / **vki eltöri a kezét** } break one's hand
egy pillanat alatt in a moment
Mi történt? What has happened?
Kicsordul a könnye tears come to sy's eyes

24. Short dialogues

– Ismered a Mátyás-templomot?
– Igen. Már voltam ott a múlt héten.
– És a Citadellát?
– Azt még nem láttam.

– ______ Nemzeti Múzeumot?
– _____________________
– ______ Nemzeti Galériát?
– _____________________

— • —

– Bocsánat, nem látott itt egy barna táskát?
– De igen, láttam.
– És most hol van?
– Egy vasutas bevitte az irodába.

– ______________ kis kutyát?
– _____________________
– _____________________
– Egy gyerek ___ abba a házba.

– Mi történt a kezeddel?
– Eltört.
– Mikor?
– Két héttel ezelőtt.

– ___ ___ a lábaddal?
– ___ ___ ___ ___ ___ ___
– ___ ___ ___ ___ ___ ___
– Három nappal ___________

– ___ ___ a kutyáddal?
– Elveszett.
– ___ ___ ___ ___ ___ ___
– Egy hónappal ___ ___

— • —

– Kérem, uram! Mikor indul a szegedi gyors?
– Sajnos, már öt perccel ezelőtt elment.

– ___ ___ ___ a balatoni busz?
– ___ ___ tíz ___ ___

– ___ ___ ___ a londoni gép?
– ___ ___ fél órával ___

25. Translate:

a) Szombaton a reggeli gyorssal leutaztam a Balatonra. A vonaton egy kisfiú ült velem szemben a nagyanyjával. Azt mondta, hogy még soha nem látta a Balatont. Amikor a vonat a tóhoz ért, felugrott a helyéről, és az ablakhoz szaladt. – Jaj de szép! Jaj de gyönyörű! – kiáltotta hangosan. Mindenki kinézett az ablakon. A hatalmas világoskék tó ragyogott a napfényben (*sunshine*). Valóban gyönyörű volt.

b) Saturday morning at six thirty Péter and Kati left for the railway station. They wanted to catch the morning express to the Balaton, which was to leave at 6 : 55. So they took a taxi, and arrived at the station in ten minutes. Unfortunately, there was a long queue at the booking-office. At last they got their tickets (in their hands). They were running to the train when Peter suddenly* stopped, and struck his head.** "My swimming suit!" — he shouted — "I have left it in the bathroom!" So they did not get on the train, and it left without them. Kati was very angry. She kept scolding Péter all the way.

* suddenly — *hirtelen*
** struck his head — *a fejére ütött*

A BALATONON

– Szeretsz evezni?
– Nagyon. Az evezés az egyik kedvenc sportom.
– Ez a ti csónakotok?

– Sajnos, nem. A strand mellett van a kölcsönző. Onnan hoztam. Egy órára 50 forint.

– Nagyszerű. Nekünk otthon, Kanadában van egy csónakunk. Az apám használja, amikor horgászik. De nem akartuk idehozni. Túl nehéz, és a szállítás is drága.

– Vitorlást is adnak kölcsön?
– Persze. De én, sajnos, nem tudok vitorlázni.

15

– Nem baj, majd megtanítalak, jó?
– Nagyon jó. Tőled szívesen tanulok.

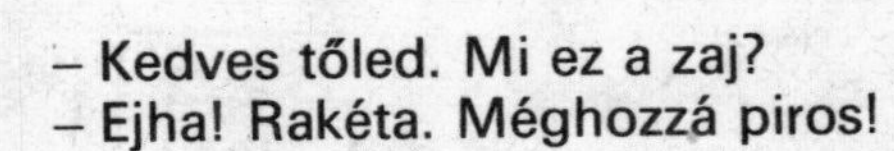

– Kedves tőled. Mi ez a zaj?
– Ejha! Rakéta. Méghozzá piros!

– Bajt jelent?
– Bizony. Vihart jelez. Azonnal kimegyünk a partra. Most majd én evezek.

– Én nem félek. Olyan szépen süt a nap.
– Egy-két perc, és jön az erős szél. Aha, már érzem is. A viharban megmutatja a másik arcát is a Balaton.

be- ki- fel- le- el- vissza- át- végig- ide- oda- haza- össze- szét- bele- rá- stb.	megy jön jár fut szalad sétál siet lép repül száll ugrik esik utazik úszik folyik gurul csúszik mászik áll ül fekszik stb.	tesz rak helyez vesz visz szállít hoz húz tol küld hív enged dob lök önt tölt vezet stb.	valakit valamit	lát néz stb.

1. Fill in the approriate preverb:

Négy órakor . . .mentem a munkából.
A gyerekek . . .mentek a hegyre.
Tamás a pályaudvaron . . .ment egy vasutashoz.
A víz elég hideg volt, a gyerekek mégis . . .mentek.

A sofőr . . .ül az autóba.
Kényelmetlen volt a szék, ezért . . .ültem egy másikra.
Letettem a székre a szemüvegemet. A feleségem nem figyelt, és . . .ült.
Peti még kicsi. Nem tud egyedül . . .ülni a lóra.

A postás . . .vitte a levelet a negyedik emeletre.
Vásárlás után . . .visszük a csomagokat.
. . .viszitek moziba a gyerekeket?
Tegnap . . .vittem a könyveket a könyvtárba.

A külföldiek felmentek a Gellérthegyre, s onnan . . .néztek a városra.
Gabi iskolába indul. Az utcáról . . .néz az anyjára, aki az ajtóban áll.
Repülőgép zaját hallottam. . . .néztem az égre.
Vera kinyitotta a táskáját, és . . .nézett.

A kirándulás végén a tanárnő . . .hívja a gyerekeket, akik a réten játszanak.
Segítségre van szükségem. . . .hívom a szomszédomat.
Amikor kész volt a vacsora, a mama . . .hívta a gyerekeket a kertből.
A kutyám elszaladt. . . .hívom.

2. Fill in the appropriate preverb:

BETÖRŐ JÁNOSÉKNÁL

János és felesége pénteken . . .ment a színházba.

Amikor . . .léptek a kertből az utcára, egy férfi figyelte őket. Majd . . .ment a kerítéshez, . . .dobta a kertbe a táskáját, és . . .mászott a kerítésen.

. . .ment a kis úton, amely a házhoz vezet.

. . .ment az ablakhoz, és . . .nézett. Bent sötét volt, nem látott senkit.

. . .ment az ajtóhoz. . . .vette a táskájából a kulcsait, megpróbálta . . .nyitni az ajtót, de nem tudta.

. . .ment az ablakhoz, de ott sem tudott . . .jutni a házba.

. . .vett a táskájából egy kötelet, és . . .dobta a végét az erkélyre.

A kötélen . . .mászott az erkélyre, de közben a sapkája . . .esett a földre.

Amikor . . .ért, . . .húzta a kötelet, és . . .tette a táskájába.

Az erkély ajtaján . . .ment a házba. Bent elővette a lámpáját, és . . .nézett. A hálószobában volt. Gyorsan . . .szaladt a földszintre.

. . .járta a szobákat. A szekrényből . . .szedte a ruhákat, a falakról és a polcokról is mindent . . .szedett.

Minden értékes holmit . . .szedett, és . . .rakta őket a zsákjába.

Közben János és felesége . . .értek a színházból. Az ajtó előtt János . . .lépett a betörő sapkájára. . . .vette és megnézte.

. . .ment az ablakhoz, és . . .nézett rajta. Látta, hogy betörő van a házban.

. . .küldte a feleségét a szomszédba. A szomszédnak volt telefonja. Felhívták a rendőrséget.

János közben a kutyát is elengedte, és . . .vezette az ajtóhoz.

Néhány perc múlva megérkeztek a rendőrök. Amikor a betörő meghallotta a rendőrautó szirénáját, ___ akart szaladni az ajtón, de János és a kutya nem engedték ___ .

15

A betörő . . .szaladt az emeletre, . . .lépett az erkélyre, . . .mászott a tetőre, . . .ment rajta, és a másik oldalon _ _ _ akart csúszni a földre.

Nem volt szerencséje, . . .esett egy vízzel tele hordóba.

A rendőrök . . .futottak, . . .húzták a hordóból, . . .ültették az autóba, és . . .vitték.

80

el-, meg-

	- - → - -	|→|	|→	|
el-	Péter olvas egy könyvet.	Péter elolvassa a könyvet. (~ az első oldaltól az utolsóig) elolvas olvas		
	János alszik.		János elalszik. (~ aludni kezd) elalszik (nem alszik) | alszik	
meg-	Vera tanulta a szavakat.	Vera megtanulta a szavakat. (már tudja őket) megtanul tanul (tud)		

meg-	Tamás nem ismerte Budapestet.		Tamás megismerte Budapestet. megismer (nem ismer) | ismer	
	Gábor az áruházban vásárol.			Gábor megvásárolta a televíziót.
	énekel készít mesél mond csinál ebédel főz iszik keres néz tanít vár	elénekel elkészít elmesél elmond megcsinál megebédel megfőz megiszik megkeres megnéz megtanít megvár		
	áll ért lát szeret		megáll megért meglát megszeret	
	mutat próbál			megmutat megpróbál
	Stb.			

1. As it has been demonstrated and practised since Lesson 4, Hungarian preverbs have a directive function i.e. indicate direction (*be-*, *ki-*, *fel-*, *le-*, etc.).
   E.g. *Kiszalad a házból* — runs out of the house
2. The only function of the preverb *meg-* is to change the aspect of the verb, and the same is that of *el-* in many cases, too. (Sometimes other preverbs can perform this function as well.)
   a) They may refer to the *completeness of the action*
   E.g. *olvas egy könyvet* — reads a book
   elolvas egy könyvet — reads through a book (to the end)
   tanulta a szavakat — studied the words
   megtanulta a szavakat — has learnt the words (and knows them)

b) They may also indicate the *beginning of the action*
E.g. *alszik* — is sleeping
elalszik — falls asleep
szereti Budapestet — likes Budapest
megszerette Budapestet — has become fond of Budapest

c) Sometimes the *momentaneousness of the action* is marked by them
E.g. *vásárol az áruházban* — shops in the store
megvásárolt egy televíziót — has bought a TV

3. The preverb may change the meaning of the verb (See Section 81)
E.g. *talál* — find
feltalál — invent
kitalál — find out
eltalál — hit

4. Read the sentences and answer the questions:

igen	nem	nem tudjuk
1	2	x

Sentence	Question	Answer
Este tíz órakor Gabi már aludt.	Fél tízkor is aludt Gabi?	x
Gabi este tíz órakor aludt el.		2
Vera este egy filmet nézett a televízióban.	Látta a film végét is?	
Vera este megnézett egy filmet a televízióban.		
A testvérem tegnap kilenc óráig tanulta a leckét.	Tudja a testvérem a leckét?	
A testvérem tegnap kilenc óra előtt megtanulta a leckét.		
A taxi a szálloda előtt várta a vendégeket.	Odamentek a vendégek a taxihoz?	
A taxi a szálloda előtt megvárta a vendégeket.		
A szegedi vonat most a pályaudvaron áll.	Ott állt egy órával ezelőtt is?	
A szegedi vonat most állt meg a pályaudvaron.		

Ebéd után megisszuk a bort.	Marad bor az üvegben?	
Ebéd után bort iszunk.		
Tamás mindenhol kereste a barátját a stadionban.	Találkozott Tamás a barátjával?	
Tamás megkereste a barátját a stadionban.		
Ők már elolvasták a mai újságot.	Minden cikket elolvastak az újságban?	
Ők már olvasták a mai újságot.		
Az újságíró a repülőgépen csak a feleségét ismerte.	Ismerte a feleségét az utazás előtt az újságíró?	
Az újságíró a repülőgépen ismerte meg a feleségét.		
Jánosék két óra előtt az étteremben ebédeltek.	Két óra után is ebédeltek még?	
Jánosék két óra előtt megebédeltek az étteremben.		

5. Fill in the correct forms of the verbs in brackets:

Néhány hónappal ezelőtt egy este nálam akartak ___ (vacsorázni, megvacsorázni) a barátaim. De sajnos nem tudtam ___ (főzni, megfőzni). ___ (mentem, átmentem) a szomszédomhoz. ___ (mondtam, elmondtam), hogy nagy bajban vagyok. Ő televíziót ___ (nézett, megnézett), de ___ (állt, felállt), és ___ (jött, átjött) hozzánk. ___ (mutattam, megmutattam) neki, hogy milyen élelmiszerek vannak otthon. Ő ___ (magyarázta, elmagyarázta), hogy hogyan ___ (főzik, megfőzik) a levest, és hogyan ___ (sütik, megsütik) a húst. Kávét én is tudok ___ (főzni, megfőzni). Amikor mindent ___ (készítettem, elkészítettem), ___ (ültem, leültem) a szobában, és ___ (vártam, megvártam) a vendégeket. ___ (múlt, elmúlt) kilenc óra is, de egyik barátom sem ___ (érkezett, érkezett meg). Nagyon éhes voltam már. ___ (mentem, kimentem) a konyhába, és ___ (ettem, megettem) az egész levest. Semmi sem ___ (maradt, megmaradt) belőle. Tizenegykor még mindig csak ___ (vártam, megvártam). Amikor a szomszédom ___ (nézte, megnézte) az esti filmet a tévében, újra ___ (jött, átjött) hozzám, és ___ (kérdezte, megkérdezte), hogy milyen volt a vacsora. Én nem ___ (mondtam, megmondtam) semmit, csak ___ (vittem, bevittem) a szobába, és együtt ___ (ettük, megettük) a húst. ___ (főztem, megfőztem) a kávét, és azt is ___ (ittuk, megittuk). Egy üveg bort is ___ (nyitottam, kinyitottam). A barátaim reggelig sem ___ (érkeztek, érkeztek meg). De a szomszédommal azóta mindennap együtt ___ (főzünk, megfőzünk). Ő ugyanis kedves, csinos nő, és ma már a feleségem.

81 *Change of the meaning by preverbs*

be-, ki-, fel-, le-, el-, vissza-, át-, végig-, meg- stb.	talál, ad, mos, marad, vár, hallgat, mutat, próbál, köszön stb.

talál →

megtalál	A tanár megtalálta a szemüvegét.
kitalál	Kati kitalálta, hogy mit hozott neki Gabi.
feltalál	A telefont Bell találta fel.
eltalál	A fiúk eltalálták a labdával a macskát.
odatalál	Tamás nehezen talált oda a színházhoz.

6. Fill in the correct forms of the verbs:

marad	meg-	A gyerekek minden süteményt megettek. Egy sem ___.
	el-	Az egyik csapat nem érkezett meg, ezért a futballmeccs ___.
	le-	Gabi lassan úszott, és nagyon ___ a versenyen.
	ki-	Éva a második évben ___ az egyetemről.

ad	meg-	Az unokatestvérem ___ a 100 forintot, amit kölcsönkért.
	be-	Az orvos ___ a betegnek az injekciót.
	ki-	Magyarországon minden évben sok ezer könyvet ___ ___ .
	fel-	Tegnap a postán ___ egy csomagot az anyám számára.
	el-	A Kovács család ___ a házát.
	vissza-	Tamás ___ Lacinak a fényképezőgépét.
	össze-	A gyerekek ___ a pénzüket, és így meg tudták venni a labdát.
	oda-	Laci ___ a fényképezőgépét Tamásnak.
	át-	Gabi a buszon ___ a helyét egy öregembernek.

mos	meg-	A gyerekek ebéd előtt ___ a kezüket.
	le-	Laciék minden vasárnap ___ az autójukat.
	fel-	Éva ___ a padlót a konyhában.
	ki-	___ (1) az ingemet.
	el-	Ebéd után ___ (1 1) a tányérokat.

próbál	meg-	Tamás ___ segíteni Irénnek.
	ki-	Gabi ___ a barátja kerékpárját.
	fel-	Márta az áruházban öt ruhát ___.

7. Rewrite the sentences as in the example:

A gyerekek vacsora után *fogat mosnak*.
megmossa a fogát
A gyerekek vacsora után megmossák a fogukat.

Tamás délután *levelet ír* a barátnőjének.
A család szombat este *filmet nézett* a tévében.
Laci reggeli után *újságot olvas*.
Irén a hivatali munkája után *vacsorát főz*.
Laci *jegyet váltott* a balatoni gyorsra.

15

TAMÁS LEVELE MEGHEZ

Kedves Meg! 1982. július 18.

Elhatároztam, hogy az úti élményeimet nem levélben, hanem majd otthon, szóban mesélem el. Most mégis írok. Le akarom írni a balatoni kirándulásunkat, amíg frissek az élmények, élesek az emlékek. Két nap alatt nagyon sok újat láttam és ismertem meg ebből az országból.

Szombat reggel indultunk Balatonfűzfőre, Irén szüleihez. Most ott nyaral a kislányuk a nagyszülőknél. Az utazás nem volt egyszerű, ugyanis elaludtunk, és lekéstük a korai vonatot. Már dél volt, amikor megérkeztünk. Balatonfűzfő a tó északi partján van. Irén szüleinek a háza a tó fölött, a domboldalon áll. Szép tiszta idő volt, a kertjükből jól láttuk Füredet és Tihanyt is.

Vasárnap kora reggel ismét vonatra ültünk, és Füredre mentünk, onnan pedig hajóval Tihanyba. Ez a félsziget gyönyörű kirándulóhely. Szinte mindennap ezer és ezer turista jön ide.

A kikötőtől gyalog sétáltunk fel a hegy tetejére. Itt áll a híres apátsági templom. A mai épület alatt, ezeréves falak között egy régi magyar király sírját láttuk. A felső, barokk templomnak igen szép orgonája van. Híres művészek tartanak itt hangversenyeket.

A templom mellett, a múzeumban minden nyáron egy festő vagy szobrász kiállítását rendezik meg. Az idei kiállítást mi is megnéztük.

Régen ennek a templomnak a fala adta a híres tihanyi visszhangot. Mi is felmentünk arra a dombra, amelyik a templom falával éppen szemben van, és sokáig kiabáltunk egy-egy szót vagy mondatot. Sajnos, a nagy zajban a visszhang ma már csak ritkán válaszol.

Még egyszer körülnéztünk fentről. Amikor a Balatonnak hátat fordítottunk, a régi falut láttuk, amely a hegy oldalán épült. A modern villák és nyaralók között még sok régi, nádtetős parasztház is áll. Ma ezek népi műemlékek: A falu mögött egy kis tó tükre csillog, körben a dombokon pedig szintén minden kék: nagy területen virágzik itt az illatos levendula. Kék virága Tihany egyik dísze.

Tihanyban Irén bátyjával is találkoztunk, aki ott tanít az általános iskolában. Ő vitt el minket autóval Badacsonyba. Az országút végig a Balaton mellett vezetett. Badacsonyban is nagy tömeg volt, és hatalmas forgalom. Az emberek mindenfelé halat ettek, és jó badacsonyi borokat ittak hozzá. Sok étteremben, csárdában népi zenekar játszott.

Mi először itt is múzeumba mentünk. Már sokat hallottam Egry Józsefnek, a „Balaton szerelmesének" a képeiről. Most végre meg is néztem őket. Nekem nagyon tetszettek. Majd viszek neked egy albumot, tele Egry-képekkel.

Innen autóval mentünk fel a hegyre. Nagy meleg volt, és elég hosszú az út gyalog. A hegyen mindenhol csak szőlőt láttunk. Itt teremnek a külföldön is híres badacsonyi borok: a zöldszilváni, a kéknyelű és a szürkebarát. Mi is megkóstoltuk mindegyiket, és vidáman indultunk vissza Budapestre. Csak Irén bátyja nem volt vidám. Ő ugyanis nem ivott egy cseppet sem, hiszen ő vezetett.

Hát most elég ennyi. . .

Szeretettel csókollak

Tom, azaz Tamás

15

KÖZMONDÁSOK:

Mindent a maga idejében.
All in due time.
Sok bába közt elvész a gyerek.
Too many cooks spoil the broth.
Ígéret szép szó, ha megtartják, úgy jó.
It is one thing to promise and another to perform.
Addig jár a korsó a kútra, amíg el nem törik.
The pitcher goes so often to the well, that at last it breaks.

8. Answer the questions:

1. Mikor ír levelet Tamás Megnek?
2. Miről ír neki?
3. Hova utaztak szombat reggel?
4. Mikor érkeztek meg Balatonfűzfőre?
5. Hol áll Irén szüleinek a háza?
6. Hova kirándultak vasárnap?
7. Mi van a hegy tetején Tihanyban?
8. Mi van a templom mellett?
9. Megnézték Tamásék az idei kiállítást?
10. Mi adta régen a tihanyi visszhangot?
11. Válaszolt Tamáséknak a visszhang?
12. Mit láttak, amikor a Balatonnak hátat fordítottak?
13. Ki vitte el őket Badacsonyba?
14. Hol vezet az út Badacsony felé?
15. Milyen múzeumba mentek Tamásék Badacsonyban?
16. Mi terem a badacsonyi hegyen?
17. Mit kóstoltak meg Tamásék?
18. Ki nem ivott egy cseppet sem?

SZAVAK

Igék

átad (vmit vkinek) hand over, pass
bead (vmit vkinek) hand in, give (an injection)
bejut (vhova) get in
beültet (vkit vhova) make sy get in
csillog glitter
csúszik slip, slide
elad (vmit) sell
elalszik fall asleep, oversleep
elbúcsúzik (vkitől) take leave of, say good-by
elenged (vkit) set free, let go
elfelejt (vt) forget
elfogy be used up, be spent, be sold out
elhatároz (vmit) decide
elmarad be cancelled
elmos (vmit) wash up
elővesz (vmit) take out (of)
emlékszik (-kezni) (vre) remember
eltalál (vmit) hit
épül be built
érez (érzek) (vmit) feel
fél (vtől) be afraid, fear

felad (vmit) post
felhív (-ok) (vkit) ring, call (up)
felmos (vmit) wash (the ground)
feltalál (vmit) invent
figyel (vmit) listen to, pay attention to
fog (vmit) catch
fordít (vmit) turn
gurul roll
hall (vt) hear
használ (vmit vmire) use
helyez (vmit) place, put
húz (vmit) pull
jelent (vmit) mean
jelez (vmit) sign(al)
kiad (vmit) publish
kifizet (vmit) pay
kimarad (vhonnan) leave
kinyit (-ok) (vmit) open
kipróbál (vmit) try one's hand at
kitalál (vmit) guess, find out
kölcsönad (vmit vkinek) lend
kölcsönkér (vmit vkitől) borrow
költözik (vhova) move
körbejár (vmit) go round
leír (vmit) put down, describe
lekésik (vmit) miss
lemarad fall behind
mászik climb
megad (vmit) pay back
megáll stop
megkóstol (vmit) taste
meglát (vt) catch sight of
megmarad (vmiből) be left
megrendez (vmit) arrange, organize
mutat (vmit vkinek) show, present
odaad (vmit vkinek) hand over, pass, give
odatalál (vhova) find the way to
összead (vmit) add, gather
rak (vmit vhova) put
szed (vmit) pick (up), gather
születik be born
tart (vmit) hold
tart (vmennyi ideig) last
tetszik (vkinek) sg please sy, sy like sg
ültet (vkit vhova) seat (sy), make sy get in
válaszol (vmit vkinek) answer
virágzik (virágozni) bloom
visszaad (vmit vkinek) give back, return

Köznevek

album album
bácsi uncle, older man
betörő robber, thief
csárda (village) inn
csepp (-je) drop
csónak (-ja) boat
dísz decoration, ornament, splendour
domb (-ja) hill
domboldal (-ak) hillside
élmény experience
erkély balcony
eső rain
evezés rowing
félsziget peninsula
hálószoba bedroom
hangverseny concert
holmi things, belongings
hordó barrel
injekció injection
kéknyelű a sort of wine
kerítés fence
kiállítás exhibition
kikötő port, harbour
kisasszony miss
kölcsönző rental
kötél (kötelek) rope
levendula lavender
mondat sentence
műemlék monument
művész artist
nád (-at, -ja) reed
oldal (-ak) page
orgona organ
padló floor
panasz complaint
parasztház (-ak) farmhouse
rakéta rocket

ruhatár cloakroom
sír (-ok, -ja) grave, tomb
szállítás transport
szerencse luck
szeretet love
sziréna siren
születésnap (-ja) birthday
tömeg crowd, mass
visszhang (-ja) echo
vitorlás sailing boat
zöldszilváni a sort of wine
zsák (-ja) sack

Tulajdonnevek

Kanada Canada
Meg
Peti Pete
Virág Pál

Melléknevek

általános general
apátsági abbatial
barokk (-ok) baroque
egyszerű simple
éles sharp
ezeréves thousand-year old
illatos fragrant, good smelling
kedves (vkitől) nice (of)
korai early
nádtetős thatch-roofed
népi folkloristic

Egyéb szavak

addig as far as, as long as
(vmennyi idő) alatt during
ameddig, **amíg** } till, until, while
amióta since
azonnal immediately, at once
azóta since (then)
egy-két one or two
ejha! ah! oh!
először (at) first, the first time
fentről from above
hányadika? what date?
hányadikán? on what date?
kora early
kölcsön on loan
körben around
másfél one and a half
meddig? till when? how far?
méghozzá and what is more
mettől? from when? from where?
mielőtt before
mindennap everyday
mióta since when?
miután after
(vmi, vmennyi idő) óta since
sokáig for a long time
szét apart, dis-
szinte nearly, almost
szintén likewise, also, as well
újra again

Kifejezések

általános iskola elementary/primary school
Kedves tőled. It is kind/nice of you.
igen szép very nice
hátat fordít vkinek turn one's back on
még egyszer again, once more
egy cseppet sem (iszik) not a drop
járja az üzleteket go shopping
halat fog catch a fish
Nincs türelmem hozzá. I have no patience for.
szóba áll (vkivel) speak to, start a conversation with
most elég ennyi now that is all

82

Meddig? Mennyi ideig?

Mennyit? Mennyi időt?

Péter 7-től ½8-ig tornázik.

	Meddig	tornázik Péter?
Péter	fél órá**ig**	tornázik.

	Mennyit	tornázik Péter?
Péter	fél órá**t**	tornázik.

83

Tamás júliusban érkezett Magyarországra.
(Most is itt van.)

Mióta?

	Mióta	van Magyarországon Tamás?
Tamás	július **óta**	van Magyarországon.

≈ 1980, csütörtök, tegnap, 12 óra } óta

84

Tamás júliusban érkezett Magyarországra.
(Most augusztus van.)

Mennyi ideje? Mióta?

	Mennyi ide**je**	van Magyarországon Tamás?
Tamás	egy hónap**ja**	van Magyarországon.

≈ ___ éve
___ hete
___ nap**ja**
___ órá**ja**
___ perce

! órák, napok, hetek, stb. } óta

	Július **óta**
since July	

	egy hónap**ja**
for a month	

The same distinction is made in Hungarian as in English between these two types of adverbs of time.

9. Complete the sentences to answer the question:

A nagyapa mindennap sétál a parkban. (Mennyit?)
A nagyapa mindennap fél órát sétál a parkban.

A gyerekek minden nyáron a nagymamánál nyaralnak. (Meddig?)
Vártunk rátok a színház előtt. (Meddig?)
Irén reggel tornázik. (Mennyit?)
Tamás várt az autóbuszra. (Mennyit?)
A család vidéken volt. (Meddig?)
Gabi tegnap úszott. (Mennyit?)

10. Give two different answers to each question:

Mióta vár Tamás a barátjára? (dél, fél óra)
Tamás dél óta vár a barátjára.
Tamás fél órája vár a barátjára.

Mióta áll a vonat a pályaudvaron? (húsz perc, öt óra harminc perc)
Mióta tanulnak a gyerekek németül? (1981, két év)
Mióta laknak vidéken a nagymamáék? (január, három hónap)
Mióta tart a tévéfilm? (negyed óra, nyolc)
Mióta nem láttad a barátodat? (két hét, április vége)
Mióta jár Gabi edzésre? (ősz, fél év)

85

Hányadika?
Hányadikán?

Hányadika van ma?
(Milyen nap van ma?)
Ma december 12. (tizenkettedike) van.
Ma 1982. december 12. van.

1. (elseje) 4. (negyedike)
2. (másodika) 5. (ötödike) stb.
3. (harmadika)

Mikor / Hányadikán / Melyik napon érkezett Éva Budapestre?

Éva 1982. december 12-én (tizenkettedikén) érkezett Budapestre.

≈ Hányadikától? 12-től (tizenkettedikétől) — Hányadikáig? 12-ig (tizenkettedikéig)

1982. december 12. / 1982. dec. 12. / 1982. XII. 12.

11. Answer the questions:

Mikor találkozott Péter az unokatestvérével? (1981. január 5.)
Péter 1981. január 5-én találkozott az unokatestvérével.

Mikor kezdődött az iskolákban a nyári szünet? (június 13.)
Mikor van a születésnapod? (április 1.)
Mikor kezdett Éva magyarul tanulni? (1980. szeptember 11.)
Mikor utazik haza az unokaöcséd? (1982. augusztus 24.)
Mikor vetted ezt az autót? (1979. november 2.)
Mikor született a fiatok? (1977. március 19.)
Mikor született a lányotok? (1978. október 30.)
Mettől meddig élt János Kanadában? (1961. július 26., 1970. június 8.)
Mióta él János Budapesten? (1975. február 27.)
Meddig maradnak a rokonaid Magyarországon? (május 15.)
Mettől meddig voltatok Szegeden? (6., 12.)

12. Answer the questions:

Milyen nap van ma? (év, hónap, nap)
Milyen nap volt öt nappal ezelőtt?
Milyen nap volt egy hónappal ezelőtt?
Milyen nap volt egy évvel ezelőtt?
Mikor született ön?
Mikor születtek a rokonai? (apja, anyja, testvérei stb.)
Mikor fejezte be iskoláit?
Mikor kezdett dolgozni?
Mettől meddig volt a múlt évben szabadságon?
Mikor utazott külföldre?
Mikor érkezett vissza Angliába (Kanadába stb.)?

86

addig, ameddig / amíg

(A gyerekek fél óráig labdáznak. Az anya fél óráig vásárol.)

Meddig labdáznak a gyerekek?

A gyerekek **addig** labdáznak, **ameddig** / **amíg** az anya vásárol.

Amíg az anya vásárol, (addig) a gyerekek labdáznak.

Gabi addig úszik, amíg el nem fárad .

A gyerekek labdáznak **(addig),**	**amíg** az anya vásárol.
The children are playing with the ball	**while** their mother is shopping.

Gabi **addig** úszik,	**amíg** el **nem** fárad.
Gabi swims	**until** he gets tired.

Note
In the subordinate clause of the latter type the verb is in the negative, and *nem* always stands between the preverb and the verb.

87

azóta, amióta

(Éva szeptember óta él Budapesten. Éva szeptember óta jár egyetemre.)

Mióta él Budapesten Éva?

Éva **azóta** él Budapesten, **amióta** egyetemre jár .

Amióta egyetemre jár , Éva Budapesten él.

88

mielőtt
miután

(Gabi beteszi a könyveit a táskájába. Azután iskolába indul.)

Mielőtt iskolába indul , Gabi beteszi a könyveit a táskájába.

Miután betette a könyveit a táskába , Gabi iskolába indul.

13. Complete the sentences based on the pictures: Mit csinált Tamás?

Mielőtt elindult a pályaudvarra, ___ ___
Miután betette a ruháit a táskába, ___ ___
Amíg a taxiban ült, ___ ___
Miután megérkezett a pályaudvarra, ___ ___
Mielőtt megivott egy üveg sört, ___ ___
Miután megvette a jegyét, ___ ___

Amíg a vonatra várt, ___ ___
Mielőtt felszállt a vonatra, ___ ___
Miután elbúcsúzott a lánytól, ___ ___
Amíg a vonat a Balaton felé haladt, ___ ___
Miután leszállt a vonatról, ___ ___
Mielőtt hordárt hívott, ___ ___

14. Here are some broken sentences. Complete each part in A with one from B:

A	B
Mária azóta szomorú,	amíg esik az eső.
Addig maradok Magyarországon,	amióta vidéken laknak.
Gabi este addig nézi a tévét,	amíg el nem fogy a pénzük.
Kati azóta nyaral a Balatonnál,	amíg a szabadságom tart.
János addig marad a kórházban,	amióta nem kap levelet Pétertől.
Kovácséknak azóta van autójuk,	amíg haza nem jönnek a szülei.
A gyerekek addig játszanak a szobában,	amióta szünet van.
A lányok addig járják az üzleteket,	amíg beteg.

15. Join the sentences:

Mária pihent egy kicsit. Azután takarítani kezdett.
Mielőtt takarítani kezdett, Mária pihent egy kicsit.
Miután pihent egy kicsit, Mária takarítani kezdett.

Tamás megvette a jegyet. Azután felszállt a vonatra.
Megnézzük a kiállítást. Azután visszamegyünk a szállodába.
A gyerekek megmosták a kezüket. Azután megebédeltek.
Az utasok leszálltak a vonatról. Azután hordárt hívtak.
Feladtad a levelet. Azután elmentél a Margitszigetre.
Kifizettétek a számlát. Azután kimentetek az étteremből.
Két hétig nyaraltunk a Balatonnál. Azután Budapestre utaztunk.
Betettük a kabátunkat a ruhatárba. Azután leültünk egy asztalhoz.

TÜRELEM

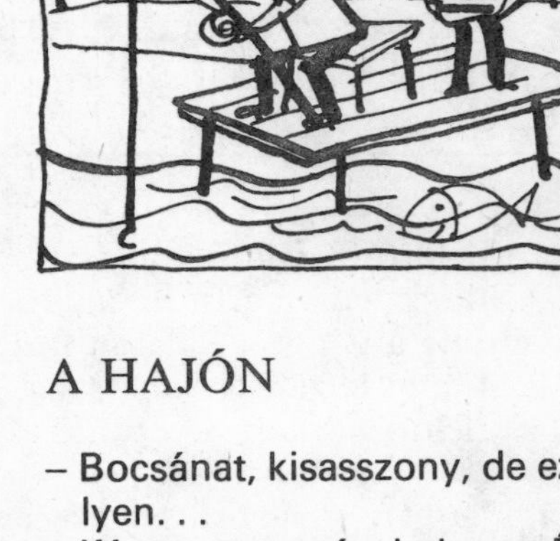

– Mit nézel, kisfiam? Látom, hogy már reggel nyolc óta itt állsz a hátam mögött.
– Azt várom, hogy mikor fog halat a bácsi.
– Nem akarsz talán te is horgászni?
– Nem, köszönöm. Nincs türelmem hozzá.

A HAJÓN

– Bocsánat, kisasszony, de ezen a helyen...
– Kérem, ez az én helyem. És idegenekkel nem beszélgetek.
– Én sem beszélgetni akarok, csak...
– Mondtam már, hogy nem állok szóba idegenekkel.
– Jaj, hát nem érti...
– Még a nevét sem tudom.
– Kérem, Virág Pál vagyok. Csak azt akartam mondani, hogy azt a dobozt, amelyen ön a hajó indulása óta ül, én tettem a padra. És, sajnos, eper volt benne.

AZ ORVOSNÁL

– Mi a panasza?
– Mindent elfelejtek, doktor úr. Elkezdek egy mondatot, és mire* be akarom fejezni, nem emlékszem, mit akartam mondani.
– És mikor vette ezt észre?
– Mit?

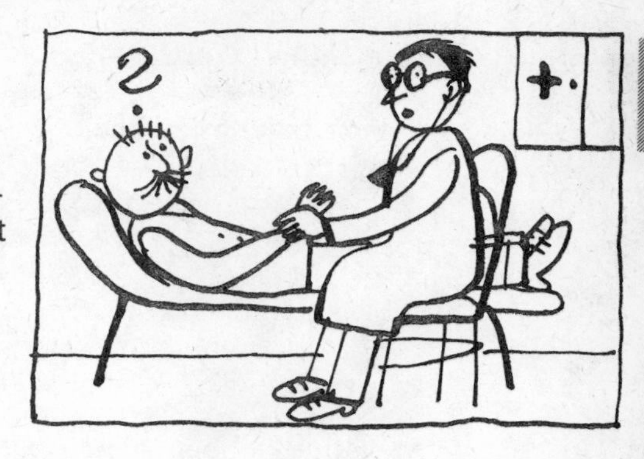

16. Short dialogues:

– Mióta vagy Budapesten?
– Két hete.
– És még meddig maradsz?
– Néhány napig.

– _ _ _ van Magyarországon?
– Egy hónapja.
– _ _ _ _ _ _ _ _ _ _ _ _ _ _ _ _ _ _
– Két hétig.

– _ _ _ dolgozik külföldön?
– Másfél éve.
– _ _ _ _ _ _ _ _ _ _ _ _ _ _ _ _ _ _
– Egy évig.

— • —

– Mikor fejezted be az egyetemet?
– Négy évvel ezelőtt.
– S mióta dolgozol ebben a gyárban?
– Három éve.

– _ _ _ _ _ _ _ _ _ a középiskolát?
– Két _ _ _ _ _ _ _ _ _
– _ _ _ _ _ _ _ _ _ jársz egyetemre?
– Három hónapja.

– _ _ _ költöztetek Budapestre?
– Hat _ _ _ _ _ _ _ _ _
– _ _ _ laktok ebben a házban?
– Néhány hete.

— • —

– Mikor érkezett Magyarországra?
– Június 5-én.
– S meddig akar az országban maradni?
– Augusztus 1-ig.

– _ _ _ érkeztek _ _ _ _ _ _ ?
– Május 12-én.
– _ _ _ _ _ _ _ _ _ _ _ _ _ _ _ _ _ _
– 18-ig.

* mire (amikorra): *by the time*

– Odataláltál a múzeumba?
– Oda.
– S megnézted a kiállítást?
– Meg.

– Megírtátok a levelet?
– ___ ___
– S feladtátok?
– ___ ___

– Kimennek a holnapi meccsre?
– ___ ___
– S megvették már a jegyeket?
– ___ ___

___ • ___

– Megállunk ebben a városban?
– Nem.
– S a következőben?
– Ott sem.

– Bemegyünk ebbe az áruházba?
– ___ ___
– S abba?
– Oda ___ ___

– Megnézzük ezt a filmet?
– ___ ___
– S a másikat?
– Azt ___ ___

17. Complete the sentences as shown in the example:

Ezeket a szavakat ___ ___ ___ ___ __ tanulom.

két óra alatt két óra óta

Ezeket a szavakat ___ ___ ___ ___ __ megtanulom.
Ezeket a szavakat két óra óta tanulom.
Ezeket a szavakat két óra alatt megtanulom.

Hosszú ez a cikk. Már ___ ___ ___ olvasom.

húsz perc alatt húsz perce

Hosszú ez a cikk. De ___ ___ ___ elolvasom.

Irén ___ ___ ___ megfőzi a vacsorát:

fél óra alatt fél órája

Irén már ___ ___ ___ főzi a vacsorát.

A tanár negyedórája ___ ___ ___ az új szavakat.

megmagyarázza magyarázza

A tanár negyedóra alatt ___ ___ az új szavakat.

Nem találtam a pénztárcámat. ___ ___ ____ _ kerestem.

Egy óráig Egy óra alatt

Nem találtam a pénztárcámat. ___ ___ ___ megkerestem.

Eddig senkit sem ___ ___ ___ ebben a városban.

megismertem ismertem

Két hét alatt sok érdekes embert ___ ___ ___ itt.

18. Translate:

a) Amióta a Balatonhoz érkeztünk, mindig rossz idő van. Tegnap délután egy fél óráig sütött a nap. Elhatároztuk a barátommal, hogy kiveszünk egy csónakot a kölcsönzőből. De sajnos csak addig volt jó idő, ameddig a kölcsönzőnél vártunk. Miután beültünk a csónakba, erős szél jött. Tíz percet eveztünk, amíg meg nem láttuk a piros rakétát. Tudtuk, hogy az vihart jelez. Visszamentünk a partra, és visszaadtuk a csónakot.

b) We arrived at Lake Balaton two days ago and we are going to spend a fortnight here. We had heard a lot about the Balaton before we came here. We are glad to get to know this region. Ever since we arrived, the weather has been nice. We have been able to swim a lot and we also tried our hand at rowing. Hungarians say the weather has been nice for three weeks. I am looking forward* to a pretty great** storm. I do not want to leave until I have seen a real storm on the Balaton.

* look forward to — *vár vmire*
** pretty great — *jó nagy*

THIRD TEST

I. Fill in the blanks, where necessary:

Egy pesti étteremben ülök. A pincérek itt mindig sietnek, a vendégek ___ soha sincs egy szabad percük. Belép egy férfi az ajtón, a ruhatárba tesz. . . a kabát. . .. Egy szabad asztalt keres. . ., de nem talál. . . sehol sem. Amikor észrevesz. . . az üres szék. . . az asztalom mellett, odajön és leül. Vár. . . a pincért, akit már mások is éhes. . . vár. . . az asztaloknál. A pincér csak fél óra ___ jön. Éhesek vagyunk, nem szól. . . semmit sem, csak gyors. . . mutatjuk az étlapon, hogy mit kér. . .. Még negyed óra, és már enni is kezd. . . a levest, de az sajnos hideg. Letesz. . . (1 1) a kanál. . ., és hívjuk a pincért. Mondjuk neki, hogy a leves hideg, és mi nem szeret. . . a hideg ételt. A pincér szó ___ . . .viszi a levest, a konyhában vár egy kicsit, és visszahoz. . .. Ezután megkérdezi, hogy most jó-___ a leves. Amikor lát. . .(1), hogy a pincér hideg. . . hozta vissza a levest, fel akarok állni, és a szomszédom. . . együtt elmegy. . . egy másik étterembe. De ő csak nevet, és mutatja, hogy most jó a leves. – Nagyon örül. . . (1), hogy ilyen ember akar a feleségem új férje ___ (van) – magyaráz. . . (3), amikor látja, hogy nem értem az öröm. . ..

Score:

(max.: 30)

II. Rewrite the above text in the Past Tense. (Pay attention to the sentences where the past is not necessary in Hungarian):

Score:

(max.: 40)

III. Answer the questions about the text:

Kovács János a budapesti egyetem tanára. Amikor 1980-ban oda került, ezt mesélte életéről új kollégáinak: „1946. április 14-én születtem Budapesten. Három év múlva szüleimmel Szegedre költöztünk. Hatévesen itt kezdtem az általános iskolát, majd nyolc év múlva a középiskolát is. 1964-ben kezdtem az egyetemet itt Budapesten. Amióta befejeztem az egyetemet, egy budapesti iskolában angol nyelvet tanítottam. Azóta van családom is; a feleségemet, Katit még az egyetemen ismertem meg. Ott mind az öt évet együtt töltöttük. Ma már két gyerekünk is van, egy nyolc éves kislányunk és egy kisfiunk, aki három évvel utána született."

1. Hány évig élt Kovács János a szüleivel Szegeden?

___

2. Mikor költöztek Szegedre?

___

3. Mettől meddig járt iskolába? (általános és középiskolába)

___

4. Hány év alatt fejezte be az iskoláit?

___

5. Hány éves volt Kovács János, amikor visszaköltözött Budapestre, és elkezdte az egyetemet?

___

6. Hány éve ismerte Katit, amikor a kislányuk született?

___

7. Meddig tanított angol nyelvet az iskolában?

___

8. Mennyi ideje volt Kati a felesége, amikor a kisfiuk született?

___

9. Hány évet élt Budapesten, mielőtt az egyetemen kezdett dolgozni?

___

10. 1982-ig összesen hány évet tanult és dolgozott az egyetemen?

___

Score:

☐

(max.: 20)

IV. Ask a question about the expression of time in italics. (Ask as specific a question as possible.)

Január 8-án hideg idő volt.

Tavasszal mindenki szívesen sétál a Margitszigeten.

Hétfőn el akarnak utazni a szüleim.

A tél *decembertől februárig* tart.

Háromnegyed tíz előtt öt perccel elindult az autóbusz.

1981-ben a Balatonnál nyaraltunk.

A tele autóbuszban *kényelmetlenül* utaznak az utasok.

Egy csomagot hoztam a *részedre* külföldről.

Péter mindig *gyalog* akar felmenni az emeletre.

Katinak *veletek* mindig jó kedve van.

Score:

(max.: 10)

Total:

EVALUATION

Scores

80—100:	Congratulations, you have made excellent progress.
60—79:	Quite good, but please pay more attention to the parts you made mistakes in.
under 59:	Unfortunately the Hungarian language is difficult. You ought to go through the previous lessons once again.

HALLÓ! MENTŐK?

– 04? Mentők?
– Igen, tessék.
– Baleset a Budaörsi út és a Sasadi út sarkán!

– Mi történt?
– Egy teherautó és egy személykocsi összeütközött.

– Hány sérült van?
– Nem tudom pontosan. Talán négy. Azt hiszem, kettő nagyon súlyos.
– Azonnal megyünk.

***

– Ez a gépkocsi az öné?
– Nem az enyém, a barátomé. Én csak benne ültem, amikor a baleset történt.

– Ön tehát világosan látott mindent. Hogyan történt?
– A teherautó szabályosan haladt a Budaörsi úton. A barátom nagy sebességgel akart befordulni. Tehát mi szabálytalanul jöttünk. A teherautó sofőrje nem tudott már fékezni. Összeütköztünk.

– Tehát kinek a hibája volt a baleset?
– Természetesen azé, aki túl gyorsan hajtott: a barátomé. Ő, sajnos, nagyon súlyosan meg is sérült. Eltörött a keze és a válla. Most vitték be a mentők a kórházba. Azt mondták, megoperálják.

– Önnek semmi baja?
– Egy kicsit megütöttem a fejem és a hátam. Más bajom nincs. Egészen jól érzem magam.

89

Kié?
Kiéi?

Kié ez a könyv?
Ez a könyv Péteré.
Ez a könyv az **övé**.

Kiéi ezek a könyvek?
Ezek a könyvek Péter**éi**.
Ezek a könyvek az **övéi**.

	Kié?	Kiéi?
①	enyém	enyéim
②	tied	tieid
③	övé	övéi
①①	mienk	mieink
②②	tietek	tieitek
③③	övék	övéik

③	**öné**	**önéi**
③③	ön**öké**	ön**ökéi**

Kié		ez a könyv?
Whoose book	is	this?

Ez a könyv		Péteré.
This book	is	Peter's.

Ez a könyv		az **övé.**
This book	is	**his.**

90

Az én tollam rossz. A te tollad jó.
A tied jó.
Kérem a te tolladat.
Kérem a tiede**t**.

A te tolladdal írok.
A tied**del** írok.

≈ a tieid, a tieide**t,** a tieid**del** stb.

Kié...?

16

1. Make questions and answer them:

Kié ez a táska?
Ez a táska a postásé.

2. Make questions based on the pictures in Exercise 1 and give short answers:

A postásé ez a táska?
a) (Igen.) Az övé.
b) (Nem.) Nem az övé.

3. Change the answers in Exercise 1: *a)* 1 *or* 1 1
b) 2 *or* 2 2

a) Ez a táska az enyém. *b)* Ez a táska a tied.

4. Answer these questions about the pictures in Exercise 1:

Kinek a táskájában vannak levelek?
A postáséban.

1. Kinek az autójában ül egy kutya?
2. Kinek az asztalán vannak könyvek?
3. Kiknek a polcán vannak játékok?
4. Kinek a szamarát nézik az emberek?
5. Kiknek a szobájában van telefon?
6. Kiknek a gépéről beszélünk?
7. Kinek a orvosságát hozza a nővér?
8. Kiknek a csomagjait tolja a hordár?
9. Kinek az üvegeiben van bor?

5. Make questions based on the pictures in Exercise 1 and give short answers:

A postás táskájában vannak levelek? *a)* (Igen.) Az övében.
b) (Nem.) Nem az övében.

6. Change the answers in Exercise 4: *a)* 1 *or* 1 1
b) 2 *or* 2 2

a) Az enyémben. *b)* A tiedben.

7. Make questions based on the pictures in Exercise 1 and answer as in the example:

A te táskádban vannak a levelek? Dehogy az enyémben. Az övében.

8. Replace the words in italics as shown in the example:

A mi lakásunkban két szoba van, *a ti lakásotokban* három.
A mi lakásunkban két szoba van, a tietekben három.

A te poharad tele van, *az én poharam* üres.
Az ön csomagját már betette a sofőr az autóbuszba, *a mi csomagunkat* még nem.
A te szobádban rend van, de *Gabi szobájában* nincs.
Péter testvérei iskolába járnak, *a te testvéreid* már dolgoznak.
A ti barátaitokról beszélünk, nem *Kati barátairól.*

16

9. Complete the sentences:

Az ___ kutya... gyorsan fut. Ez a kutya az ___.	①	Az én kutyám gyorsan fut. Ez a kutya az enyém.

Ezek a fényképek a ___.
A ___ fénykép... a polcon vannak. ②

Az a virág, amelyet az ablakba tettem, ___.
___ virág... frissek és illatosak. (Irén)

Ez a kávé az ___.
Az ___ kávé... nincs cukor. ③

A ___ sportpálya... az iskola mögött van.
Az új sportpálya a ___. (tanulók)

Az a lakás a ___, amelyik a bejárat mellett van.
A ___ lakás... kényelmes. (Kovácsék)

91

azé, aki(...)
azé a ___é, aki(...)

Kié a táska?

A táska **azé**, **aki** a portással beszélget.

Melyik férfié a táska?

A táska **azé** a férfié, **aki** a portással beszélget.

Ez az autó **azoké**, **akik** most érkeztek.
Ez az autó **azoké** a vendég**eké**, **akik** most érkeztek.

10. Answer the questions:

Kié az autó?
Azé, aki a papírüzletben vásárol.

Kinek az autója áll a járda mellett?
Azé, aki a papírüzletben vásárol.

Kié ez a vitorlás?

Kinek a borát hozza a pincér?

Kiknek a szobája van a harmadik emeleten?

Kié ez a táska?

Kinek a táskáját viszi a fiú?

Kié ez a kutya?

11. Make questions based on the pictures in Exercise 10 and answer them:

Melyik férfié az autó?
Azé a férfié, aki a papírüzletben vásárol.

Melyik férfinak az autója áll a járda mellett?
Azé a férfié, aki a papírüzletben vásárol.

12. Give short answers to the questions in Exercise 11:

Azé, aki a papírüzletben vásárol.

13. Complete the sentences, then ask a question as shown:

Ez az autó ___ , akik az étterem felé mennek.
Ez az autó azoké, akik az étterem felé mennek.
Kiké ez az autó?

Ez a szemüveg ___ , aki az előadás alatt itt ült.
Ez a csomag ___ az utasoké, akik Párizsból érkeztek.
Ez a fényképezőgép ___ , aki riportot készít a munkásokkal.
Ez a piros labda ___ a kislányé, aki a kölcsönzőhöz ment.
Az új sportpályák ___ , akik a gyárban dolgoznak.

AZ ORVOSI RENDELŐBEN

Tamás az egyik II. kerületi orvosi rendelőben ül. A váróteremben rajta kívül még körülbelül tízen várnak. Negyed kilenc van. A rendelés nyolc órakor kezdődött. Tamás előtt még három beteg kerül sorra.

Tamás ül a padon, és olvasni próbál. Nem megy. Nincs hozzá türelme. Fáj a feje, a torka, lázas és köhög. Nagyon megfázott, amikor jöttek hazafelé a Balatonról. Melege volt, levette a kabátját, és akkor sem vette fel, amikor kinyitották a kocsi tetejét. Akkor jólesett a hűvös szél, de most. . .

– Én gyorsan kijövök a doktor úrtól – mondja egy néni –, csak megkapom az injekciómat. Tudja, nagyon gyenge vagyok, és vitaminokat adnak.

Egy másik ember arról panaszkodik, hogy gyakran fáj a szíve.

– Biztosan túl sokat dolgozik – mondja neki a néni.

***

– Tegnapelőtt jövök a doktorhoz – meséli egy öregember –, megvizsgál, és azt mondja:

– Már nem olyan nehéz a köhögése, mint a múlt héten. Ma reggel nagyon könnyen köhög.

– Hát persze, doktor úr – feleltem –, hiszen egész éjjel gyakoroltam.

***

Végre Tamás következik.
– Mi a panasza? – kérdezi az orvos.
Tamás elmondja.
– Láza van?
– Van.
– Mennyi?
– 102.
– Mi százkettő?
– Mi mennyi?
(A hiba ott van, hogy az orvos Celsius-fokra gondolt, de Tamás – angol szokás szerint – Fahrenheit-fokkal felelt.)
Egy nővér megméri Tamás lázát:
– 38,9. Elég magas.
Az orvos felírja a gyógyszereket. Tamás majd a gyógyszertárban megkapja őket. Utána hazamegy és lefekszik. Egy-két nap alatt meggyógyul. Tamás mindent úgy tesz, ahogyan az orvos mondja. Fél a tüdőgyulladástól. Gyerekkorában már volt része benne. Nem akar sokáig beteg lenni. Más programja van itt Magyarországon.

14. Answer the questions:

1. Mit csinál Tamás?
2. Hányan várnak rajta kívül a váróteremben?
3. Mi történt Tamással?
4. Ki kap injekciókat?
5. Miről panaszkodik egy ember?
6. Hány Fahrenheit-fok láza van Tamásnak?
7. Hány fok a láza Celsius-fokban?
8. Hol kapja meg Tamás a gyógyszereket?
9. Az orvos szerint hány nap alatt gyógyul majd meg?
10. Mitől fél Tamás?
11. Volt már tüdőgyulladása?

KÖZMONDÁSOK:
Bátraké a szerencse.
Fortune favours the brave.
Mindenki a maga szerencséjének a kovácsa.
Everybody must carve out his own fortune.
Sok beszédnek sok az alja.
Much spoken little said.

16

NÉPDAL

Kis kút, kerekes kút van az udvarunkban.
De szép barna kislány van a szomszédunkban.
Csalfa szemeimet rá se merem vetni,
Fiatal az édesanyja, azt is kell szeretni.

SZAVAK

Igék

beüt (vmit vmibe) knock sg against
bevesz (vmit) (gyógyszert) take
ég be lit, be on, be burning
eljön come (over)
fékez brake
felír (vmit) 1. prescribe; 2. write down
hajt (vmit) drive
jólesik feel good
köhög cough
levesz (vmit) take off
megfázik catch a cold
meggyógyul recover, get well
meghív (vkit) invite
megkap (vmit) get
megmér (vmit) measure
megoperál (vkit) perform an operation
megsérül get injured
megvizsgál (vkit) examine
összeütközik (vvel) clash, crash (into)
panaszkodik (vmiről) complain
szédül feel dizzy
tesz vmit do

Köznevek

adat datum
áll (-at) chin
altató sleeping pill
baleset accident
benzin (-je) petrol
betegség disease
bőrönd (-je) suitcase

cím 1. address; 2. title
csomagtartó luggage-rack
doktor doctor
együttes ensemble, group
előadás performance
fájdalom (fájdalmak) pain
fájdalomcsillapító pain killer
fiók (-ja) drawer
foghúzás tooth-extraction
fogorvos dentist
folyadék liquid
folyosó corridor
fül (-et) ear
gépkocsi car
géz gauze
gyerekkor childhood
gyógyszer medicine
gyógyszerész pharmacist, chemist
gyógyszertár (-ak) chemist's
gyomor (gyomrot) stomach
has (-at) abdomen
hiba mistake, fault
homlok forehead
influenza influenza, flu
jód (-ja) iodine
kar (-ja) arm
kezdet beginning
köhögés cough
lázcsillapító antipyretics, fever reducer
mell breast
mentők ambulance (plural)
nyak (-at) neck
orvosság medicine
papírüzlet stationery shop
recept (-je) prescription
rendelés consulting hours
rendelő consulting room
rendőrség police
sebesség speed
sor queue
száj (-ak) mouth
személykocsi car
szokás custom
tabletta pill
tanuló pupil
tervezőintézet institute for design
test body
torok (torkok) throat
tüdőgyulladás pneumonia
ujj (-ak) finger
váróterem (-termek) waiting room
vatta cotton (med.)
vitamin (-ja) vitamin

Melléknevek

esős rainy
gyermekorvosi pediatrician's
hűvös cool
kerületi (of) district
orvosi medical
pontos exact, punctual
sérült hurt, injured
steril sterile
súlyos serious
szabályos regular
szabálytalan irregular
szükséges necessary
világos clear, light

Tulajdonnevek

Budaörsi út
Celsius
Demalgon a pain killer
Fahrenheit
Rákóczi út
Sasadi út
Váci utca

Egyéb szavak

enyém mine
hazafelé on the way home
későn late
maga -self
mienk our
múltkor last time
nulla zero
övé his, hers, its
övék theirs
(vmi) szerint according to
tegnapelőtt the day before yesterday

tied yours (sing, informal)
tietek yours (plural, informal)
utána after that, then, afterwards

Kifejezések

baleset történik vkivel an accident befall sy
láza van vkinek have a fever
megméri vkinek a lázát take one's temperature
vkinek része van vmiben take part in
sorra kerül have one's turn
rendben van all right, okay
vkinek nem megy vmi can't manage
vki megüti vmijét bump/knock one's ...
vki jól érzi magát feel well
Doktor úr! Doctor,
nehéz (vkinek) a köhögése have a bad cough
hát persze well, of course

92

_ _ _ _ _ _ánák a _ _ _a

Ez Laci autója.

Az autó lámpája ég.

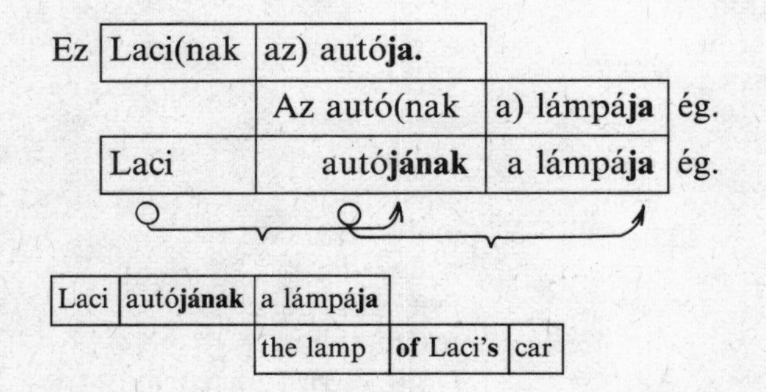

Ez	Laci(nak	az) autó**ja.**		
		Az autó(nak	a) lámpá**ja**	ég.
	Laci	autó**jának**	a lámpá**ja**	ég.

Laci	autó**jának**	a lámpá**ja**		
		the lamp	**of** Laci's	car

In the case of double possession the second noun always takes the suffix *-nak, -nek*.

93

Milyen	a lány(nak	a) ruhá**ja?**	
Milyen		a ruhá**ja**	a lány**nak?**
	A lány(nak	a) ruhá**ja**	piros.

a ___ a ___nak

16

——— • ———

Mi a nev**e** a sofőr**nek**?
Hol van a hely**e** a rádió**nak**?
Mikor érkezik a nagybáty**ja** Gabi**nak**?

94

Melyik ruhája piros a lánynak?

A lány**nak** **ez** a ruhá**ja** piros.

——— • ———

A lánynak az a ruhája kék.

Sections 92, 93 and 94 represent the main cases of the obligatory use of the suffix *-nak, -nek* in possessives.
See also the summary of the possessive construction (page 382).

15. Complete the sentences:

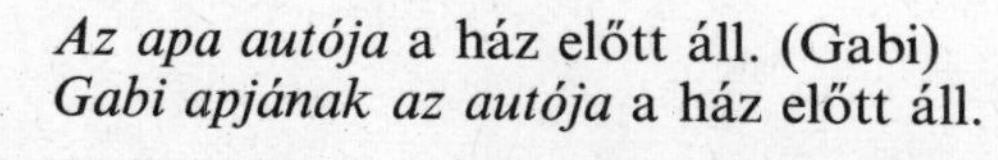

Az apa autója a ház előtt áll. (Gabi)
Gabi apjának az autója a ház előtt áll.

Olvastam egy cikket *a munkások életéről.* (konzervgyár)
A betörő meghallotta *a sziréna hangját.* (rendőrautó)
A folyosók falai tele vannak képekkel. (színház)
Az orvos várótermében csak néhány beteg vár. (falu)
A cipő ára 820 forint volt. (barátom)
Nem tudod *a szegedi rokonok* címét? (Péter)

16. Make sentences:

a gyerekek	központ	munkahely
az íróasztal	cikk	üveg
Tamás	kirakat	zseb
a Balaton	szülők	ház
a kirándulás	víz	utcák
az üzlet	lakás	cím
a szomszéd	fiók	szín
a város	kezdet	ajtó
Katiék	nadrág	kulcs
az újságíró	rokonok	idő

Órák óta keresem *az íróasztal fiókjának a kulcsát.*

17. Change the sentences as shown in the examples:

A zöld alma íze savanyú. *Ennek az almának az íze* savanyú.	*Buda régi részét* jól ismerem. *Budának azt a részét* jól ismerem.

Az új iskola udvarán vidáman játszanak a gyerekek.
A kirándulás tegnapi napján semmi sem történt.
A gyerekek *Gabi kedvenc játékával* játszanak.
Hetek óta *a szomszéd kislány nővérére* gondolok.
Az előadás első részét alig értettem.
Az utca bal oldalán van az áruház.
Engem *a külföldi művészek műsora* érdekel.
Az alagút másik végénél egy kis tér van.

18. Fill in the blanks as shown in the example:

Mi a címe az ön lakása. . . ? Mi a címe az ön lakásának?	Mi a könyv. . . ___ címe? Mi a könyv(nek a) címe?

Hol van a könyvtár. . . ___ épülete?
Hol van a könyvtár épület. . . ___ bejárata?
Ez. . . az erdő. . . ___ fái már zöldek.
Ma későn van vége a tévé műsora. . . .
A film. . . ___ vége nagyon szomorú volt.
A szeme barna Kati. . . , nem a haja.
Az anyám. . . ___ haja is fekete.
A ti csoportotok. . . ___ autóbusza érkezett meg.
Ki a sofőrje a ti autóbuszotok. . . ?

A Balaton. . . ezen a partján nincsenek hegyek.
A Balaton. . . _ _ _ északi partján van Tihany.
A testvérem gyerekei. . . _ _ _ hangját hallod a kertből.

A GYÓGYSZERTÁRBAN

Ketten állnak a sorban Tamás előtt. Egy férfi vattát, steril gézt, jódot és benzint kér.

– A gyerekek holnap kirándulnak. Mindig történik velük valami kis baleset – mondja a gyógyszerésznek.

Most egy hangos hölgy következik.

– Egy erős fájdalomcsillapítót kérek.
– Receptje van?
– Nincs.
– Mije fáj?
– Azt hiszem, a foga.
– Azt hiszi? Hogyan? Kinek a foga?
– A férjemé.
– Aha, értem. Kíván még valamit?
– A feje is mindig fáj, arra is kérek valamilyen gyógyszert. De nem tablettát, azt nem szereti. Talán valamilyen folyadékot. És lázcsillapítót. És altatót.

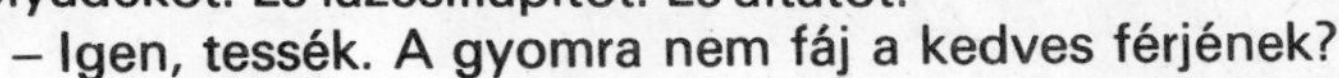

– Igen, tessék. A gyomra nem fáj a kedves férjének?
– Még nem.
– Nem baj. Majd fáj neki, ha már bevette ezt a sok orvosságot.

19. a) Fill in the boxes with the correct words:

Az emberi test

fej, váll, hát, mell, kar,
láb, kéz, ujj, has, nyak

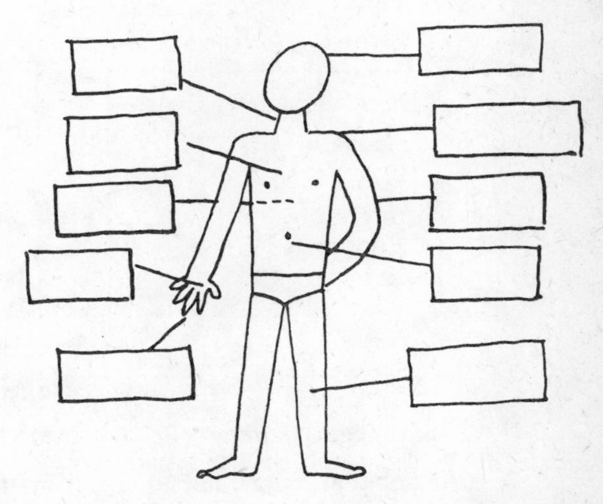

16

A fej

haj, száj, fül, orr, szem, homlok, áll, fog

b) Make your own sentences using the words given above:

A gyerekek keze tiszta.
A gyerekek kezében sütemény van.
Stb.

95

maga

Kati nézi magát a tükörben.

1	**magam**(at)
2	**magad**(at)
3	**magát**
1 1	**magunk**at
2 2	**magatok**at
3 3	**maguk**at

≈ Kati **magával** viszi a fényképezőgépet a kirándulásra.

Kati meghívja **magához** a barátnőit.

magam**mal**, magam**hoz**, magad**ról** stb.

The use of *magam, magad* etc. (myself, yourself) reflexive pronouns is similar to that in English. They can also be used as emphatic pronouns, e.g. *Tamás maga mossa az ingét.* Tamás washes his shirts himself.

Note

In the forms *magam(at), magad(at)* the ending of the direct object can be omitted (only in these two cases).

It can be mentioned here that the accusative form of any common noun + 1st and 2nd person possessive suffix may be used without the ending *-t.* E.g. *Mosom a ruhám(at).* I wash my clothes.

20. Fill in the correct form of the pronoun *maga:*

A gyerekek jól érzik ___ a Balaton partján.
Vannak olyan emberek, akik mindig csak ___ szeretnek beszélni.
Túl magasan van a tükör, Kati nem látja ___ benne.
Tegnap bementem a Belvárosba, egy szép cipőt akartam venni ___ .
Meghívjátok ___ külföldi barátaitokat?
A kirándulásra ___ visszük a fényképezőgépünket.
Jól érzed ___ ?

96

Hányan?

Hány ember dolgozik a gép mellett? Hány**an** dolgoz**nak** a gép mellett?
Három ember dolgozik a gép mellett. Hárm**an** dolgoz**nak** a gép mellett.

két/kettő	– ketten
három	– hárman
négy	– négyen
öt	– öten
tíz	– tízen
száz	– százan
ezer	– ezren
kevés	– kevesen
sok	– sokan
stb.	

≈ (Mi) hár**man** dolgoz**unk** a gép mellett.

The adverbial suffix *-an, -en* added to numerals denotes the number of the persons performing the action, existing somewhere etc. It always takes a plural predicate.
hárman dolgozunk = three of us are working

21. Transform the sentences as shown in the example:

Nyáron sok gyerek utazik a Balatonra.
Nyáron sokan utaznak a Balatonra.

Két sofőr vitatkozik az utcán.
Három lány együtt megy fel a Gellérthegyre.
Néhány vendég nem kapott helyet az étteremben.
Öt férfi futott a betörő után.
Kevés ember volt ma este a klubban.
Sok ezer fiatal sportol a város sportpályáin.
Hány ember áll a pénztár előtt?

22. Change the sentences in Exercise 21: *a)* 1 1
b) 2 2

a) Nyáron sokan utazunk a Balatonra.
b) Nyáron sokan utaztok a Balatonra.

97 SUMMARY OF POSSESSIVE CONSTRUCTIONS

Az orvos**nak** **van** tásk**ája**.
Neki **van** tásk**ája**.

Az orvos(**nak** a) tásk**ája** barna.
Az ő tásk**ája** barna.

Ennek az orvos**nak** a tásk**ája** barna.
Az orvos**nak** **ez** a tásk**ája** barna.
A kórház orvos**ának** a tásk**ája** barna.
Milyen a tásk**ája** az orvos**nak**?
Az orvos**nak** üres a tásk**ája**.

Ez a táska az orvosé.
Ez a táska az **övé**.

Annak a **táskája** barna, **aki** a kórházban dolgozik.
Annak az orvos**nak** a **táskája** barna, **aki** a kórházban dolgozik.

Ez a táska **azé**, **aki** a kórházban dolgozik.
Ez a táska **azé** az orvosé, **aki** a kórházban dolgozik.

23. Ask different questions about the possessive structure and answer them in simple and compound sentences:

Kati kutya || az utcán szalad (Kati a parkban olvas)

Kinek a kutyája szalad az utcán?
Kati(nak a) kutyája szalad az utcán.
Annak a kutyája szalad az utcán, aki a parkban olvas.
Azé, aki a parkban olvas.

— — — — — — — — — — — — — — — —

Kinek van kutyája?
Katinak van kutyája.
Annak, aki a parkban olvas.

— — — — — — — — — — — — — — — —

Kié ez a kutya?
Katié.
Azé, aki a parkban olvas.

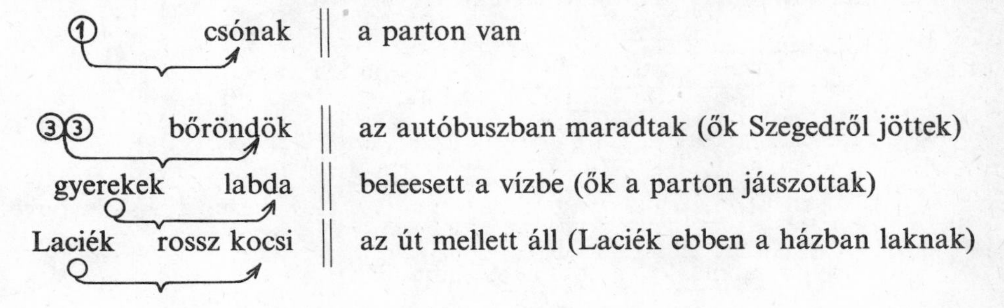

24. Complete the sentences. Then make questions about the possessor and give short answers:

Ez az autó ___ , akik most lépnek ki az étteremből.
Ez az autó azoké, akik most lépnek ki az étteremből.
Kiké ez az autó?
Azoké, akik most lépnek ki az étteremből.

___ az autója áll az étterem előtt, akik most lépnek ki az ajtón.
Azoknak az autója áll az étterem előtt, akik most lépnek ki az ajtón.
Kiknek az autója áll az étterem előtt?
Azoké, akik most lépnek ki az ajtón.

Ez a szemüveg ___ , aki itt ült mellettem a hajón.
___ a helyére ülünk, akik a következő megállónál leszállnak.
___ a kertje van tele gyümölccsel, akik mindig ott dolgoznak.
___ ez a sok gyümölcs, aki mindig a kertjében dolgozik.
Ez a csomag ___ , aki tegnap érkezett Párizsból.
___ a férfinak a levele van a portásnál, aki tegnap érkezett.
___ a repülőgépnek a hangját hallod, amelyik most száll le.
Ez a cikk ___ , akit a konzervgyárban láttunk.

25. Construct sentences as shown in the example:

| ez | az alma | íz | savanyú.

Ennek az almának az íze savanyú.

| ez | az iskola | udvar | vidáman játszanak a gyerekek.

| a város | ez | a régi | rész | már jól ismerem.

| ez | a tervezőintézet | munka | egy híres mérnök beszél a rádióban.

| a | kirándulás | az | a nap | semmi sem történt.

| ez | a fiatal | együttes | műsor | tetszik mindenkinek.

Hetek óta csak | ez | a kislány | a szép | szem | gondolok.

| a szív | ezek | a betegségek | még ma is csak nehezen tudják gyógyítani.

| a nagymama | ez | a sütemény | mindig szívesen eszem.

| az előadás | ez | a rész | nehezen értettem.

A FOGORVOSNÁL

– Doktor úr, nagyon fáj a fogam. Nem akartam eljönni, ugyanis nagyon félek a foghúzástól. De a feleségemnek az a szőke barátnője, aki a múltkor járt önnél, azt mondta, hogy ön fájdalom nélkül tud fogat húzni.

– Nem mindig, kérem. Tegnap is csúnyán beütöttem a kezem az asztal sarkába.

26. Short dialogues:

– Bocsánat, uram, öné ez a táska?	– ________________ kabát?
– Igen az enyém.	– ______________
– És az enyémet nem látta?	– ______________
– De igen, ott van a csomagtartóban.	– ______________ széken.

—— • ——

– Mi a panasza?	– ______________
– Rosszul érzem magam, és szédülök.	– ________ és erősen köhögök.
– Fáj valamije?	– __________
– Igen, a gyomrom.	– ___ a torkom.
– Láza van?	– __________
– Nem mértem, de azt hiszem nincs.	– ____________ van.

—— • ——

– Neve?	– ______________
– Kovács János.	– ______________
– Született?	– ______________
– 1954. február 8-án.	– ______________
– Lakása?	– ______________
– Budapest V. kerület, Váci utca 9.	– ______________

—— • ——

– Halló! Orvosi rendelő?	– ______________
– Igen. Tessék, kérem.	– ______________
– A kisfiam beteg. Magas láza van.	– A kislányom ______
– Hogy hívják?	– ______________
– Szabó Péter.	– Nagy Gabriella.
– Mi a címük?	– ______________
– Rákóczi út 52. II. emelet 6.	– Baross tér 11. földszint 3.
– Rendben van. A doktor úr kimegy önökhöz a délelőtti órákban.	– __________________ – __________________

NEM KÖNNYŰ MAGYARUL BESZÉLNI

– Halló! Itt a gyermekorvosi rendelő.
– Kérem szépen, a kislányom nagyon beteg! Magas láza van.
– Jól van kérem. Kimegy a doktor úr.
– Dehogy van jól. És hova megy ki?
– Hát önökhöz. Felírom az adataikat. Neve?
– Kovács Lászlóné.
– A kislányé?
– Nem. Az enyém.
– És a kislányáé?
– Kovács Márta.
– Született?
– Persze. Már régen.
– Azt kérdeztem, hogy mikor született.
– Ki? Én?
– Dehogy. A kislánya.
– 1975. február 28-án.
– Címe?
– Rákóczi út 76. III. emelet 15.
– Rendben van. A doktor úr tíz óra előtt kimegy.
– Köszönöm. Várjuk.

27. Complete the short dialogues:

Péter az orvosnál

Orvos: Mi a __________?
Péter: Fáj a __________.
Orvos: ______________?
Péter: Igen, körülbelül 38 fok.

A gyógyszertárban

Egy nő: Nem tudok aludni, __________.
Gyógyszerész: Recept nélkül csak gyenge altatót tudok adni.
Nő: Jó. Akkor kérem azt.
Gyógyszerész: __________?
Nő: Köszönöm, mást nem kérek.
Egy férfi: Nagyon köhögök. __________?
Gyógyszerész: Folyadékot kér vagy ______?
Férfi: Inkább folyadékot. És kérek ______ is, mert fáj a fogam.
Gyógyszerész: Demalgont tudok adni.

28. Translate:

a) Az esős *(rainy)*, őszi időben sok a beteg ember. Sokan megfáznak, sokan kapnak influenzát. Az influenza nagyon kellemetlen betegség. Az influenzás betegnek láza van, fáj a feje, és rosszul érzi magát. Az őszi hónapokban az orvosi rendelők tele vannak beteggel. Az orvosoknak sok munkájuk van. Megvizsgálják a betegeket, felírják a szükséges *(necessary)* gyógyszereket. A gyógyszertárakban is sokan vannak. Lázcsillapítót, vitamint, különböző tablettákat és folyadékokat kérnek.

b) One of the boys in Gabi's sister's class had an accident* yesterday. In the 10 o'clock break he slipped *(elcsúszik)* when he was running out of the class, and broke his right hand. The teacher phoned for the ambulance immediately. The ambulance arrived in ten minutes and the boy was taken to hospital. His friends feel sorry for him, and they hope that he will get well soon.

* had an accident – *baleset érte*

17. TIZENHETEDIK LECKE

SZÍNHÁZBA MEGYÜNK

– Tamás, tudod, mit fogunk csinálni holnap este?
– Mit?
– Színházba megyünk.
– Remek. Mit fogunk megnézni?
– Egy híres magyar drámát a Nemzeti Színházban.

– A jegyek már megvannak?
– Még nincsenek. Délután megyek jegyet venni. Velem jössz?
– Hova? A Nemzeti pénztárához?
– Oda. Remélem, még lesz jegy holnapra.

– Bocsánat, ön is jegyért áll sorban?
– Persze, hogy azért. Mi másért?
– Akkor biztosan tudja, hogy van-e még jegy a ma esti előadásra.
– Azt hiszem, a mai darabra van. Két perccel ezelőtt valaki még kapott.

– Tessék, ön következik.
– Igen. Holnap estére kérek három jegyet. Talán egy páholyba, ha van.
– Sajnos, oda nincs már. A földszintre tudok adni két jegyet a második sorba, egyet pedig a negyedikbe. Vagy az erkélyre hármat egymás mellé.

– Az erkélyre jó lesz. Mennyit fizetek?
– 135 forint. Tessék.
– Köszönöm.

***

– Jól megáztunk miattad!
– Miattam? Hiszen te rontottad el a kocsit.
– De miért nem jöttünk taxival?
– Én nem is gondoltam, hogy nyáron is van ilyen nagy eső nálatok.

– Még szerencse, hogy hoztunk esőkabátot és ernyőt. Gyorsan jött a zápor.
– Ott a ruhatár.

– Három kabát, egy kalap, két ernyő. Nem kérek vissza.
– Köszönöm, uram, itt vannak a számaik. Az előadás után gyorsan ki fogom adni a holmijukat.

Miért?
___ért

Miért megy Péter az üzletbe?
Péter **vajért** megy az üzletbe.

Péter	vaj**ért**	megy	az üzletbe.	
Péter		goes	to the shop	**for** butter.

— • —

(A fiú az iskolában van.)

Kiért megy az iskolába az anya?
Az anya **a fiáért** megy az iskolába.
érte

Kiért?	(én)ért**em**, (te)ért**ed**, (ő)ért**e** önért
	(mi)ért**ünk**, (ti)ért**etek**, (ő)ért**ük** önökért

— • —

Kati **ezért** a könyv**ért** ment el a könyvtárba.
Gabi **azért** a labdá**ért** lép a szekrényhez.

Kati **ezekért** a könyv**ekért** ment el a könyvtárba.
Gabi az**okért** a labdá**kért** lép a szekrényhez.

— • —

Laci **azért** megy ki a pályaudvarra, **aki** Párizsból érkezik .
Laci **azért** a rokoná**ért** megy ki a pályaudvarra, **aki** Párizsból érkezik .

1. Make questions and answer them:

Miért megy Tamás a gyógyszertárba?
Tamás orvosságért megy a gyógyszertárba.

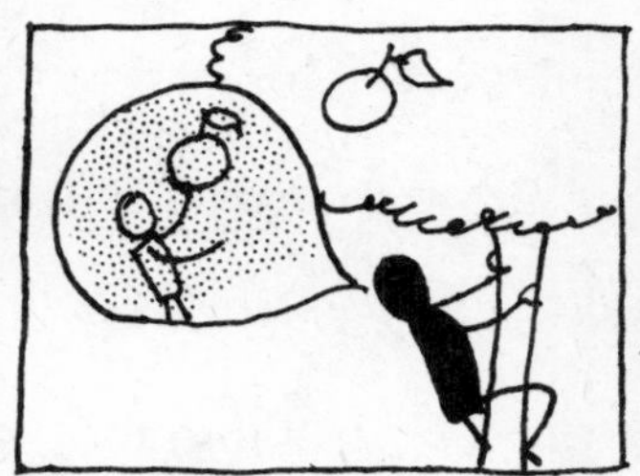

2. Make sentences based on the pictures in Exercise 1:

a) Tamás a gyógyszertárba megy orvosságért.
b) Tamás elmegy a gyógyszertárba orvosságért.

3. **Make questions based on the pictures in Exercise 1 and give short answers:**

Orvosságért megy Tamás a gyógyszertárba?
(Igen.) Azért.

4. **Continue these sentences based on the pictures in Exercise 1:**

Az orvos felírta az orvosságot. Tamás elmegy érte a gyógyszertárba.

Az orvos autóval akar munkába menni.
Laci számára csomag érkezett külföldről.
A fiúk egy csónakot akarnak kölcsönözni.
A gyerekek este nyolcig nézik a filmet.
A kisfiú egy szép piros almát lát.
A bor a hűtőszekrényben van.

5. **Complete the text:**

– Mit adsz nekem az. . . a labda. . .? – kérdezi Andris az óvodában Lacikától.
– Melyik labda. . .? Azért, ___ ott van a sarokban?
– Nem ez. . ., hanem az. . ., ___ az udvaron játszottunk.
– Az. . . a piros. . .? A sárga autómat odaadom ___.
– Az. . . nem adom oda azt a szép labdát. A süteményed. . . odaadom.
– Melyik süteményem. . .?
– ___, ___ ebéd után kapunk.

6. **Give short answers to the questions:**

A gyógyszerért mész?
Azért.
A gyerekekért mentek az iskolába?
Értük.

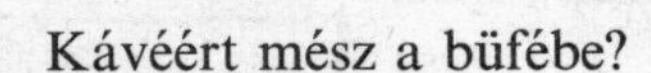

Kávéért mész a büfébe?
___.
A testvéréért küldték Gabit a parkba?
___.
A csomagokért mennek Laciék a pályaudvarra?
___.
Értünk jöttetek?
___.
Ezért a cipőért fizettél 1000 forintot?
___.
A fényképezőgépért ment vissza Tamás?
___.
Azokért a könyvekért jöttél, amelyekről beszéltünk?
___.

7. Complete the sentences. Choose the proper word from the following ones:
szabadság, család, segítség, Gabi, bélyeg, színházjegy, csokoládé

Laci sokat dolgozik [Kiért?] .

Kati egy piros labdát kapott a barátnőjétől [Miért?] .

Csak 200 forintot fizettünk [Mikért?] .

Irén aggódik [Kiért?] , amikor a Dunában úszik.

1848–49-ben a magyarok [Miért?] harcoltak.

Hálásak vagyunk nektek [Miért?] .

Mit adsz nekem [Miért?] ?

99

Miért?
_ _ _ ni

Miért | megy | Kati a könyvtárba?

Kati | olvas**ni** | megy | a könyvtárba.

≈

jön, fut, leül,
visz, küld stb.

Hova | megy Kati?

Kati | a könyvtárba | megy.
Kati | olvasni | megy.

Kati	olvas**ni**	megy	a könyvtárba.	
Kati		goes	to the library	**to** read.

This construction is only used with verbs of motion.

8. Make questions and answer them:

utazik pihen

Miért utazik a család a Balatonra?
A család pihenni utazik a Balatonra.

megy táncol

küld vásárol

siet ebédel

szalad játszik odamegy fizet felmegy alszik

9. Rewrite the sentences of Exercise 8: *a)* 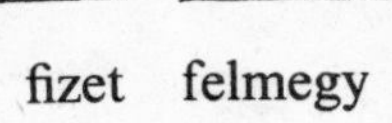
b)

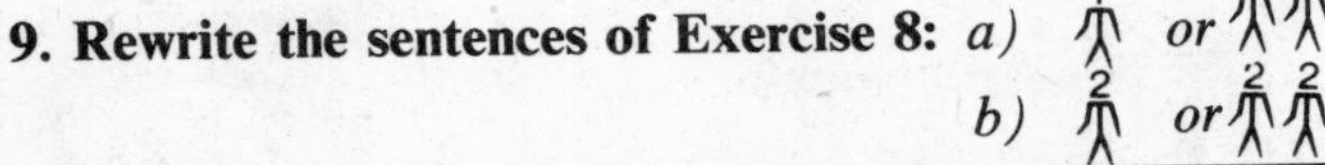

a) Pihenni utazunk a Balatonra.
b) Pihenni utaztok a Balatonra.

10. Make questions based on the pictures in Exercise 8 and give short answers:

Pihenni utaztok a Balatonra?

a) (Igen.) Azért.

b) (Nem.) Nem azért.

11. Answer the questions as in the example:

Hova utazik a család?
Pihenni.

Hova megy Kati?
Hova küldi az anya a fiát?
Hova sietnek a vendégek?
Hova szaladnak a gyerekek?

12. Answer the questions:

Miért megy Péter az étterembe?

ebéd – ebédel

1. ___ ___ ___ ___ ___ ___ ___ ___
2. ___ ___ ___ ___ ___ ___ ___ ___

Miért megy Vera a konyhába?

víz – vizet iszik

1. ___ ___ ___ ___ ___ ___ ___ ___
2. ___ ___ ___ ___ ___ ___ ___ ___

Miért / Kiért küldi Gabit az iskolába az anyja?

testvér – tanul

1. ___ ___ ___ ___ ___ ___ ___ ___
2. ___ ___ ___ ___ ___ ___ ___ ___

Miért mennek be a gyerekek a vízbe?

labda – úszik

1. ___ ___ ___ ___ ___ ___ ___
2. ___ ___ ___ ___ ___ ___ ___

100

Miért?
azért, mert

(Tamás elmegy az orvoshoz. Beteg.)

Miért megy el az orvoshoz Tamás?
Tamás **azért** megy el az orvoshoz, **mert** beteg .

Tamás goes to see the doctor **because** he is sick.

101

Miért
Mi **miatt** van láza Tamásnak?

Az influenza **miatt** van láza Tamásnak.
(Azért van láza Tamásnak, mert influenzás.)

Miért
___ miatt

Ki miatt?	(én)miatt**am**, (te)miatt**ad**, (ő)miatt**a** ön miatt
	(mi)miatt**unk**, (ti)miatt**atok**, (ő)miatt**uk** önök miatt

Tamásnak		az influenza **miatt**	van láza.
Tamás	has a fever	**because of** the flue.	

Note
The postposition *miatt* standing with a person's name or a personal pronoun can mean: for the sake of sy.

E.g. ***Miattad** sütöttem a süteményt.*
I made the cake **for your sake.**

13. Look at the picture and answer the questions:

Miért ül az árnyékban a kövér férfi? (melege van)
A kövér férfi azért ül az árnyékban, mert melege van.

Miért állnak sorban az emberek a büfé előtt? (sört akarnak inni)
Miért nem vesz fagylaltot a kisfiú? (nincs pénze)
Miért napoznak a lányok? (barnák akarnak lenni)
Miért sír a kisfiú? (ugat a kutya)
Miért ugat a kutya? (egy cicát lát)
Miért mérges a fagylaltárus? (a fagylaltba esett a labda)
Miért lőtték fel a piros rakétát? (vihar lesz)

14. Complete the sentences with the following words:

(betegség, idő, forgalom, baleset, eső, vihar)
Ma ___ miatt nem járnak a hajók a Balatonon.
Gabi ___ miatt nem ment iskolába.

Az autóbusz fél órát állt ___ miatt.
___ miatt esernyőt vittünk magunkkal.
A nagy ___ miatt lassan haladnak a járművek az utcán.
Ezen a nyáron a rossz ___ miatt kevesen nyaralnak a Balatonnál.

15. Fill in the blanks with the correct form of *miatt*:

P.: – Ki ___ késtük le a vonatot?
J.: – Kati ___. Ő nem akart taxival menni a pályaudvarra.
K.: – ___ (1)? Inkább ___ (te). Te nem akartál busszal menni.
P.: – Én azt hiszem, mind a kettőtök ___. Mert mindig csak vitatkoztok.
J.: – Most már elég a vitából. Nem akarom ___ (2 2) a következő vonatot is lekésni.
P. K.: – ___ (1 1)? És ezt éppen te mondod? Hiszen ___ (te) nem tudtunk már tegnap elutazni!

A NEMZETI SZÍNHÁZBAN

A Nemzeti Színház 1837-ben nyílt meg Pesten. Azóta sok száz darabot, elsősorban magyar műveket játszottak. Shakespeare darabjait is állandóan játsszák, ő Magyarországon is nagyon népszerű író.

Tamás nagyon várta már ezt az estét, mert nagyon érdekli a színház. Londonban is gyakran szokott színházba járni. Biztos volt benne, hogy ma is jól fog szórakozni.

Madách Imre híres drámáját adták elő. A százhúsz éves mű címe: Az ember tragédiája. Főszereplői Ádám, Éva és Lucifer. A dráma – vagy inkább filozófiai költemény – arról szól, hogy az első ember, Ádám a történelem kezdetén megálmodja az emberiség jövőjét. A jelenetek a történelem fontos állomásain vezetik végig a hőst – és a nézőt:

Egyitom, Athén, Róma, Bizánc, Prága, Párizs és London a színhelyek.

Ádám egy fáraó, illetve Miltiadész, Tankréd, Kepler és Danton szerepében vesz részt a történelem eseményeiben. A XIX. századi nagy „londoni vásár" után a mű utópiába fordul. Ádám nem lát semmi reményt. Meg akarja ölni magát és így „megelőzni" a történelmet. Ekkor Éva megmondja neki, hogy már elkésett, mert gyermekük lesz. Élni fognak hát a gyermekükért, az emberiségért, a jövőért.

A darab egésze azt vizsgálja, mi az élet célja. A felelet: „Az élet célja a küzdés maga. . ."

16. Answer the questions:

1. Mikor nyílt meg Pesten a Nemzeti Színház?
2. Elsősorban milyen műveket játszanak benne?
3. Miért játsszák állandóan Shakespeare darabjait is?
4. Miért várta Tamás ezt az estét?
5. Mi volt a műsoron ezen az estén?
6. Kik a dráma főszereplői?
7. Melyek a dráma fő színhelyei?
8. A dráma végén miért akarja Ádám megölni magát?
9. Kiért és miért fognak mégis élni?

102

___ni fog

Most öt óra van.

Most Péter olvas .

Fél hatkor Péter vacsoráz**ni fog** .

FUTURE TENSE

	Indefinite conjugation		*Definite conjugation*	
1	vár**ni**	fog**ok**	vár**ni**	fog**om**
2		fog**sz**		fog**od**
3		fog		fog**ja**
1 1		fog**unk**		fog**juk**
2 2		fog**tok**		fog**játok**
3 3		fog**nak**		fog**ják**

vár**ni**	fog**lak**

___ • ___

Be fogok menni a szobába.

Nem fogok bemenni a szobába.

We have seen that the future can be expressed by *majd* or other adverbs of time referring to the future and present tense (Lesson 12). The "real" grammatical future is composed of the conjugated verbal form of *fog* and the infinitive. This form generally expresses an intention or a feeling of certainty in respect to the future action or event.

Be fogok menni a szobába.
I am going to enter the room. (The speaker's intention or definite promise.)

17. Answer the questions using the future as shown in the examples:

a)

Reggeliztél már? (nyolc óra)
Még nem, csak nyolc órakor fogok reggelizni.

Elutaztak már a barátaitok? (holnap)
Feladtad már a levelet? (délután)
Találkozott már az intézet igazgatójával? (holnapután)
Hívtak már taxit? (indulás előtt)
Elolvasta már ezt a könyvet? (a jövő héten)
Lefeküdtek már a gyerekek? (a mese után)
Elkérted már a kulcsot a portástól? (vacsora után)

b)

Tudsz már magyarul? (megtanul)
Még nem, de meg fogok tanulni.

Tudod, hol van a Nemzeti Múzeum? (megkeres)
Önök már látták ezt a filmet? (megnéz)
Ismeri már ezt a múzeumot? (megismer)
Tudod ezt a magyar dalt? (megtanul)
Alszanak már a gyerekek? (elalszik)
Egészséges már a feleséged? (meggyógyul)

c)

Holnap majd megírom a levelet.
Holnap meg fogom írni a levelet.

Tamás Angliából majd felhívja telefonon Laciékat.
Majd kimegyek a magyar–angol meccsre.
Küldök majd nektek néhány kanadai képet.
A párizsi gyors erre a vágányra érkezik majd.
Majd megmagyarázom ezeket a szavakat.
Majd segítünk kivinni a csomagokat a pályaudvarra.
Majd elolvasom ezt a könyvet.
A gyerekek hamar megtanulnak majd úszni.

103

lesz

Tamás most otthon **van**. Hét órakor már a színházban **lesz**.

1	lesz**ek**
2	lesz**el**
3	lesz
1 1	lesz**ünk**
2 2	lesz**tek**
3 3	lesz**nek**

Péter **nincs** a szobában. Péter **nem lesz** a szobában.

— • —

Péternek **van** pénze. Péternek **lesz** pénze.

Péternek **nincs** autója. Péternek **nem lesz** autója.

— • —

Péter **mérnök**. Péter **mérnök lesz**.

Péter **nem orvos**. Péter **nem lesz orvos**.

Note

The verb *lesz* has two meanings: 1. will be,
2. become (see Section 123).

18. Look at the picture and complete the text in the Future Tense:

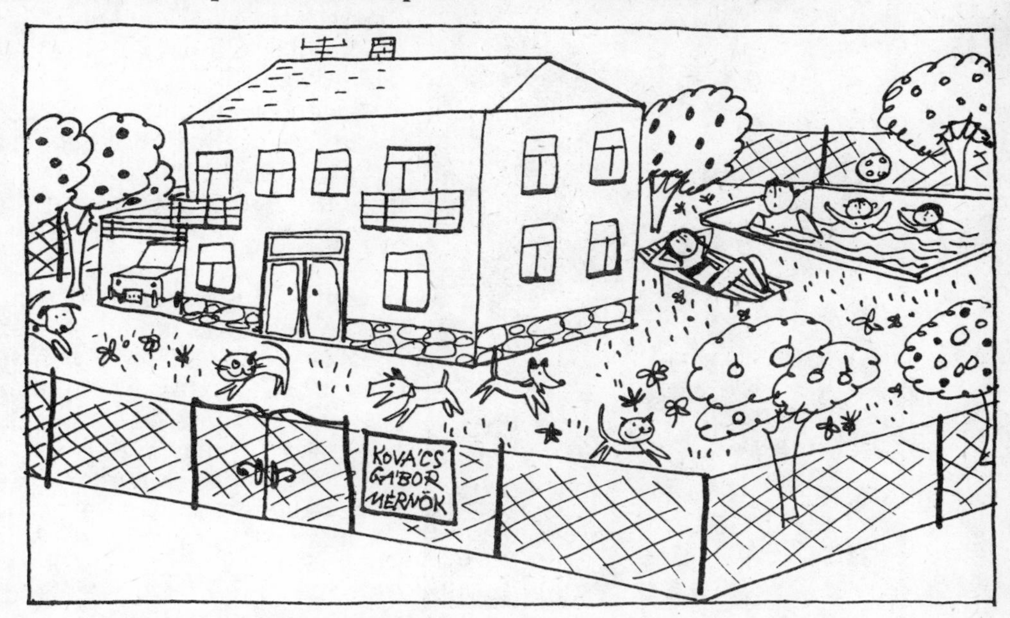

a) Gabi arról mesél, hogy milyen lesz az élete, amikor nagy lesz.

Amikor nagy leszek, mérnök ___ ___ ___ sok munkám, sok szabad időm ___. Természetesen mégis sok pénzem ___, és ___ egy nagy házam. A házam emeletes ___. A dolgozószobám a földszinten ___, a hálószobák és a fürdőszoba pedig az emeleten ___. Az emeleti szobáknak erkélyük is ___. A kertben sok virág és gyümölcsfák ___. Különböző állataim is ___, kutyáim és macskáim. A kutyák mindig mérgesek ___ a macskákra, de a macskák ügyesek és gyorsak ___. Lovam ___ ___, de autóm igen. Jó sofőr ___. A ház mögött ___ egy úszómedence is. ___ ___ nagy, de mindig tiszta ___ a vize. Természetesen ___ egy szép, fiatal feleségem, és két kis gyerekem. Mi mindig egészségesek és vidámak ___.

b) Ön mesél Gabinak arról, hogy milyen lesz az élete, amikor nagy lesz.

Amikor nagy leszel,...

A SZEGEDI SZABADTÉRI JÁTÉKOK

Tamás nagy élvezettel figyelte az előadást. Már ismerte a művet, angol fordításban is olvasta, s most az élőbeszédben is jól értette a múlt századi költői nyelvet. A színészek játéka nagyon tetszett neki.
– Felmegyünk a büfébe egy kávéra? – kérdezte Irén a szünetben.
– Hogyne. És eszem egy szendvicset is. Késő lesz, mire vacsorázni fogunk – mondta Laci.

Tamásnak lesz még egy másik színházi élménye is Magyarországon. Szegedre utazik, a híres Szabadtéri Játékokra.

Szeged nagy város (az ötödik Magyarországon) az Alföld déli részén, a „szőke" Tisza partján. A város jelképe a Dóm, két 93 méter magas tornyával.

Előtte, a szép téren hatalmas szabadtéri színpad épült. A nézőtéren hétezer ember számára van hely. Itt minden nyáron tartanak színházi, illetve operaelőadásokat.

Amikor Tamás Szegedre látogat, balettek lesznek műsoron, köztük Bartók Béla remekműve, A csodálatos mandarin.

A csitári hegyek alatt régen leesett a hó.
Azt hallottam, kisangyalom, véled esett el a ló.
Kitörted a kezedet, mivel ölelsz engemet?
Így hát kedves kisangyalom, nem lehetek a tied.

KÖZMONDÁSOK:
Szemet szemért, fogat fogért.
An eye for an eye.
Kutyából nem lesz szalonna.
A leopard won't change its spots.

17

SZAVAK

Igék

aggódik (vmiért) be anxious, be worried
átúszik (vmit) swim across
bezár (vmit) close
elenged (vkit vhova) let sy go to
eljátszik (vmit) play (a role)
elkér (vmit vkitől) ask sy for sg
elkésik be late
elkészül get ready
előad (vmit) perform
elront (vmit) ruin, spoil
fáj (vkinek vmije) ache, hurt
felejt (vmit vhol) forget
fellő (vmit) launch
felöltözik get dressed
harcol (vmiért) struggle, fight
kiad (vmit) hand out
kitör (vmit) break
kölcsönöz (vmit) lend
látogat (vhova) visit
lehet may be, can be
lesz shall/will be
megálmodik (vmit) have a prophetic dream
megázik get wet
megelőz (vmit) precede
megfésülködik comb one's hair
meghallgat (vt) listen to
meglátogat (vkit) visit
megmosakszik wash
megnyílik (-ok) be opened
megöl (vkit) kill
megszámol (vmit) count
megvan have (got)
ölel (vkit) embrace
sír (-ok) cry, weep
szokott csinálni (vmit) usually do, used to do
végigvezet (vkit vhol) lead along
visszakér (vmit) ask back
vizsgál (vmit) examine, study

Köznevek

állomás station
álmosság sleepiness
árnyék shadow
balett (-je) ballet
bélyeg stamp
beszéd speech
darab (-ja) play
dóm (-ja) cathedral
dráma drama, play
ébresztőóra alarm-clock
élőbeszéd spoken language
elutazás departure
élvezet enjoyment
emberiség mankind
erkély balcony
esemény event
esőkabát (-ja) raincoat
eszpresszó bar
fagylalt (-ja) ice-cream
fagylaltárus ice-cream seller
fáraó Pharaoh
fekete(kávé) black coffee
felelet answer
felvágott (-at, -ja) cold cuts

fordítás translation
földszint (-je) stalls
főszereplő main caracter
garázs garage
gyermek child
gyufa match(es)
gyümölcsfa fruit tree
hős hero
hűtőszekrény refrigerator
intézet institute
játék playing, play
jelenet scene
jelkép symbol
jövő future
kalap (-ja) hat
költemény poem
közönség public, audience
küzdés fight, struggle
mandarin (-ja) mandarin
méter meter
mosdás washing
mű (művek) work (of art), composition
néző spectator
nézőtér (-terek) audience site
opera-előadás opera performance
óvoda nursery school
páholy box (in a theatre)
remekmű (-művek) masterpiece
remény hope
szabadság freedom, liberty
szám here: ticket
század century
szerep role
színész actor
színházjegy theatre ticket
színhely scene
színpad stage
szivacs sponge
társaság company, society
tejeskávé white coffee
torony (tornyok) tower
tragédia tragedy
úszómedence swimming basin/pool
utópia utopia
vásár fair
vicc joke
vita debate, discussion
zápor shower rain
zsemle roll

Melléknevek

csodálatos miraculous, wonderful
egészséges healthy
élő living, alive
emeletes storied
emeleti being above the ground floor
(vhányadik) emeleti on the . . . th floor
filozófiai philosophical
hálás (vkinek vmiért) thankful, grateful
költői poetic
langyos lukewarm
nemzeti national
nőtlen single (man)
remek excellent, brilliant
szabadtéri open air
(vhányadik) századi of the . . . th century
színházi theatre, theatrical

Tulajdonnevek

Ádám Adam
Athén Athens
Bizánc Byzantium, Byzantin Empire
Egyiptom Egypt
Éva Eva
Jancsi Johnny
Kepler
Lucifer
Madách Imre
Miltiadész
Nemzeti (Színház) National Theatre
Prága Prague
Róma Rome
Tankréd Tancred
Szegedi Szabadtéri Játékok Szeged Open Air Festival
A csodálatos mandarin The Miraculous Mandarin

Egyéb szavak

állandóan permanently
egymás each other
ekkor this time
érte for him/it
hogyne of course
holnap tomorrow
holnapután the day after tomorrow
idén this year
körül about
köztük among them
megint again
mert because
miatt because of
miért? why?
régóta for a long time
véletlenül by chance, accidentally

Kifejezések

sorban áll vmiért stand in a queue for sg
Mi más(ért)? (For) what else?
jól megázik (vki) get soaking wet
mind a kettőtök both of you
biztos benne be sure of
vki részt vesz vmiben take part in
a darab egésze the whole play
Mi van műsoron? / **Mit játszanak?** What is on?

104

szokott

Mit **szokott** csinálni a család vasárnap?
Vasárnap a család kirándulni **szokott**.

A gyerekek este tévét szok**tak** nézni.
A gyerekek nézni szok**ták** **az** esti mesét.

	Indefinite		*Definite*	
	conjugation			
1	**nézni**	szok**tam**	**nézni**	szok**tam**
2		szok**tál**		szok**tad**
3		szok**ott**		szok**ta**
1 1		szok**tunk**		szok**tuk**
2 2		szok**tatok**		szok**tátok**
3 3		szok**tak**		szok**ták**

Péter el szokta olvasni a reggeli újságokat.
Kati nem szokta elolvasni a reggeli újságokat.

The verb *szokott* + infinitive is used for expressing a habitual action. Although the form of this verb is in the past, the construction refers to the present. (So it is not equivalent to the English *used to* construction.)

A gyerekek nézni szokták a tévét.
Children usually watch TV.

19. Answer the questions:

Hány órakor szokott ön felkelni?
Hideg vagy meleg vízben szokott mosakodni?
Mikor szokott munkába indulni?
Hol szokott ebédelni?
Szokott levest enni?
Mit szokott inni az ebédhez?
Szokott kávét inni?
Hány órakor szokott hazamenni a munkából?
Milyen járművel szokott utazni?
Szokott színházba járni?
Mit szokott csinálni este?
Mikor szokott újságot olvasni?
Hideg vagy meleg vacsorát szokott enni?
Hány órakor szokott lefeküdni?
Mit szokott csinálni vasárnap?

20. Read text A:

	A	B
	Zoli egy magyar fiatalember. Budapesten dolgozik egy gyárban. Nőtlen. Egyedül él egy kis pesti lakásban. Minden reggel fél hétkor kel fel. Van egy jó ébresztőórája, az ébreszti.	Zoli, hány órakor szoktál felkelni? Mi szokott felébreszteni?
	Bemegy a fürdőszobába, és megmosakszik. A mosdáshoz szappant és szivacsot használ. Fogat is mos. Langyos vízben mosakszik.	Milyen vízben szoktál mosakodni? Mit használsz a mosdáshoz? Nem szoktál fogat mosni?
	Utána visszamegy a szobába, felöltözik és megfésülködik.	Hol szoktál felöltözni? Mi előtt szoktál megfésülködni?

Hét órakor kimegy a konyhába, elkészíti a reggelijét, és megreggelizik. Zsemlét vagy kiflit eszik vajjal és felvágottal, és tejeskávét vagy teát iszik.

Hány órakor szoktál reggelizni?
Ki szokta elkészíteni a reggelidet?
Mit szoktál enni?
Mit szoktál inni?

Reggeli után még főz magának egy erős feketét. Közben elolvassa a friss újságokat. A kávét édesen issza.

Szoktál reggel feketekávét inni?
Édesen vagy keserűen szoktad inni a kávét?
Mikor szoktad elolvasni a friss újságokat?

Fél nyolckor beteszi a táskájába a holmiját. Cigarettát, gyufát, tollat és fésűt visz magával.

Mit szoktál betenni a táskádba?
Mit szoktál magaddal vinni?

Öt perccel fél nyolc után kilép a lakásból, bezárja az ajtót, és elindul a gyárba. A táskáját azonban gyakran otthon felejti.

Hánykor szoktál kilépni a lakásból?
Mivel szoktad bezárni az ajtót?
Nem szoktál otthon felejteni valamit?

a) Cover text A and relate the story using the pictures.
b) Suppose you are Zoli. Answer the questions in column B.
c) Relate one of your own mornings.

21. Transform the sentences according to the symbols and write them in the table:

	A	B ~ —	— ~ C ~ C	D
	Péter	**el**	**akarja**	mondani a viccet.
	Péter		**nem akarja**	elmondani a viccet.
		Péter	akarja	elmondani a viccet.
		Mit	akar	elmondani Péter?
	Péter	**a viccet**	akarja	elmondani.
	Laci	**el**	**szokta**	olvasni a reggeli újságot.
		Meg	**fogom**	tanulni ezt a dalt.
	Éva	**át**	**tudja**	úszni a Dunát.
	Vasárnap	**vissza**	**fogok**	utazni Angliába.
	Este	**meg**	**akarom**	hallgatni a híreket.

	A hétvégét	**vidéken**	**szoktuk**	tölteni.

	A lányok	**szépen**	**tudnak**	énekelni.

22. Here are some broken sentences. Match each part from A with one from B:

A

Azért látogatlak meg titeket,
Nagyon szomorú vagyok,

Leszaladok az üzletbe,
A ház lakói mérgesen kiabálnak,
Nagyon örülünk a holnapi kirándulásnak,
Azért nem mentem el az előadásra,
Megszámoljuk a pénzünket,
Kati azért jár könyvtárba,
Tamás erős és egészséges,
Az apámék jól ismerik a fővárost,

mert

B

nincs elég ennivaló itthon.
olyan kedvesen hívtatok magatokhoz.
nagyon fájt a fejem.
közeledik az elutazás ideje.
minden reggel tornázik egy fél órát.
otthon a zaj miatt nem tud olvasni.
már megint nem működik a lift.
régóta élnek Budapesten.
szükségünk van egy kis pihenésre.
rögtön hozza a pincér a számlát.

Leszaladok az üzletbe, mert nincs elég ennivaló itthon.

23. Answer the questions:

Miért nem tud felkelni Gabi? (az álmosságtól; nagyon álmos)
Az álmosságtól nem tud felkelni.
Azért, mert nagyon álmos.

Miért szeretnek Péterék a hegyekbe járni? (a jó levegő miatt; ott jó a levegő)
Miért jön nehezen fel az öreg postás a lépcsőn? (a nehéz csomagok miatt; nehéz csomagok vannak nála)
Miért olyan vidám ez a társaság? (a sok sörtől; sok sört ittak)

Miért szeretik a gyerekek ezt a színészt? (a kedves hangja miatt; kedves hangon mesél)
Miért mérges a közönség a futballmeccs után? (a csapata gyenge játéka miatt; rosszul játszott a csapata)

24. Change the sentences as shown in the example:

a)
Ma a rokonaimnál ebédeltem.
Ma a rokonaimnál fogok ebédelni.

Az idén a Balatonnál nyaraltam.
Ezen a héten minden este színházba mentünk.
Most találkoztam a testvéreddel.
Ma érkezett meg Budapestre a párizsi színház.
Délután felsétáltunk a János-hegyre.
Ebben a hónapban elkészítettük a jövő évi programok tervét.

b)
Ma a rokonaimnál ebédeltem.
Holnap a rokonaimnál ebédelek.

25. Change the sentences as shown in the example:

Péter el *akar* mondani egy viccet.
Péter el *fog* mondani egy viccet.

Nem *tudom* megtanulni ezt a dalt.
Ennyi sört nem *tudunk* meginni.
El *akarok* mondani neked valamit.
Holnapig el *akarjátok* olvasni a könyvemet?
Nem *szeretek* az utcán várni rád.
A jövő héten meg *akarlak* keresni a munkahelyeden.
Ezek a nők nem *szeretnek* erős szélben evezni.
A szüleim nem *akarnak* elengedni a moziba.
Te *akarod* átúszni a folyót?

26. Short dialogues:

– Láttad a tegnap esti meccset?	– ___ ___ ___ versenyt?
– Nem szoktam futballmeccsre járni.	– ___ ___ versenyekre ___
– S miért nem nézted meg a tévén?	– ___ ___ ___ ___ ___ ___
– Mert rossz a televízióm.	– ___ ___ ___ ___ ___ ___

— • —

– Nincs véletlenül egy fájdalomcsillapítója?	– ___ ___ ___ ___ ___ ___ ___
– De van. Miért? Fáj a feje?	– ___ ___ ___ a foga?
– Dehogy. A fogam fáj a hideg italtól.	– ___ A fejem fáj a nagy zajtól.

– Önök hol szoktak nyaralni?	– ___ ___ ___ ___ ___ ___ ___
– Általában a Balatonnál.	– ___ ___ a Duna-kanyarban.
– Az idén is oda mennek?	– ___ ___ ___ ___ ___ ___ ___
– Nem. Idén külföldre utazunk.	– ___ ___ a Balatonra ___ ___

—— • ——

– Otthon leszel holnap délután?	– ___ ___ vasárnap délelőtt?
– Akkor nem. De este már itthon leszek.	– ___ ___ szombat délután ___ ___
– Jó. Akkor nyolc óra körül felmegyek hozzátok.	– ___ ___ öt óra körül ___ ___

—— • ——

– Láttátok már ezt a filmet?	– ___ ___ ___ ___ ___ drámát?
– Még nem. Holnap este fogjuk megnézni.	– ___. Vasárnap ___ ___ ___
– És van már jegyetek?	– ___ ___ ___ ___ ___ ___
– Nincs. De még ma délután megveszem.	– ___ ___ ma délelőtt ___ ___ ___

27. Translate:

a) Éva ma este operaelőadásra megy a barátjával. Egy híres operát fognak látni. Az előadás csak hétkor kezdődik, de Éva már négykor elkezd készülni.* A haját mindig maga szokta megcsinálni. Hosszú ideig fésülködik a tükör előtt. Elhatározta, hogy a szép új ruháját fogja felvenni, mert az Operában a nők általában nagyon elegánsak. Az új cipőjét is elővette a szekrényből. Reméli, hogy nem fog fájni benne a lába. Hosszú időt tölt a fürdőszobában, szép akar lenni. Amikor indulás előtt még egyszer belenéz a tükörbe, mosolyog. Érzi, hogy tetszeni fog a barátjának.

b) Jancsi is going to the theatre with his friends. There is a very interesting modern play on at a small theatre in Pest. They bought their tickets some days ago. Jancsi has not put on an elegant suit. Young people usually wear their everyday clothes to the theatre. They go to the theatre for the sake of the play and in their opinion** clothes are not important. He will meet his friends at the entrance of the theatre. After the performance they will go to a small bar (*eszpresszó*) for a drink and a chat. They always have long discussions after seeing films or plays.

* készül — *get ready, prepare oneself*
** in their opinion — *véleményük szerint*

18. TIZENNYOLCADIK LECKE

VÁROS ÉS FALU

– Ön hol szeret élni, városban vagy falun?

– Nehéz kérdés. Mind a kettőnek megvannak a jó és a rossz oldalai.

– Én inkább a várost választom. Faluról sokkal nehezebb a közlekedés a városokba, a munkahelyekre. És a városban sokkal színesebb az élet.

– Ez igaz. De falun sokkal tisztább, egészségesebb a levegő, csendesebb, kellemesebb a környezet. Nincs nagy forgalom, zaj, piszok, füst.

– Viszont kevesebb az üzlet, az áru. Nagyobbak a távolságok, ha valamit el akarunk intézni . . . És kevesebb a szórakozási lehetőség.

– Ennek ellenére ma már nem olyan nagy a különbség falu és város között, mint régen volt.

105

Hányszor?

Hányszor látta Kati ezt a filmet?

Kati **kétszer** látta ezt a filmet.

—— • ——

2·2 = 4 **Kétszer** kettő az négy.

3·3 = 9 **Háromszor** három az kilenc.

5·5 = 25 **Ötször** öt az huszonöt.

1. Answer the questions:

Mennyi kétszer három?
Mennyi tízszer öt?
Hányszor megy ön színházba egy évben?
Hányszor járt már külföldön?
Hányszor nézte meg kedvenc filmjét?
Hányszor volt beteg ebben az évben?
Hányszor eszik egy nap?

2. Do the multiplication and write it out in words:

6·6 = 36.
Hatszor hat az harminchat.

5·6 =	8·3 =
3·2 =	2·4 =
4·7 =	6·1 =
7·9 =	9·5 =
1·10 =	10·8 =

18 106

Milyen?
-bb (-abb, -ebb)
(a) leg___bb

Vera [magas]. Éva [magas**abb**]. Kati [a **leg**magas**abb**].
Vera kedves. Éva kedves**ebb**. Kati a **leg**kedves**ebb**.
Vera karcsú. Éva karcsú**bb**. Kati a **leg**karcsú**bb**.

karcsú**bb**	**-bb**
tisztá**bb** szőké**bb**	**-'bb**
magas**abb**	**-abb**
erős**ebb**	**-ebb**

	j*ó* sz*ép* neh*éz* könny*ű* hossz*ú* lass*ú* kis/kicsi	j*o*bb sz*e*bb neh*ez*ebb könnyebb hosszabb lassúbb/ lassabb kisebb	legj*o*bb legsz*e*bb legneh*ez*ebb legkönnyebb leghosszabb leglassúbb/ leglassabb legkisebb
!	nagy	nagy**obb**	legnagy**obb**

alsó felső belső külső első utolsó hátsó	(alsóbb) (felsőbb) (belsőbb) (külsőbb) – – (hátsóbb)	legalsó legfelső legbelső legkülső legelső legutolsó leghátsó

sok kev*és*	több kev*e*sebb	legtöbb legk*e*vesebb

Hány? Mennyi?

3. Make sentences as shown in the example:

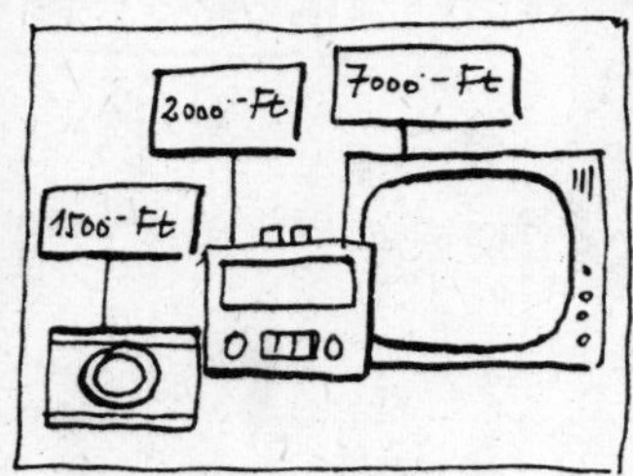

A fényképezőgép drága, a rádió drágább,
a televízió a legdrágább.

drága

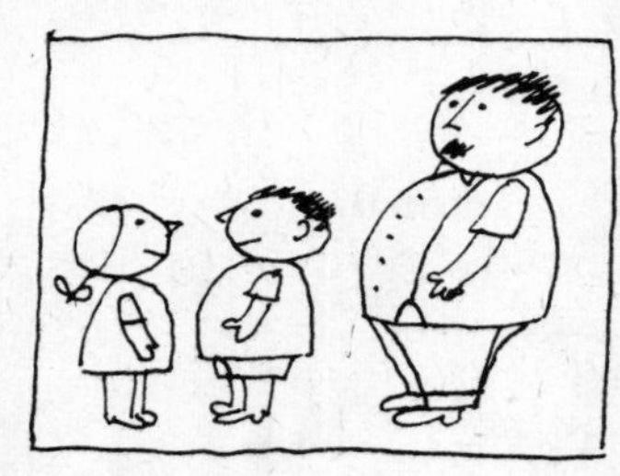

kövér

gyors

nagy

4. Give short answers to these questions about the first picture in Exercise 3. Make similar questions about the remaining pictures and answer them the same way:

A fényképezőgép drágább vagy a rádió?
A rádió drágább vagy a televízió?
Mi a legdrágább?

107

– – –bb } – – – nál
, mint

Péter magas**abb** Kati**nál** / **, mint** Kati.

Péter	magas**abb**	Kati**nál**.
Péter	magas**abb**,	**mint** Kati.
Peter	is tall**er**	**than** Kati.

108

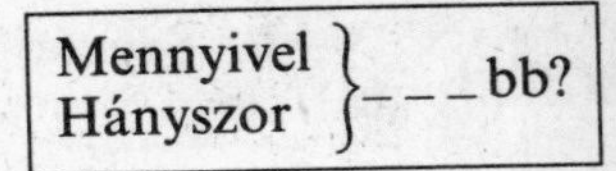

Mennyivel drágá**bb** a televízió a rádió**nál** / **, mint** a rádió ?

A televízió 4000 forint**tal** drágá**bb** a rádió**nál** / **, mint** a rádió .

Hány**szor** drágá**bb** a televízió a rádió**nál** / **, mint** a rádió ?

A televízió három**szor** drágá**bb** a rádió**nál** / **, mint** a rádió .

mennyivel	drágább?
how much	more expensive?
4000 forinttal	drágább
4000 Forints	more expensive
hányszor	drágább?
how many times	more expensive?
háromszor	drágább
three times	more expensive

5. Make sentences as shown in the example:

magas alacsony

A templom magasabb a szállodánál.
(mint a szálloda.)
A szálloda alacsonyabb a templomnál.
(mint a templom.)

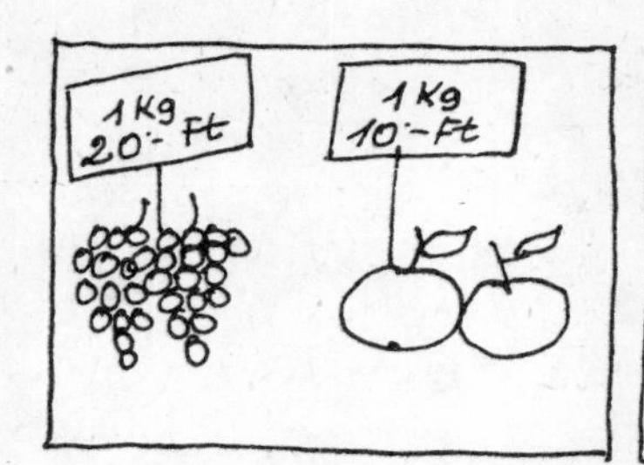

drága olcsó

könnyű nehéz

gyors lassú

régi új

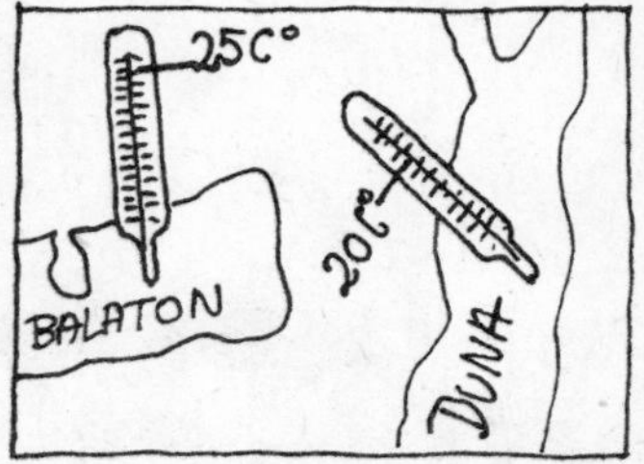

meleg hideg

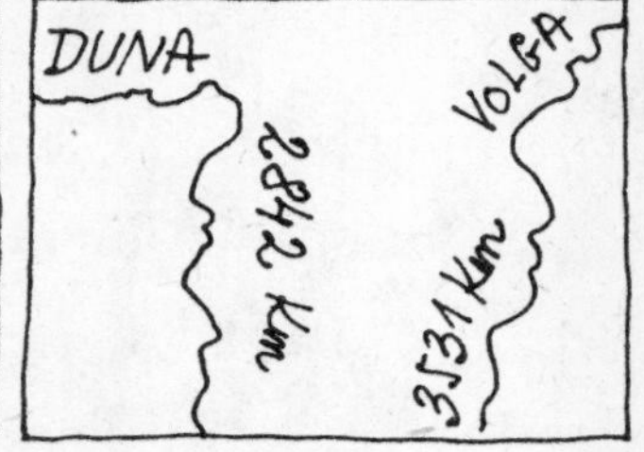

rövid hosszú

6. Make questions based on the pictures in Exercise 5 and answer them:

a) Mennyivel magasabb a templom a szállodánál?
(mint a szálloda?)
Tíz méterrel.

b) Hány méterrel magasabb a templom a szállodánál?
(mint a szálloda?)
Tízzel.

7. Make sentences based on the pictures in Exercise 5:

A templom tíz méterrel magasabb a szállodánál.
(mint a szálloda.)

8. Make questions based on the pictures in Exercise 5 and answer them:

a) Tíz méterrel magasabb a templom a szállodánál?
(mint a szálloda?)
Annyival.

b) Húsz méterrel magasabb a templom a szállodánál?
(mint a szálloda?)
Nem annyival.
(Nem hússzal, hanem tízzel.)

9. Make sentences as shown in the example:

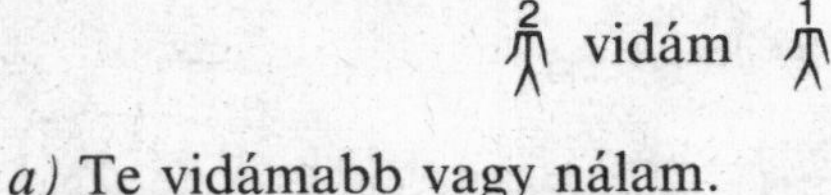

a) Te vidámabb vagy nálam.
b) Te vidámabb vagy, mint én.

sovány ; erős

fáradt ; csinos

EGY MAGYAR FALU

Mezőszállás az Alföldön terül el, körülbelül félúton Budapest és Debrecen között. Területe és lakossága ma sokkal nagyobb, mint a felszabadulás előtt volt. Akkor kétezer ember lakott ebben a faluban, ma kétszer annyian élnek itt. A legtöbben a távolabbi tanyákról költöztek ide, és most a Szabadság termelőszövetkezetben dolgoznak. Mások a közeli városok gyáraiban találtak munkát.

A termelőszövetkezet földjein gabonát és más növényeket termesztenek, elsősorban búzát, rozsot és kukoricát. Tavasztól késő őszig folyik a munka kint a földeken. A mezőgazdasági munka ma már nem olyan nehéz, mint régen. Azért könnyebb, mert nagy részét a legmodernebb gépekkel végzik. Új módszerekkel, különféle vegyszerekkel javítják a talaj minőségét is, így évről évre jobb eredményeket érnek el.

Fontos feladat az állattenyésztés. A szövetkezet közös vagyonához több, mint ezer tehén és több ezer sertés is tartozik, tehát egyre több marha- és sertéshúst, illetve tejet, vajat, sajtot tudnak adni a városi lakosságnak. Ezeket a termékeket a szövetkezet saját üzemeiben dolgozza fel. Így egyszerűbb és természetesen olcsóbb, kisebb a költség, nagyobb a haszon. A tagok gazdagabbak, jobban élnek, mint a szomszédos falvak lakói.

Szinte minden családnak a ház körül is van kertje, és kint a határban földje. Elsősorban zöldséget és gyümölcsöt termelnek, és állatot tartanak a házaknál. Az udvarok tele vannak csirkével, kacsával, libával, pulykával, s majdnem minden család tart tehenet, és disznót is hizlal. Egyesek a saját kis földjükön is termesztenek kukoricát. Másoknak szőlőjük van, és minden évben nagy izgalommal várják, milyen lesz a szüret.

A falu képe és élete nagyon megváltozott az elmúlt évtizedekben. Tizenöt év alatt körülbelül ötszáz új házat építettek a családok. Ezek modern és kényelmes házak, belül olyanok, mint az új, városi lakások. A falu központjában új iskola, könyvtár, mozi, művelődési ház és étterem épült. A falu mai élete egyre jobban hasolít a városéhoz.

10. Answer the questions:

1. Hol terül el Mezőszállás?
2. Mekkora ma a falu területe és lakossága?
3. Hányan éltek a faluban a felszabadulás előtt?
4. Hányan élnek itt ma?
5. Honnan költöztek ide a legtöbben?
6. Hol dolgoznak most?
7. Mindenki a termelőszövetkezetben dolgozik?
8. Mit termesztenek a termelőszövetkezet földjein?
9. Miért könnyebb ma a mezőgazdasági munka, mint régen?
10. Miért érnek el évről évre jobb eredményeket a termelésben?
11. Csak növénytermesztéssel foglalkozik a termelőszövetkezet?
12. Milyen állatokat tenyésztenek?
13. Mit ad a szövetkezet a városi lakosságnak?
14. Hol dolgozzák fel ezeket a termékeket?
15. Hogyan élnek a szövetkezet tagjai?
16. Mit termelnek a tagok a kertjükben és a saját földjeiken?
17. Milyen állatokat tartanak a háznál?
18. Kik várják a szüretet?
19. Hány új ház épült a faluban az elmúlt tizenöt évben?
20. Milyenek ezek a házak belül?
21. Mi épült a falu központjában?

KÖZMONDÁSOK:

Kétszer ad, ki gyorsan ad.
He who gives quickly gives twice.

Több szem többet lát.
Two heads are better than one.

Jobb ma egy veréb, mint holnap egy túzok.
A bird in the hand is worth two in the bush.

Jobb későn, mint soha.
Better late than never.

SZAVAK

Igék

becsuk (vmit) close
belefér (vmibe) fit in
elindul start, depart
elintéz (vmit) arrange
elterül (vhol) lie, be situated
exportál (vmit) export
feldolgoz (vmit) process
felemel (vmit) lift up, raise
foglalkozik (vmivel) deal with
gondol (vre) think of
hizlal (vmit) fatten
javít (vmit) mend, repair
látszik (vmilyennek) seem
megállít (vt) stop
megdicsér (vkit) praise
megváltozik change, be transformed
nevet (vn) laugh at
tartozik (vhez) belong to
tenyészt (vmit) breed
termeszt (vmit) grow, cultivate
versenyez compete

Köznevek

állattenyésztés animal husbandry
autópálya highway
bemutatás presentation, introduction
bemutatkozás introduction, introducing oneself
búza wheat
centi(méter) (cm) centimetre
disznó (disznaja) pig
éjfél midnight
eredmény result, achievement
évtized decade
feladat task
felszabadulás liberation
füst (-je) smoke
gabona grain
haszon (hasznot) benefit, profit
izgalom (izgalmak) excitement
költség expense(s)
közlekedés traffic, transport
kukorica maize
különbség difference
lakosság population, inhabitants
lehetőség possibility
mezőgazdaság agriculture
minőség quality
módszer method
növény plant
piszok (piszkot) dirt, litter
rozs (-ot) rye
szőlő vineyard
szövetkezet cooperative
szüret vintage, grape harvest
talaj soil
tanya farm
távolság distance

tehén cow
termelőszövetkezet agricultural cooperative
termék product
testsúly weight
tévedés mistake
tolmács interpreter
vagyon wealth, property
vegyszer chemicals

Melléknekvek

belső inner
buta stupid
egyforma alike, uniform
elmúlt past
falusi village
gazdag (-ok) rich
hátsó hind(er), rear
idős old, elderly
késő late
közeli nearby
közös common
különféle different kinds of, various
külső outer
mezőgazdasági agricultural
művelődési cultural
szomszédos neighbouring
szórakozási (of) entertainment
távoli distant
városi town-

Tulajdonnév

Mezőszállás
Volga

Egyéb szavak

akkora as big/large
amiatt that is why
annyira so much/far
belül inside
egyesek some/certain people
egyre more and more, increasingly
egyszer once
(vminek) ellenére in spite of
félúton half-way
időben in (due) time
kevésbé less
kevéssé a little (bit)
mekkora? how big/large?
távol (vtől) far
természetesen naturally
több more, several
ugyanolyan same (kind)
viszont in turn, but

Kifejezések

kint a földeken in the fields
munkát végez do work, perform a task
vmilyen eredményt ér el achieve a result
évről évre year by year
egyre több more and more
állatot tart keep/have animals
művelődési ház cultural house
még . . . is even
a szabadban outdoors, in the open air

18 109

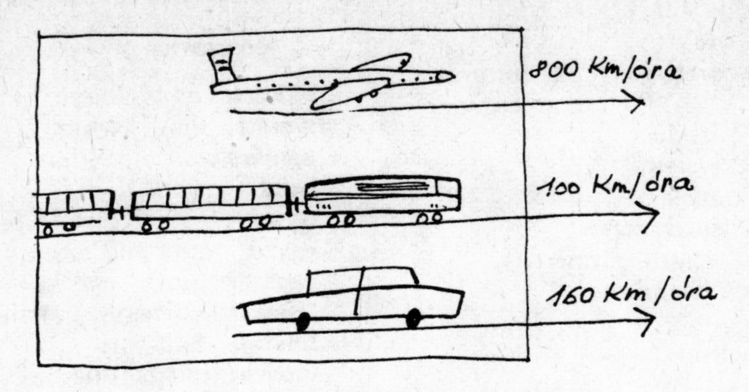

Hogyan?
_ _ _bban

A vonat **gyorsan** halad.
Az autó gyors**abban** halad.
A repülőgép halad a **legg**yors**abban**.

—— • ——

Gabi **rosszul** számol.
Péter rossz**abbul** számol.
János számol a **leg**rossz**abbul**.

jól	jobban	legjobban
szépen lassan	szebben lassabban	legszebben leglassabban
nagyon	inkább/jobban	leginkább/ legjobban
egy kicsit (kevéssé)	kevésbé	legkevésbé

—— • ——

sok**an** kev*e*s**en**	**többen** kev*e*s**ebben**	**legtöbben** **leg**kev*e*s**ebben**

Hányan?
_ _ _bben

—— • ——

Hol?
_ _ _bb

18

A ház messze van.
A fa messze**bb** van.
A híd van a **leg**messze**bb**.

messze	messzebb	legmesszebb
távol	távolabb	legtávolabb
közel	közelebb	legközelebb

Kati korán kel fel.
Péter korá**bban** kel fel.
Tamás kel fel a **leg**korá**bban**.

Mikor?
_ _ _bb(an)

korán	korábban	legkorábban
későn	később(en)	legkésőbb(en)
hamar	hamarabb	leghamarabb

110

Az autó gyors**abban** halad a vonat**nál**.
Az autó gyors**abban** halad, **mint** a vonat.

_ _ _bban } _ _ _nál / , mint

11. Complete the sentences as shown in the example:

Kati szépen énekel.

Éva szebben énekel.
Vera énekel a legszebben.

A busz lassan halad.
A villamos _ _ _ _ _ _ _ _ _ _ .
A kerékpár _ _ _ _ _ _ _ _ _ _ .

Az unokatestvéreim kedvesen fogadnak.
A nagynéném _ _ _ _ _ _ _ _ _ _ .
A nagyanyám _ _ _ _ _ _ _ _ _ _ .

18

Kati jól vezet.
Laci ___________.
Tamás ___________.

A postás nagyon siet.
A rendőr még ________.
Az orvos __________.

A magyar nyelv egy kicsit nehéz.
A német __________.
Az angol __________.

Győrben sokan élnek.
Szegeden _____________.
Budapesten __________.

Görögország közel van Magyarországhoz.
Bulgária __________.
Románia __________.

Én későn indulok a munkába.
Te ______________.
Ő _____________

A lányok régen voltak moziban.
A fiúk ____________.
A szüleik ___________.

12. Fill in the correct suffixes and words:

A villamosok üres. . . járnak az autóbuszok. . . .
Gabi rendes. . . tanul, ___ Zoli.
Vera rendetlen. . . ír, ___ Kati.
Laciék drága. . . vették a televíziójukat, ___ a rokonaik.
A gyerekek ma éhes. . . jöttek haza, ___ tegnap.
A magyarok lassú. . . beszélnek az olaszok. . . .
Mi hideg. . . szeretjük a sört, ___ ti.
Te jó. . . vezetsz ___ (1).

111

olyan nagy, akkora	amekkora

(Imre kocsija nagyon gyors. Péter kocsija is nagyon gyors.)

Milyen	
Milyen	gyors

Imre kocsija?

Imre kocsija | **olyan** | gyors |, | (mint) **amilyen** / **mint** | Péteré |.

Milyen	nagy
Mekkora	

Imre lakása?

	olyan	nagy
Imre lakása	**akkora**	

, (mint) **amilyen** / (mint) **amekkora** / **mint** Péteré.

(Éva nagyon szépen énekel. Kati is nagyon szépen énekel.)

Hogyan		énekel Éva?
Milyen	szépen	

Éva **olyan** | **szépen** | énekel, | **mint** Kati | .

Comparison with the positive form of the adjective is expressed by the words *olyan* or *akkora* in the main clause and their corresponding relative pronouns – *amilyen* or *amekkora* – in the subordinate clause. The general comparative conjunction (*mint* = like, as) can be used with relative pronouns or may replace them. So there are three alternatives in these types of clauses:

olyan (gyors), { *amilyen* / *mint amilyen* / *mint* } as (fast) as

Note
In proverb-like comparisons the conjunction *mint* is generally used alone. (E.g. *piros, mint a rózsa* – red like a rose; *édes, mint a méz* – sweet like honey.)

15. Make sentences about the pictures:

nehéz

A kislány olyan nehéz, mint a kisfiú.

magas

gyorsan

régi

korán

szépen

nagy

16. Change the sentences in Exercise 15 as shown in the example:

A kislány ugyanolyan nehéz, mint a kisfiú.

17. Make sentences based on the pictures in Exercise 15 as shown in the example:

A kislány és a kisfiú egyforma nehezek.

olyan nagy, akkora,	hogy

Imre kocsija **olyan** gyors, **hogy** egy óra alatt a Balatonnál van.

Imre lakása **olyan** nagy / **akkora**, **hogy** mindenkinek külön szobája van.

Éva **olyan** **szépen** énekel, **hogy** mindenki szívesen hallgatja.

These clauses with conjunction *hogy* can express the result or consequence of the degree or quality expressed in the main clause. See also Section 112.

18. Complete each of these sentences based on one of the pictures in Exercise 15:

_ _ _ _ _ _ _ _ _ _ _ _ _ _, hogy a legmagasabb polcot is eléri.
_ _ _ _ _ _ _ _ _ _ _ _ _ _, hogy időben érkezem a munkahelyemre.
_ _ _ _ _ _ _ _ _ _ _ _ _ _, hogy nem fér bele a kocsi csomagtartójába.
_ _ _ _ _ _ _ _ _ _ _ _ _ _, hogy az anyja már nem tudja felemelni.
_ _ _ _ _ _ _ _ _ _ _ _ _ _, hogy már a múlt században is használták.
_ _ _ _ _ _ _ _ _ _ _ _ _ _, hogy a rendőr megállítja.
_ _ _ _ _ _ _ _ _ _ _ _ _ _, hogy a tanár megdicséri.

Gabi olyan szépen ír, hogy a tanár megdicséri.

19. a) Make other comparative sentences expressing the same statement:

A disznóhúst jobban szeretem, mint a marhahúst.
A marhahúst kevésbé szeretem, mint a disznóhúst.
A marhahúst nem szeretem úgy, mint a disznóhúst.

A disznóhúsnak jobb íze van, mint a marhahúsnak.
A disznóhús gyorsabban készül el, mint a marhahús.
A marhahús drágább, mint a disznóhús.
Több speciális magyar étel készül disznóhúsból, mint marhahúsból.
Igaz, hogy a marhahúsban nincs olyan sok zsír, mint a disznóhúsban.

b) Compare other foods (drinks, fruits etc.). Use various kinds of comparative structures:

Bemutatás és bemutatkozás

Egy híres színész egyszer így mutatta be a legjobb barátját egy hölgynek:
– Asszonyom, bemutatom a barátomat, aki nem mindig olyan buta, mint amilyennek látszik.
– Ez így van, asszonyom – szólt a barát –, és éppen ez a legnagyobb különbség kettőnk között.

Hány évesek vagyunk?

Én kétszer olyan idős vagyok, mint az öcsém. Az öcsém tíz évvel fiatalabb a bátyámnál. Hárman együtt harminc évesek vagyunk.
Hány évesek vagyunk?
Én:
Az öcsém:
A bátyám:

112

Elutaztál Angliába. | hogy |

Jó **(az),**
Tudom **(azt),**
Örülök **(annak),**
Nem találkoztunk **azóta,**
Azután kezdtem egyetemre járni,
Senki sem volt szomorú **amiatt,**
Úgy tanultál meg angolul,

} **hogy** elutaztál Angliába.

jó, igaz, érdekes, hasznos **(az)**, **hogy** érdekel, tetszik stb.

tudja, reméli, látja, hallja stb. **(azt)**, **hogy**

örül fél gondol gondolkozik stb.	**(annak)** **(attól)** **arra** **azon**	,	**hogy**

Úgy / Olyan jól	megtanultál angolul, **hogy** már hibátlanul beszélsz.

annyi _ _ _ _ _
annyival _ _ _ _
annyiszor _ _ _
annyira _ _ _ _
akkora _ _ _ _ _
úgy _ _ _ _ _ _
} , **hogy**

20. Here are some broken sentences. Match each part from A with one from B:

	A	B
a)	Jó, Nem igaz, Nagy baj, Kár, Érdekes, Hiba volt, Tévedés,	hogy vége a szabadságomnak. hogy hoztunk magunkkal ernyőt. hogy nem álltál meg a piros lámpánál. hogy ma már nem indul vonat Szegedre. hogy Magyarország Lengyelország szomszédja. hogy nyáron hideg a Balaton vize. hogy Magyarországon hidegebb a tél, mint Angliában.
b)	A betörő attól fél, Nagyon örülök, Azon gondolkozom, Azt tervezem, Csodálkozom, A jó sofőr figyel arra, A lányok azon nevetnek, Arról vitatkozunk,	hogy felhívtál. hogy hétvégén vidékre utazom. hogy a rendőr meglátta. hogy mikor született Madách Imre. hogy beleestem a vízbe. hogy hova tettem a szemüvegem. hogy piros-e a lámpa. hogy még nem tudsz magyarul.
c)	Olyan jól beszélsz magyarul, Annyian szálltak fel a buszra, Tegnap annyi dolgom volt, A fiú annyira szerette a lányt, Úgy esik az eső, Olyan sokáig tartott az előadás, Az új autópálya olyan széles, Akkora zaj van,	hogy csak éjfél után érkeztem haza. hogy három sorban haladnak rajta a járművek. hogy nem tudok tanulni. hogy ebédelni sem értem rá. hogy a sofőr nem tudta becsukni az ajtót. hogy feleségül vette. hogy nincs szükséged tolmácsra. hogy nem tudunk elindulni.

21. Complete the following text:

Gabi minden edzésen _ _ _ ússza át a medencét, ahányszor az edző mondja. Most már _ _ _ gyorsan úszik, hogy ősszel versenyezni fog. Az idén _ _ _ nőtt, mint azelőtt két év alatt. Most már majdnem _ _ _, mint az anyja. Most _ _ _ kilóval nehezebb, mint egy évvel ezelőtt, _ _ _ centivel magasabb. _ _ _ súlyt tud felemelni, _ _ _ a saját testsúlya.

22. Short dialogues:

– Mennyibe kerül ez a kabát?
– 2500 forintba.
– Olcsóbb nincs?
– De van. Az ott 200 forinttal olcsóbb.

– _ _ _ _ _ _ _ _ _ _ _ _ _ televízió?
– 8000 _ _ _ _ _ _
– _ _ _ _ _ _ _ _ _ _
– _ _ _ _ _ _ _ 1000 _ _ _ _ _ _ _ _ _

– _ _ _ _ _ _ _ _ _ _ _ _ _ bor?
– 85 _ _ _ _ _ _
– _ _ _ _ _ _ _ _ _ _
– _ _ _ _ _ _ _ 20 _ _ _ _ _ _ _ _ _ _ _

—— • ——

– Hogy jutok el leggyorsabban a stadionba?
– Metrón.
– És a metró nem drágább, mint a busz?
– Sőt, olcsóbb.

– _ _ _ _ _ _ _ _ _ _ _ _ _ a Balatonhoz?
– Vonaton.
– _ _ _ _ _ _ _ _ _ _ _ _ _ autóbusz?
– _ _ _ _ _ _ _ _ _ _

23. Translate:

a) Sokan vannak, akik jobban szeretik a falusi életet (village life), mint a városit. A falvakban nincs nagy forgalom, az élet csendesebb, mint a városokban. A levegő tisztább, az emberek több időt töltenek a szabadban,* mint a városiak. Általában családi házak épülnek. A családok nagyobb területen élnek, mint a városokban. Sok család tart állatokat: disznót, tehenet, csirkét, libát, kacsát. A ház körül annyi gyümölcsöt, zöldséget termesztenek, amennyire a családnak szüksége van. Sokan még** el is adnak belőle.

b) Inhabitants of cities nowadays need much more milk, meat and vegetables than ten or twenty years ago. We Hungarians eat especially much, much more than we need. The cooperatives are producing more and more goods. Our vegetable and fruit production is much better today than in the past. Since Hungarians prefer *(jobban szeret)* pork to beaf, the breeding of pigs is very important. Hungarian agriculture is able to produce more than the inhabitants need, therefore many products are exported.***

* szabadban – *outdoors, in the open air*
** még . . . is – *even*
*** export – *exportál vmit*

19

19. TIZENKILENCEDIK LECKE

VIHETJÜK A KUTYÁT IS?

– Mikor lesz a kirándulás a Dunakanyarba?
– Ezen a hétvégén.

– Lehet még jelentkezni?
– Természetesen. Hányan lesznek?
– Öten. A feleségem, a sógornőm a férjével, az anyósom és én.

– Vihetjük a kutyát is?
– Miért ne? Busszal megyünk, s ha a többieket nem zavarja, kutyát is hozhatnak.

– Előre kell fizetni?
– Ahogy akarják. Lehet előre fizetni, de lehet utólag is.

– És mit kell vinnünk az útra?
– Amire a két nap alatt szükségük lehet. De mindenképpen érdemes lesz vinniük egy jó fényképezőgépet és néhány tekercs filmet. Lehet, hogy esni fog az eső, ezért jó lesz esőkabátot vagy ernyőt is vinniük.

tilos ___ni

Tilos **átmenni** az úton. **Szabad** **átmenni** az úton.

≈ **Fontos**
Szükséges
Hasznos
Érdemes
Jó
Stb.
} tanul**ni.**

——— • ———

Érdemes **volt** Tihanyba utazni.
Jó **lesz** pihenni.

1. Fill in the blanks with the appropriate adjectives:

(hasznos, nehéz, kellemes, tilos, érdemes, könnyű, jó, szabad, felesleges)

A könyvtárban ___ dohányozni.
Ezt a filmet ___ megnézni.
Viharban nem ___ vitorlázni a Balatonon.
___ repülőgépen utazni.
Nagy melegben ___ az árnyékban pihenni.
___ jól ismerni Magyarország legfontosabb útjait.
Nem ___ megtanulni magyarul.
Nyáron ___ szobát kapni a Balatonnál.
Most ___ bekapcsolni a rádiót.

2. Answer the questions as shown in the example:

Fontos előre megvenni a jegyet?
Igen, nagyon fontos.

Nehéz volt szállodai szobát találni a Balatonnál?
Könnyű lesz jegyet kapni a meccsre?
Érdekes vitorlázni a Balatonon?
Kellemes kerthelyiségben vacsorázni?
Hasznos volt térképet vinni a kirándulásra?
Jó magnetofonnal tanulni?

19 **114**

Kinek	fontos	**tanulnia**	?
A diák**nak**	fontos	**tanulnia**	.

Kiknek fontos tanul**niuk**? | tilos _ _ _nia |

A diák**oknak** fontos tanul**niuk**.

1	**Nekem**	fontos	tanul**nom**.	siet**nem**	fő**znöm**
2	**Neked**		tanul**nod**.	siet**ned**	fő**znöd**
3	**Neki**		tanul**nia**.	siet**nie**	fő**znie**
1 1	**Nekünk**		tanul**nunk**.	siet**nünk**	fő**znünk**
2 2	**Nektek**		tanul**notok**.	siet**netek**	fő**znötök**
3 3	**Nekik**		tanul**niuk**.	siet**niük**	fő**zniük**

Fontos tanul**nom**.
Nem fontos siet**nünk**.

A diák**oknak**	fontos		tanul**niuk**.
	It is important	**for** students	to study.

Constructions of this type are impersonal. When these refer to persons a personal suffix has to be added to the Infinitive. The person is also indicated by the use of a dative suffix (*-nak, -nek*) or pronoun (*nekem, neked,* etc.).

3. Make sentences as shown in the example:

horgászik

A postásnak érdemes horgásznia.

siet

vár

edz

dolgozik | főz | fut

4. a) Change the sentences in Exercise 3: 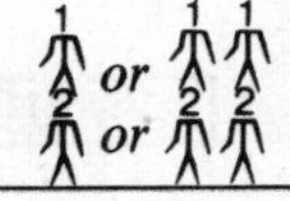

Érdemes horgásznom.
Érdemes horgásznod.

b) Make questions and answer them based on the pictures in Exercise 3:

Kinek érdemes horgásznia? Nekem érdemes horgásznom.
Nekem.

5. Put the sentences in Exercise 3 into the Past Tense:

A postásnak érdemes volt horgásznia.

6. Put the sentences in Exercise 5 into the negative:

A postásnak nem volt érdemes horgásznia.

7. a) Complete the following sentences:

Nem szabad bort inni. . . . ( )
Nehéz lesz helyet kapni. . . a vonaton. ( )

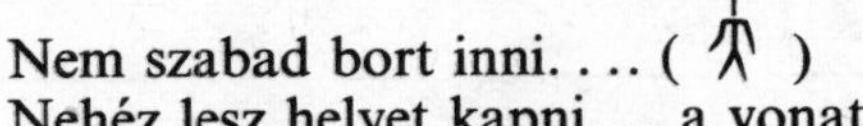

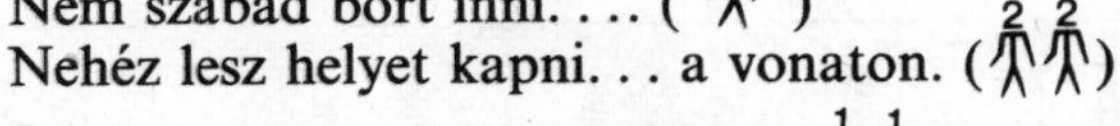

Szabad kinyitni. . . az ablakot? ( )
Oda tilos belépni. . . .( )
Fontos meghallgatni. . . ezt a műsort a rádióban. ( )
Tamás. . . érdemes megnézni. . . ezt a falut.
Még nem szükséges visszavinni. . . a csónakot. ( )
Felesleges vitatkozni. . . . ( )

b) Ask questions referring to the persons in 7/a and give short answers:

Kinek nem szabad bort innia?
Nekem.

kell _ _ _ ni

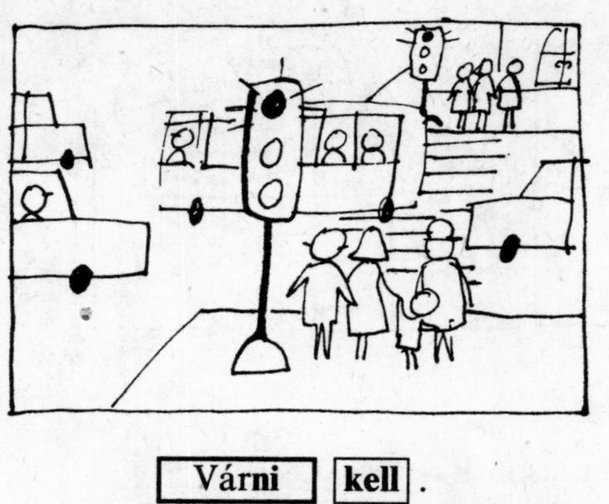

Várni	kell	.
Kinek	kell	várnia ?
Az embereknek	kell	várniuk .
Nekünk	kell	várnunk .

— • —

Várni kellett.

Unlike in English *kell* (must, have to) is an impersonal verb used with the infinitive.

várni kell = one has to wait

When referring to persons the same means are used as in the case of *fontos, szükséges,* etc.

(Nekünk) kell várnunk.
We must wait.
We have to wait.

8. Make sentences about the pictures:

megáll

A sofőrnek meg kell állnia a sarkon.

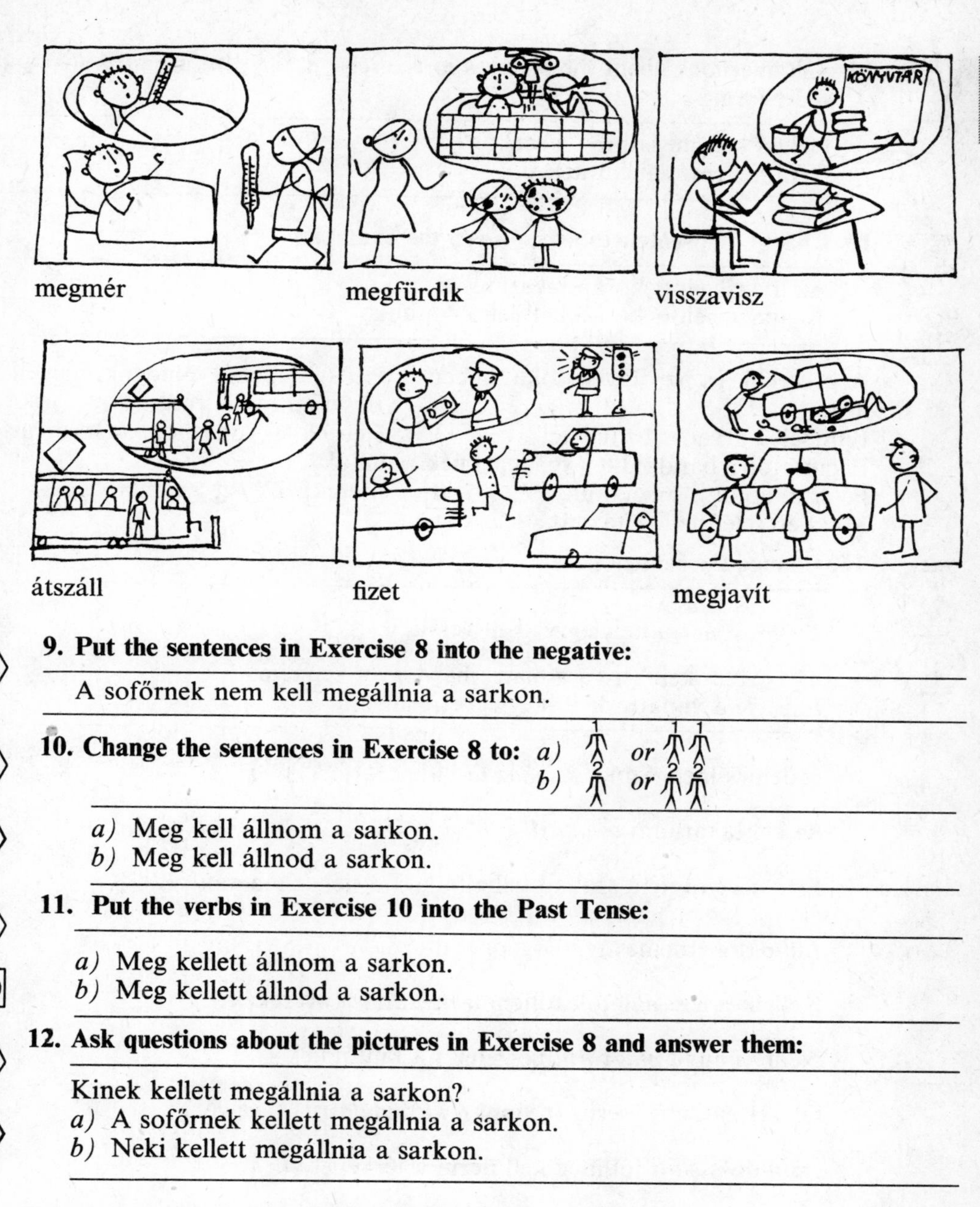

megmér megfürdik visszavisz

átszáll fizet megjavít

9. Put the sentences in Exercise 8 into the negative:

A sofőrnek nem kell megállnia a sarkon.

10. Change the sentences in Exercise 8 to: *a)* 1 or 1 1
b) 2 or 2 2

a) Meg kell állnom a sarkon.
b) Meg kell állnod a sarkon.

11. Put the verbs in Exercise 10 into the Past Tense:

a) Meg kellett állnom a sarkon.
b) Meg kellett állnod a sarkon.

12. Ask questions about the pictures in Exercise 8 and answer them:

Kinek kellett megállnia a sarkon?
a) A sofőrnek kellett megállnia a sarkon.
b) Neki kellett megállnia a sarkon.

13. Give short answers to the questions in Exercise 12:

a) A sofőrnek.
b) Neki.

14. Ask questions about the pictures in Exercise 8 and give negative answers. Use short forms:

Neked kell megállnod a sarkon?
Nem nekem, hanem neked.

15. Change the sentences as shown in the example:

Az utazás előtt korán fekszünk le.
Az utazás előtt korán kell lefeküdnünk.

A gyerekek és az öregek sokat pihennek.
Elmeséled a város történetét.
Bemutatod a barátaidat a vendégeknek.
Péter angolul is megtanul.
Majd én telefonálok taxiért.
Piros lámpánál mindenki megáll.
Ti semmit sem vásároltok vacsorára?
Sietünk a vonathoz, mert nemsokára indul.
Megnézzük ezt a filmet.

16. Change the sentences:

Erre a vonatra helyjegyet kell venni. ( )

a) Nekem kell erre a vonatra helyjegyet vennem.
b) Erre a vonatra kell helyjegyet vennem.

Érdemes megnézni *a színház új műsorát*. ( )

Ki kel takarítani *a lakást*. ( )

Erre a hídra nem szabad felhajtani. (a nehéz teherautók)

Külföldre érdemes repülőgéppel utazni. ( )

Kellemes lesz nálatok tölteni *a nyarat*. (a gyerekek)

Nem könnyű *magyarul* beszélni. (a külföldiek)

Ősszel hasznos esernyőt vinni *a kirándulásra*. ( )

Az utazás előtt jól meg kell nézni a térképet. ( )

A MARGITSZIGETEN (I.)

Egy este Tamás, a sok utazástól fáradtan elhatározta, hogy a következő napot Budapest legszebb parkjában, a Margitszigeten fogja tölteni. Másnap korán felkelt, végigsétált a Duna-parton és a Margit-hídon, majd befordult a szigetre.

Már a sportuszoda előtt haladt, amikor hallotta, hogy valaki a nevét kiáltja. Hátranézett. Csaba volt, Laciék szomszédjának a fia. Tamás néhányszor beszélgetett már a tizenkilenc éves egyetemi hallgatóval. Okos, ügyes fiatalembernek tartotta.
– Jó mérnök lesz belőle – mondta a fiú szüleinek –, de nem elég, ha csak németül tud. Angolul is meg kell tanulnia.

Most Csaba elmondta, hogy a Palatinus strandra indult.
– Veled mehetek? – kérdezte Tamás. Egészen jó ötletnek látszott úszással, napozással kezdeni a szigeti pihenést. Csaba is örült Tamás társaságának.

17. Answer the questions:

1. Mitől volt fáradt Tamás?
2. Hol akarta tölteni a következő napot?
3. Merre ment a szigetre?
4. Kivel találkozott a sportuszoda előtt?
5. Angliában ismerte meg Csabát?
6. Mi volt Csaba foglalkozása?
7. Mi volt Tamás véleménye Csabáról?
8. Tamás szerint milyen nyelven kellett még megtanulnia Csabának?
9. Hova ment Csaba?
10. Hol van a Palatinus strand?
11. Vele ment Tamás?
12. Miért ment vele?
13. Örült Csaba annak, hogy Tamás elkíséri?

116

Lehet vitorlázni a Balatonon. lehet ___ni

Tavasszal is **lehetett** vitorlázni a Balatonon.

The verb *lehet* + infinitive (it is possible to) construction is used in impersonal form.

Vitorlázhatunk a Balatonon. ___hat

— • —

Tavasszal is vitorláz**hat**tunk a Balatonon.

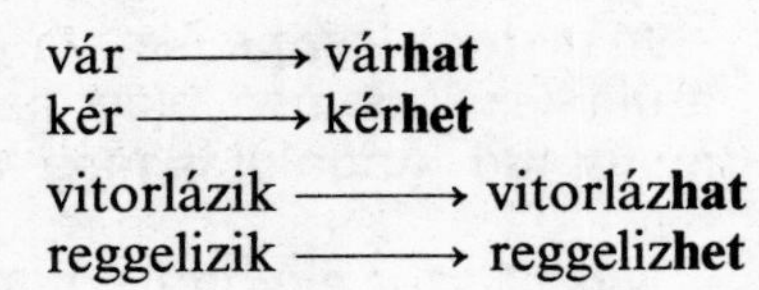
vár ⟶ vár**hat**
kér ⟶ kér**het**
vitorlázik ⟶ vitorláz**hat**
reggelizik ⟶ reggeliz**het**

!

tesz ⟶ te**het**
vesz ⟶ ve**het**
visz ⟶ vi**het**
hisz ⟶ hi**het**

van (lesz) ⟶ le**het**

eszik ⟶ e**het**
iszik ⟶ i**hat**

jön ⟶ jö**het**
megy ⟶ me**het**

alszik ⟶ al**hat**
fekszik ⟶ fek**het**

ugrik ⟶ ug*o*r**hat**
fürdik ⟶ für*ö*d**het**

The suffix *-hat, -het,* which can be added to every verb-stem, is equivalent to the English auxiliary verb "may" or in certain cases to "can". Verbs with *-hat, -het* express that the agent has the possibility or ability to perform an action or is allowed to. These verbs are conjugated as any other regular verb.

18. Change the statements as shown:

A Balatonon lehet vitorlázni is. (1 1)
A Balatonon vitorlázhatunk is.

A piacon mindig lehet friss gyümölcsöt venni. (2 2)
A strandon lehet csónakot kölcsönözni. (1 1)
Süt a nap, lehet napozni. (2)
Hajóval át lehet menni Badacsonyba. (3)
A ház körül lehet zöldséget termeszteni. (3 3)
A jegyeket előre meg lehet venni. (1)
A csomagokat postán is haza lehet küldeni. (3 3)
A híradó alatt nem lehet bemenni a moziba. (1 1)

19. Change the sentences as shown in the example:

Lemegyünk a bárba táncolni.

a) ___ ___ ___ ___ ___ ___ ___ ___ ___ ___ (most)
b) ___ ___ ___ ___ ___ ___ ___ ___ ___ ___ (tegnap este)
c) ___ ___ ___ ___ ___ ___ ___ ___ ___ ___ (holnap délután)

a) Most lemehetünk a bárba táncolni.
b) Tegnap este lemehettünk a bárba táncolni.
c) Holnap délután lemehetünk a bárba táncolni.

Sok külföldi nyaral a Balatonnál.

a) ___ ___ ___ ___ ___ ___ ___ ___ ___ ___ (az idén is)
b) ___ ___ ___ ___ ___ ___ ___ ___ ___ ___ (tavaly is)
c) ___ ___ ___ ___ ___ ___ ___ ___ ___ ___ (jövőre is)

Iszom egy kávét a büfében.

a) ___ ___ ___ ___ ___ ___ ___ ___ ___ (ebben a szünetben)
b) ___ ___ ___ ___ ___ ___ ___ ___ ___ (néhány perccel ezelőtt)
c) ___ ___ ___ ___ ___ ___ ___ ___ ___ (ez után az óra után)

Nem vagyok ott a születésnapodon.

a) ___ ___ ___ ___ ___ ___ ___ ___ ___ ___ (soha)
b) ___ ___ ___ ___ ___ ___ ___ ___ ___ ___ (a múlt évben)
c) ___ ___ ___ ___ ___ ___ ___ ___ ___ ___ (holnapután)

20. Add the -hat, -het suffix to the verbs and translate the new sentences:

Gabi nem *hiányzik* az iskolából az edzés miatt.
Gabi nem *hiányozhat* az iskolából az edzés miatt.
Gabi mustn't miss classes on account of sport training.

A mély vízbe csak azok *ugranak be*, akik jól tudnak úszni.
A termelőszövetkezet vendégei annyi gyümölcsöt *ettek*, amennyit akartak.
Azok, akik éjjel dolgoznak, csak nappal *alszanak*.
Sajnos, tegnap nem *voltam* ott az előadáson.
Még van időnk, *megiszunk* egy kávét.
Nincs meleg víz, ma este nem *fürdöm*.
Ebben az étteremben nem *dohányzol*.
A gyerekeknél nem volt elég pénz, nem *vették meg* a labdát.
Ma nincs esti programunk, korán *lefekszünk*.

19 

A MARGITSZIGETEN (II.)

A strandon kilenc óra körül még nem voltak sokan. Ilyenkor jobban lehet úszni, nem kell vigyázni mások miatt. Tamás úgy érezte, kétezer méterig meg sem áll. Csabának néhány száz méter elég volt, kifeküdt a fűre napozni.

Nem sokáig feküdt nyugodtan. Néhány méterre tőle két csinos lány beszélgetett. Az egyik nagyon megtetszett Csabának. Figyelni kezdte őket, de a beszédükből egy szót sem értett. A lányok franciák voltak. . .

Csaba feküdt és gondolkozott. Hirtelen eszébe jutott, hogy Tamás több nyelven is tud beszélni. Felugrott, és a medencéhez szaladt, integetni kezdett Tamásnak.

Amikor odaértek, már csak egy lány volt az előbbi helyen, a csinosabb. Köszöntek neki, és megkérdezték, hogy szabad-e mellé ülniük. A lány kedvesen mosolygott, és visszaköszönt franciául. Tamás bemutatkozott, és bemutatta Csabát is. Csaba megkérdezte Tamást, hogy hívják a lányt. Tamás megkérdezte a lánytól, hogy mi a neve:

Mady – volt a válasz.

Csaba kijelentette, hogy nagyon szeret úszni. Megkérdezte Tamástól, hogy Mady is szeret-e úszni. Tamás tolmácsolt.

Ez így ment délig. Elhatározták, hogy együtt fognak ebédelni. Így is történt. Egész nap együtt voltak hárman. Délután sétáltak a sziget százéves fái között, a „tölgyek alatt", ahol Arany János*, a költő szeretett üldögélni öregkorában. Megnézték a rózsakertet, a nagy drámaírónak, Madách Imrének a szobrát, és végigmentek a művészsétányon. Jól elbeszélgettek.

* Arany János az egyik legnagyobb magyar költő, a Hamlet és a Szentivánéji álom (*A Midsummer Night's Dream*) zseniális fordítója.

Csaba minden szobornál elmesélte, mit kell tudni, mit illik tudni a művészről. Mady kérdezett, Tamás tolmácsolt, Csaba válaszolt. Tamás lefordította franciára. Mady rámosolygott Tamásra, Tamás rámosolygott Csabára. . .

21. Complete the sentences according to the text:

A strandon reggel azért lehet jobban úszni, ______________ .
Tamás sokkal többet úszott, ______________ .
Miután néhány száz métert úszott, Csaba ______________ .
Csaba észrevette, ______________ .
Csaba azért nem értette a lányok beszédét, ______________ .
Csaba kihívta a vízből Tamást, mivel ______________ .
Az egyik lány már azelőtt elment, hogy ______________ .
Amikor köszöntek neki, a lány ______________ .
Miután ______________, Csaba megkérdezte a lány nevét.
Mivel ______________, Tamás tolmácsolt neki.
Délben ______________ .
Délután sem mentek haza, hanem ______________ .
Nemcsak a rózsakertet nézték meg, ______________ .
Csaba mindenre felelt, amit ______________ .
Tamás azért maradt Csabával és Madyval, ______________ .

SZÓREND

	A	B ~ —	— ~ C ~ C	D
	Verának	tanulnia	kell(ett).	
	Verának		**nem kell(ett)**	tanulnia.
	Verának	érdemes	(volt)	tanulnia.
	Verának	**nem érdemes**		tanulnia.
	Verának		**nem volt**	érdemes tanulnia.
	Verának	angolul	kell(ett)	tanulnia.
	Verának		**nem kell(ett)**	angolul tanulnia.
	Verának	érdemes	(volt)	angolul tanulnia.
	Verának	**nem érdemes**		angolul tanulnia.
	Verának		**nem volt**	érdemes angolul tanulnia.
	Verának	meg	kell(ett)	tanulnia angolul.
	Verának		**nem kell(ett)**	megtanulnia angolul.
	Verának	érdemes	(volt)	megtanulnia angolul.
	Verának	**nem érdemes**		megtanulnia angolul.
	Verának		**nem volt**	érdemes megtanulnia angolul.

19

22. Complete the table:

1. A lányoknak haza kellett menniük fürdőruháért.
2. A strandon érdemes napoznotok.
3. Fontos megtanulnom angolul.
4. Kényelmes lesz repülőgépen utaznod.
5. Holnap délután Londonban kell lennünk.
6. A lányoknak könnyű volt megtanulniuk magyarul.
7. A folyosón szabad volt dohányoznotok.
8. Illett válaszolnom erre a levélre.

	A	B ~ —	— ~ C ~ C	D
1.	A lányoknak		nem kellett	hazamenniük fürdőruháért.
2.				
3.				
4.				
5.				
6.				
7.				
8.				
1.		Kiknek	kellett	hazamenniük fürdőruháért?
2.				
3.				
4.				
5.				
6.				
7.				
8.				
1.		A lányoknak	kellett	hazamenniük fürdőruháért.
2.				
3.				
4.				
5.				
6.				
7.				
8.				

	1.		Fürdőruháért	kellett	hazamenniük a lányoknak?
	2.				
	3.				
	4.				
?	5.				
	6.				
	7.				
	8.				
	1.		Nem fürdőruháért	kellett	hazamenniük a lányoknak.
	2.				
	3.				
	4.				
	5.				
	6.				
	7.				
	8.				

A MARGITSZIGETEN (III.)

Este a kertmoziban voltak, utána még sétáltak a kis tó partján. Egy diszkóbárból zenét lehetett hallani. Sok fiatal táncolt odabent, ők is bementek.

– Tánc közben meg akarom mondani Madynak, hogy szeretem – szólt Csaba idősebb barátjának. – De először neked kell táncolnod vele, és meg kell kérdezned tőle, hogy tetszem-e neki. Ezt fontos tudnunk. Megteszed?

– Megtehetem – mondta Tamás. Tánc közben megkérdezte Madytól, hogy tetszik-e neki a fiú.

Mady azt felelte, hogy nem.

– És én? – érdeklődött tovább Tamás.

Erre már igen volt a válasz.

Szegény Csaba az asztal mellől nézte őket. Amikor látta, hogy Tamás megcsókolja Madyt, végre ő is megértette, hogy érdemes idegen nyelveket tanulni.

23. Complete this passage according to the text:

Tamás, Csaba és ___ este elmentek egy ___. Utána még nem mentek ___, hanem ___ egy kis tó ___. A közelben volt egy ___, ahonnan kihallatszott a ___. Bementek a bárba, ___ sok fiatal ___. Csaba meg ___ mondani Madynak, hogy ___. De először ___ akarta, hogy ___-e neki. Először Tamás ___ a lánnyal. ___ megkérdezte tőle, hogy tetszik-e neki ___. Mady azt felelte, hogy ___. Madynek ___ tetszett. Csaba nem

___, ült az ___ mellett, és ___ őket. Csak ___ értette meg, hogy nem ő tetszik a ___, amikor Tamás megcsókolta Madyt. Ugyanakkor azt is ___, hogy érdemes ______ tanulni.

KÖZMONDÁSOK:

Jó bornak nem kell cégér.	Jobb félni, mint megijedni.
Good wine needs no bush.	*Prevention is better than a cure.*

NÉPDAL

Kossuth Lajos azt üzente:
Elfogyott a regimentje.
Ha még egyszer azt üzeni,
Mindnyájunknak el kell menni.
Éljen a magyar szabadság,
Éljen a haza!

SZAVAK

Igék

átszáll (vmiről vmire) change (a tram, bus, etc.)
becsomagol pack one's bags
bekapcsol (vmit) switch on, turn on
bemutatkozik introduce oneself
dohányzik (dohányoztam, -ott) smoke
edz be in training, train, coach
elbeszélget talk, chat
elkísér (vkit) escort, see to
felhajt (vhova) drive up
hátranéz look back
illik (csinálni vmit) it is proper
integet wave
jelentkezik (vmire) sign up for, enroll in
jut (vhova) reach
kell (csinálni vmit) must, have to
kijelent (vmit) state, declare
kitakarít (vmit) clean (a room), tidy up
lefordít (vmit vmilyen nyelvre) translate
lehet (csinálni vmit) can, may
megcsókol (vkit) kiss
megfürdik have a bath
megjavít (vmit) mend, repair
megtesz (vmit vkinek) do
megtetszik (vkinek) take a liking to
rámosolyog (vkire) smile
tart (vmilyennek, vminek) regard, consider
tolmácsol (vmit) interpret
üldögél sit about
vigyáz (vre) take care of
visszaköszön (vkinek) return a greeting
zavar (vkit) disturb

Köznevek

álom (álmok) dream
bár (-ja) bar
diszkóbár (-ja) disco bar
drámaíró playwright
ész (eszet) mind, brain
foglalkozás profession
fordító translater
gól goal (in sports)
hallgató student (at university)
kertmozi open air cinema
kor age, era
magnetofon (-ja) tape-recorder
ötlet idea
piac market
rózsa rose
rózsakert (-je) rose-garden
sétány promenade
sportuszoda swimming pool
szakács cook, chef
tanács advice
tánc dance
tekercs roll
tölgy (-ek) oak
válasz answer
vélemény opinion

Melléknevek

egyetemi (of) university
előbbi former, previous
érdemes worth
felesleges superfluous
hasznos useful
könnyű easy
nyugodt calm
okos clever, smart
szabad (vmit csinálni) allowed
szükséges necessary
tilos forbidden
zseniális full of genius, brilliant

Tulajdonnevek

Arany János
Csaba
Palatinus strand
Mady
Hamlet

Szentivánéji álom A Midsummer Night's Dream

Kifejezések

eszébe jut (vkinek) come to one's mind, occur to sy
Hogy hívják? What is he called?
Ez így ment. It went on like this
(vkinek) az öregkora old age
A kiállításra tetszik menni? Are you going to the exhibition?
tetszik (tetszenek) csinálni vmit
verbal construction used in polite questions

Egyéb szavak

délután afternoon
előre in advance
hirtelen suddenly
ilyenkor at that time
a közelben not far away, nearby
ma today
másnap the next day
mindenképpen by all means, anyway
mivel because, since
nemsokára soon
odabent inside there
szerint according to, in sy's opinion
tavaly last year
többi other
a többiek the others
utólag afterwards (not in advance)

24. Short dialogues

– Adhatok egy tanácsot?
– Persze.
– Érdemes a szállodában ebédelni. Kitűnő a szakácsuk.

– __ ___ ___ ___ ___ ___
– ___ ___
– ___ korán indulni. Akkor sokkal kevesebben vannak a vonaton.

– _______ ___ ___ ___ ___
– ___ ___
– ___ ___ repülőgéppel utaznia. Gyorsabb és kényelmesebb, mint vonaton.

— • —

– Kinél lehet jelentkezni a holnapi kirándulásra?
– Az idegenvezetőnél.
– És előre kell fizetni?
– Nem szükséges. Lehet utólag is.

– ___ ___ az esti programra?
– ___ ___
– ___ ___
– ___ ___

— • —

– A kiállításra tetszik menni?
– Igen, oda.
– Már nem érdemes bemenni, rögtön zárunk.

– Jegyre ___ ___ várni?
– ___ ___ arra.
– ___ ___ várni, minden jegy elfogyott.

– A Híd Szállóban ___ lakni?
– ___ ___ ott.
– ___ ___ ___ ott lakni, van jobb és olcsóbb szálloda is.

25. Translate:

a) A pesti strandokat a meleg nyári hónapokban sok magyar és külföldi látogatja. Nem kell sokat utazni, villamossal vagy autóbusszal gyorsan elérhetjük őket. Nemcsak gyerekeknek, hanem felnőtteknek is kellemes egy-egy napot ott tölteni. Labdázhatnak, tornázhatnak, úszhatnak vagy napozhatnak. Természetesen a mély vízbe csak az mehet be, aki jól tud úszni. A strandra nem szükséges ennivalót vinni, sokféle ételt és italt lehet kapni. Vasárnap azonban nem érdemes strandra menni, mert nagyon sokan vannak.

b) Tomorrow we are leaving for a small village to spend our summer holiday there. I have to pack our bags.* I have to take warm clothes for the children and everything that we may need in two weeks. My husband has to stay at home for a week because he has only a week's holiday left. I don't know if we can take the dog along. Though it is allowed to transport dogs on the train it is not pleasant. But we cannot leave him here either, he needs a holiday too. I don't think it is important to buy the tickets in advance, we can buy them at the railway station, too. Anyway, my husband will see us to the station and will help us get into the train.

* to pack one's bags — *becsomagol*

FOURTH TEST

I. Complete the text:

Nem könnyű Katit táncba visz. . .

A szomszéd fiú és a barátok. . . táncol. . . hívták Katit egy klubba. Kati először nem akart elmegy. . . . Az. . . félt, hogy mindenki nevet majd _ _ _ (3), amikor meglátja, hogy ő még nem tanult meg táncol. . . . Késő. . . arra gondolt, hogy talán nem ez a . . .nehéz. . . dolog a világon. A fiúk is mondták, hogy sok. . . jó. . . fog táncolni, _ _ _ gondolja. Akkor a család kezdett vitatkozik. . . . A nagymama szerint rendes lány nem megy el idegen fiúk. . . táncol. . . . Kati megkérdezte a szülők. . . is, hogy elmegy. . .-_ _ _. Ők elengedték Katit, és megmagyarázták a nagymama. . ., hogy egy _ _ _ nagy lány már tud vigyázni maga. . . . A klubba azonban mégsem jut. . . (3 3) be. Amikor odaértek, már két. . . annyi. . . táncoltak bent, mint _ _ _ hely van a klubban. A fiatalok. . . csak a szülők voltak szomorú. . ., amikor lát. . ., hogy Kati hazahozta a fiúkat, és otthon akar táncolni tanul. . . . Mégis kedves. . . fogadták őket, _ _ _ Kati gondolta, és nem szóltak egy szót sem a tánc _ _ _. . . .kapcsolták a magnetofont. Azonnal kiderült, hogy ma otthon sem _ _ _ (van) tánc. A magnetofon ugyanis nem működik. . ., egy hang sem jött ki _ _ _ (3). Így a fiatalok egész este csak játszik. . ., beszélgettek. És az. . . ellenére, hogy nem táncolhattak, nagy. . . jól szórakoztak.

Score:

(max.: 40)

II. Complete the sentences with the correct form of one of the words given below. Pay attention to the above text!

nem tud	nem lehet	nem illik	szabad	nem lehetett

Kati először azt hitte, hogy nem mehet el a klubba, mert ______________ táncolni.

A nagymama szerint Kati nem mehet el a klubba, mert idegen fiúkkal ______ táncolni.

Kati mégis elmehetett a klubba, mert a szülei szerint egy ilyen nagy lánynak már __________ elmennie táncolni.

Kati végül nem mehetett be a klubba, mert a nagy tömeg miatt __________ bemenni.
A szülők otthon azt mondták, hogy táncolhatnak, de mégsem táncolhattak, mert zene nélkül ______________ táncolni.

Score:

☐

(max.: 10)

III. Change the sentences as indicated. Pay attention to the correct word order!

A barátom elkéri néhány hanglemezedet.

múlt: ______________________________

múlt + akar: ______________________________

Felírom a lemezek címét egy papírra.

múlt: ______________________________

kell: ______________________________

Este elviszem neki a lemezeket.

múlt: ______________________________

jövő: ______________________________

Az üzletet hatkor nyitják ki.

múlt: ______________________________

szokott: ______________________________

Félek, hogy fáradtnak látszom.

múlt: Félek, ______________________________

jövő: Félek, ______________________________

Nem érdemes késő estig dolgoznod.

múlt: ______________________________

jövő: ______________________________

Gyorsan megnőnek a gyerekek!

múlt: Látod, ______________________________?

jövő: Meglátod, ______________________________.

Le kell fényképezni őket!

múlt: ______________________________

jövő (majd): ______________________________

Nálad sincsenek fényképek róluk?

múlt: ______

jövő: ______

Hol alszik éjjel a vendégetek?

múlt: ______

jövő: ______

Score: [ ]

(max.: 20)

IV. Construct sentences from the given words with the indicated possessive construction. (Be careful, do not use the *-nak, -nek* suffix unless it is necessary):

az újságíró, ez az előadás, tegnap, hall (1), a rádió

______

ez a színész, játék, tegnap is, tetszik, én

______

a Nemzeti Színház, feladat, a magyar írók, drámák, az előadás

______

holnap, melyik dráma, előad (3 3), Madách

______

az ők, jegyek, a feleség, a zseb, felejt (3)

______

ezek a helyek, azok, akik, jegy, otthon, marad

______

Score: [ ]

(max.: 30)

Total: [ ]

EVALUATION

Scores

80—100:	Congratulations, you have made an excellent progress.
60—79:	Quite good, but please pay more attention to the parts you made mistakes in.
under 59:	Unfortunately, the Hungarian language is difficult. You ought to go through the previous lessons once again.

A NÉPSTADION PÉNZTÁRÁNÁL

– Laci, tudod, hogy ma este lesz a magyar–angol válogatott labdarúgómérkőzés. Kimegyünk?

– Nehéz lesz, Tamás. A rádió reggel bemondta, hogy a jegyirodákban már nem lehet jegyet kapni.

– És kint a Népstadion pénztáránál?
– Ott talán lesz még néhány darab.
– Akkor gyere velem! Próbáljunk meg szerezni magunknak.

– Kár volt idejönnünk. Fél óra múlva kezdődik a meccs, és a pénztár előtt hosszú sor áll.
– Mit tegyünk? Álljunk be a sorba! Vagy kapunk jegyet, vagy nem.

– Odanézz! Bezárták a pénztárt! Nincs több jegy. Most mit csináljunk?

– Ha nagyon sietünk, talán még hazaérünk. Megnézzük a meccset televízión. Gyere, fussunk vissza a kocsihoz!

118

--- j!

Anya: Tanulj !

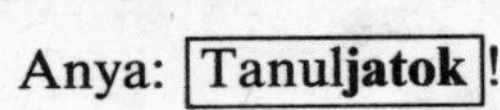

Anya: Tanul**jatok**!

Tanárnő: Figyel**jen** !

Tanárnő: Figyel**jenek**!

Állj **fel**!

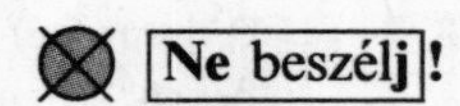

Ne beszélj!

Állj fel!	Ne beszélj!
Stand up!	Don't speak!

Verb-stem + *-j* (the sign of the imperative) without any personal suffix is the 2nd person singular form. Other persons (*ön, önök, ti* etc.) take the personal suffixes given below.

119 Az anya azt mondja a fiúnak: Tanulj!

azt, hogy --- j

Az anya **azt** mondja *a fiúnak*, **hogy** tanul**jon**.

Az anya **azt** mondja *nekem*, hogy tanul**jak**.

— • —

Az orvos azt mondja a betegnek, hogy áll**jon fel**.

— • —

A tanárnő azt mondja a diáknak, hogy **ne** beszél**jen**.

Note

In indirect speech the verb order of the imperative is the same as in direct speech. Since the imperative is used in indirect speech (and in other clauses: see Lesson 21) verbs can be conjugated in the imperative for all persons.

IMPERATIVE

	Indefinite conjugation	*Definite conjugation*	*Indefinite conjugation*	*Definite conjugation*	*Indefinite conjugation*	*Definite conjugation*
1	vár**jak**	vár**jam**	kér**jek**	kér**jem**	küld**jek**	küld**jem**
2	vár**j(ál)**	vár**(ja)d**	kér**j(él)**	kér**(je)d**	küld**j(él)**	küld**(je)d**
3	vár**jon**	vár**ja**	kér**jen**	kér**je**	küld**jön**	küld**je**
1 1	vár**junk**	vár**juk**	kér**jünk**	kér**jük**	küld**jünk**	küld**jük**
2 2	vár**jatok**	vár**játok**	kér**jetek**	kér**jétek**	küld**jetek**	küld**jétek**
3 3	vár**janak**	vár**ják**	kér**jenek**	kér**jék**	küld**jenek**	küld**jék**
		vár**jalak**		kér**jelek**		küld**jelek**

!
mosakszik – mosakod**ni** – mosakod**j**
alszik – alud**ni** – alud**j**
fekszik – feküd**ni** – feküd**j**
megy – men**ni** – men**j**

!
ugrik – ugor**hat** – ugor**j**
fürdik – füröd**het** – füröd**j**

	Indefinite conjugation			Definite	
	-j				
1	**-ak**	**-ek**		**-am**	**-em**
2	**-ál**	**-él**		**-ad**	**-ed**
3	**-on**	**-en**	**-ön**	**-a**	**-e**
1 1	**-unk**	**-ünk**		**-uk**	**-ük**
2 2	**-atok**	**-etek**		**-átok**	**-étek**
3 3	**-anak**	**-enek**		**-ák**	**-ék**
				-alak	**-elek**

I. *-s, -sz, -z, -dz* + **-j** ⟶ **-ss, -ssz, -zz, -ddz**

mo*s* ⟶ mo**ss**
ját*sz*ik ⟶ ját**ssz**
né*z* ⟶ né**zz**
e*dz* ⟶ e**ddz**

II. *short vowel (-a, -e, -i, -o, -ö, -u, -ü)* + *-t* + **-j** ⟶ **-ss**

mut*at* ⟶ mut*a***ss**
üt ⟶ *ü***ss**
ülh*et* ⟶ ülh*e***ss**

! lát ⟶ láss
(meg)bocsát ⟶ bocsáss (meg)

III. a) *long vowel (-é, -í, -ú, -ű) consonant* + *-t* + **-j** ⟶ **-ts**

tan*ít* ⟶ tan*í***ts**
h*űt* ⟶ h*ű***ts**
é*rt* ⟶ é*r***ts**
ro*nt* ⟶ ro*n***ts**

b) *-s* + *-t* + **-j** ⟶ **-ss**
-sz + *-t* + **-j** ⟶ **-ssz**

fe*st* ⟶ fe**ss**
vála*szt* ⟶ vála**ssz**

IV. a)

vesz ⟶ **vegyél** | iszik ⟶ **igyál**

I	D
vegyek **vegyél (végy)** **vegyen** stb.	**vegyem** **vegyed (vedd)** **vegye** stb.

I	D
igyak **igyál** **igyon** stb.	**igyam** **igyad (idd)** **igya** stb.

≈ tesz, visz, lesz (van)

eszik ⟶ **egyél – egyed (edd)**

! hisz ⟶ **higgy(él)**

b) jön ⟶ **jöjj**

jöjjek **jöjj(él)** **jöjjön** **jöjjünk** **jöjjetek** **jöjjenek**	 **gyere** **gyertek**

! ( ) gyerünk ≈ menjünk

1. Make sentences:

Próbálja fel a ruhát!

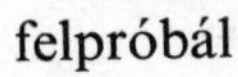

felpróbál

becsuk

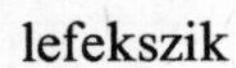

lefekszik

levesz

kinyit | megfürdik | megiszik
elmegy | játszik | beszélget
átszalad | dohányzik | tölt

2. Make sentences about the pictures in Exercise 1:

Az eladó azt mondja a vevőnek, hogy próbálja fel a ruhát.

3. Change the sentences in Exercise 2 to: *a)* 1 *or* 1 1
b) 2 *or* 2 2

a) Az eladó azt mondja (nekem), hogy próbáljam fel a ruhát.
b) Az eladó azt mondja (neked), hogy próbáld fel a ruhát.

4. Put the sentences in Exercise 2 into the Past Tense:

Az eladó azt mondta a vevőnek, hogy próbálja fel a ruhát.

5. Change the sentences in Exercise 4 to: *a)* 1 *or* 1 1 *b)* 2 *or* 2 2

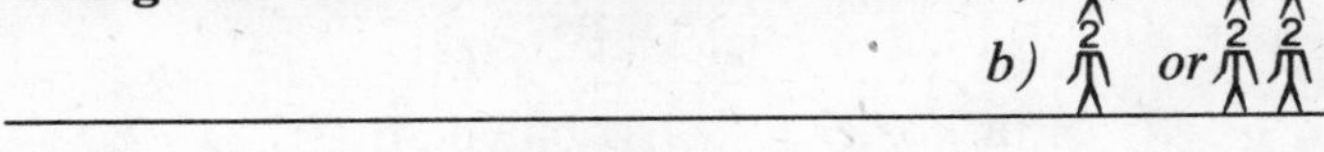

a) Az eladó azt mondta (nekem), hogy próbáljam fel a ruhát.
b) Az eladó azt mondta (neked), hogy próbáld fel a ruhát.

6. Change the sentences as shown in the example:

Kíváncsi vagy.
Ne legyél kíváncsi!

Rendetlenek vagytok. Rosszak vagytok. Türelmetlen vagy.
Ön szomorú. Ön ideges. Önök lusták.

7. Fill in the correct suffixes using the imperative:

Keres. . . (2 2) meg ezt a szállodát!
Száll. . . (3) le a következő megállónál!
Vacsoráz. . . (2) velünk holnap este!
_ _ _(vesz 3 3) elő az útleveleiket!
_ _ _(hisz 3) nekem!
_ _ _(alszik 2 2) jól!
Választ. . . (2) egyet a képek közül!
Ebből a borból _ _ _(iszik 3 3)!
Ért. . . (2) meg, hogy már nem érünk oda a meccsre!
Néz. . . (2 2) meg ezt a filmet!
Mutat. . . (3) meg, kérem, hol van a posta!
Vált. . . (3 3) meg előre a jegyet!
_ _ _(jön 2) velünk futballozni!
Hűt. . . (3) le egy kicsit a sört!

8. Answer the questions as shown in the example:

Mit mond Éva Katinak?

(bemutat 2

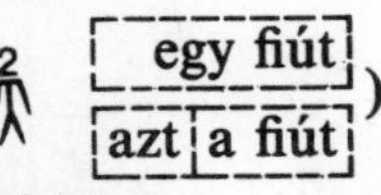

)

Mutass be egy fiút!
Mutas(sa)d be azt a fiút!

Mit mondott nekünk a rendőr?

(megtanul 3 3 | minden közlekedési szabályt / a közlekedési szabályokat)

Mint mond a tanár a gyerekeknek?

(elkészít 2 2 | a házi feladatot / minden házi feladatot)

Mit mondott az anya a kislányának?

(megeszik 2 | a vacsorát / mindent)

Mit mond a vendég a pincérnek?

(tölt 3 | bort / a bort | a poharakba)

Mit mond Kovácsné a férjének?

(kinyit 2 | egy konzervet / a konzervet)

9. Make compound sentences using the sentences in Exercise 8:

Éva azt mondja Katinak, hogy mutasson be neki egy fiút.
Éva azt mondja Katinak, hogy mutassa be neki azt a fiút.

FUTBALLMECCS (I.)

Laci és Tamás a televízió előtt ülnek.
Irén átment a másik szobába. Őt nem érdekli a futballmecss.

– Irén, légy szíves, hozzál nekünk valami hideg italt! – kiált ki Laci a feleségének. – Melegünk van, nagyon siettünk, haza akartunk érni a meccs kezdetére.

A magyar csapat elég idegesen játszik. A televízió riportere csendesen mondja:

– Nincs lendület a csapatban... Nem izgalmas a játék.

– Persze, hogy nem! – kiabál Laci. – Mert ez a riporter rosszul közvetít. Kapcsold be a rádiót, Tamás! Majd lesz mindjárt izgalom!

„. . . rohan, rohan a szélen, most beadja a labdát. . . de hova? Hova lőtte? Kedves hallgatóim! Az első félidő 20. percében Kiss, a magyar középcsatár messziről a kapu fölé lőtt. Gyönyörű nyári délután, kellemes az idő. Hallgassák a Népstadionból hetvenezer szurkoló hangját: Hajrá magyarok! Rendkívül izgalmas a mérkőzés.

De most az angolok jönnek. Jönnek az angolok! Nagyon szép támadás. Vigyázz, Gyuszi! Jobbra fogja adni! Hát persze, hogy oda adta. Mondtam, hogy vigyázz! Most futhat utána. De szerelte! Gyönyörűen szerelte. Most kell továbbadni. Add le! Úgy! Nagyon jó labda a szélsőnek. A magyar játékos már belül van a tizenhatoson. Lőj! Lőj! Nem lő. Szerelik, elesett. Bíró, mi ez? Semmi! Elvették tőle. Megint az angoloknál a labda, remek leadás, menj rá! Ne hagyd! Hagyja. Az angol jobbhátvéd egészen az alapvonalig viszi a labdát. Bead, fejes, mi ez? Gól! Góól! Gólt kaptunk, kedves hallgatóim. Hát mit csinált a magyar védelem? A fiúk alszanak. Ne aludjatok! Kedves hallgatóim, 1 : 0 (egy nulla) Anglia javára. És a játékvezető jelzi, hogy vége az első félidőnek."

10. Answer the questions:

1. Kik ülnek a televízió előtt?
2. Mit akarnak megnézni?
3. Miért ment át Irén a másik szobába?
4. Mit mond Laci a feleségének?
5. Miért van melegük?
6. Jól játszik a magyar csapat?
7. Mi hiányzik a játékából?
8. Laci szerint miért unalmas a mérkőzés?
9. Mit mond Tamásnak?

20

11. Complete this passage according to the text:

Az első _ _ _ 20. percében Kiss, a magyar _ _ _ messziről a kapu fölé _ _ _ . (A _ _ _ nem volt izgalmas, de az idő _ _ _ volt. Hetvenezer _ _ _ látta a Népstadionban a _ _ _–_ _ _ mérkőzést.) Ezután angol _ _ _ következett. Az egyik játékos _ _ _ adta a labdát. A magyar védők csak nehezen tudtak _ _ _ . Valamivel később jó labdát kapott a magyar _ _ _ . Sikerült bejutnia az angol _ _ _ belülre, de nem _ _ _ , és szerelték. A magyar játékos _ _ _ , de a _ _ _ nem látott szabálytalanságot. Az angol _ _ _ ezután előrefutott, egészen az _ _ _ vitte a labdát, onnan beadott, és az angol középcsatár megszerezte az első _ _ _ .

SZÓREND

	A	B – ~	– ~ C. ~ C	D
			Olvasd	el a könyvet!
			Ne olvasd	el a könyvet!
		Te	olvasd	el a könyvet!
		Most	olvasd	el a könyvet!
		A könyvet	olvasd	el!

12. Make commands according to the example. Pay attention to the word order:

(Meg kell állni.)

Álljon meg!

(Nem szabad előzni.)

(Nem szabad jobbra fordulni.)

(Egyenesen kell haladni.)

(Nem szabad továbbhaladni.)

(Tovább szabad menni.)

(A gyalogosokat át kell engedni az úton.)

FUTBALLMECCS (II.)

– Tudod – meséli Laci a szünetben –, én még egészen kis gyerek voltam, amikor a híres 6 : 3-as magyar–angol volt. Azt nevezték az évszázad mérkőzésének. Azután egy évvel később apám kihozott ide, a Népstadionba, és láttam, hogy Puskásék 7 : 1-re verték az angolokat. Akkor nekem ez volt a legfontosabb esemény a világon. Sajnos, ez az idő már elmúlt, ma elég gyenge a magyar futball.

– Várd meg a végét! – vigasztalja Tamás. – Az angol csapat sem a régi már. Én az 1966-os világbajnokságra emlékszem. Az volt az igazi jó angol csapat. Hiába, ma már nincsenek Bobby Charltonok. Ma itt még a magyarok is győzhetnek.

A második félidőben kiderült, hogy Lacinak volt igaza. A rádióriporter panaszkodott, kiabált, tanácsokat adott, sírt, de semmi sem használt. Az angol csapat győzött 3 : 1-re. No, talán majd legközelebb sikerül . . .

13. Answer the questions:

1. Mit neveztek az évszázad mérkőzésének?
2. Mi volt az eredménye?
3. Kik győztek a következő magyar–angol mérkőzésen?
4. Melyik meccset látta Laci?
5. Tamás is látta ezt a meccset?
6. Ő melyik angol csapatra emlékszik szívesen?
7. Melyik ország nyerte az 1966-os világbajnokságot?
8. Ki volt Bobby Charlton?
9. Laci szerint ma milyen a magyar futball?
10. És Tamás szerint milyen az angol?
11. Végül melyik csapat győzött?

NÉPDAL

Széles a Balaton vize,
Keskeny a híd rajta.
Ne menj arra, édes rózsám,
Mert leesel róla.

Nem esek, nem esek
Én a Balaton vizébe,
Inkább esek, édes rózsám,
Véled szerelembe.

KÖZMONDÁSOK

Aki nem dolgozik, ne is egyék!
He who does not work neither shall he eat.
Ne igyál előre a medve bőrére!
Don't count your chickens before they hatch!
Lassan járj, tovább érsz!
Haste makes waste.
Ajándék lónak ne nézd a fogát!
Never look a gift-horse in the mouth.
Akinek nem inge, ne vegye magára!
If the shoe fits wear it.

SZAVAK

Igék

bemond (vmit) announce
elindít (vmit) start
elmúlik pass (away)
előrefut run ahead
előz (vmit) overtake, pass
elvesz (vmit vkitől) take away
győz win
fest (vmit) paint
hagy (vkit csinálni vmit) let sy do sg
használ (vnek) be useful, help
hűt (vmit) cool
kikiált (vhova vkinek) cry out
lehűt (vmit) make cold
közvetít (vmit) broadcast
lead (vmit) pass
megbocsát (vmit vkinek) forgive
megszerez (vmit) get, obtain
nevez (vt vminek) name, call
nyer (vmit) gain
rámegy (vkire) tackle
rohan rush
ront (vmit) spoil
sikerül **(vkinek vmi)** / **(vkinek vmit csinálni)** succed
szerel (vkit) steal the ball
szerez (vmit) obtain
továbbad (vmit) pass
utánafut (vnek) run after
ver (vt) defeat, beat
vigasztal (vkit) console

Köznevek

alapvonal (-ak) goal line
átadás pass
bajnokság championship
bíró referee, (judge)
csatár forward
évszázad century
fejes header, head-work
félidő (-ideje) half-time
fogorvos dentist
gyalogos pedestrian
hallgató listener
hátvéd (-je) back
játékos player
játékvezető referee
játszótér (-terek) playground
jegyiroda booking office
jobbhátvéd (-je) right back
kapu goal
képeslap (-ja) (picture) postcard
középcsatár centre-forward
labdarúgó footballer
labdarúgó-mérkőzés football match
leadás pass (in football)
lendület verve, elan
mérkőzés meeting
(rádió)riporter reporter
sor row
szabálytalanság foul
szél edge
szélső wing (in football)
szurkoló fan
támadás attack
tizenhatos the 18 yard line
útlevél (-levelek) passport
védelem (-lmek) defence
védő back
világbajnokság world cup

Melléknevek

ideges nervous
izgalmas exciting, thrilling
lusta lazy
szíves kind
türelmetlen impatient
válogatott selected

Tulajdonnevek

Puskás
Gyuszi pet name of Gyula (Jules)

Egyéb szavak

belülre to the inside
Hajrá! Go! Onward!
(vkinek a) javára to the advantage of, in favour of

legközelebb next time
mindjárt in an instant
rendkívül extraordinarily
tovább further
több more

Kifejezések

beáll a sorba join the queue
vkinek melege van feel warm
Légy szíves! (Legyen szíves!) Please.
3 : 1 az angol csapat javára
3-1 with the English team leading
válogatott csapat representative team
válogatott mérkőzés match of representative teams

120

Nyissam ki?
Kinyissam?

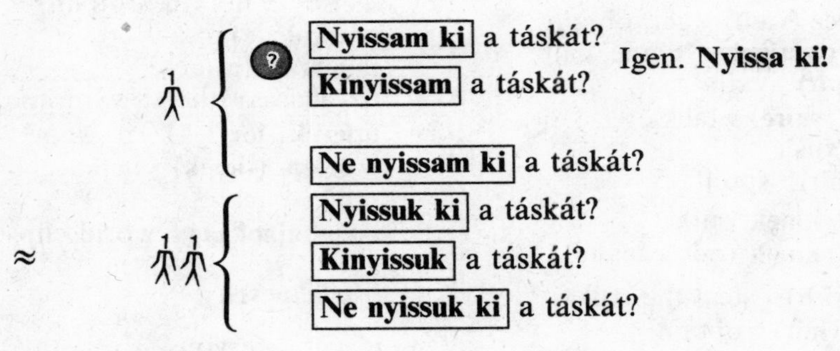

Nyissam ki a táskát?
Kinyissam a táskát?
Igen. **Nyissa ki!**

Ne nyissam ki a táskát?

≈

Nyissuk ki a táskát?
Kinyissuk a táskát?
Ne nyissuk ki a táskát?

Kinyissam	a táskát?
Shall I open	the bag?

Mit hozzak neked Angliából?
≈ Hol álljak meg?
Mit csináljunk?

14. Make questions about the pictures:

Elindítsam a kocsit?
(Indítsam el a kocsit?)

elindít

bemegy

megnéz

megáll

tolmácsol

megvesz

megcsókol

15. Repeat the questions from Exercise 14 and answer them:

Elindítsam a motort?
a) Igen. Indítsa el! / Igen. Indíts(a)d el!
b) Nem. Ne indítsa el! / Nem. Ne indíts(a)d el!

16. Finish the questions and answer them based on the pictures in Exercise 14:

Mikor ___ ___ ?
Mikor indítsam el a motort? Most.

Hova ___ ___ ___ _ ?
Hol ___ ___ ___ _ ?
Hol ___ ___ ___ _ ?
Kinek ___ ___ ___ ?
Melyik ___ ___ _ ?
Kit ___ ___ ___ ?

17. Make questions and answer them based on the pictures in Exercise 14:

Most indítsam el a motort?
a) Most.
b) Ne most, hanem egy óra múlva.

18. Short dialogues:

– Mit parancsolnak?
– Hozzon, kérem, egy üveg bort!
– Valami ételt ne hozzak?
– De igen. Hozzon néhány szendvicset!

– ___ ___ parancsol?
– ___ ___ _ egy rántott szeletet
– ___ italt ___ ___
– ___ ___ __ egy üveg sört!

—— • ——

– Hol álljak meg?
– Itt a járda mellett.
– Kiszálljak?
– Igen, szálljon ki!
– És most mit csináljak?
– Mutassa meg a jogosítványát!

– Hova tegyem a táskát?
– Ide az asztalra.
– Kinyissam?
– ___ ___ ___
– ___ ___ ___
– Csukja be, és menjen tovább!

—— • ——

– Már ma megvegyem a jegyeket?
– Igen. Légy szíves, vedd meg őket!
– S én hívjam meg Tamásékat is?
– Dehogy. Őket majd én hívom meg.

– ___ ___ megírjam a levelet?
– ___ ___ írd meg!
– ___ _ vigyem el a postára is?
– ___ _ Oda ___ ___ viszem

– Legyen szíves megmondani, hol van a posta!
– Menjen egyenesen, és a következő utcánál forduljon be!
– Jobbra forduljak vagy balra?
– Természetesen jobbra. Ott van egy buszmegálló.
– Felszálljak a buszra?
– Ne szálljon fel! Menjen tovább, és ott már meglátja a posta épületét.

– _ múzeum!
– _ _ _ _ _ _ _ _ _ _ _ _ _ _ _ _ _ második _ _ _ _ _ _
– _
– _ _ _ balra _ _ _ _ _ _ _ _ _ _ _ _ _ villamosmegálló.
– _
– _

19. You are among the fans at a football match. Give some orders to the players. Use the following verbs:

fut, lő, lead, szerel, elvesz, alszik

20. Turn the following statements into questions as shown:

Bekapcsolom a tévét.
Bekapcsoljam a tévét?

Elvisszük az esernyőt.
Meghallgatjuk a közvetítést.
Hozok nektek sört.
Bemutatlak a barátomnak.
Elkészítem a vacsorát.
Választunk egy képeslapot.
Lemegyünk a játszótérre.

21. Translate:

a) Téged érdekel a futball? Meg kell mondanom, hogy engem nem nagyon. Pedig a férjem mindig mondja, hogy milyen izgalmas (thrilling) játék. Bekapcsoljam a tévét? Nézzük meg a meccset? Ülj abba a kényelmes székbe! Hozzak valami ételt? Igyunk sört?

b) A coach is coaching the boys at one of the sports fields on Margitsziget. They are playing football. He shouts: Run faster! Play with more enthusiasm! Hurry up! Don't stop! Don't be lazy! Don't shoot from such a distance! Take that ball away from the centre-forward!

A young mother is watching her son on a playground. She keeps telling him what to do and what not to do:
Don't sit on the wet (vizes) grass! Stand up! Don't put your hand into your mouth! Don't run so fast!
Don't drink now, you are too hot!

21

21. HUSZONEGYEDIK LECK

GYEREKEK, ÁGYBA!

– Gyerekek, egy-kettő, ágyba! Holna
korán kelünk fel.
– És a mese, anyu? Ki fog mesélni?

– Majd a testvéreid, Piroskám.
– De ők mindig ugyanazt mesélik, a
nagyon unalmas. Már százszor ha
lottam a „Piroska és a farkas”-t. T
mesélj!

– Én nem érek rá. Még főznöm ke
holnapra. Feri! Ferikém! Gyere, lég
szíves, ma este te mesélj Piroskána
– Itt vagyok. De a tévét akartam nézn

– Hát neked, kislányom, nem volt elég
az esti mese a rádióban és a tévé
ben?
– Az nem az igazi. Azok nem fogják a
kezemet. És az óvodában is mond
ták, fontos, hogy a szülő is meséljen
– Igazad van... Hát miről meséljek
No, várj csak...

A rendőr azt **mondja** a sofőrnek, hogy áll**jon meg.**

≈ A rendőr azt **kéri** a sofőrtől,
A rendőr azt **parancsolja** a sofőrnek, } hogy áll**jon meg.**
A rendőr **felszólítja** a sofőrt (arra),

≈ A rendőr azt **akarja**, hogy a sofőr áll**jon meg.**

In indirect speech the imperative is used after all verbs expressing orders, requests and suggestions. The word order of verbs and preverbs is the same as in the direct imperative.

1. Make 5 true sentences about the picture:

a kisfiú az anya a rendőr a nő az öregember	azt	kéri mondja parancsolja kiabálja tanácsolja	a sofőrnek a kislánynak a férjétől , a kutyának a gyerekeknek	hogy	menjen el a boltba várjon egy kicsit üljön le takarítson ki a parkban labdázzanak

21

2. Rewrite the sentences in Exercise 1 using the verb *akar*:

A kisfiú azt akarja, hogy a kutya üljön le.

3. Complete the sentences with subordinate clauses using the words in brackets:

A rendőr felszólította a gépkocsi vezetőjét, _ _ _ _ _ _ _ _ _ _ _ _ _ _ _ _ _ (megmutat, jogosítvány)
Anyám azt kérte, _ _ _ _ _ _ _ _ _ _ _ _ _ _ _(ír, 1, levél, minden hét)
Apám azt akarta, _ _ _ _ _ _ _ _ _ _ _ _ _ _ _(orvos, lesz, 1)
A földesúr azt parancsolta a katonáinak, _ _ _ _ _ _ (megver, büszke, legény)
A lányok azt javasolták, _ _ _ _ _ _ _ _ _ _ _(ma este, színház, megy, 1 1)
A vámtiszt azt kívánta, _ _ _ _ _ _ _ _ _ _ _(minden táska, kinyit, 2)
Laci azt tanácsolta Tamásnak, _ _ _ _ _ _ _ _ _ _ _(megnéz, ez, előadás)
Az unokatestvérem azt írta Londonból, _ _ _ _ _(küld, 1 , magyar, lemezek)
A nagymama azt üzente, _ _ _ _ _ _ (Laciék, elküld, kislány, nyaral, Balaton)

122 *Subjunctival use of the Imperative*

	Cél
Azért jöttem Magyarországra,	hogy **meg**ismer**jem** az unokatestvéreimet.
Az a **célom**,	hogy jól **meg**tanul**jak** magyarul.
A közönség arra **vár**,	hogy **elkezdődjön** az előadás.

Szükséges újságot olvasni.	Szükség
Szükséges (az),	hogy újságot olvas**sunk**.
Szükségetek van arra,	hogy **meg**hallgas**sátok** a híreket.
Fontos (az),	hogy ismer**jük** a közlekedési szabályokat.
Az a **feladatom**,	hogy egy cikket ír**jak** Budapestről.

Meg lehet nézni a gyárat.	Lehetőség
Lehetőségünk van arra,	hogy **megnézzük** a gyárat.
Gabinak **megengedték** a szülei,	hogy **elmenjen** kirándulni a barátaival.
Az anya **hagyja**,	hogy a gyerekek **játsszanak**.
Imre **megtiltotta** a fiának,	hogy dohányoz**zon**.

The imperative is used as a kind of subjunctive in several types of subordinate clauses with the conjunction *hogy*:

1. In clauses of purpose
   a) in the subordinate clause of sentences containing *azért, hogy*
   b) after any verbal or nominal construction involving the idea of purpose
2. In clauses of necessity
3. In clauses of possibility

Note.
In these "subjunctive" clauses the word order of verbs and preverbs follows the same rules as for simple indicative sentences.

SZÓREND

!

cél
szükség
lehetőség

	A	B ~ ——	—— ~ C ~ C	D
Apám azt mondta, hogy			**végezzem**	el az egyetemet.
Azért jöttem ide, hogy		**elvégezzem**		az egyetemet.
Szükséges, hogy		**elvégezzem**		az egyetemet.
Lehetőségem van arra, hogy		**elvégezzem**		az egyetemet.
Apám azt mondta, hogy		**itt**	végezzem	el az egyetemet.
Azért jöttem ide, hogy		**itt**	végezzem	el az egyetemet.
Szükséges, hogy		**jól**	végezzem	el az egyetemet.
Lehetőségem van arra, hogy		**most**	végezzem	el az egyetemet.

4. Answer the questions with subordinate clauses using the words in brackets:

Mi a feladata a közlekedési rendőrnek? (irányít , forgalom)
A közlekedési rendőrnek az a feladata, hogy irányítsa a forgalmat.

Mi volt Tamás célja? (megismer , Magyarország)
Mire van lehetőségük a fiataloknak? (rendszeresen , sportol)
Mire vár a tömeg a stadion előtt? (megérkezik , angol csapat)
Mi fontos a gyerekek számára? (friss levegő , van , 3 3)
Mit nem engedtek meg a gyerekeknek? (futballozik , 3 3 , strand)
Mit tilt meg a mérnök a munkásoknak? (gépek mellett , dohányzik , 3 3)

21

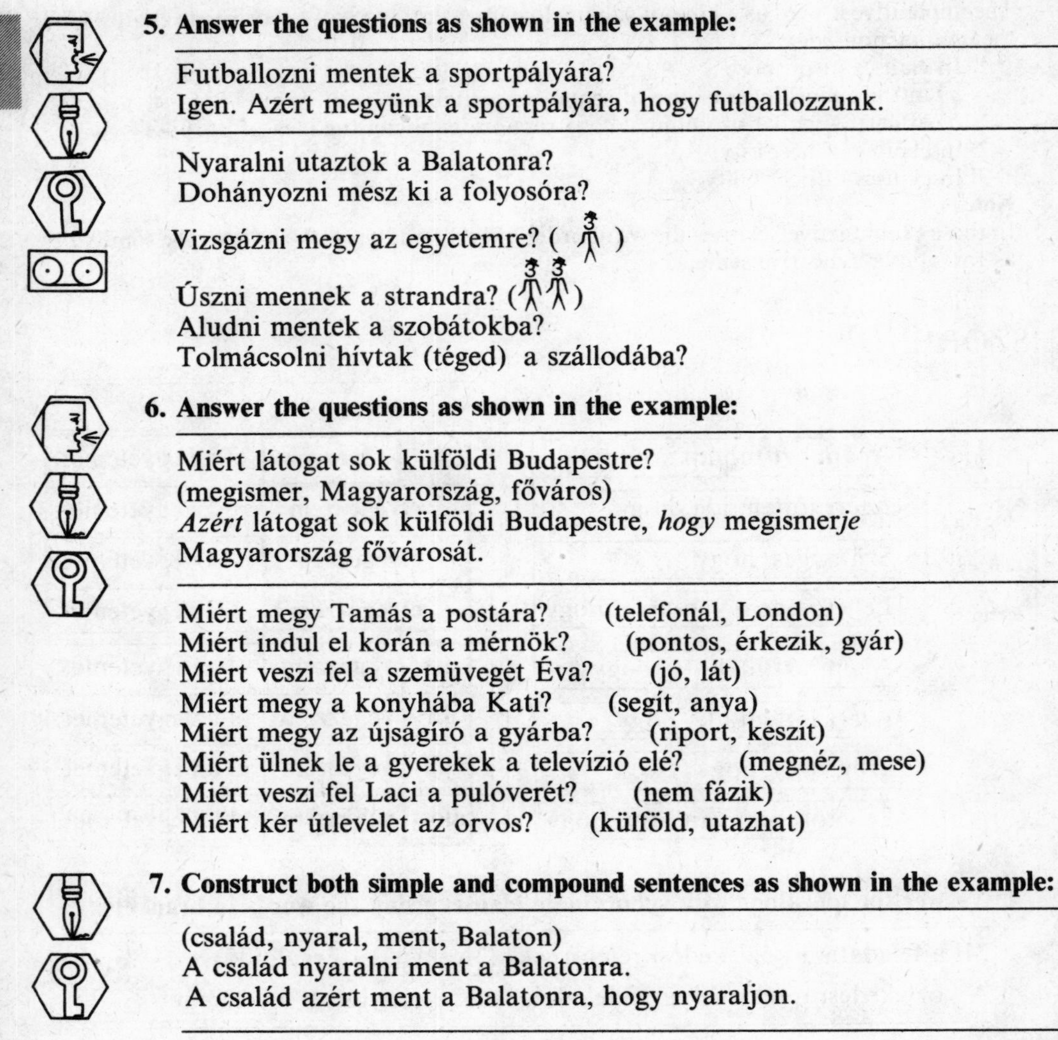

5. Answer the questions as shown in the example:

Futballozni mentek a sportpályára?
Igen. Azért megyünk a sportpályára, hogy futballozzunk.

Nyaralni utaztok a Balatonra?
Dohányozni mész ki a folyosóra?
Vizsgázni megy az egyetemre? ( )
Úszni mennek a strandra? ( )
Aludni mentek a szobátokba?
Tolmácsolni hívtak (téged) a szállodába?

6. Answer the questions as shown in the example:

Miért látogat sok külföldi Budapestre?
(megismer, Magyarország, főváros)
Azért látogat sok külföldi Budapestre, *hogy* megismer*je* Magyarország fővárosát.

Miért megy Tamás a postára? (telefonál, London)
Miért indul el korán a mérnök? (pontos, érkezik, gyár)
Miért veszi fel a szemüvegét Éva? (jó, lát)
Miért megy a konyhába Kati? (segít, anya)
Miért megy az újságíró a gyárba? (riport, készít)
Miért ülnek le a gyerekek a televízió elé? (megnéz, mese)
Miért veszi fel Laci a pulóverét? (nem fázik)
Miért kér útlevelet az orvos? (külföld, utazhat)

7. Construct both simple and compound sentences as shown in the example:

(család, nyaral, ment, Balaton)
A család nyaralni ment a Balatonra.
A család azért ment a Balatonra, hogy nyaraljon.

(angol, vendég, vacsorázik, megy, étterem)

(Péter, sétál, hív, Kati, Margitsziget)

(szülők, tanul, küld, gyerekek, iskola)

(, úszik, ment, uszoda)

____

____

8. Change the sentences as shown in the example:

A fiatalember meg akarja kapni a jogosítványát. (az a célja)
A fiatalembernek az a célja, hogy megkapja a jogosítványát.

A termelőszövetkezetnek új gépeket kell vennie. (szüksége van arra)
Az orvosok gyógyítják a betegeket. (az a feladatuk)
A francia vendégek megnézhetik az új gyárat. (lehetőségük van arra)
A gyerekek kabát nélkül nem mehetnek ki a kertbe. (az anya nem hagyja)
Piros lámpánál meg kell állnunk. (fontos)
A beteg nem kelhet fel az ágyból. (az orvos megtiltja)
Nem viheted el az autómat. (nem engedem meg)

9. Rewrite the sentences in Exercise 8 in the Past Tense:

A fiatalembernek az volt a célja, hogy megkapja a jogosítványát.

10. Match the broken sentences. Pay attention to the word order in the subordinate clauses:

A	B
A rendőr megengedte,	hogy időben elinduljatok a pályaudvarra.
Anyám azt mondta,	hogy elolvassam ezt a könyvet.
A szálloda előtt várunk arra,	hogy nyissa ki a táskáját.
Nincs időm arra,	hogy a sofőr elindítsa az autót.
Fontos,	hogy menjek le a gyógyszertárba.
Az anya nem engedi,	hogy megérkezzen értünk az autóbusz.
A vámtiszt felszólította az utast,	hogy a gyerekek bemenjenek a mély vízbe.
Azért megyek el a moziba,	hogy ébressze fel reggel hétkor.
A vendég megkérte a portást,	hogy megnézzek egy új magyar filmet.

LUDAS MATYI (I.)

Mese Fazekas Mihály (1776–1828) költeménye alapján

Hol volt, hol nem volt. . ., valamikor régen, a Dunán vagy a Tiszán is túl, élt egy kis faluban egy öregasszony a fiával. Az asszony sokat dolgozott a földesúr birtokán, a fiú azonban nagyon lusta volt. Nyáron egy fa alatt feküdt egész nap, télen a kis házuk konyhájában, a tűz mellett. Dolgozni sohasem akart.

Az anyja hiába kérte, hogy menjen dolgozni. Veszekedett, kiabált, hogy segítsen neki, de a fiú nem mozdult.

Végre egy napon Matyi – mert így hívták a fiút – kiment a falu végére. Innen egy kis dombról nézett szét először a világba. Itt tudta meg, hogy szomszéd falu is létezik, s hogy egy hét múlva lesz ott a híres döbrögi vásár.

– Ideje, hogy én is megismerjem a világot – gondolta Matyi.

Anyjának a kis házon kívül semmije sem volt, csak húsz szép libája. Matyi kijelentette, hogy ezeket a ludakat akarja eladni a vásárban.

– Csak nem kívánod, hogy odaadjam a libáimat? – kiáltott az anyja. De Matyi addig kérte az öregasszonyt, míg az meg nem engedte, hogy elvigye őket.

Amikor a legény megérkezett a szomszéd faluba, Döbrögbe, ott már állt a vásár. Mindent lehetett ott kapni, amit az ember szeme-szája kívánt. Csak az volt a fontos, hogy pénze is legyen az embernek. Egyszer csak megjött a falu kegyetlen földesura, Döbrögi is. A legtöbb ember már futott előle, mert nagyon féltek tőle. Amit ő akart, az volt a törvény. Aki ott maradt, meghajolt, s levette a kalapját. Csak a mi Matyink állt büszkén, kalappal a fején. Döbrögi mindjárt észre is vette. Erősen a szeme közé nézett. Kérdezi tőle:

– Ki ezeknek a ludaknak a gazdája?

– Én magam – feleli Matyi.

– És hogy adod párját?

– Nem kevesebbért egy egész forintnál.

– Ideadod fele áron?

Matyi nem adta, Döbrögi pedig nem vitatkozott. Megparancsolta a katonáinak, hogy fogják meg Matyit, s vegyék el a libákat. A fiút a földesúr házának udvarába vitték, jól megverték. Bottal ötvenet ütöttek rá.

Jó lecke volt Matyinak. Amikor felkelt, már egészen okos volt. Elindult a kapu felé, de ott visszafordult:

– Köszönöm a fizetést, uram. Igyekezni fogok, hogy megháláljam. Azért csak írja fel a kapujára, hogy el ne felejtse: Háromszor veri ezt kenden* Ludas Matyi vissza!

A katonák és a falu népe csak nevettek rajta, de ő megismételte:

– Majd meglátjátok, háromszor verem én meg!

Azzal elszaladt.

11. Answer the questions:

1. Kiről szól a mese?
2. Kivel élt együtt Ludas Matyi?
3. Milyen asszony volt Matyi anyja?
4. Milyen volt Matyi?
5. Mivel foglalkozott, mit csinált egész nap?
6. Mire kérte gyakran az anyja Matyit?
7. Honnan nézett szét először a világban Matyi?
8. Mit tudott meg a dombon?
9. Mit gondolt Matyi?
10. Mit akart eladni Matyi a vásáron?
11. Az anyja megengedte neki?
12. Mi volt a szomszéd falu neve?
13. Mit lehetett kapni a vásárban?
14. Ki volt Döbrögi?
15. Miért félt mindenki Döbrögitől?
16. Hogyan köszöntek az emberek Döbröginek?
17. Miért nem köszönt Matyi a földesúrnak?
18. Mit akart Döbrögi megvenni Matyitól?
19. Miért nem akarta Matyi eladni neki a ludakat?
20. Mit parancsolt a földesúr a legényeinek?
21. Hova vitték Matyit?
22. Mit csináltak vele?
23. Mit ígért Matyi Döbröginek a verés után?
24. Hittek neki az emberek?

KÖZMONDÁSOK

Addig üsd a vasat, amíg meleg!
Strike while the iron is hot.

Segíts magadon, isten is megsegít!
God helps those who help themselves.

Amit ma megtehetsz, ne halaszd holnapra!
Lost time is never found again.

* kend — régen *ön*

1

NÉPDAL

Tavaszi szél vizet áraszt,
virágom, virágom.
Minden madár társat választ,
virágom, virágom.

Hát én immár* kit válasszak,
virágom, virágom.
Te engemet s én tégedet,
virágom, virágom.

SZAVAK

Igék

befárad (vhova) go/come in (take the trouble to come in)
eláll cease, stop
elkezdődik begin
elküld (vkit) send away
elvégez (vmit) do, carry out, finish
fázik be cold
felszólít (vkit vmire) call upon
foglal (vmit) occupy, here: book
gyógyít (vkit) cure
haragszik (haragudni) (vkire) be angry with sy
ígér (vmit vkinek) promise
igyekezik (vmit csinálni) endeavour
javasol (vmit vkinek) suggest
lekapcsol (vmit) switch off
létezik exist
megenged (vmit vkinek) allow
megfog (vt) catch
megfordul turn back
meghajol bend, bow

* immár – *már*

meghálál (vmit vkinek) show one's gratitude, pay sy back for sg
megígér (vmit vkinek) promise
megismétel (vmit) repeat
megismerkedik (vvel) get acquainted with
megparancsol (vmit vkinek) order, command
megtilt (vmit vkinek) forbid
megtud (vmit vről) find out, realize
megver (vkit) beat
mozdul move
szétnéz (vhol) look around
tanácsol (vmit vkinek) advise
üzen (vmit vkinek) send a message
veszekedik (vkivel) quarrel
vizsgázik (vmiből) sit for an examination

Köznevek

alap (-ja) basis
birtok estate
bot (-ja) stick
farkas wolf
fizetés payment, salary
földesúr (-urak) landowner
gazda owner, proprietor
javulás betterment
jogosítvány driving licence
katona soldier
költemény poem
legény lad
lúd (ludak, -ja) goose
pár (-ja) pair, couple
szabály rule
távirat telegramme
törvény law
üdvözlet greeting
vámtiszt customs officer
verés beating

Melléknevek

büszke (vmire) proud
kegyetlen cruel
közlekedési traffic-
lehetséges possible
rendszeres regular

Tulajdonnevek

Piroska
Ludas Matyi
Fazekas Mihály
Döbrög
Döbrögi
Feri (Frank)

Egyéb szavak

egész whole
feltétlenül by all means
innen (vmin) this side of sg
ugyanaz same
túl (vmin) beyond
valamikor once

Kifejezések

vminek az alapján on the basis of
fele áron at half-price
a Dunán innen, a Tiszán túl, . . . on this side of the Danube, beyond the Tisza, . . .
amit az ember szeme-szája kíván what ever one's eye and stomach can wish
Fáradjon be! Come in, please.
azzal (elszaladt) and then (ran away)
egyszer csak once
a szeme közé néz vkinek look sy in the face
áll a vásár a fair is being held
helyet foglal take a seat
eláll az eső the rain is stopping
jól megver vkit give sy a beating
Egy-kettő! Hurry up!
esti mese bedtime story

12. Relate Matyi's story using the pictures as a guide:

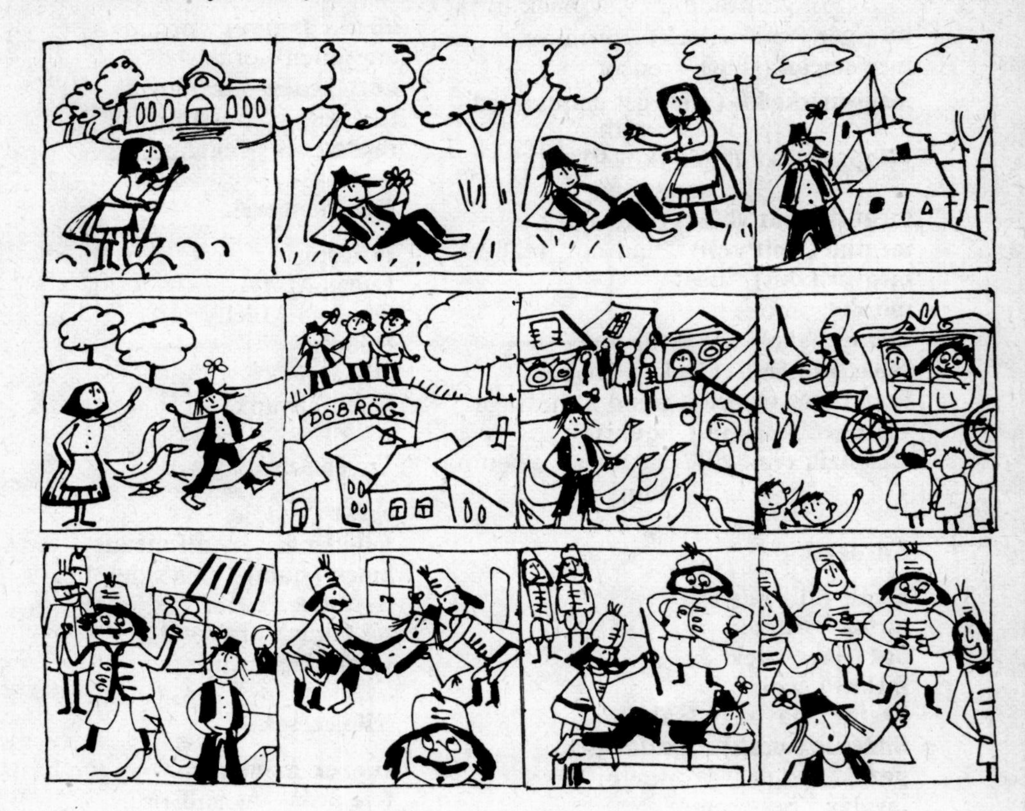

13. Construct compound sentences as shown in the example:

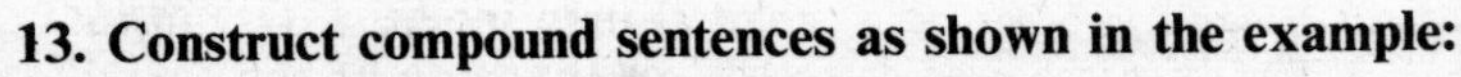

Pihenni akarunk. Hazamegyünk.
Azért megyünk haza, mert pihenni akarunk.
Azért megyünk haza, hogy pihenjünk.

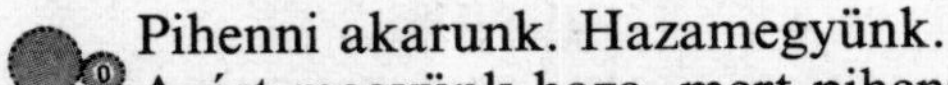

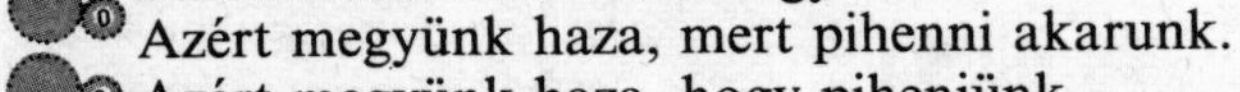

A postára megyek. Fel akarok adni egy táviratot.

Meg akartok gyógyulni. Beveszitek az orvosságot.

Hívunk egy taxit. El kell érnünk az esti gyorsot.

Tamás Magyarországra utazott. Meg akart ismerkedni a rokonaival.

14. Change the sentences in Exercise 12 as shown in the example:

Hazamegyünk, mert pihenni akarunk.
Hazamegyünk, hogy pihenjünk.

15. Put the words *mert* or *hogy* into the sentences:

Éva bement az áruházba, ___ vegyen magának egy új ruhát.
Éva bement az áruházba, ___ új ruhára volt szüksége.
Tamás megkérte az unokatestvérét, ___ hívjon taxit.
A gyerekek azért fáradtak, ___ kirándulni voltak.
Az öregember feltette a szemüvegét, ___ jobban tudjon olvasni.
Az első sorokba szoktam jegyet venni, ___ jól lássak.
A hajó a part mellé állt, ___ az utasok beszállhassanak.
A mentőautó nagyon gyorsan haladt, ___ súlyos beteget szállított.

16. Change the sentences as shown in the example:

Mindenkinek *szüksége van* pihenés*re*. (szükséges)
Mindenkinek *szükséges* pihen*ni*.

Magyarországon mindenki*nek lehetősége van* a tanulás*ra*. (-hat, -het)
Most nem *szabad* lelép*ni* a járdáról. (lehet)
Az orvosi rendelőben *nem engedik meg*, *hogy* dohányoz*zunk*. (tilos)
Ma *kell megkapnom* az útlevelem*et*. (szüksége van vmire)
Nem engedem, hogy elvidd a kocsimat. (megtilt)
Lehetséges, *hogy* a rokonaim ma este érkeznek Budapestre. (talán)
Jól meg *akartok* tanul*ni* magyarul. (az a célja)
Az én feladatom, *hogy* szobát foglal*jak*? (kell)
Itt megfordul*hatsz* a kocsival. (szabad)

17. Short dialogues:

– Gyertek el ma este hozzánk vacsorára!
– Sajnos, ma este nem mehetünk.
– Akkor gyertek holnap!
– Örömmel.

– Jöjjenek ___ ___ ___ ___
– ___ ___ ___ ___ ___ ___
– ___ ___ ___ ___ ___ ___
– ___ ___ ___ ___ ___ ___

— • —

– Ne haragudjon, de mennem kell.
– Én is sietek. Adja át át üdvözletemet a feleségének!
– Feltétlenül átadom.

– Ne haragudj, ___ ___ ___
– ___ ___ Add át ___ ___
– ___ ___ ___ ___ ___ ___

— • —

– Jó estét kívánok!
– Jó estét! Fáradjanak be!
– Ne haragudjanak, hogy elkéstünk!
– Dehogy késtek el! A többiek is most jöttek.

– Szervusz!
– Szervusztok! ___________
– ___ ___ ___ ___ ___ ___
– ___ ___ ___ ___ ___ ___

– Mire vársz?
– Arra, hogy kinyissák a stadion pénztárát.

– ___ vár?
– ___ ___ elkezdődjön az előadás.

– ___ vártok?
– ___ ___ elálljon az eső.

—— • ——

– A feleséged mit akar?
– Hogy menjünk el kirándulni.
– És a gyerekek?
– Hogy inkább strandra menjünk.

– ___ ___ ___ ___ mond?
– ___ ___ töltsük a szabadságunkat külföldön.
– ___ ___ ___ ___ ___ ___
– ___ ___ a Balatonra menjünk.

– ___ ___ ___ javasol?
– ___ vegyük meg az új bútort.
– ______ ___ ______ ___
– ___ ___ egy kocsit vegyünk.

18. Translate:

a) Matyi lusta parasztfiú volt. Az anyja hiába kérte, hogy dolgozzon, ő nem akart. Egyszer elvitte az anyja ludait a vásárba. A földesúr azt akarta, hogy adja el neki a ludakat fele áron. Matyi azért vitte el a ludakat, hogy sok pénzt szerezzen. Ezért nem akarta olcsón odaadni őket. A földesúr megparancsolta a katonáinak, hogy vigyék el Matyit, és verjék meg. A verés után Matyi megígérte a földesúrnak, hogy háromszor fogja visszaadni neki.

b) We don't let our children to watch TV late at night. They may watch the bedtime story only. Yesterday, after watching the film they wanted us to tell them another tale. I argued with my wife for a while over which of us should tell them a story. Finally I had to tell them a story. I thought for a long time but nothing came to my mind. My son suggested that I should read one from a book. I did so. When I finished the tale my five years old daughter asked me to bring her a glass of water. Then my son said he was hungry. We have told them several times not to eat anything after brushing their teeth. I got angry, switched off (*lekapcsol*) the lamp and ordered them to be quiet and to sleep.

KELLEMETLEN TALÁLKOZÁS

– Anyu, ne nézz arra! Ott jön a Piroska néni!
– Miért nem szereted őt? Nagyon kedves néni.
– Igen, de mindig arról beszél, hogy milyen nagy fiú lettem, és hogy mi van az iskolában. Ne nézz arra!

– Már észrevett minket. Szervusz, drága Piroskám.
– Szervusz Irénke. Szia, Gabi!
– Csókolom.

– Milyen nagy fiú lettél! Mondtam már?
– Igen, Piroskám, nőnek a gyerekek.
– Hányadikba jársz már? Nemsokára kezdődik az iskola, igaz?
– Igaz, Piroska néni. És a hatodikba megyek. Már mondtam a múlt héten.

– Igazán kérdeztem már? És szeretsz iskolába járni?
– Nem szeretek, Piroska néni.
– De miért? Talán félsz, ha feleltetnek?
– Nem félek. Utálom. És azt is, amikor íratnak és olvastatnak és számoltatnak. Otthon szeretek lenni.

– Persze, a mamád szoknyája mellett, aki egész nap etet és itat.
– És a tévé előtt, ami egész nap szórakoztat.

– Így nem válhatsz rendes emberré. Nem lesz belőled semmi!
– Miért? A mama mondta, hogy Piroska néni sem tanult soha az iskolában, de azért mégis nagyon jó élete van Lajos bácsi mellett. Nem kell dolgoznia, egész nap csak eszik és iszik otthon, és nézi a tévét. A mama mondta.

– Nem hallgatsz, te? Gyere! Szervusz Piroskám, sietnünk kell.

123

lett

(Gabi este még egészséges volt. Reggel már lázas [volt].)

Gabi | az éjjel / reggelre | lázas **lett** .

1	lett**em**
2	lett**él**
3	lett
1 1	lett**ünk**
2 2	lett**etek**
3 3	lett**ek**

Gabi	az éjjel reggelre		lázas lett.
	At night By morning	Gabi	became feverish.

1. Make sentences as shown in the example:

Tegnap este meleg volt. Ma hideg van. (éjjel, reggelre)
Éjjel hideg lett.
Reggelre hideg lett.

Hat órakor még nem volt készen a vacsora. Hét órakor már készen volt. (egy óra alatt; hét órára)
Reggel nem voltam éhes. Most éhes vagyok. (délelőtt; délre)
Buda és Pest régen két város volt. 1873 óta már egy város. (1873-ban)
A játék az első félidőben unalmas volt. A második félidőben már érdekes. (a második félidőre)

2. Fill in the correct form of the verbs *volt* or *lett*:

Péter szorgalmasan tanult az egyetemen, ezért jó mérnök _ _ _.
Péter szorgalmas diák _ _ _.
Júniusban két hétig beteg _ _ _(1).

Útközben jó barátok _ _ _(1 1).
Amikor lekapcsoltam a villanyt, sötét _ _ _ a szobában.
Tegnap a strandon nagyon meleg _ _ _.
Úgy esett az eső, hogy egészen vizesek _ _ _(2 2).
Amikor elromlott a televízió, a gyerekek nagyon szomorúak _ _ _.
Nagyon örülök, hogy te _ _ _ a válogatott csapat edzője.
Ön is _ _ _ már Budapesten?

(Pár évvel ezelőtt Kati csúnya kislány volt.) Azóta Kati csinos **nővé** vált .

≈ (át)alakul, fejlődik, változik (vki, vmi) } vmivé
(át)alakít, fejleszt, változtat (vkit, vmit) }

város	+ -vá	⟶	város**sá**
tanár	+ -vá	⟶	tanár**rá**
szép	+ -vé	⟶	szép**pé**
legény	+ -vé	⟶	legén**nyé**
stb.			

— • —

Miből mivé ___ ?
Pár év alatt kislány**ból** csinos **nővé** vált .

Kati csinos nővé vált. Kati has become a pretty woman.
(Kati has turned into a pretty woman.)

Válik and other verbs, some given above, may take the adverbial suffix *-vá, -vé*. This suffix denotes the result of the changes and developments expressed by these verbs.

3. Fill in the correct form of the suffixes *-vá, -vé*:

A gyárban a tejet vaj. . . dolgozzák fel.
A mesében az öregasszony szamár. . . változtatta a legényt.
A kis falu város. . . fejlődött.
A lusta Matyi okos és ügyes férfi. . . vált.
A magyar nyelv egyre könnyebb. . . válik számomra.
A sarkon bezárták az üzletet, és átalakították étterem. . . .

A gyerek leül .

Az anya **leülteti** a gyereket .

Az orvos leül**tet**i a beteg**et**.

vki leül →	vki leül**tet** vkit
vki sétál →	vki sétál**tat** vkit
vki fürdik →	vki fürd**et** vkit
vki szórakozik →	vki szórakoz**tat** vkit
stb.	

A fiú szavakat ír a táblára.

A tanárnő szavak**at** ír**at** a fiú**val** a táblára.

vki ír vmit →	vki ír**at**	vmit vki**vel**
vki olvas vmit →	vki olvas**tat**	vmit vki**vel**
vki épít vmit →	vki épít**tet**	vmit vki**vel**
stb.		

Az anya leülteti	*Direct object* a gyereket	.
Mother makes	*Direct object* the children	sit down.

A tanárnő szavakat írat	*Adverb* a fiúval	a táblára.
The teacher has	*Direct object* the boy	write words on the blackboard.

Note

1. The causative suffix *-tat*, *-tet*; *-at*, *-et* may be added to almost every verb. A causative verb may also take the suffix *-hat*, *-het*:
   e.g. *írathat* — may make sy write
2. The causative suffix generally isn't added to intransitive verbs having a transitive correspondant form.

E.g. basic verb: *gyógyul* *gyógyít vkit*
causative: – *gyógyíttat vkit*

-at, -et	
1 syllable	*consonant + t*
vár**at**	választ**at**
ír**at**	tart**at**
mos**at**	ért**et**
ver**et**	ébreszt**et**
néz**et**	felejt**et**

-tat, -tet	
several syllables	*wowel + t*
nyaral**tat**	nyit**tat**
vizsgál**tat**	fut**tat**
szórakoz**tat**	lát**tat**
reggeliz**tet**	készít**tet**
keres**tet**	süt**tet**
! ül**tet**	
! lép**tet**	

!
eszik ⟶ **etet**
iszik ⟶ **itat**
tesz ⟶ te**tet**
vesz ⟶ ve**tet**
visz ⟶ vi**tet**
hisz ⟶ hi**tet**

alszik ⟶ al**tat**
fekszik ⟶ fek**tet**

lő ⟶ **lövet**

!!
jön ⟶
megy ⟶
van ⟶
stb.

4. Make sentences about the pictures:

a)

A tanárnő tornáztatja a gyerekeket.

tornáztat

futtat

megfürdet

sétáltat

itat

felültet

lefektet

b)

A rendőr megkeresteti a kutyával a betörőt.

megkerestet

készíttet

elolvastat

hozat

megvetet

terveztet

lemosat

5. Change the sentences in Exercise 4 to: *a)* 1 *or* 1 1
b) 2 *or* 2 2

a) Tornáztatom a gyerekeket.
b) Tornáztatod a gyerekeket.

6. Change the sentences in Exercise 5 as shown in the example (where possible):

a) Tornáztatlak titeket.
b) Tornáztatsz minket.

7. Put the sentences in Exercises 4, 5 and 6 into the Past Tense:

8. Change the sentences in Exercise 4 as shown in the example:

A tanárnő tornáztathatja a gyerekeket.

9. Make sentences using the pictures in Exercise 4 and following the example:

a) Tornáztassa a gyerekeket!
b) Ne tornáztassa a gyerekeket!

10. Change the sentences in Exercise 9: 1 *or* 1 1 ? / 2 *or* 2 2 !

Tornáztassam a gyerekeket?
a) Tornáztas(sa)d a gyerekeket!
b) Ne tornáztas(sa)d a gyerekeket!

11. Change the sentences as shown in the example:

A beteg leül. (orvos)
Az orvos leülteti a beteget.

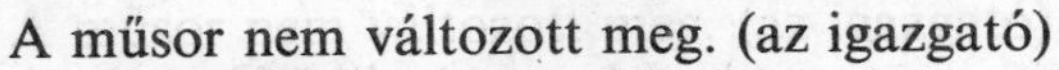

A műsor nem változott meg. (az igazgató)
A gép működik. (a munkások)
A gyerekek esznek. (a nővérük)
A kislány elaludt. (az anyja)
A diákok holnap vizsgáznak. (a tanár)
A fiú sokáig várt. (a lány)

12. Change the sentences as shown in the example:

Az építész családi házat tervez. (Kovácsék)
Kovácsék családi házat terveztetnek az építésszel.

Az utas kinyitja a táskáját. (a vámtiszt)
A pincér bort tölt a poharakba. (a vendégek)
A férj megveszi a drága kabátot. (a feleség)
Kati tejet hoz a boltból. (az anya)
A fogorvos kihúzza a fogamat. (én)
Az orvos megvizsgál titeket. (ti)
Az emberek garázst építenek. (a mérnök)
Visszaviszitek a könyveket a könyvtárba. (én)
Péter elhiszi, hogy Éva szereti. (Éva)

13. Fill in the blanks using the causative forms (-at, -et; -tat, -tet) of the verbs in brackets:

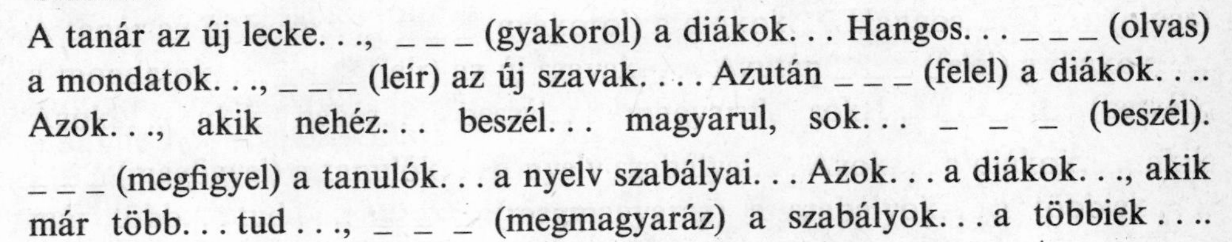

A tanár az új lecke. . ., _ _ _ (gyakorol) a diákok. . . Hangos. . . _ _ _ (olvas) a mondatok. . ., _ _ _ (leír) az új szavak. . . . Azután _ _ _ (felel) a diákok. . .. Azok. . ., akik nehéz. . . beszél. . . magyarul, sok. . . _ _ _ (beszél). _ _ _ (megfigyel) a tanulók. . . a nyelv szabályai. . . Azok. . . a diákok. . ., akik már több. . . tud . . ., _ _ _ (megmagyaráz) a szabályok. . . a többiek . . ..

22 

LUDAS MATYI (II.)

Sok év múlt el azóta, hogy Matyit Döbrögben megverték. Felnőtt férfi lett. Sokfelé járt már a világon, tapasztalt emberré vált. Még idegen nyelveket is tanult: beszélt már olaszul, németül, franciául.
Egy szép napon ismét megjelent Döbrögben. Ott éppen nagy munka folyt. Az úr régi háza helyén hatalmas kastély épült. Matyi körülnézett, és máris készen volt a terve. . .

„Szerszámot vásárolok, és olasz építésznek öltözöm."

Úgy is tett, ahogyan mondta. Döbrögi nagyon örült a külföldi építésznek. Megkérdezte tőle, hogy mi a véleménye az új palotáról.

– Szép, szép. . . De miért nem jobb fából építteti a tetőt? Talán nincs elég fa ezen a vidéken?

– Van nekem gyönyörű erdőm. Ott annyi fa van, hogy az eget sem lehet látni tőlük. Csak válasszon, építész úr!

A munkásokkal együtt kimentek az erdőbe. Ott Matyi elküldte őket minden irányba megfelelő fákat keresni. Végül ketten maradtak. Matyi megmérette Döbrögivel az egyik nagy fa vastagságát.

Amikor Döbrögi átölelte a fát, Matyi hirtelen megfogta a kezét, és összekötötte.

– Nem vagyok én építész, hanem a Ludas Matyi.

Egy vastag bottal alaposan megverte a kegyetlen földesurat. A libák árát is kivette a zsebéből.

– Ez csak az első volt – kiáltotta Matyi, és eltűnt az erdőben.

***

Újabb hetek múltak el. Matyi mindig csak azon gondolkozott, hogyan verje meg újra Döbrögit.

Egy híres orvoshoz ment tanulni. Megismerte néhány betegség és gyógyszer nevét.

Az öreg doktortól kért néhány régi ruhát, kalapot és egy nagy szemüveget. Felöltözött, külsőre igazi doktorrá vált. Lovat is vásárolt, úgy indult Döbrögbe.

Döbrögi azóta is nagyon beteg volt a veréstől. Fájt a háta, fájt az oldala, fájt mindene. Nagyon megörült annak a hírnek, hogy új orvos érkezett a faluba.

– Gyorsan jöjjön az az orvos! Segítsen rajtam, amíg lehet!

Matyi alaposan megvizsgálta őt.

– Fürdővízre és füvekre van szükségem, hogy meggyógyítsam.

Mindenkit a mezőre küldött. Illatos füveket hozatott velük. A házban nem maradt senki, csak a „doktor" és az úr. Matyi először bekötötte a földesúr száját egy kendővel, hogy ne tudjon kiáltani.

– Nem doktor vagyok én, hanem a Ludas Matyi.

Másodszor is kegyetlenül megverte Döbrögit. A ludak árát sem „felejtette" a szekrényben.

Most már igazán rosszul lett Döbrögi. Attól félt, hogy Matyi harmadszor is megveri. Annyira félt a Ludas névtől, hog még a saját libáit is elvitette az udvarról. Ki sem lépett már a házból fegyveres legényei nélkül.

Egy szép napon Döbrögben ismét vásár volt. Ott volt Matyi is, büszkén ült a lován. Egy legénnyel beszélgetett, aki egy szép fehér lovat akart eladni.

– Száz arany az ára.

– Megveszem, de figyelj rám! Erre fog jönni Döbrögi úr. Amikor meglátod, tedd, amit mondok!

Matyi elmondta a fiúnak a tervét. Amikor Döbrögi kocsija odaért, a fiú ezt kiáltotta:

– Tudod-e uram, ki vagyok én? Én vagyok a Ludas Matyi.

– Utána! Mindenki! Fogjátok meg!

Amikor Döbrögi egyedül maradt, megjelent a mi Matyink.

– Azt bizony nem fogják meg! De ő nem is Ludas Matyi! Ludas Matyi én vagyok!

És harmadszor is sikerült jól megvernie Döbrögit, ahogyan annak idején megígérte. Természetesen a libák árát is elvette tőle. Drágán fizettette meg Döbrögivel a kárát.

– Ne féljen az úr! Többször már nem verem meg.

Így búcsúzott Matyi, és elment örökre.

14. Suppose you are Ludas Matyi. Tell the story of your revenge on Döbrögi:

Sok év múlt el azóta, hogy Döbrögben megvertek. Felnőtt férfi lettem. Sokfelé jártam már. . .

NÉPDAL

22

Csillagok, csillagok, szépen ragyogjatok!
A szegény legénynek utat mutassatok!
Mutassatok utat a szegény legénynek,
Nem találja házát a szeretőjének.

KÖZMONDÁS:
A vér nem válik vízzé.
Blood is thicker than water.

SZAVAK

Igék

alakít (vmit vmivé) turn/change sg into
alakul (vmivé) be formed/turn into sg
átalakít (vmit vmivé) transform
átalakul (vmivé) be transformed
átölel (vt) embrace
befest (vmit) dye
beköt (vmit) bind up
búcsúzik (vkitől) bid farewell, say goodbye
elromlik go wrong
eltűnik disappear, fade away
fejleszt (vmit vmivé) develop sg into
fejlődik (vmivé) develop
feleltet (vkit) make sy answer questions
készül be made, be produced
lejár run out, expire
megfigyel (vt) observe
meggyógyít (vkit) cure
megjelenik (vhol) appear
megörül (vminek) rejoice at
megújít (vmit) renew
megváltoztat (vt) change, alter, transform
öltözik (vminek) disguise oneself
összeköt (vmit) bind, tie (up)
szórakoztat (vkit) entertain, amuse
utál (vmit csinálni) hate
válik (vmivé, vmilyenné) become, turn into
változtat (vt vmivé, vmilyenné) change sg/sy into
végez (vmivel) finish (sg)

Köznevek

arany (-ak) gold (coin)
asztalos joiner
bőr leather
cipész shoemaker
építész architect
fodrász hairdresser
frizura hair-do, hairdress
fürdővíz (-vizet) bath water
irány direction
kastély castle
kocsi coach
órás watchmaker
palota palace
sors fate
szabó tailor
szemész oculist, eye-specialist
szerszám tool, instrument
tető (teteje) roof
üveg glass
vastagság thickness, dimension
villany electricity

Melléknevek

alapos thorough
drága dear, darling
fegyveres armed
felnőtt adult, grown up
megfelelő suitable, proper
tapasztalt experienced
vastag thick
vizes wet, damp

Egyéb szavak

harmadszor the third time
igazán truly, indeed
külsőre outwardly, to all appearences
másodszor the second time
örökre forever
sokfelé to many places, in many directions
útközben along the way

Tulajdonnév

Lajos Lewis

Kifejezések

annak idején at that time, in those days
Csókolom! (greeting — short form of *kezét csókolom*)
Hányadikba jársz? Which year are you in?
nagy munka folyt work was underway
rosszul lesz vki become ill
Szia! Hi! (very familiar greeting, used mostly among young people)

15. Short dialogues:

– Nem ismersz egy jó szabót?
– De igen. Miért?
– Új ruhát akarok csináltatni magamnak.

– ___ ___ ___ ___ cipészt?
– ___ ___ ___ ___ ___ ___
– ___ cipőt ___ ___ ___ ___

– ___ ___ ___ asztalost?
– ___ ___ ___ ___ ___ ___
– ___ bútort ___ ___ ___ ___

— • —

– Hova mész?
– A szabóhoz.
– Miért?
– Hogy új ruhát csináltassak magamnak.

– ___ ___ ___ ___ ___ ___
– ___ szemészhez.
– ___ ___ ___ ___ ___ ___
– ___ szemüveget ___ ___ ___

– ___ ___ ___ ___ ___ ___
– ___ fodrászhoz.
– ___ ___ ___ ___ ___ ___
– ___ ___ frizurát ___ ___

— • —

– Nagyon fáj a fogam.
– Menjen el a fogorvoshoz, és húzassa ki.

– Rossz az órám.
– ___ óráshoz ___ javíttassa meg.

– Lejárt az útlevelem.
– ___ rendőrségre ___ újíttassa meg.

—— • ——

– Miből van ez a szék?
– Fából.
– És az asztal?
– Az is abból.

– ___ készült a cipőd?
– Bőrből.
– ___ kabátod?
– ___ ___ ___ ______

– ___ van ez a váza?

– Üvegből.
– ___ ___ poharak?
– ___ ___ ___ ___ ___

16. Translate:

a) A magyar gyerekek ma is élvezettel olvassák Ludas Matyi történetét. Ebben a történetben egy lusta parasztlegény átalakul okos, tapasztalt férfivá. A kegyetlen földesúr megverette katonáival, és anyja szép libáit elvette. Ez a verés megváltoztatta Matyit. Az lett az egyetlen célja, hogy visszaadja a verést, s nem is egyszer, hanem háromszor. Ahhoz, hogy ezt megtehesse, sokat kellett tanulnia. Tervei sikerültek, győzött. Ez alatt az idő alatt olyan emberré fejlődött, akit többé nem lehet megverni.

b) I have a long list of errands* for this afternoon. I must go to the hairdresser and have my hair done. I am going to have it dyed** and washed. Then I am going to go to the tailor's and I will ask him to finish my husband's trousers by next week. I am going to tell him not to let my husband wait for such a long time. When I have finished at the tailor's, I am going to see the doctor. I have had a stomach ache for some time, and I am going to ask him to examine me. I think it will be just enough for one afternoon.

* have a long list of errands — *vkinek sok mindent el kell intéznie*
** dye — *befest vmit*

23. HUSZONHARMADIK LECKE

23

MI SZERETNÉL LENNI?

– Hallom, Gabi, milyen szépen elbeszélgettél tegnap Piroska nénivel.
– Tamás, te nem lennél mérges, ha mindig ugyanarra kellene felelned?

– Valószínűleg az lennék. De ha már erről van szó, gondolkoztál-e már azon, hogy mi leszel, ha nagy leszel?
– Persze. Csak az a baj, hogy egyszerre tízféle is szeretnék lenni.

– Például mi?
– Orvos, azután színész, meg futballista. Tanár is szeretnék lenni, meg nagy utazó.

– És mit csinálnál, ha sok pénzed lenne? Hova utaznál?
– Szeretném bejárni az egész Földet, végighajózni az összes tengert. Természetesen tudom, hogy ez csak nagyon kevés embernek sikerülhet. Te az lettél, ami szerettél volna lenni?

– Nem egészen. Azt hiszem, egész jó mérnök lett belőlem, de én mindig nagy feltaláló szerettem volna lenni.
– És miért nem sikerült?
– Mert nem találtam fel semmit.

(Amikor)

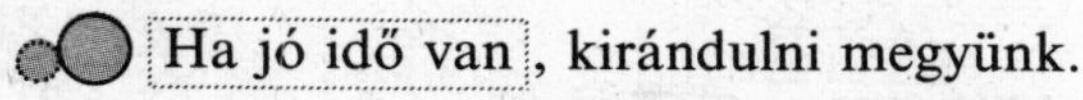

Ha jó idő van, kirándulni megyünk.

Ha jó idő len**ne**, kirándulni men**nénk**.

Ha jó idő le**tt volna**, kirándulni men**tünk volna**.

Ha jó idő **van**,	(akkor) kirándulni **megyünk**.
If the weather **is** nice,	we **go** on outings.

Indicative

Ha jó idő **lenne**,	(akkor) kirándulni **mennénk**.
If the weather **were** nice,	we **would go** on outings.

Present Conditional

Ha jó idő **lett volna**,	(akkor) kirándulni **mentünk volna**.
If the weather **had been** nice,	we **would have gone** on outings.

Past Conditional

The three kinds of conditional sentences coincide with the English equivalents.

Note
In the above sentences the word *akkor* is generally omitted in the main clause. In emphasized position (when the sentence is considered to be an answer to the question: On what condition? When?) the main clause comes first including the word *akkor* and the conditional clause follows it.

Akkor mennék kirándulni, ha jó idő lenne.

CONDITIONAL MOOD

Present Tense

vár – várni – vár**na**	
Indefinite	*Definite*
conjugation	
! vár**nék**	vár**nám**
vár**nál**	vár**nád**
vár**na**	vár**ná**
vár**nánk**	vár**nánk**
vár**nátok**	vár**nátok**
vár**nának**	vár**nák**
	vár**nálak**

kér – kérni – kér**ne**	
Indefinite	*Definite*
conjugation	
kér**nék**	kér**ném**
kér**nél**	kér**néd**
kér**ne**	kér**né**
kér**nénk**	kér**nénk**
kér**nétek**	kér**nétek**
kér**nének**	kér**nék**
	kér**nélek**

≈ tart – tartani – tart**ana**
ért – érteni – ért**ene**
mosakszik – mosakodni – mosakod**na**

tesz – tenni – ten**ne**
megy – menni – men**ne**

van – lenni < len**ne** / vol**na**	
len**nék**	vol**nék**
len**nél**	vol**nál**
len**ne**	vol**na**
len**nénk**	vol**nánk**
len**nétek**	vol**nátok**
len**nének**	vol**nának**

Past Tense

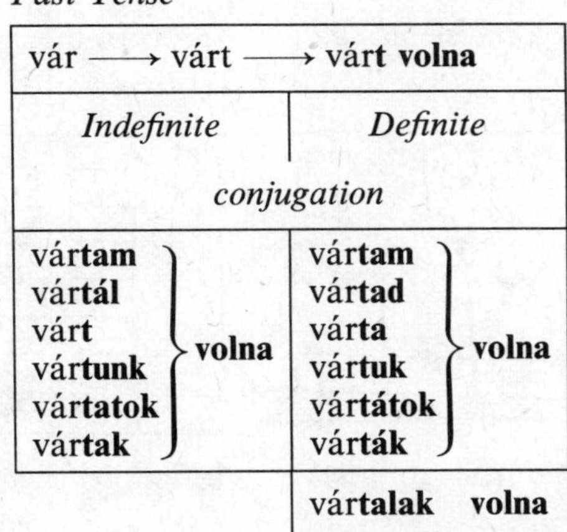

vár ⟶ várt ⟶ vár**t** **volna**	
Indefinite	*Definite*
conjugation	
vár**tam** **volna**	vár**tam** **volna**
vár**tál** **volna**	vár**tad** **volna**
vár**t** **volna**	vár**ta** **volna**
vár**tunk** **volna**	vár**tuk** **volna**
vár**tatok** **volna**	vár**tátok** **volna**
vár**tak** **volna**	vár**ták** **volna**
	vár**talak** **volna**

≈ értett, evett, jött volna stb.
! van – (volt) – lett volna

23

1. **Make sentences as shown in the example:**

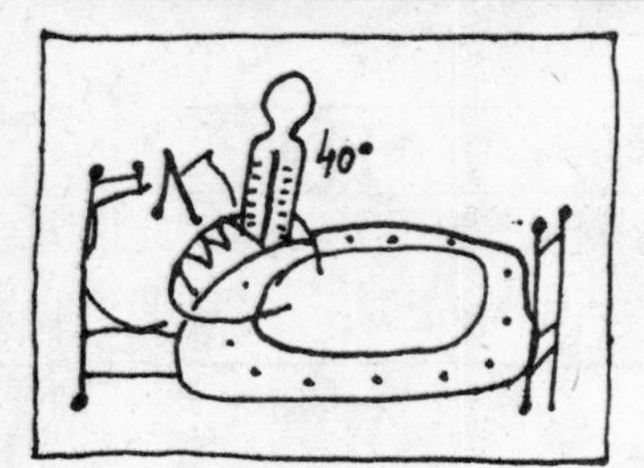

Orvost hívok.

Ha beteg vagyok, orvost hívok.

Otthon maradunk.

Külföldre utaztok.

Kovácsék nem késnek el a színházból.

Ön megveszi (a kalapot) a feleségének.

Kihívják a mentőket.

Gyorsan meggyógyulsz.

A gyerekek süteményt is kapnak.

A rendőr megbünteti a sofőrt.

Liften kell felmennem.

2. Change the sentences of Exercise 1:

Ha beteg lennék, orvost hívnék.

3. Put the sentences in Exercise 2 into the Past Tense:

Ha beteg lettem volna, orvost hívtam volna.

4. Fill in the correct form of the verbs. Use the Present Conditional:

Ha a szüleim (megenged),
- két kutyát (tart [1]).
- rendszeresen (dohányzik [1]).
- gyakrabban (jár [1][1]) moziba.
- (vesz [1]) magamnak egy motorkerékpárt.

Ha külföldre (utazik [2][2]),
- üresen (marad) a lakásotok.
- (kikísér [1]) titeket a repülőtérre.
- sok csomagot (kell) magatokkal vinnetek.
- (elhalaszt) a vizsgátokat.
- sok pénzre (van) szükségetek.

Ha idén nálunk (nyaral [2]),
- sokat (vitorlázik [1][1]).
- (megismerkedhet [2]) a családommal.
- gyakorolni (tud [2]) a magyar nyelvet.
- a barátnődet is (elhozhat [2]).
- (bemutat [1]) a menyasszonyomnak.

Ha a sofőr nem (figyel),
- balesetet (okoz [3]).
- a rendőr (megbüntet).
- nem (megáll [3]) a piros lámpánál.
- (elvesz [3][3]) a jogosítványát.

Ha (ráér [2][2]),
- (megmutat [1]) nektek a várost.
- (elmehet [2][2]) a múzeumba.
- (meghív [1][1]) titeket egy kávéra.
- délig (alszik [2][2]).
- sokat (jár [2][2]) színházba.

5. Put the sentences in Exercise 4 into the Past Tense:

Ha a szüleim megengedték volna, két kutyát tartottam volna.

23

6. Complete the sentences as shown in the example:

---

vki elfoglal*ja*
vkinek el kell foglal*nia*
vki elfoglal*ná*
vki elfoglal*ta* volna
} a helyét

Ha valaki színházba megy, hét óráig *el kell foglalnia a helyét*.

Ha hét óráig *elfoglaltátok volna a helyeteket* (2 2), nem kellett volna a folyosón várnotok a szünetig.
Ha nem *foglalod el a helyedet* (2) hét óráig, csak a szünetben ülhetsz be a nézőtérre.
Ha már hét óra előtt *elfoglalnánk a helyünket* (1 1), lenne időnk elolvasni a szereposztást.

---

vki jelentkez. . .
vkinek jelentkez. . . kell
vki jelentkez. . .
vki jelentkez. . . volna
} az egyetemre

Ha ________________________ (1), talán felvennének.

Ha mérnök akarsz lenni, a középiskola után ________________ (2).

Ha öt évvel ezelőtt ________ (2 2), most fejeznétek be tanulmányaitokat.

Ha ________________________ (3), felvételi vizsgát kell tennie.

vki foglal. . .
vki foglal. . . akar
vki foglal. . .
vki foglal. . . volna
} (egy) szobát

Ha előre ________________ (2) a szállodában, nem kellett volna az autóban aludnod.

Ha ________________ (1 1), elég telefonálnunk a szállodába.

Ha már most ________________ (3 3), nyugodtan utazhatnának.

Ha valaki ________________________, nem kell előre fizetnie.

vki megismer. . .
vki meg akar. . . ismer. . .
vki megismer. . .
vki megismer. . . volna
} Budapestet

Ha ______________________________ (2), nem elég pár hetet itt töltened.

Ha majd ________________ (1 1), nem kell térképpel járnunk a városban.

Ha ______________________________ (1), jövőre én mutatnám meg neked a város legszebb helyeit.

Ha már régebben ______________________ (2 2), gyakran itt töltöttétek volna a szabadságotokat.

HÁRY JÁNOS

Garay János (1812–1853) műve alapján

A falusi kocsmában hárman ültek együtt: a kövér bíró, az öreg Háry János és a diák, aki később megírta ezt a történetet.

Mindig Háry vitte a szót. Kalandos életéről mesélt. Mindnyájan nagy figyelemmel hallgatták.

Valamikor régen katona volt. Igaz, soha életében nem ült lovon, de olyan sokszor emlegette lovát, hogy végül maga is elhitte, hogy huszár volt. Nagy hős volt... legalábbis ő úgy mesélte.

A kocsma vendégei pedig nem vitatkoztak vele, inkább elhitték, hogy Háry egyedül egész hadseregeket győzött le, hogy még az Óperenciás-tengeren túl is járt, és a világ végén a semmibe lógatta a lábát.

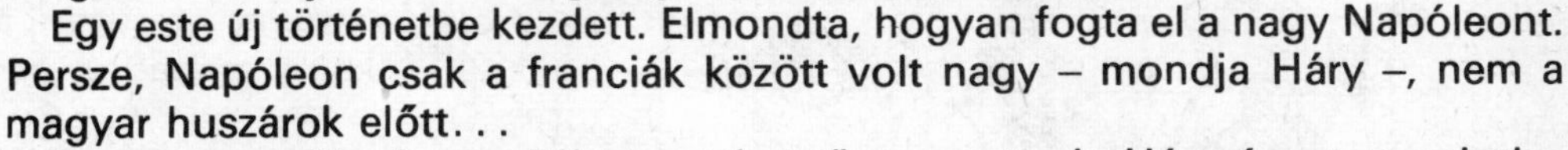

Egy este új történetbe kezdett. Elmondta, hogyan fogta el a nagy Napóleont. Persze, Napóleon csak a franciák között volt nagy – mondja Háry –, nem a magyar huszárok előtt...

A nagy mondásokra a diák nagyokat tüsszentett, de Háry úgy tett, mintha nem is hallaná, és folytatta a mesét.

Ő maga volt a legelső, aki a franciákra támadt. A kétszáz huszár megvert kétszázezer franciát.

Futott az ellenség, a magyarok utánuk.

Háry egyszer csak észrevette közöttük a vezért, s egy erdő szélén elfogta.

Napóleon nagyon megijedt. Kincseket ígért Hárynak, ha szabadon engedi. De Háry a kapitány elé akarta vinni a fogoly francia császárt.

Hát, ahogy mennek, egy gazdag hintó állt meg előttük. Benne pedig aranyos, gyémántos ruhában egy gyönyörű asszony ült: Napóleon felesége, az osztrák császár lánya, Mária Lujza.

A szép hölgy sírt, jajgatott, amikor meglátta fogoly férjét.

Azután megkérdezte a magyar vitéz nevét. Háry bemutatkozott.

Mária Lujza mélyen a szemébe nézett, s felajánlotta Hárynak a saját felséges kezét és szerelmét.

De Háry tudta, mi a becsület, s nem akart családi tragédiát okozni Napóleonéknál. Inkább szabadon engedte a foglyát.

A diák nagyot tüsszentett, de Háry mégis befejezte a történetet:

A francia császár két szép aranyórát ajándékozott neki. Az egyiket a kapitányának adta, a másikat később elkérte a hadnagya.

Ha legalább csak egyet megtartott volna közülük, most mindenki elhinné a történetét, mert így vagy hiszik, vagy nem...

De a kocsma vendégei mind elhitték, s még a diák is így kiáltott:
– Nincs még egy olyan vitéz a földön, mint Háry János volt.

***

Más alkalommal azt mesélte el Háry, hogyan látogatta meg Bécsben, aranyos palotájában régi barátját, az osztrák császárt. Ferenc császár nagy örömmel látta vendégül hősünket: pálinkával és egy kis hideg sült hússal kínálta, ami a tegnapi vacsoráról maradt.

A két öreg hosszan elbeszélgetett a régi harcokról. Nagy lármával a királyi gyerekek is bejöttek a szobába. Háry egy-egy fillért akart adni mindegyiknek, de a császár nem engedte, sőt ő maga adott sok-sok pénzt Hárynak.

Hej, ha nem fogyott volna el az a sok fényes ezüst, most megmutatná...

***

Háry János nem hazudik, hanem mesél. Történetei olyanok, mintha a magyar nép, a parasztok meséit hallgatnánk. A nagy magyar zeneszerző, Kodály Zoltán daljátékának is hőse lett az öreg katona. Tanuljuk meg a mű egyik népszerű dalát! *(A népdal az 508. oldalon van.)*

KÖZMONDÁSOK:

Ha ló nincs, szamár is jó.
Half a loaf is better than none.
Az ígéret szép szó, ha megtartják, úgy jó.
Saying and doing are different things.
Nem zörög a haraszt, ha nem fújja a szél.
There's no smoke without fire.

23

A jó lovas katonának de jól vagyon dolga,
Eszik, iszik a sátorban, semmire sincs gondja.
Hej, élet, be gyöngy élet, ennél szebb sem lehet,
Csak az jöjjön katonának, aki ilyet szeret!

7. Complete this passage according to the text:

A falusi kocsmában Háry János ________________ mesélt. A kövér bíró és a diák ________________. Háry azt állította, hogy régen ________________ ________________. Már maga is elhitte, hogy ________________, pedig soha életében ________________. A kocsma vendégei úgy tettek, mintha ________________, amit mond.

Egy este Háry azt mesélte el, hogyan ________________. Története szerint kétszáz huszár megvert ________________. Menekültek a franciák, és ő észrevette közöttük ________________. ________________ elfogta. Napóleon kincseket ígért neki, ha ________________, de Háry a kapitány elé akarta vinni ________________. Útközben találkoztak egy hintóval, amelyben ________________ ült. Mária Lujza ________________, ha szabadon engedi a férjét. Háry teljesítette ________________. A császártól két ________________. Ha megtartotta volna őket, most ________________ ________________. Amikor Háry János nem mondott igazat, a diák ________________. Ha Háry igazat mondott volna, a diák ________________.

8. Complete the dialogue bertween Háry and Emperor Ferenc according to the pictures:

Ferenc: – Drága öreg barátom, de régen ________________.
Miért nem kerestél fel olyan régóta?

Háry: – Felséges barátom, tudod, hogy ________________.

Ferenc: – Megkínálhatlak ________________?

Háry: – Köszönöm. Ez a kedvenc ________________.

Ferenc: – Sajnos semmi ennivaló nincs itthon. Csak ________________.

Háry: – Nem baj. Az is nagyon jó lesz.

Ferenc: – ________________!

Háry: – Egészségedre, császárom!

Háry: – ________________?

Ferenc: – Köszönöm kérdésed, jól vannak mindnyájan.

Gyerekek: – Jaj, de jó, hogy itt vagy János bácsi.

________________________?

Háry: – Sajnos a csatából semmit sem tudtam hozni.

De adok nektek ________.

Ferenc: – Arról szó sem lehet. Inkább én adok neked

________________________.

SZAVAK

Igék

ajándékoz (vmit vkinek) give (as a present)
bejár (vmit) travel all over
elfog (vkit) capture
elfoglal (vmit) occupy
elhalaszt (vmit) put off
elhisz (vmit vkinek) believe
emleget (vmit) mention repeatedly
felajánl (vmit vkinek) offer
felkeres (vkit) go to see sy, visit
feltalál (vmit) invent
felvesz (vkit vhova) admit sy to, enroll sy in
folytat (vmit) continue, go on
hazudik (vmit) lie
jajgat wail, yammer
kikísér (vkit) see sy out
kínál (vkit vmivel) offer sg to sy
kölcsönad (vmit vkinek) lend
legyőz (vkit) defeat, conquer
lógat (vmit) hang, swing
megbüntet (vkit) punish
megijed (vtől) be frightened
megtart (vmit) keep
megver (vkit) defeat
menekül flee
nyit (-ok) (vmit) open
okoz (vmit) cause
ráér (vmire) have time (to do)
támad (vkire) attack, assault
tart (vmit) keep, have
teljesít (vmit) fulfil
végighajóz (vmit) sail (all) across

Főnevek

alkalom (alkalmak) occasion
arany (-at) gold
aranyóra gold watch
becsület honour
császár emperor
csata battle
daljáték play with songs
dézsa bucket
ellenség enemy
ezüst (-je) silver
feltaláló inventor
figyelem (figyelmet) attention
fillér aprox. penny (smallest Hungarian coin)
fogoly (foglyok) prisoner

hadnagy lieutenant
hadsereg army
harc struggle, fight
hiba trouble
hintó coach
hős hero
huszár hussar
ismerős acquaintence
kapitány captain
kincs treasure
kocsma inn
kollégium student hostel
lárma noise
menyasszony bride, fiancée
mondás saying
pálinka brandy
szerelem (szerelmek) love
szerelő mechanic, technician
szereposztás cast
tanulmány study
taxiállomás taxi-stand
utazó traveller
úttest (-je) roadway
vezér commander
vitéz valiant, knight
vizsga examination
zeneszerző composer

Melléknevek

aranyos golden
felséges majestic(al)
felvételi entrance-
fényes shiny
gyémántos diamond(-like)
kalandos adventurous
királyi royal
tízféle ten (different) kinds

Tulajdonnevek

Háry János
Garay János
Óperenciás-tenger (a Sea in tales — "the Seven Seas")
Napóleon
Mária Lujza Marie Louise
Kodály Zoltán
Ferenc Francis

Egyéb szavak

ahelyett instead of
anélkül without
(vmennyi időn) át during
egyszerre at the same time
előbbre forward
hej! ah!
legalább at least
legalábbis at least
másképpen in a different way
mindnyájan all of (them)
mintha as if
összes all
régóta for a long time
valószínűleg probably, likely

Kifejezések

szó van vmiről the talk is on/about
vki befejezi a tanulmányait graduate, to end one's studies
vki viszi a szót is speaking all the time, leads the conversation
az Óperenciás-tengeren is túl beyond the seven seas
szabadon enged vkit let sy go free
vendégül lát vkit to have sy as a guest
Egészségére! Cheers!
Szó sem lehet róla. That is out of the question.
vizsgát letesz pass an examination

Megmondaná?
Lenne szíves?

– Megmondaná, kérem, hol van egy taxiállomás?
– Ott van az áruház előtt.

≈ Lenne szíves megmondani, hol van egy taxiállomás?

The Conditional is used in polite requests like in English.
Megmondaná? Would you tell me?
A more polite request is formed by *lenne szíves* + Infinitive.
Lenne szíves megmondani? Would you please tell me?

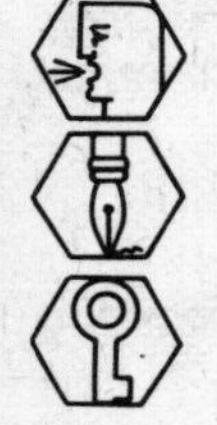

9 Change the sentences as shown in the example:

Tegye fel a táskát a csomagtartóba! Feltenné a táskát a csomagtartóba?

Adjátok fel a levelet a postán!
Mutasson be a feleségének!
Nyissa ki az ablakot!
Válaszolj néhány kérdésemre!
Szóljon a sofőrnek, hogy álljon meg!
Várjanak meg a szállodánál!
Szaladj le a boltba borért!
Keltsen fel reggel hét órakor!
Add kölcsön az autódat pár napra!

10. Change the sentences in Exercise 9 as shown in the example:

Legyen szíves feltenni a táskát a csomagtartóba!
Lenne szíves feltenni a táskát a csomagtartóba?

11. Make questions as shown in the example:

Hányadik vágányról indul a vonat?
Megmondaná, kérem, hányadik vágányról indul a vonat?
Elindult már a vonat?
Megmondaná, kérem, (hogy) elindult-e már a vonat?

Hánykor nyitják a pénztárt?
Van szabad szobájuk?
Hogyan történt a baleset?
Mennyibe kerül a jegy?

Találtak hibát a motorban?
Mikorra lesz kész az útlevelem?
Hova költöztek Szabóék?
Ki után következem?
Megérkezett már az idegenvezető?
Van levél számomra?
Miért maradt el az előadás?

12. Make dialogues using the questions from Exercise 11:

– Megmondaná, kérem, hányadik vágányról indul a vonat?
– A másodikról.
– Köszönöm szépen.

– Megmondaná, kérem, elindult-e már a vonat?
– Igen, már öt perccel ezelőtt.
– Köszönöm.

127

A vendégek úgy tettek, mintha hittek volna Hárynak.

mintha

(De nem hittek neki.)

Olyan fáradt vagyok, mintha egész nap dolgoztam volna.
(Pedig nem dolgoztam.)

Úgy esik, mintha dézsából öntenék.
(It's pouring as if it were being poured from a bucket.)
It's raining cats and dogs.

A vendégek úgy tettek, mintha hittek volna Hárynak.
The guests acted as if they had believed Háry.

A gyalogos lelépett az úttestre. Nem nézett körül.

anélkül, hogy

A gyalogos lelépett az úttestre anélkül, hogy körülnézett volna.

Gabi játszik. Tanulnia kellene.

Gabi játszik ahelyett, hogy tanulna.

ahelyett, hogy

A gyalogos lelépett az úttestre **anélkül, hogy körülnézett volna.**
The pedestrian stepped onto the roadway **without looking around.**

Gabi játszik **ahelyett, hogy tanulna.**
Gabi is playing **instead of studying.**

In the subordinate clauses of sentences *anélkül, hogy* and *ahelyett, hogy* the conditional is to be used, since the action denoted by their verbs will/did not take place.

13. Put *mintha, anélkül* or *ahelyett* into the sentences:

Olyan meleg van, ___ nyár lenne.
A sofőr öt órán át vezetett ___ , hogy pihent volna.
Ez a férfi a kocsmában ül ___ , hogy hazamenne.
___ , hogy szerelőt hívtatok volna, ti akartátok megjavítani az autót.
Ez a csapat olyan jól játszik, ___ nem is lenne magyar.
Egész nap a szobában ülünk ___ , hogy horgásznánk.
Péter elindult az autóval ___ , hogy nála lett volna a jogosítványa.
Ne tegyen úgy, ___ nem ismerné a közlekedési szabályokat!
Ne utazzatok el ___ , hogy meglátogatnátok minket.

14. Fill in the correct forms of the verbs in brackets:

Éva és Kati egyetemi hallgatók. Vidéki lányok, Budapesten kollégiumban (lakik). Most a szobájukban (ül). Az utolsó hetekben sokat (tanul), egy hónap alatt hat vizsgát (letesz). Sokat (dolgozik) azért, hogy jó eredményeket (elér). Most jó kedvük (van). Arról (beszélget), hogy mit (csinál) a hét végén. Szükségük van arra, hogy egy kicsit (pihen), (szórakozik) a sok tanulás után. Éva azt (javasol), hogy szombat este (elmegy) táncolni.

– Ha jobban (tud [1]) táncolni, biztos nekem is (van) kedvem. De sajnos, nem (tud) – (mond) Éva. (Megy) inkább moziba! A múlt héten nagyon (szeret [1]) megnézni egy francia filmet. Ha még most is (játszik) a mozik, azt (megnézhet).

– (Megnéz [1] [1]) a műsort! – (felel) Kati.

Hamar (megtalál) azt a filmet, amit Éva (szeret) megnézni.

– Vasárnap pedig (elmehet) kirándulni. Az elmúlt hetekben alig volt lehetőségünk arra, hogy szabad levegőn (van), (mozog). A fiúk holnapra kirándulást (tervez). Minket is (meghív).

– Nagyon jó programot (csinál [1] [1]). Jól (szórakozik) a hétvégén. De jó (van), ha szép idő (van) holnap.

15. Short dialogues:

– Megmondaná, kérem, hogy jutok el a szállodához?
– Melyikhez? A Gellérthez?
– Igen, ahhoz.
– Szálljon fel a 7-es buszra, és menjen két megállót!

– _ ___ ___ ___ _____ ___ a stadionhoz?
– ____ ___ Népstadionhoz?
– ___ ___ ___
– ___ ___ a metróra, és ___ ____ három ____!

— • —

– Parkolhatok itt a kocsival?
– Jobb lenne, ha pár méterrel előbbre menne.
– Rendben van.

– Találkozhatunk hétkor?
– ___ ___ ___ fél hétkor találkoznánk.
– ____ ___

– Leülhetünk ehhez az asztalhoz?
– ___ ___ ___ az ablakhoz ülnének.
– ____ ___

— • —

– Nem adnád kölcsön az autódat?
– Mikor? Most?
– Holnap délután.
– Kérlek. Nagyon szívesen.

– Nem segítenél megkeresni egy ismerősömet?
– ___ ___ ___
– ___ _ délelőtt.
– ___ ___ ___ _

– Nem jönnének el velünk a múzeumba?
– ___ ___ ___ ___
– Vasárnap ___ ___
– Kérem. ___ ___ ___

16. Translate:

a) Kati egyszer azt mondta a barátnőjének:
– Nekem ez a modern élet nem tetszik. Olyan unalmas! Én jobban szerettem volna sok száz évvel ezelőtt élni. Nagyszerű lett volna, ha egy gazdag földesúr lánya lettem volna. Egy gyönyörű nagy palotában élhettem volna, hintón járhattam volna, és semmit nem kellett volna csinálnom. És persze iskolába sem kellett volna járnom. Egész nap szép nagy parkokban sétálhattam volna, ehettem-ihattam volna, és sokat szórakozhattam volna.

b) Gabi is talking to Tamás about his plans. He says:
— I'd like to have a lot of money. If I were very rich, I'd travel a lot, I'd become a famous traveller. But I'd travel in a different way from (másképpen, mint) people nowadays. I wouldn't visit the famous cities and monuments and I wouldn't go to elegant hotels. I'd like to travel on a horse or on a sailing boat. I'd sail all over the world and look for places that nobody has ever seen. It would be great fun! So I'd learn a lot and get to know a lot of people and regions.

24. HUSZONNEGYEDIK LECKE

UTOLSÓ ESTE BUDAPESTEN

– Hát, Lacikám és Irénkém, ez az utolsó nálatok töltött estém. Holnap utazom.
– Reméljük, jól érezted magad nálunk.

– Nagyszerű hónap volt. Azt hiszem, mindent megnéztem, ami ennyi idő alatt megnézhető.
– Igen. Egy hónap már valami. Akik csak egy-két napot töltenek itt, nem sokat ismerhetnek meg az országból. De mondd csak: egyenesen Londonba utazol?

– Nem. Bécsben találkozom egy Olaszországból jövő barátommal, és onnan együtt megyünk Párizsba. Néhány napig az ott lakó nővérem vendégei leszünk.

– Azután ne felejts el bennünket!
– Hogyan felejthetnélek el titeket, Katikám? Az ilyen jól sikerült nyaralást és az ilyen kedves rokonokat nem lehet elfelejteni. És majd találkozunk is még.

– Jövőre is eljössz?
– Nem. Ti fogtok meglátogatni minket Angliában, a szüleitekkel együtt. Jó? Már készülhettek is az utazásra.

– De mi nem tudunk angolul.
– Majd a londoni utcákon sétálva vagy az angol gyerekek között, játszva megtanultok. Persze, addig is elkezdhetitek tanulni, ami könyvből is megtanulható.

128

Melyik?/Milyen?
-ó, -ő

A fiú | újságot olvas. A fiú | a padon | ül.

Melyik | fiú | olvas újságot?

Az | a fiú | olvas újságot, aki a padon ül.

A padon **ülő** | fiú | olvas újságot.

Mit csinál?	Melyik? Milyen?
áll ül érkezik	áll**ó** ül**ő** érkez**ő**
szórakoztat	szórakoztat**ó**
mosoly*o*g üdvöz*ö*l	mosolyg**ó** üdvözl**ő**

van – lev**ő**	
vesz – vev**ő**	
tesz – tev**ő**	
visz – viv**ő**	
hisz – hiv**ő**	

eszik – ev**ő** iszik – iv**ó**	
alszik – alv**ó** fekszik – fekv**ő**	
jön – jöv**ő** megy – men**ő**	
lő – löv**ő** nő – növ**ő**	

A padon ülő	fiú	magas.

Ismerem | a padon ülő | fiút |.

A padon ülő	fiúval	beszélgetek.

A padon ülő	fiú(nak a)cipője	fekete.

A padon ülő	fiú	újságot olvas.	
	The boy	sitting on the bench	is reading a newspaper.

The participle with the suffix *-ó*, *-ő* equals the English present participle.

1. Complete the sentences according to the pictures:

érkezik

A repülőgép Párizsból érkezik.
Kovácsék ___ ___ ___ ___ ___ ___ várják.
Kovácsék a Párizsból érkező repülőgépet várják.
___ ___ ___ ___ ___ ___ negyven utas van.
A Párizsból érkező repülőgépen negyven utas van.

napozik

___ ___ ___ ___ ___ ___ ___ ___
___ ___ ___ ___ ___ ___ ___ ___ barnák.
Szeretnék megismerkedni ___ ___ ___.
Nem tudod, mi a nevük ___ ___ ___ ___?
A fiúk nézik ___ ___ ___ ___ ___ ___ ___ ___.

játszik

___ ___ ___ ___ ___ ___ ___ ___ ___
Az anyjuk vigyáz ___ ___ ___ ___ ___.
___ ___ ___ ___ ___ ___ ___ ___ vidámak.
___ ___ ___ ___ ___ ___ ___ nincs kutyájuk.

alszik

___ ___ ___ _________ ___ ___
A kalauz felébreszti ___ ___ ___ ___
___.
___ ___ ___ ___ ___ ___ most kellene leszállnia.
Egy szép lány ül ___ ___ ___ ___ ___.
___ ___ ___ ___ ___ nagyon fáradt.

vezet

___ ___ ___ ___ ___ ___ ___ ___
___ ___ ___ ___ ___ ___ nem figyel.
Beszélgetek ___ ___ ___ ___ ___ ___.
A családja várja ___ ___ ___ ___ ___.
___ ___ ___ ___ ___ ___ jogosítványa otthon maradt.

2. Fill in the blanks with the participles of the verbs in brackets:

A hegyen ___ (épül) házak modernek.
A ___ (táncol) fiataloknak jó kedvük van.
A város közelében ___ (van) tavon vitorlázni is lehet.
Kati meglátogatja kórházban ___ (fekszik) barátnőjét.
Az étterem tele van ___ (eszik) és ___ (iszik) emberekkel.
Ez a ___ (mosolyog) szőke lány engem vár.
Még elérhetik az öt órakor ___ (indul) vonatot.
Az autóbusz tele van a meccsről ___ (jön) emberekkel.
A táskákat ___ (visz) hordár erős férfi.
A kapura ___ (lő) csatár elesett.
Sokan várják a repülőtéren a Londonból ___ (jön) utasokat.
A vizsgára ___ (készül) diákok a könyvtárban tanulnak.

24

3. Fill in the blanks with the following nouns:

író, vevő, eladó, sportoló, jövő, futó, olvasó, lakó, néző, úszó, tanuló, hallgató, idegenvezető, újságíró

Az _ _ _ _. . . sok dolguk van, mert az áruház tele van _ _ _ _. . . . A legjobb _ _ _ naponta több óráig edzenek. Móricz Zsigmond híres magyar _ _ _. Az _ _ _ riportot készített a gyárban. A _ _ _ _. . . nagyon tetszett az előadás. Az _ _ _ megmutatja a Várat a külföldi vendégeknek. A könyvtárakban nem szabad beszélgetéssel zavarni az _ _ _. . . . A tanár múzeumba viszi a _ _ _. . . . Az egyetemi _ _ _ _. . . sokat kell tanulniuk. Rossz a lift, ezért a _ _ _ _. . . gyalog kell felmenniük az emeletre. Mindenkit kíváncsi a _ _ _ . . . . A _ _ _ pályán, az _ _ _ pedig uszodában edzenek.

129

Melyik?/Milyen?
-ott -t / -ett -ött

A levél | az asztalon van. | A levél | tegnap | érkezett | .

Melyik | levél | van az asztalon?

Az | a levél | van az asztalon, | amelyik tegnap érkezett | .

A tegnap érkez**ett** | levél | van az asztalon.

az 1980-ban felépült ház – a ház, amelyik 1980-ban épült fel
a levesbe beleesett légy – a légy, amelyik beleesett a levesbe
a múlt században élt író – az író, aki a múlt században élt
a tegnap elmaradt előadás – az előadás, amely tegnap elmaradt

—— • ——

A tegnap érkezett | levél | az asztalon van.
A tegnap érkezett | levelet | olvasom.
A tegnap érkezett | levélről | beszélgetünk.

Megnézem a hegyen épülő házat. Megnéztem a hegyen épülő házat.

Megnézem a hegyen épült házat. Megnéztem a hegyen épült házat.

A tegnap érkez**ett**	levél	az asztalon van.	
	The letter	which arrived yesterday	is on the table.

The participle with the suffix *-t/-ott, -ett, -ött* usually replaces a relative clause in English and corresponds to the English Past Participle. (See Section 130.)

4. Complete the sentences as shown in the example:

A poharak az asztalon maradtak. — A pincér elviszi az asztalon maradt poharakat. Az asztalon maradt poharak üresek.

Ez az író a múlt században született. — ______________ sok regényt írt. Még nem ismerem ezt a _______ . ______________ beszélgetünk.

A vendégek este érkeztek. — ________________ a harmadik emeleten laknak. A pincér felviszi a reggelit ______ ______________ . Telefonon keresik ___________ .

A rádió a budapesti gyárban készült. — ________________ jól működik. __________________ külföldre szállítják.

Szombaton atlétikai verseny kezdődött. — ______________ hétfőig tart. ________________ sok külföldi sportoló vesz részt. Sok néző kíváncsi ___________ .

A kirándulás jól sikerült. — Éva nem vett részt ___________ . A francia vendégek most érkeztek vissza __________________ .

5. Fill in the correct participles:

épülő – felépült

Az évek óta _ _ _ ház tízemeletes lesz.
A tavaly _ _ _ gyárban már folyik a termelés.

érkező – érkezett

Az egyetem két tanára várta a repülőtéren a Londonból _ _ _ vendégeket.
A Londonból _ _ _ vendégek két előadást fognak tartani az egyetemen.

történő – történt

Még mindig nem ismerik a múlt héten _ _ _ baleset okát.
Az utcákon _ _ _ baleseteket legtöbbször az okozza, hogy a sofőrök nem figyelnek.

termő – termett

A gazdaság földjein _ _ _ szőlőből jó bor készül.
Az idén _ _ _ szőlő mennyisége nagyobb, mint a tavalyi.

készülő – készült

A rendező most _ _ _ filmjéről beszél az újságíróknak.
Budapesten most mutattak be egy tavaly _ _ _ francia filmet.

130

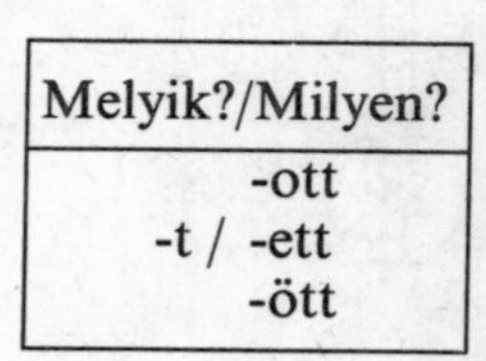

Melyik?/Milyen?
-ott -t / -ett -ött

A film érdekes volt. A filmet tegnap láttuk.
Melyik film volt érdekes?
Az a film volt érdekes, amelyet tegnap láttunk.
A tegnap lát**ott** film volt érdekes.

≈ A tegnap látott filmet Londonban készítették.
A tegnap látott filmben a tengerészekről volt szó.

Mit csinál?	Mit csinált?	Melyik?/Milyen?
megtanul	megtanult	megtanult
felépít	felépít**ett**	felépít**ett**
elad	elad**ott**	elad**ott**
megtesz	megte**tt**	megte**tt**

— • —

A lány | könyvet | olvas .

Az olvasó | lány szép.

A könyvet olvasó | lány szép.

Az olvasott | könyv érdekes.

A lány **által** olvas**ott** | könyv érdekes.

Az által**a** olvasott | könyv érdekes.

1	által**am**
2	által**ad**
3	által**a**
1 1	által**unk**
2 2	által**atok**
3 3	által**uk**

A tegnap **látott** | film érdekes volt.
The film | **seen** yesterday was interesting.

A lány **által olvasott** | könyv érdekes.
The book | **read by** the girl is interesting.

6. Complete the sentences as shown in the example:

Tegnap egy mérkőzést láttunk a tévében. — A tévében látott mérkőzés érdekes volt. A tévében látott mérkőzést külföldön játszották.

Vasárnap bemutattak egy új filmet. — _ _ _ _ _ _ _ _ _ _ _ _ _ tetszett a közönségnek. Mi is megnéztük _ _ _ _ _ _ _ _ _ _ . _ _ _ _ _ _ _ _ _ _ _ _ _ _ _ _ sok ismert színész játszott.

A levelet ma adtuk fel.

________________ két nap múlva fog megérkezni.
Anyám két nap múlva fogja megkapni ________________.
________________ megírtuk, hogy mikor érkezünk haza.

A gyárban kipróbáltak egy új gépet.

________________ külföldön vásárolták.
________________ sokkal többet lehet termelni.
________________ jól működik.

Szállodát építettek a Duna partján.

________________ elég drága.
________________ sok külföldi vendég lakik.
Külföldi csoport érkezett ______.

Emléktárgyakat vettem Budapesten.

________________ örülni fognak a barátaim.
Egy táskába tettem __________.
______________ nem voltak drágák.

7. Make sentences following the example:

A lányok almát szednek.

Az almát szedő lányok szépek.
A lányok által szedett alma érett.

A lány autót vezet.

A mérnök egy házat tervez.

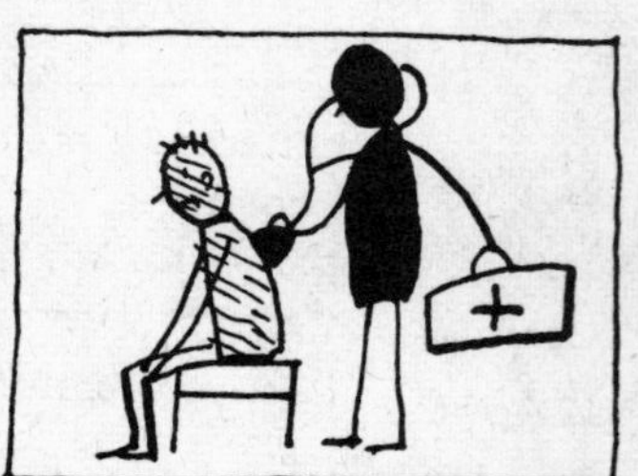

Az orvos megvizsgálja a beteget.

A pincér bort hoz.

A férfi táskákat visz.

A kisfiú keresi a kutyát.

MAGYARORSZÁG (I.)

Magyarország Közép-Európában, a Kárpát-medencében terül el. Körülbelül egyenlő távolságra fekszik az Atlanti-óceántól és az Urál hegységtől, illetve az Északi-tengertől és a Földközi-tengertől. Éghajlata mérsékelt, szárazföldi.

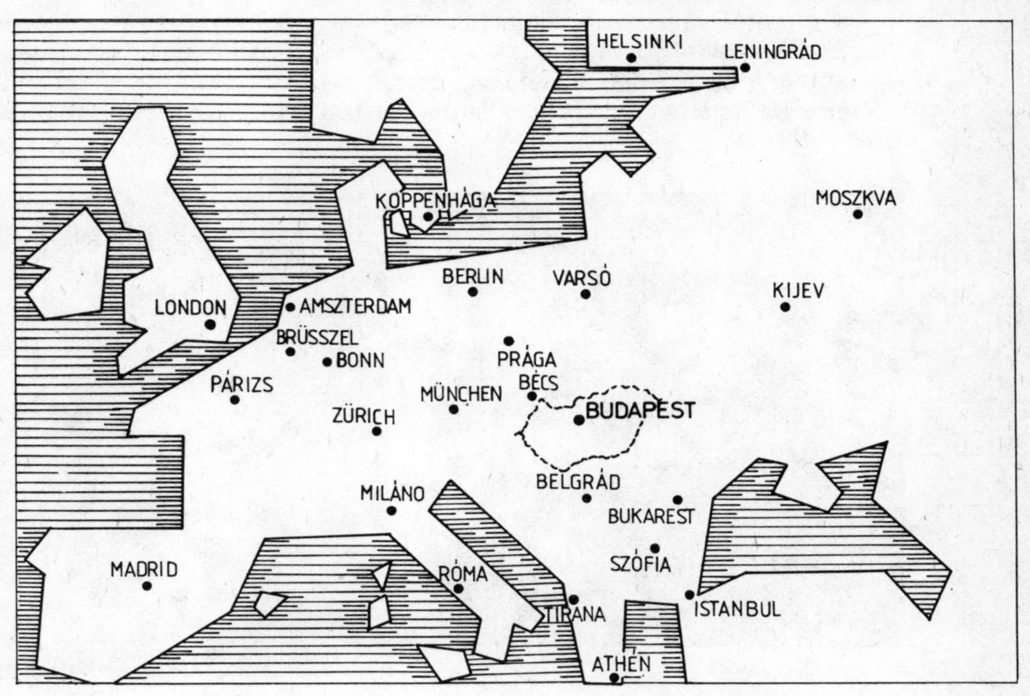

Az ország területe 93 ezer négyzetkilométer, tehát Magyaroszág a kis országok közé tartozik. Szomszédai (nyugatról észak, kelet és dél felé haladva): Ausztria, Csehszlovákia, a Szovjetunió, Románia és Jugoszlávia.

Az országot az északról dél felé folyó Duna osztja két nagy részre: az Alföldre és a Dunántúlra. A Dunántúl középpontjában fekvő nagy tavunk, a Balaton a Magyarországra utazó turistáknak egyik leggyakoribb célpontja.

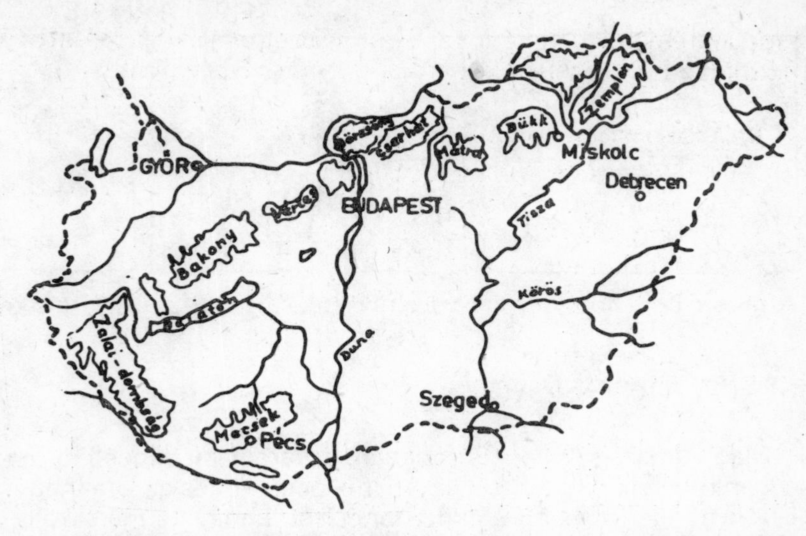

A Dunántúl változatos tájain hegységeket (Bakony, Vértes, Mecsek stb.), dombokat és síkságot is találunk. Az Alföldön folyik keresztül az ország második legnagyobb folyója, a Tisza. Az északi hegyvidék két legjelentősebb tagja a Mátra (itt található az ország legmagasabb pontja, a Kékes, 1015 m) és a Bükk.

Magyarországon a hőmérséklet évi átlaga plusz 10 C fok. Télen a mínusz 6–12 fokos hideg sem ritka, nyáron gyakori a plusz 30 fok feletti meleg. (A Magyarországon mért legnagyobb meleg +41,3, a legnagyobb hideg −34,1 C fok volt.)

Az ország lakosságának száma kb. tíz és fél millió. Nagyobb része a falvakban él. A lakosság húsz százaléka azonban Budapesten lakik. (Több mint kétmillió ember.) Jelentős városok még Miskolc, Debrecen, Pécs, Szeged és Győr. Külön megemlíthetők a történelmi és művészeti emlékeikről ismert városok: Sopron, Szombathely, Székesfehérvár, Veszprém, Esztergom és Eger.

8. Answer the questions:

1. Hol terül el Magyarország?
2. Van tengere Magyarországnak?
3. Milyen az éghajlata?
4. Mekkora a területe?
5. Mely országok a szomszédai?
6. Mi az ország két nagy része?
7. Mi a Balaton?
8. Milyen a Dunántúl?
9. Hol folyik a Tisza?
10. Hol van az ország legmagasabb pontja?
11. Hány méter magas a Kékes?
12. Mennyi Magyarországon a hőmérséklet évi átlaga?
13. Hány fok az országban eddig mért legnagyobb meleg?
14. Mennyi az eddig mért legalacsonyabb hőmérséklet?
15. Mennyi az ország lakossága?
16. Hány ember él a fővárosban?
17. Melyek a legjelentősebb városok?

131

Milyen?/Melyik?
-ható, -hető

A képek értékesek. A képeket a múzeumban láthatjuk.
Mely képek értékesek?
Azok a képek értékesek, amelyeket a múzeumban láthatunk.
A múzeumban lát**ható** képek értékesek.

≈ Ismerjük a múzeumban látható képeket.
A múzeumban látható képekről beszélgetünk.

Mit csinál?	Mit csinálhat?	Milyen?/Melyik?
olvas mér	olvas**hat** mér**het**	olvas**ható** mér**hető**
eszik iszik (meg)tesz (el)visz hisz	**ehet** **ihat** (meg)te**het** (el)vi**het** hi**het**	**ehető** **iható** (meg)te**hető** (el)vi**hető** hi**hető**

A múzeumban lát**ható**	képek	értékesek.	
	Pictures	that can be seen in the museum	are valuable.

Note

The suffix *-ható*, *-hető* can be added to transitive verbs only. The meaning of these adjectives is generally equivalent to that of the English adjectives -able, -ible.

e.g. *ehető* — eatable
iható — drinkable
hihető — believable

They usually have a negative correspondant with the formant *-hatatlan*, *-hetetlen*

e.g. *ehetetlen* — uneatable
ihatatlan — undrinkable
hihetetlen — unbelievable

9. Change the sentences as shown in the example:

A hallgatók sokat tanulnak a magyarázatból, amelyet jól lehet érteni.
A hallgatók sokat tanulnak a jól érthető magyarázatból.

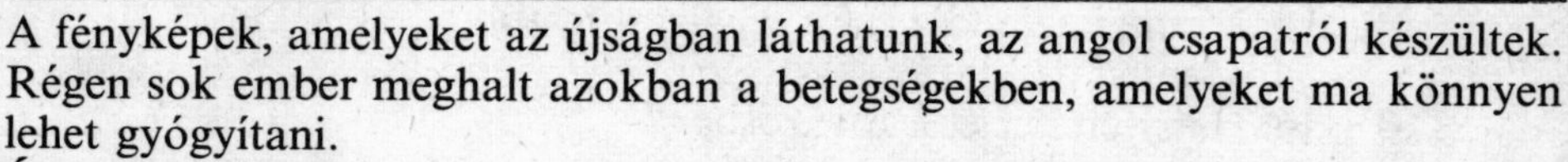

A fényképek, amelyeket az újságban láthatunk, az angol csapatról készültek.
Régen sok ember meghalt azokban a betegségekben, amelyeket ma könnyen lehet gyógyítani.
Évának nem tetszenek a ruhák, amelyeket az áruházban lehet kapni.
Az olyan ruhákat szeretem, amelyeket könnyen lehet mosni.
Ismered az összes műemléket, amelyet Budapesten lehet találni?
Vettünk egy szótárt, amelyet jól lehet használni.

10. Change the sentences as shown in the example:

Az én írásom olvasható. — A te írásod olvashatatlan.
A leves ehető. — A hús ehetetlen.

Ezek a szavak érthetők.
Az ő céljuk elérhető.
Ez a bor iható.
Ez a betegség gyógyítható.
A ti hibátok megmagyarázható.
Az érett gyümölcs eladható.
A jó toll használható.
Ez a hír hihető.
Az egyik közmondás lefordítható.

A lányok beszélgetnek. Közben a padon ülnek.
Hogyan beszélgetnek a lányok?
A lányok a padon ülve beszélgetnek.

— • —

Az almát ládába rakják. Így szállítják külföldre.
Hogyan szállítják külföldre az almát?
Az almát ládába rakva szállítják külföldre.

— • —

Az üzletet bezárták.
Az üzlet be van zárva.

A lányok a padon **ülve** beszélgetnek.
Girls are chatting sitt**ing** on the bench.

Az üzlet be van zárva.
The shop is closed.

In Hungarian verbal adverbs have the function of an adverb of mode, state or time. The latter can be seen in Section 133.

11. Answer the questions as shown in the example:

Hogyan reggelizünk, ha már késő van? (siet)
Ha már késő van, sietve reggelizünk.

Hogyan utazunk az autóbuszon, ha nincs üres hely? (áll)
Hogyan kell átmenni az úton? (vigyáz)
Hogyan beszélget Vera Zolival? (mosolyog)
Hogyan szereti ön a halat? (süt)
Hogyan megy fel Péter az emeletre? (fut)

Hogyan verte meg Matyi Döbrögit? (építésznek öltözik)
Hogyan ismerkedtetek meg? (a vonatot várja)
Hogyan töltötték a gyerekek a délutánt? (a parkban játszik)
Hogyan eszed a gyümölcsöt? (megmos)

12. Change the sentences as shown in the example:

Az áruházat bezárták.	Az áruház be van zárva.

Az autót lemosták.
A húst megsütötték.
Ezt a televíziót eladták.
A számlát kifizettük.
A boltot kinyitották.

133

Mikor?/Mi után?
-va, -ve

Éva kilépett a kapun. Azután elindult a megállóhoz.
Miután kilépett a kapun, Éva elindult a megállóhoz.
Kilép**ve** a kapun Éva elindult a megállóhoz.

Mit csinál?	Hogyan? Mikor? (Mi után?)
áll ül	áll**va** ül**ve**
játszik	játsz**va**
ugrik	ug*o*r**va**

!

jön megy tesz vesz visz fekszik alszik	jőve menve téve véve víve fekve alva

Kilép**ve** a kapun Éva elindult a megállóhoz.
Hav**ing** passed through the gate, Éva started towards the bus stop.
Verbal adverbs formed from a completive verb (mostly with a preverb) are antecedent in relation to the finite verb of the sentence.

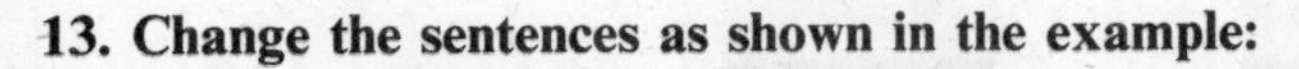

13. Change the sentences as shown in the example:

Miután megnézték a várost, a turisták továbbindultak.
Megnézve a várost a turisták továbbindultak.

Miután leszálltak a vonatról, az utasok taxit kerestek.
Miután kifizettük a számlát, kimentünk az étteremből.
Miután megvettem a könyvet, hazamentem.
Miután befejezted az egyetemet, egy gyárban kezdtél dolgozni.
Miután felmentetek a szobába, lefeküdtetek aludni.
Miután meglátta a barátnőjét, Kati átment hozzá az utca másik oldalára.

MAGYARORSZÁG (II.)

Magyarország 1945 után agrár-ipari országból ipari-agrár országgá alakult át. Az ipari termelés értéke ma sokkal nagyobb, mint a mezőgazdaságé.

A fejlett iparnak sok nyersanyagra és energiára van szüksége. Többre, mint amennyit a vízben szegény és más energiaforrásokban sem gazdag ország termelni tud. Ezért gyakran más országokból kell behozni (importálni) nyersanyagokat, olajat stb. Ugyanakkor sok terméket szállítanak külföldre (exportálnak). A magyar autóbuszok, rádiók, televíziók, műszerek és gyógyszerek az egész világon ismertek.

A magyar mezőgazdaság termékei már évszázadok óta keresettek Európában. Például régóta büszkék a magyarok a „királyok borának és a borok királyának" nevezett híres tokaji aszúra.

Az ország sok vidéke alkalmas arra, hogy különféle növényeket, zöldséget, gyümölcsöt termesszenek rajta. Más területeken az állattenyésztés a fejlettebb. A régi nagybirtokokból állami gazdaságokat, a kisgazdaságokból termelőszövetkezeteket szerveztek. Ma már természetesen a mezőgazdaságban is általánossá vált a gépek használata.

Aki a magyar ipar és mezőgazdaság általános színvonaláról akar képet kapni, nézze meg a Budapesti Nemzetközi (ipari) Vásáron látható vagy az Országos Mezőgazdasági Vásáron kiállított árukat!

KÖZMONDÁS:

Járt utat a járatlanért el ne hagyj!
Don't leave the beaten track.

14. Answer the questions:

1. Miért importál Magyarország nyersanyagokat és olajat?
2. Melyek Magyarország fő exporttermékei?
3. Mi a leghíresebb magyar bor?
4. Mivé alakultak át a régi nagybirtokok?
5. Miket szerveztek a kisgazdaságokból?
6. Mit mutat be a Budapesti Nemzetközi Vásár és az Országos Mezőgazdasági Vásár?

15. Look at the map and answer the questions:

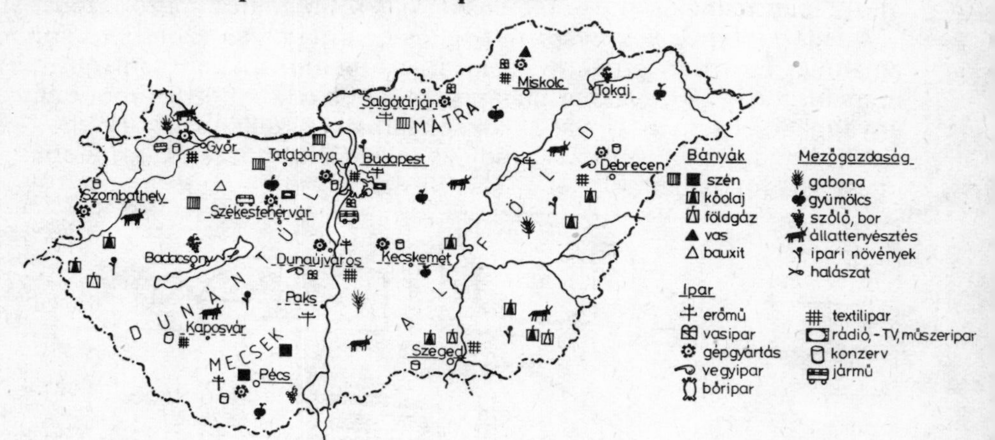

1. Milyen ásványi kincseket találunk Magyarországon?
2. Milyen energiaforrások vannak az országban?
3. Hol van a legtöbb kőolaj?
4. Hol van szén?
5. Melyek a legfontosabb iparágak?
6. Hol gyártanak televíziókat és rádiókat?
7. Hol készülnek járművek?
8. Mely városokban vannak gépgyárak?
9. Hol vannak textilgyárak?
10. Mely vidékeken termelnek sok gabonát?
11. Hol termelnek sok szőlőt és bort?
12. Az országnak mely tájain foglalkoznak állattenyésztéssel?
13. Milyen gyümölcsöket termelnek Magyarországon?
14. Milyen állatokat tenyésztenek?

NÉPDAL

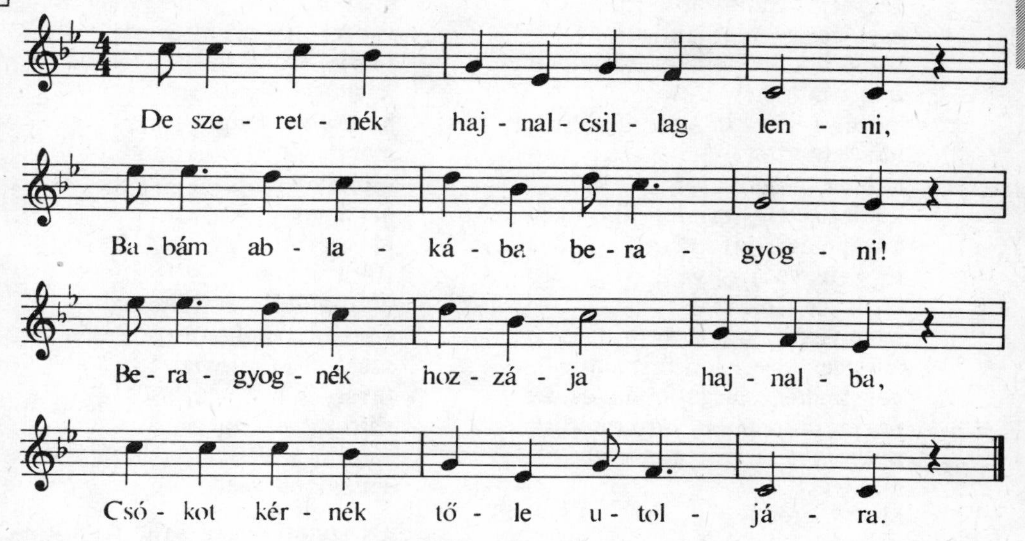

De szeretnék hajnalcsillag lenni,
Babám ablakába beragyogni!
Beragyognék hozzája hajnalba,
Csókot kérnék tőle utoljára.

SZAVAK

Igék

behoz (vmit) import
bemutat (vmit) present
egyesít (vmit) unite, join
elhagy (vt) leave
elkezd (vmit) begin, start
felépít (vmit) build up
felépül be built up
gyárt (vmit) produce, make
importál (vmit) import
készül (vmire) prepare oneself
kiállít (vmit) exhibit
kicserél (vmit) change
kimerül run down
megemlít (vmit) mention
meghal die
oszt (vmit) divide
szed (vmit) pick
szervez (vmit) organize
üdvözöl (üdvözlök) (vkit) greet

Főnevek

aszú famous wine of Tokay
átlag average
bauxit (-ja) bauxite
bőripar leather-industry
célpont (-ja) target, aim
éghajlat climate
elem battery
energia energy
energiaforrás source of energy
erőmű (-vek) power-station
érték value
exporttermék product for export
földgáz natural gas
futó runner, racer
gazdaság farm, economics
gépgyár (-ak) machine factory
gépgyártás machine production
halászat fishing

használat use, usage
hegység mountain(s)
hegyvidék highlands
hőmérséklet temperature
ipar industry
iparág (-ak) industrial sector
írás writing
kalauz conductor
kőolaj (-at) (crude) oil
középpont (-ja) centre
légy (legyek) fly
medence basin
mennyiség quantity
műszer precision instrument
nagybirtok large/feudal estate
négyzetkilométer square kilometer
nyersanyag raw material
olaj (-at) oil
olvasó reader
pont (-ja) point
rendező director
rugó spring
szén (szenet) coal
síkság plain, lowlands
százalék percent
színvonal (-ak) level, standard
textilgyár (-ak) textile factory
textilipar textile industry
tömegközlekedés masstransportation
úszó swimmer
vas (-at) iron
vasipar iron industry
vasútvonal (-ak) railway line
vegyipar chemical industry
vevő purchaser, buyer

Melléknevek

agrár agrarian
alkalmas (vmire) good, suitable
állami state
általános general
ásványi mineral
egyenlő equal
érett ripe, mature
fejlett developed
(vhány) fokos . . . degree
gyakori frequent
ismert (well) known
ipari industrial
jelentős significant
keresett sought after
mérsékelt moderate
mínusz minus
országos national
plusz plus
ritka rare
szárazföldi continental
szegény (vmiben) poor
szeretett beloved
tavalyi last year's
változatos varied

Tulajdonnevek

az Atlanti-óceán the Atlantic Ocean
a Bakony
a Bükk
az Északi-tenger the North Sea
a Földközi-tenger the Mediterranean (Sea)
a Kárpát-medence the basin sorrounded by the Carpathians
Közép-Európa Central Europe
a Mátra
a Mecsek
Sopron
Székesfehérvár
Szombathely
az Urál hegység Ural Mountains
a Vértes
Veszprém

Egyéb szavak

által by
bennünket us
egyenesen straight, directly
keresztül (vmin) through
külön separate(ly)
máskor another time
millió million

számtalan innumerable
ugyanakkor at the same time

Kifejezések

állami gazdasági state farm
ásványi kincs (-ek) mineral resources
harmincnégy egész egy tized (34,1) thirty four point one

16. Speak about the physical geography of your country.

17. Write a short composition on the economic life of your country.

18. Fill in the blanks:

a) – Máskor nem megy... ( ) iskolába! – mondta az első nap után az iskolából hazaérkez... kisfiú.

– Miért nem? – kérdezték csodálkoz... a szülei.

– Azért, mert sem ír..., sem olvas... nem tudok, beszélget... pedig nem engednek.

b) Az egész világon ismer... egyetemi tanár egyszer bemegy... egy étterembe. Csak az asztalhoz ül... vette észre, hogy otthon felejt... a szemüvegét. Ezért megkér... a hozzá siet... pincért, hogy – – – (elolvas) neki az étlapot. Ekkor a pincér az ősz hajú öregemberre mosolyog... így szól...:

– Nagyon sajnál..., uram, de én sem tudok olvas....

c) Megvizsgál... egy néhány nappal azelőtt nála jár... beteget az orvos így szólt:

– Látom, hogy már nagyon szépen gyógy....

– Igen, mert mindent úgy csináltam, ahogy a gyógyszer üvegére fel volt ír... – felelte a gyorsan gyógyul... beteg.

– És mi volt felír... az üvegre? – kérdezte az orvos.

– Az üveget sötét helyen és jól bezár... kell tart... – felelt a beteg.

19. Short dialogues:

– Nyitva van az üzlet?
– Nem, kérem. Már zárva van.

– – – – – – – – – – – – – – – – – – pénztár?
– –

– Megérkezett már a londoni gép?	– _____________ a bécsi gyors?
– Még nem. Már itt kellene lennie, de késik.	– _____________________
– És mikorra várható az érkezése?	– _____________________
– Körülbelül fél hatra.	– _____________ negyed nyolcra.

—— • ——

– Mondja, kérem, mettől meddig van nyitva a múzeum?	– _______________ az áruház?
– Reggel tíztől este hatig.	– _____________ délután ötig.
– És mindennap nyitva tartanak?	– _____________________
– Nem, kérem. Hétfőn a múzeum zárva van.	– _______. Vasárnap ______

—— • ——

– Megnézné, mi a baja ennek az órának?	– ______________ a rádiónak?
– Eltörött egy rugója. Ki kell cserélni.	– Kimerült az elem benne. _____
– Mikorra lesz kész?	– _____________________
– Csütörtök délután jöhet érte.	– Egy pillanat alatt kicserélem.

20. Translate:

a) Magyarország területe kicsi. A legnagyobb távolságokat is megtehetjük néhány óra alatt autón vagy gyorsvonaton utazva. A Balaton Budapesttől két óra alatt elérhető. A kis falvakban élő lakosokat autóbuszok szállítják a városokba. A tömegközlekedés színvonala jó, számtalan vasútvonalunk van. Az utakról szólva meg kell mondanunk, hogy a kis falvakat összekötő utak általában elég rosszak. Az újabban épült autópályákra azonban a külföldiek sem panaszkodhatnak.

b) Budapest, our beloved capital is one of the most beautiful cities in Europe and this is not only our opinion. The city lying on the two banks of the Danube with the Buda Hills is beautifully situated (gyönyörű fekvése van). This was known even by the old Romans (rómaiak) who lived here for centuries. The ruins of the city built by them two thousand years ago, can be seen in the northern part of Buda. Up to the last century there were three cities in this territory: Buda, Óbuda and Pest. The city which was united* in 1873 was named Budapest. The first bridge connecting Buda and Pest was built in 1844. In the past decades our city has become increasingly beautiful and large. We are very proud of it.

* unite — *egyesít vmit*

SZERETNÉK MAGYARUL TANULNI

– Tessék kérem, mit parancsol?
– Szeretnék magyarul tanulni. Tudna valamilyen információt adni a lehetőségekről?
– De hiszen ön már egész jól beszél magyarul!
– Jól? Ez talán túlzás. Alig tudok valamit. De nem szeretném elfelejteni azt a keveset, amit már megtanultam.
– Könyvből tanult, talán tanártól is?
– Dehogy. Illetve nagyon is sok tanárom volt. Tavaly Magyarországon töltöttem a nyarat, s a magyar emberektől kaptam gyakorlati nyelvleckét Budapesten, a Balaton partján s mindenhol, ahol jártam.
– S mennyi ideig tartott ez a magyarországi látogatás?
– Sajnos csak hat hétig.
– S most mennyi időre jött?
– Most négy hétre. Idén sajnos csak egy hónap szabadságom van.
– Ez bizony nem sok. De ha jól kihasználja, nagyon sokat fejlődhet.

134

Tamás mérnök. Londonban dolgozik.
Tamás mérnök**ként** dolgozik Londonban.
Tamás **mint** mérnök dolgozik Londonban.

Hogyan?
-ként

Tamás mérnök**ként** dolgozik Londonban.
Tamás works in London **as** an engineer.

1. Change the sentences as shown in the example:

Mint turista háromszor jártam Franciaországban.
Turistaként háromszor jártam Franciaországban.

Péter öt évet töltött külföldön mint diák.
Mint munkások dolgoztok a gyárban.
Tamás egy hónapig nyaralt Magyarországon mint Laciék vendége.
Ludas Matyi mint fiatal legény ment el a falujából, és mint érett férfi tért vissza, hogy Döbrögit megverje.
Sokan használják a kerékpárt mint közlekedési eszközt.

135

Mindennap indul repülőgép Londonba.

Mikor? | **-nként**

Naponként indul repülőgép Londonba.

(-o, -a, -e, -ö, -)-**nként**

perc**enként**
óra**nként**
csütörtök**önként**
stb.
! hónap**onként** ~ hav**onként**

Naponta indul repülőgép Londonba.

-nta/-nte

nap**onta**
het**ente**
hav**onta**
év**ente**

Óránként három busz indul Szegedre.
Havonként kétszer megyek moziba.
Hetente háromszor van magyaróránk.

Nap**onként**
Nap**onta** indul repülőgép Londonba.

There is a plane to London **daily**.

There is no essential difference between these two suffixes in their above usage. The suffix *-nként* has other usages too.

E.g. *egyenként* – one by one
óránként – per hour
kötetenként – per volume
fejenként – per person, per head
helyenként – here and there
időnként – now and then, from time to time

2. Change the sentences as shown in the example:

Tamás minden héten ír a szüleinek.
Tamás hetenként ír a szüleinek.

Minden évben egyszer elutazom külföldre.
Mindennap kapok levelet.
Az autóm minden órában száz kilométert tesz meg.
A család minden este a tévét nézi.
A fiúk délután általában a pályán futballoznak.
Minden vasárnap moziba megyek.

Ez a folyóirat minden két hétben jelenik meg.
Minden órában több repülőgép indul a repülőtérről.
Délelőtt általában kicsi a forgalom az utcákon.
A színház minden héten öt előadást tart.

3. Change the sentences in Exercise 2 as shown in the example where possible:

Tamás hetente ír a szüleinek.

---

4. Fill in the blanks with the correct words chosen from the list:

A Balatonnál nyáron általában jó az idő. ___ azonban erős viharok is vannak.
A Balaton mélysége átlagosan 3 méter, ___ azonban a 8–10 métert is eléri.
A kiránduláson részt vevő turisták ___ 50 forintot fizettek.
Ez a háromkötetes könyv ___ 90 forintba kerül.
Magyarország népsűrűsége ___ 113.
A társaság ___ megnézi a fényképeket.
A vonat ___ 80 kilométeres sebességgel halad.

egyenként
óránként
helyenként
időnként
négyzetkilométerenként
kötetenként
fejenként

136 DEVERBAL DERIVATION

Mit csinál?	
	Mit csinál?
épít tanul	épít**tet** tanul**hat**
	Milyen?
sétál lát ért olvas	sétá**ló** lát**ott** ért**hető** olvas**hatatlan**
	Hogyan?
fut	fut**va**
	Mi?
főz hoz*at* termel él	főz**ni** hoz*at***ni** terme**lés** él**et**

5. Fill in the blanks with the correct derivatives of the verbs given on the right:

Az újságot ___ lány a padon ül. Sajnos nem tudok angolul ___ . Jól ___ az írásod. Szeretném el___ veled ezt a levelet. Az ___ a kedvenc szórakozásom.	olvas
A múlt héten meg___ óra újra elromlott. Az autó ___ 1500 forintba került. Az utat ___ munkások ebédelni mentek. Ki akarom ___ minden hibámat. Péter mindig ebben a műhelyben ___ a rádióját.	javít
A külföldön ___ magyarok gyakran gondolnak Magyarországra. A tengerészek ___ nagyon érdekes. Minden ember sokáig szeretne ___ . Külföldön ___ sok érdekes embert és szokást ismerhetünk meg.	él
A bárban ___ fiatalok jól érzik magukat. Nem lehet mindig dolgozni, ___ is kell. A vitorlázás nagyon kellemes ___ . Amikor olvasunk, ___ tanulunk.	szórakozik
Az anya türelmesen ___ a kisfiát. Ez a hús nagyon kemény. Teljesen ___ . Egyes emberek életének a központja az ___ , az ivás és az alvás. Az orvos szerint a tegnap ___ halászlétől fáj a gyomrom.	eszik

TÖRTÉNELMI LECKE (I.)

A finnugor népek családjából származó magyarok a IX. század végén (896) foglalták el ezt a földet. A magyar állam megteremtője I. István király volt (1000–1038). A következő évszázadokban fokozatosan kialakult a feudális rendszer.

A magyar történelem legnagyobb királya az erős központi hatalmat szervező Mátyás volt (1458–1490). Uralkodása alatt az ország katonai és gazdasági ereje sokat fejlődött. Az Olaszországban született reneszánsz kultúra is eljutott Magyarországra. Mátyás okkal volt büszke Budán és Visegrádon épített palotáira, híres könyvtárára.

Mátyás halála után a parasztok élete annyira nehézzé vált, hogy 1514-ben Dózsa György vezetésével fegyvert fogtak uraik ellen. A felkelést leverték, és az urak kegyetlen bosszút álltak Dózsán és emberein. A parasztháború miatt meggyengült az ország. Többé nem tudott ellenállni az egyre erősödő török támadásoknak. Az 1526-os vesztett mohácsi csata után Magyarország három részre szakadt.

A 150 évig tartó török elnyomás alól felszabadult ország egészében a Habsburgok kezébe került. Rákóczi Ferenc vezetésével szabadságharc kezdődött. A nyolcévi harc (1703–1711) után legyőzött magyar nép máig is őrzi Rákóczi emlékét. Magyarország ezután teljesen Ausztriától függött.

6. Answer the questions:

1. Mikor volt a honfoglalás? (Mikor foglalták el a magyarok a Kárpát-medencét?)
2. Ki volt I. István?
3. Mettől meddig uralkodott Mátyás király?
4. Miért tartják a magyar történelem legnagyobb királyának?
5. Hol született a reneszánsz kultúra?
6. Mire lehetett büszke Mátyás?
7. Miért fogtak fegyvert 1514-ben a parasztok?
8. Ki vezette őket?
9. Mi történt a felkelés leverése után?
10. Mikor volt a mohácsi csata?
11. Kik győztek a mohácsi csatában?
12. Mi volt a csata következménye?
13. Mennyi ideig voltak a törökök Magyarországon?
14. Kik ellen indított szabadságharcot Rákóczi Ferenc?
15. Mennyi ideig tartott a szabadságharc?
16. Sikerült győznie Rákóczinak?
17. Elfelejtette a magyar nép Rákóczit?

137 DENOMINAL DERIVATION

Mi?		
	Mi?	
hal	hal**acska**	(-o, -a, -e, -ö, -́) **-cska** / **-cske**
asztal	asztal**ka**	**-ka, -ke**
	Milyen?	
Budapest	budapest**i**	**-i**
szín	szín**es**	(-o, -a, -e, -ö, -́) **-s**
rend	rend**etlen**	**-talan, -telen (-atlan, -etlen)**
szem	(kék) szem**ű**	**-(j)ú, -(j)ű**
	Mit csinál?	
só	(meg)só**z**	(-o, -a, -e, -ö, -́) **-z**
futball	futball**ozik**	(-o, -a, -e, -ö, -́) **-zik**
mese	mesé**l**	(-o, -a, -e, -ö, -́) **-l**

halacska – little/tiny fish
asztalka – little table

7. ***a)* A mother is speaking to her little son. Fill in the correct form of the ending *-cska, -cske:***

Gyere kisfiam fürdeni! Nézd, milyen jó meleg a víz. . .! Mosd meg szépen a fül. . ., a kéz. . ., a láb. . .! Most gyere, törülközz meg! Töröld meg az arc. . ., a nyak. . .! Öltözz fel! Vedd fel az új ruha. . . és cipő. . .!

b)* Who is it? What is it? Use the endings *-i; -s; -talan, -telen, -atlan, -etlen; -ú, -ű:

lámpa, amely a falon van – fali lámpa

hajó, amely a tengeren jár –
ember, akinek sikere van –
ház, amelynek kertje van –
híd, amely Szegeden áll –
feladat, amelyben nincs hiba –
lány, akinek fekete haja van –
szoba, ahol nincs rend
motor, amely nagy zajt csinál –
vidék, ahol sok erdő van –
férfi, akinek nagy ereje van –
könyv, amelyben 200 oldal van –

***c)* Fill in the blanks with the given words:**

séta – sétál
Tegnap délután kellemes ___ tettünk a Margitszigeten.
Kati Péterrel ___ a Duna-parton.
Tegnap délután kellemes sétát tettünk a Margitszigeten.
Kati Péterrel sétál a Duna-parton.

ebéd – ebédel
Ebben az étteremben nagyon jól lehet ___ .
A mai ___ mindenkinek nagyon ízlett.

labda – labdázik
A gyerekek új ___ kaptak a nagyapjuktól.
Két gyerek ___ a parkban.

sport – sportol
Magyarországon a futball a legnépszerűbb ___ .
Elsősorban a fiatalok ___ .

reggeli – reggelizik
___ után a városba indulunk.
Minden reggel otthon ___ (1).

nap – napozik

Augusztusban Magyarországon melegen süt a ___ .
A lányok a Balaton partján ___ .

cigaretta – cigarettázik

Ti nem ___ ?
Menj le a trafikba egy doboz ___ .

fénykép – fényképez

Ezek a színes ___ jól sikerültek.
Itt nem szabad ___ .

só – megsóz

___ (2 2) a levest!
Nincs ___ az asztalon.

138 DEADJECTIVAL DERIVATION

Milyen?		
	Mit csinál?	
kész.	kész**ít**	**-ít**
gyors	gyors**ul**	**-ul, -ül**
erős	erős**ödik**	**-odik, -edik, -ödik**
	Mi?	
nagy	nagy**ság**	**-ság, -ség**

8. Complete the sentences with the correct form of the verb formed from the adjective:

Magyarországon évente több, mint tízezer autóbuszt ___ . | kész
Magyarországon évente több, mint tízezer autóbusz ___ . |
Magyarországon évente több, mint tízezer autóbuszt készítenek.
Magyarországon évente több, mint tízezer autóbusz készül.

Ezt a gyárat két évvel ezelőtt ___ . | ép
Ez a gyár két évvel ezelőtt ___ . |
Az én autóm nem ___ olyan jól, mint a tied. | gyors
Nem érdemes ___ , úgyis piros a lámpa. |
___ (2), mert itt rossz az út! | lassú
Délután négy óra körül nagyon le___ |
a városban a forgalom. |

A beteg nagyon le___ a láztól.
A láz nagyon le___ a beteget. | gyenge

Most ne menjünk vitorlázni, ugyanis egyre ___ a szél!
Magyarország ___ kapcsolatait a többi országgal. | erős

A Balaton vize 26 fokra is fel___ .
Már hideg ez a kávé. ___ (2) meg! | meleg

9. Put nouns formed from the adjectives in brackets into the sentences:
(sebes, széles, magas, beteg, tiszta, rendetlen, sötét)

Megmérem a szoba ___ .
Megmérem a szoba magasságát.

Ennek a gépkocsinak a legnagyobb ___ 120 kilométer óránként.
A legtöbb fertőző ___ ellen ma már tudunk védekezni.
A gyerekek szobájában soha sincs ___ .
A ___ fél egészség.
Budapestnél a Duna ___ körülbelül fél kilométer.
Olyan nagy a ___ , hogy nem látok semmit.

139 DENUMERAL DERIVATION

Hány?	
	Hány**ad?**
hat	hat**od**
	Hány**adik?**
hét	het**edik**
	Hány**as**?
öt	öt**ös**

10. Answer the questions:

a) Hányas az ön szobája?
a cipője?
a ruhája?
az autóbusz, amelyen utazni szokott?

b) Hányas szobában lakik?
cipőt hord?
ruhát visel?
autóbuszon szokott utazni?

11. Give short answers to the questions based on the numeral in brackets:

(5)

Hányan ülnek az autóban?
A hétnek hányadik napja a péntek?
Az ország lakosságának hányadrésze lakik Budapesten?
Hányas autóbusz indul az Erzsébet-hídtól?
Hányszor több tíz kettőnél?

(2)

Hányadikán volt a meccs?
Hánykor indul a vonat Szegedre?
Hányadik emeleten van a szobája?
Hányas széken ül?
Hányszor volt már Magyarországon?

(7)

Hányadik sorba kér jegyet?
Hányadikán lesz az előadás?
Hánykor találkozunk?
Tíznek hányszorosa a hetven?
Hányas villamosra vársz?

TÖRTÉNELMI LECKE (II.)

A XIX. század első felében megindult a harc a nemzeti függetlenségért és a társadalmi haladásért. A független, demokratikus Magyarország megteremtése volt a cél. Ez a harc több, mint száz évig tartott. Legfényesebb napjait „három tavasz" néven szokták említeni.

1848. március 15-én Pesten kitört a forradalom, amelynek egyik vezetője a nagy magyar költő, Petőfi Sándor volt. A polgári forradalom és az utána következő szabadságharc, amelyet Kossuth Lajos vezetett, a belső társadalmi ellentétek és a nemzetközi politikai helyzet miatt elbukott.

Az első világháború után, 1919. március 21-én először vette kezébe a hatalmat a magyar munkásosztály. A Magyar Tanácsköztársaság nagyon sokat tett a dolgozó emberekért. A Tanácsköztársaságot azonban 133 nap után leverték. Huszonöt évig kellett várni arra, hogy újra a nép uralkodhasson Magyarországon.

A második világháború idején a reakciós uralkodó osztályok háborúba vitték a magyar népet is. 1944-ben a német fasiszták elfoglalták az országot, amelyet a Szovjetunió szabadított fel. 1945. április 4-e a felszabadulás ünnepe.

A felszabadulás után a magyar nép legfontosabb feladata az volt, hogy hazáját újjáépítve elinduljon a béke, a haladás, a szocializmus útján.

12. Answer the questions:

1. Miért indult meg a harc Magyarországon a XIX. század első felében?
2. Mi volt a cél?
3. Mennyi ideig tartott ez a harc?
4. Melyek a „három tavasz” fő dátumai?
5. Mi történt Pesten 1848. március 15-én?
6. Ki volt a forradalom egyik vezetője?
7. Ki volt Kossuth Lajos?

8. Miért bukott el a szabadságharc?
9. Mi történt 1919. március 21-én?
10. Mennyi ideig tartott a Magyar Tanácsköztársaság?
11. Részt vett Magyarország a második világháborúban?
12. Mikor szabadult fel az ország?
13. Milyen úton halad azóta a magyar nép?

KÖZMONDÁSOK:

Hallgatni arany.
Silence is golden.

Evés közben jön meg az étvágy.
Much will have more.

NÉPDAL

Elindultam szép hazámból,
Híres kis Magyarországból.
Visszanéztem félutamból,
Szememből a könny kicsordult.

SZAVAK

Igék

cigarettázik smoke (a cigarette)
elbukik fail, be suppressed
ellenáll (vnek) resist, offer resistance
említ (vt) mention
erősít (vt) make stronger
erősödik become stronger

felmelegedik (-melegszik) get warm
felszabadít (vmit) liberate
felszabadul be liberated
fényképez (vt) photograph
függ (vtől) depend on
gyorsít (vmit) accelerate
gyorsul become faster
hord (vmit) wear
indít (vmit) start, initiate
ízlik be to one's taste, sg tastes good
készül be produced
kialakul form, develop, take shape
kihasznál (vmit) utilize, make use of
kijavít (vmit) correct
kitör break out
lassít (vmit) slow down
legyengít (vt) weaken
legyengül be weakened
lelassul slow down
lever (vmit) beat, suppress
meggyengül become weak(er)
meghosszabbít (vmit) lengthen, prolong
megindul begin
megteremt (vmit) create, produce
megtöröl (vmit) dry, wipe
megtörülközik dry oneself
őriz (őrzök) (vt) guard, watch
sóz (vmit) salt
szakad divide
származik (vhonnan) descend from, come (of)
újjáépít (vmit) reconstruct
uralkodik rule, reign
ültet (vmit) plant
védekezik (v ellen) defend oneself from
veszt (vmit) lose
visel (vmit) wear
visszatér (vhova) return

Köznevek

alvás sleeping
béke peace
bosszú revenge
dátum date
ellentét opposite, contrast
elnyomás oppression
eszköz instrument, medium
evés eating
fegyver weapon, arm(s)
felkelés (up)rising
forradalom (forradalmak) revolution
függetlenség independence
hányad(rész) part, proportion
háború war
haladás progress(ion)
halál death
hatalom (hatalmak) power
haza home land, country
helyzet situation
honfoglalás conquest (of Hungary by the Hungarians)
információ information
ivás drinking
javítás repairing, correction
kapcsolat connection, relation
kötet volume
kultúra culture, civilization
következmény consequence
látogatás visit
leverés suppression
megteremtés creation, formation
munkásosztály working class
műhely workshop
nagyság size, bigness, greatness
népsűrűség density of population
nyelvlecke language lesson
olvasás reading
osztály class
parasztháború peasant uprising
rendetlenség disorder, mess
rendszer system
sötétség darkness
siker success
szabadságharc war of liberty
szocializmus socialism
szórakozás entertainment, fun, amusement, pastime
tanács council
tisztaság cleanliness, neatness

trafik (-ja) tobacconist's (shop)
túlzás exaggeration
uralkodás rule, reign(ing)
üzenet message
városrész district, area (of a city)
vezetés leadership
világháború world war
vitorlázás sailing
vízum visa

Melléknevek

erdős wooded
fali wall-
fasiszta fascist
fertőző contagious
feudális feudal
finnugor (-ok) Finno-Ugrian
fokozatos gradual
független independent
gazdasági economic(al)
gyakorlati practical
katonai military
kétszeres double, twofold
köteles be obliged to
lehetetlen impossible
polgári civil, bourgeois
politikai political
reakciós reactionary
reneszánsz renaissance
sebes fast
sikeres successful
társadalmi social
tengeri sea-
türelmes patient
uralkodó ruling

Tulajdonnevek

I. István Stephen I.
Dózsa György
Habsburgok the Habsburgs
Rákóczi Ferenc
Petőfi Sándor
Kossuth Lajos
Magyar Tanácsköztársaság Hungarian Councils' Republic

Egyéb szavak

egészében (in) all, on the whole
egyenként one by one
(vmi) ellen against (of)
évente yearly
fejenként per head, per person
hatod sixth
hányad? what/how big a part, proportion?
hányas? what size/number?
hányszoros? how much? how many times?
havonta monthly
helyenként in some places, here and there
hetente weekly
időnként from time to time, now and then
naponta daily
többé more, longer

Kifejezések

vki okkal büszke vmire sy is rightly proud of sg
bosszút áll vkin take revenge on sy
fegyvert fog vki ellen take up arms against sy
kezébe veszi a hatalmat take over the power
vkinek a kezébe kerül land in one's hand/power
őrzi vkinek az emlékét cherish the memory of sy
vkinek a vezetésével led/headed by sy, under the leadership of sy
uralkodó osztály ruling class
Az ország három részre szakadt. The country was divided into three parts.
vmennyi utat megtesz cover a distance
közlekedési eszköz vehicle (of transport)

13. Let's talk about historical monuments: Which monuments do you know in Hungary?

a) In Budapest:

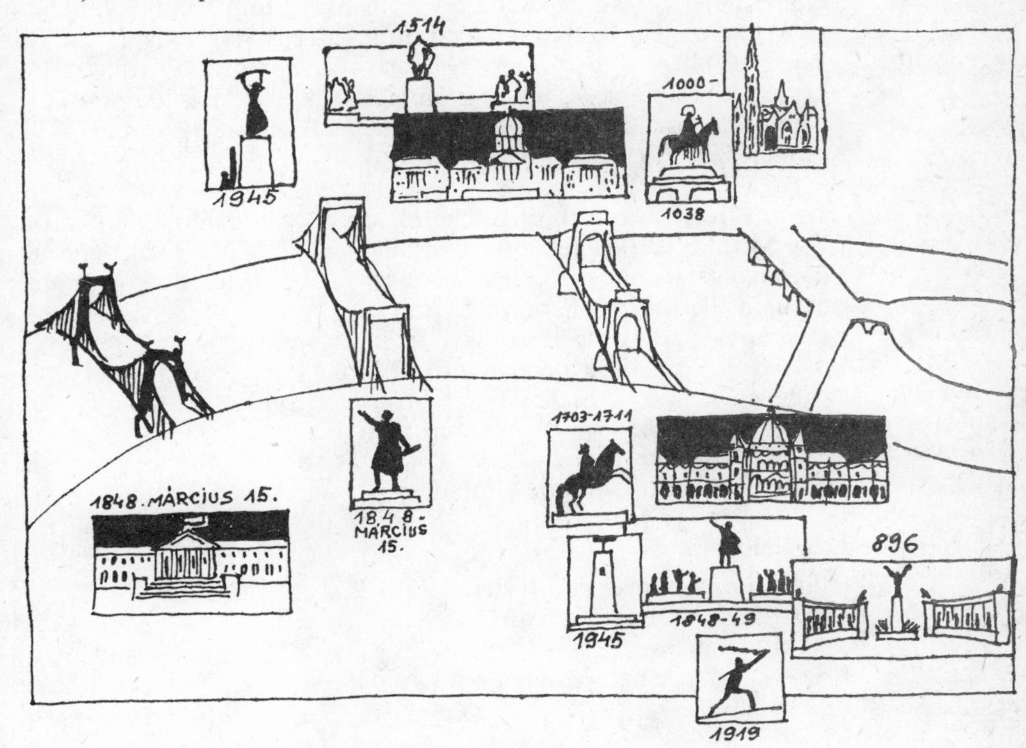

List them in chronological order.
Which events are they related to?

b) In the country (e.g. in Visegrád).

14. Talk about the history of your country.

15. Fill in the blanks:

a) Kovács Laci egyetemre akar menni. A felvételi vizsgára készül. Két hét. . . ___ fejezte be a középiskolát, és egy hét ___ lesz a felvételi vizsgája. Már hónapok ___ mindennap hat-nyolc óra. . . tanul. Reggel hat. . . kel, egy fél óra. . . tornázik vagy úszik. Reggeli ___ tanulni kezd, és déli egy óra. . . szünet nélkül a könyvei mellett ül. Ebéd ___ is arra gondol, amit ___ tanult. Ebéd ___ egy óra. . . pihen, majd folytatja a tanulást. Hat óra. . . már nagyon fáradt. Az esti órák. . . sétál, vagy moziba megy. Még egy hét. . . tart ez a nehéz munka. Ha sikerül a felvételi vizsgája, ősz. . ., szeptember. . . egyetemi hallgató lesz.

b) A Barátság Termelőszövetkezet egy földbirtokos birtoka... alakult. 1945 után minden parasztcsalád kapott a föld.... Tíz év múlva a kisbirtokok... termelőszövetkezetet szerveztek. A termelőszövetkezetben ma már modern gépek... dolgoznak. Nyáron sok... több munka van, mint télen, ezért a termelőszövetkezet a nyári munkák egy részét idegen munkások... végezteti el. A zöldség nagy részét a közeli konzervgyárba szállítják, ott konzerv... dolgozzák fel. A gyümölcs... külföldre is szállítanak. A tej... vaj és sajt készül. A elmúlt évtizedekben a Barátság az ország egyik legjobb termelőszövetkezete... fejlődött.

c) Az új városrészben a környék fiataljai parkot építenek. Ma fákat ültetnek. Csoportok... érkeznek a park területe... ___ (dolgozik). Kezük... különböző szerszámokat hoznak. Vidám... kezdenek dolgozni. Néhány fiú az út mellett álló teherautó... siet a fák.... Gyors... leveszik őket a teherautó..., és vigyáz... odaviszik, ahova ültetni fogják. A lányok segítenek azok..., akik a fákat ültetik. Munka ___ beszélgetnek egymás..., vagy énekelnek. Minden fiatal öröm... gondol arra, hogy ezek a kis vékony fák néhány év ___ szép nagy fák... fejlődnek. A ma még üres terület... rövid idő ___ szép fák... és virágok... tele park lesz. Ez... a cél... szíves... dolgozik mindenki.

16. Short dialogues:

– Sajnos, ez az útlevél már lejárt.
– Lehetetlen, hiszen meg van hosszabbítva egy évre.
– Igaza van, bocsánat. Minden rendben van.

– ___ vízuma ___ ___ .
– ___ ___ ___ ___ két hónapra.
– ___ ___ ___ ___ ___

– ___ ___ __ a jogosítványa ___ ___ _
– ___ ___ ___ ___ két évre.
– ___ ___ ___ ___

— • —

– Legyen szíves megmondani, van-e levél számomra!
– Mi a neve, uram?
– Kovács Péter.
– Igen, két levele is van.

– ___ ___ ___ ___ üzenet ___ __
– ___ ___ ___ , kisasszony?
– ___ Éva.
– ___ ___ _ üzenete ___ _ .

FIFTH TEST

I. Complete the text:

– Mi leszel, ___ nagy leszel? – kérdezik gyakran a felnőttek a gyerekeket, ha találkoznak ___(3 3). És a válasz nem vár... sokáig maga...: „orvos", „katona", „szerelő".

Hogy... készül egy gyerek az élet...? ___ iskolába kerülne, a kisgyerek három év... korától óvodába mehet. Itt nemcsak vigyáznak ___(3 3), ___ ___ (játszik), szórakoztatva már az iskolára is készít... őket.

Hatéves korban nagy változ... történik a gyerekek életében: iskolai tanuló... válnak. Életükben egyre ___ (sok) helyet foglal el a tanul..., és kevés... az idő arra, hogy ___ (játszik). Miközben végigjárják az általános iskola nyolc osztályát, fokozatos... eljutnak a gyerekkor határ.... A nyolcadik osztályban már mindenki... válaszolni... kell arra a kérdés..., hogy mi akar ___ (van).

Aki nem akar középiskola... vagy egyetem... menni, tizenhat éves kor... (3) az... is tanulni... kell. Anélkül, hogy tanul..., ma már senki sem érheti el célját. Egyetemre azonban csak azok mehetnek, akik jó eredménnyel végzik ___ a középiskolát. A ...több egyetemre ___ sokan szeret... menni, ___ ha mindenkit felvesz..., három...-négy... több hely... ___ (van) szükség.

Score:

(max.: 40)

II. Complete the text:

Télen már délután ___ sötét van, ___ este lenne.
Szeretném megvárni, hogy ___ (hazajön) az egész család.
___ , hogy itthon ülnél, inkább ___ (elmegy) sétálni!
Nem érdemes átmenni a szomszédokhoz. Ha otthon ___ (van), akkor ___ (szól) a rádiójuk.
Azért jöttem, ___ ___ (elkér) néhány könyvet.
Lehetetlen, hogy ne ___ (van) itt, amit keresek.

Scores

(max.: 10)

III. Write in the appropriate orders according to the situation indicated in the previous sentence:

Tamás egy üveg bort *hozat* a pincérrel. Ezt mondja:

____

Gabi egy új autót *vetet* az apjával. Ezt mondja:

____

A barátom nem akar rám *hallgatni*. Így figyelmeztetem:

____

A vendégek poharába bort kell *tölteni*. A feleségem ezt mondja:

____

Ádám örülne, ha Éva jobban *szeretné*. Ezt kéri:

____

El akarom *halasztatni* veletek ezt a látogatást. Ezt kérem:

____

Szükségem van a *segítségedre*. Ezt kérem:

____

Félek, hogy *elkésel*. Ezt mondom:

____

Nem tudom *kifizetni* a számlát. Erre kérem a barátomat:

____

Gabi *játszani* akar a testvérével. Ezt mondja neki:

____

Score:

(max.: 10)

IV. Translate:

Tamás is Laci's cousin, but they had never met yet. Tamás lives in London and works as an engineer. He had never been to Hungary. Laci and his family invited him to spend some weeks with them. Tamás had a nice time in Hungary. He got to know the country he had heard so much about. He has spoken Hungarian well since his childhood, and he has read many Hungarian books. Here in Hungary he enjoyed seeing Hungarian films and plays. If he had had a longer holiday he would have stayed here longer. On saying good-bye (Búcsúzáskor) he told Laci and Irén that he would never forget the weeks he had spent in Hungary.

Score:

(max.: 40)

Total:

EVALUATION

Scores

80–100: Congratulations, you have made excellent progress.

60–79: Quite good, but please pay more attention to the parts you made mistakes in.

under 59: Unfortunately, the Hungarian language is difficult. You ought to go through the previous lessons once again.

KEY TO EXERCISES

Első lecke

11. Az autó mögött vagy. Az ernyő a rádió fölött van. Ön a táskák között van.
12. A rádió ott van, ahol az ernyő. Az ernyő ott van, ahol a rádió. Kovács Péter ott áll, ahol Sós László. Sós László ott áll, ahol Kovács Péter.
    A munkás ott pihen, ahol a diák áll. A diák ott áll, ahol a munkás pihen. A férfi ott vár, ahol a nő telefonál. A nő ott telefonál, ahol a férfi vár. Az orvos ott ül, ahol a lámpa áll. A lámpa ott áll, ahol az orvos ül.
16. egy; A; egy; A; Ø; egy; A; egy; egy/Ø; Az; egy; egy/Ø
19. Az autó nem régi. Nem a rádió van az ablak előtt. A pályaudvar nem ott van. A munkás nem az autó mellett áll. Nem Kati telefonál a taxi mellett. Az orvos nem siet.
20. Ø; van; Ø; van; vagy; vagy; vagyok; vagyok
21. sétálok; pihen; vársz; sietek; sétálok; telefonálsz; várok; ülök
22. *a)* I am not a Hungarian worker, I am an English tourist. I am standing in front of the railway station and phoning. What are they doing? They are waiting beside the taxi. Where is the driver? He is coming there in front of the hotel.
    b) Az óra ott van fent. Az egy régi óra. Nem a lámpa van ott, hanem az óra. Hol van a lámpa? A lámpa ott van a rádió mellett.
    Hol vagy/van? A pályaudvar előtt vagyok. Sofőr vagyok. Ő orvos. Ki vagy? Ki ön? Ő mit csinál? Ön munkás? Nem munkás vagyok, hanem diák. Ő angol.

Második lecke

18. *a)* Az telefonál, aki az óra alatt áll. Azok magasak, akik a lány mögött mennek. Az dolgozik, aki az autóbusz előtt van. Az pihen, aki a fa alatt ül. Azok futnak, akik a fák között vannak.
    b) Az a nő telefonál, aki az óra alatt van. Azok a fiúk magasak, akik a lány mögött mennek. Az a munkás dolgozik, aki az autóbusz előtt van. Az a munkás pihen, aki a fa alatt ül. Azok a gyerekek futnak, akik a fák között vannak. Az a fa magas, amelyik a ház előtt áll.
23. a régiek; pirosak; a kicsik alatt; a nagyok között; magyarok
24. de; hanem; hanem; de; hanem; de
25. There are eight bridges over the Danube. The bridges in Budapest are beautiful. The Elisabeth bridge is new but the other one is old. Those people who are walking over there are tourists. They are not in a hurry.
26. A Duna mellett sétálunk. Jön egy villamos. A villamosok itt nem pirosak, hanem sárgák. A hidak szépek. Egy kis fehér hajó halad az Erzsébet-híd alatt. Jár itt busz? Igen, jár. Két szép régi ház van a tér mögött, az egyik fehér, a másik piros. Hol van a buszmegálló? Ott van a nagy sárga épület mellett. Melyik villamos jár itt a szálloda előtt? Itt nem jár villamos. A 9-es villamos a Duna mellett jár.

6. ezen a téren; azokon az asztalokon; ezen az emeleten; azon az utcán; ebben a szállodában; abban a szobában; ezekben a táskákban; azokban az autókban; annál a vonatnál; ennél az ablaknál; azoknál a padoknál; ezeknél a házaknál
13. Te is magyar vagy? Ott sincsenek külföldiek? Az ötödik kerületben is van szálloda? Mi sem dolgozunk? A lányok sincsenek a földszinten? Ti sem vagytok az étteremben? Az autóbuszon is sok ember utazik? Évánál sincs pénz? A pénz is a szállodában van? Én sem vagyok török?
14. 1. szállodában, ebben a szállodában; 2. tereken, ezeken a tereken; 3. épület előtt, ez előtt az épület előtt; 4. oldalon, azon az oldalon; 5. autóbuszok mellett, azok mellett az autóbuszok mellett; 6. parkban, ebben a parkban; 7. villamoson, ezen a villamoson; 8. hegyen, azon a hegyen; 9. telefonnál, annál a telefonnál; 10. csomagban, ebben a csomagban
15. Budapesten; fővárosban; itt; szállodában; mellett; előtt; oldalon; Budán; azon; oldalon; között; fölött; hidakon; között; ezeken; hidakon; városban; parkokban; itt; előtt; alatt
19. A parkokban gyerekek játszanak. Az éttermekben turisták vacsoráznak. A hegyeken autók mennek. A hidakon autóbuszok jönnek. Azok mellett az épületek mellett nők telefonálnak. Azokon az asztalokon nincsenek lámpák. Ezekben a szobákban nincsenek székek. Azoknál az ajtóknál pincérek várnak. Ezekben a házakban munkások laknak.
21. Hányadik/Melyik; Milyen; Hol; Hányadik; Melyik; Milyenek; Hány
22. *a)* This is a nice park. There are tall trees and beautiful flowers in the park. Birds are flying over the trees. A black dog is running among the trees. Children are playing under that tree. Girls are walking on this side. There is a tram-station near the park. There are many people waiting at this station. A long, yellow tram is coming. A lot of passengers are travelling on the tram.
    b) Ez (egy) szálloda. Ez a szálloda az ötödik kerületben van. Az ötödik kerületben sok szálloda és sok régi ház van, de vannak nagy, modern házak is. Sok busz és villamos jár itt. A 2-es villamos a Duna mellett jár. Én ebben a szállodában lakom a földszinten, a hatos szobában. Kevés bútor van a szobában, de azok modernek. Ebben a szállodában reggelizem az étteremben, de a városban ebédelek. Budapesten sok étterem van.

Negyedik lecke

16. között, közé; mellé, mellett; közé, között; fölött, fölé; elé, előtt; mögé, mögött; alá, alatt; elé, előtt
20. 1. A turisták sétálnak a Duna-parton.
    2. A munkások a régi hídon (hídnál) dolgoznak.
    3. Laci megy be a szállodába.
    4. Ki jön ki az utcára?
    5. A vonat bent van a pályaudvaron.
    6. Ki szalad át a villamos előtt a másik oldalra?
    7. A pincér odamegy az asztalhoz.
    8. A madarak nem repülnek ide az ablakra (ablakba).
    9. Az étterem fent van a tizedik emeleten.
    10. A taxi nem áll oda az áruház elé.
    11. Melyik pincér lép be a szobába?
    12. Beülünk ebbe az étterembe?
22. Ki megy oda a sofőrhöz? A rendőr megy oda a sofőrhöz.
    Mire szállnak fel az utasok? Az utasok az autóbuszra szállnak fel.

Kik mennek át a hídon? A lányok mennek át a hídon.
Hova futnak ki a gyerekek? A gyerekek a térre futnak ki.
Hova repülnek le a madarak? A madarak a földre repülnek le.

23. átrepül; beszállnak; odamegy; lemegy; befut; beugranak; átmegy; visszajön
24. A turisták nem mennek oda a szoborhoz. Nem szállunk be ebbe a taxiba. A nők nem mennek be a Divatcsarnokba. A gyerekek nem ülnek le a padra. A fiúk nem mennek ki az utcára. Nem megyünk fel a negyedik emeletre.
25. We are in Pest. We are getting on the tram. We are going over to Buda. We are walking up Gellért Hill. Gellért Hill is by the Danube on the Buda side. There is a beautiful tall statue here. There are many tourists walking around this statue. We are going to the statue too. We are sitting down on a bench, because we are tired. We are taking the stairs, down to the Elisabeth bridge.
26. A körúton sétálunk. Átmegyünk a körúton ezeknél a lámpáknál, hiszen a buszmegálló a másik oldalon van. Várunk a buszmegállónál. A busz jön. Felszállunk a buszra. A busz ahhoz a hídhoz megy. Nem megy át a hídon. A lépcsőkön felmegyünk a hídra, és átsétálunk a hídon Budára. Ott van a Gellérthegy.

Ötödik lecke

12. a hídon Budáról Pestre; a földszintről az emeletre; a szállodánál a taxiból; a pénztárhoz; az áruházból az utcára; a fáról a földre; a földszinten a liftbe
15. felé; mellé; között; előtt; mögül; köré
23. közé; mögül; földre; alá; alól; szobából; lépcsőn; kertbe; mögé; mögül; közé; között
24. *a)* This is a large green meadow. There are many tourists in the meadow. They are on an excursion to the Buda Hills. Children are running among the trees, they are playing. Those tourists sit down under the trees. They are eating and drinking because they are hungry and thirsty. Many people are coming from the Libegő. They are going toward János Hill. The weather is nice, the sun is shining. The fresh air is pleasant.
 b) A gyerekek kirándulnak. A Libegőnél szállnak le a villamosról. Felszállnak a Libegő-re. Az út nagyon kellemes a fák fölött. A Libegő alatt néhány ház van a fák között. A gyerekek leszállnak a Libegőről, és felsétálnak a János-hegyre. Játszanak egy nagy zöld réten. Éhesek, ezért esznek.

Hatodik lecke

4. Azon az autóbuszon utazik sok ember, amelyik a Keleti pályaudvar felé megy. Az az autóbusz megy a Keleti pályaudvar felé, amelyiken sok ember utazik. A ruhák abban a szekrényben vannak, amelyik az ajtónál van. Az a szekrény van az ajtónál, amelyikben a ruhák vannak. A lányok abban a szállóban laknak, amelyik előtt a taxi áll. A taxi az előtt a szálló előtt áll, amelyikben a lányok laknak. Az autóbusz a felé a gyár felé halad, amelyikből a munkások jönnek. A munkások abból a gyárból jönnek, amelyik felé az autóbusz halad. A turisták attól a szobortól mennek el, amelyik körül virágok vannak. A körül a szobor körül vannak virágok, amelyiktől a turisták elmennek. A telefon a mellett a doboz mellett van, amelyikben a cigaretta van. A cigaretta abban a dobozban van, amelyik mellett a telefon van. Az utasok arra a vonatra szállnak fel, amelyik Szegedre megy. Az a vonat megy Szegedre, amelyikre felszállnak az utasok. Az orvos abból az autóból száll ki, amelyiken egy nagy csomag van. Azon az autón van egy nagy csomag, amelyikből az orvos kiszáll.
6. Az angol turisták oda sétálnak fel, ahol egy régi vár áll.
 Az angol turisták arra a hegyre sétálnak fel, amelyiken egy régi vár áll.
 A francia csoport onnan jön el, ahova két külföldi autóbusz érkezik.
 A francia csoport az elől a templom elől jön el, amelyik elé két külföldi autóbusz érkezik.

A rendőr oda fut be, ahova Ödön.
A rendőr abba az áruházba fut be, amelyikbe Ödön.
A régi szobor ott van, ahova sok ember jár.
A régi szobor abban a múzeumban van, amelyikbe sok ember jár.
A postás arra megy, amerről a gyerekek jönnek.
A postás a felé az iskola felé megy, amelyik felől a gyerekek jönnek.
A fiatalok oda kirándulnak, ahol szép erdő van.
A fiatalok arra a hegyre kirándulnak, amelyiken szép erdő van.

13. Ki mérges? Mindenki mérges. Senki sem mérges.
Mi van az asztalon? Minden az asztalon van. Semmi sincs az asztalon.
Melyik gyerek tanul a tanteremben? Mindegyik/minden gyerek a tanteremben tanul. Semelyik/egyik gyerek sem tanul a tanteremben.
Hova megy taxin László? László mindenhova taxin megy. László sehova sem megy taxin.
Milyen virág van a vázában? Mindenféle virág van a vázában. Semmilyen virág sincs a vázában.
Merről szaladnak a parkba gyerekek? Mindenfelől gyerekek szaladnak a parkba. Semerről sem szaladnak a parkba gyerekek.
14. mindenki; valahova; valamelyik; akik; minden; ahol; mindegyik; valaki; senki; valahonnan; valamilyen
15. olyan, amilyenek; olyanok, amilyenek; olyan, amilyen; olyan, amilyen; olyan, amilyen; olyan, amilyenben; olyanok, amilyenek; olyan, amilyenben
23. abba, amelyik; ahhoz, amelyikben; azok, akik; abba, amelyikben; annyi, ahány; a mellé, aki; ahhoz, amelyik; azon, amelyiken; ahhoz, amelyiken
24. Semmi sincs a táskában. Sehonnan sem érkeznek vonatok. Semelyik turista (egyik turista) sem külföldi. Sehol sincsenek virágok. A cica sehova sem megy fel. Senkinél sincs pénz.
25. *a)* This classroom is like the other ones. There are as many children studying here as in the other class. The children turn in the direction from which the teacher is coming. Everybody sits down. Gabi sits down where there is an empty place. The teacher enters. Everybody pays attention. Nobody speaks.
b) – Hova mész?
– Felmegyek a Várba.
– Van ott valami érdekes?
– Persze, ott van a régi budai vár, a Mátyás-templom és a Halászbástya is.
– Felszállsz a villamosra?
– Nem, átsétálok a Lánchídon, és onnan taxin megyek a térre.
– Melyik térre?
– Arra, amelyiken a Mátyás-templom van.

First test

I. Ez egy szoba. Mik vannak itt? A falakon képek vannak. Az ablak előtt egy asztal és három szék áll. Jobbra két szekrény van. Az elsőben ruhák vannak, a másodikon egy telefon/virág. A földön a lámpa alatt egy kislány ül. Játszik. Van rádió is a szobában? Rádió nincs itt. De könyvek vannak az ágy fölött. Egy férfi fekszik ott, és olvas. Az anya nincs bent. De ő is itt lakik.

Ez egy város. Itt magas házak és széles utak vannak. Balra egy folyó folyik. A parton éttermek vannak, amelyekben esznek és isznak az emberek. A bejáratnál egy külföldi turista kiszáll egy taxiból. Egy csoport autóbuszon érkezik. A park mögött, amelyikben gyerekek futballoznak, egy villamos fordul be. Felmegy a hídra, amelyik alatt egy hajó jön, és átmegy oda, ahol egy hegy alatt egy nagy szálloda áll.

II. A ruhák abban a szekrényben vannak, amelyik az ablak mellett van/áll.
A kislány ott játszik, ahol a lámpa áll/van.
A virág azon a szekrényen van, amelyiken a telefon.
A csoport oda érkezik, ahol a taxi áll/van.
ahol a külföldi turista kiszáll a taxiból.
A villamos a mögött a park mögött fordul be, amelyikben a gyerekek játszanak/futballoznak.

III. Kik mennek le a metróba azon a mozgólépcsőn?
Milyen turisták mennek le a metróba azon a mozgólépcsőn?
Hány turista megy le a metróba azon a mozgólépcsőn?
Melyik mozgólépcsőn megy le a metróba két török turista?
Min megy le a metróba két török turista?
Hova megy le azon a mozgólépcsőn két török turista?
Lemegy a metróba azon a mozgólépcsőn két török turista?
Igen, két török turista azon a mozgólépcsőn lemegy a metróba.
Nem, két török turista azon a mozgólépcsőn nem megy le a metróba.
Azon a mozgólépcsőn megy le a metróba két török turista?

IV. A törökök a pályaudvarra mennek.
A franciák a múzeumból indulnak.
Az angolok a szállodából jönnek.
A görögök a múzeumba mennek.
A pályaudvarra a törökök és az angolok mennek , a múzeumból a törökök és a franciák jönnek.

Hetedik lecke

1. Az én autóm új. A te házad magas. Az ő rádiójuk jó. A mi újságunk érdekes. Az ő széke alacsony. A ti szekrényetek nagy.
2. A ti szobátok az első emeleten van. Az ő kutyája a cica után fut. Az ön ernyője a földön fekszik. A te táskád a fa alatt van. Az ő fiuk/gyerekük az iskolába fut/szalad. A mi autónk az épület előtt áll/van.
3. *a)* szobám; asztalom; ágyam; szekrényem; székem; nadrágom; ingem; kabátom; cipőm; könyvem; füzetem; tollam; ceruzám; poharam; pénztárcám; pénzem; polcom; rádióm; órám
   b) házad; családod; anyád; apád; fiad; lányod; kutyád; macskád; nővéred; feleséged
   c) neve; haja; szeme; arca; ruhája; cipője; szoknyája; pulóvere; táskája; barátja
   d) lakásunk; nevünk; szobánk; bútorunk; televíziónk; rádiónk; barátunk; vendégünk
   e) csoportotok; autóbuszotok; vezetőtök; szállodátok; sofőrötök; labdátok; kutyátok; cigarettátok; pénzetek; üvegetek; borotok; poharatok
   f) iskolájuk; tantermük; táblájuk; térképük; televíziójuk; tanáruk; tanárnőjük
4. családunk; testvérem; nővérem; anyánk; apánk; anyja; nagymamája; kutyátok; cicátok; labdája; labdád; kertünk; házunk; kertjük; kisfiad; kislányom
14. ennek az áruháznak a liftje; ezeknek a gyerekeknek a tanárnője; a modern szálloda portása; ennek a vonatnak az ablakánál; az üzlet széles bejáratán; annak a gyárnak a mérnöke; azoknak az embereknek a munkája; a külföldi vendégek táskája; az orvos régi órája; ennek a városnak a levegője
17. 1. Kinek van modern lakása? 2. Kinek a cigarettája van a táskában? 3. Minek van két bejárata? 4. Kiknek a szobája van a harmadik emeleten? 5. Minek a partján járnak villamosok? 6. Minek van két liftje? 7. Kiknek van sok munkájuk? Miknek a levegője tiszta?

18. A családnak van televíziója. A családnak nincs televíziója.
Az iskolának nincs kertje. Az iskolának van kertje.
A kisfiúnak van labdája. Nem a kisfiúnak van labdája, (hanem a kislánynak).
Fia van az orvosnak. Nem fia van az orvosnak, (hanem lánya).
A portásnak van könyve. A portásnak nincs könyve.
Tolla van a tanárnőnek. Nem tolla van a tanárnőnek, (hanem ceruzája).
19. Van. Nincs. Nincs. Van. A kisfiúnak. Nem a kisfiúnak, (hanem a kislánynak). Fia. Nem fia, (hanem lánya). Van. Nincs. Tolla. Nem tolla, (hanem ceruzája).
20. A mérnöknek van cigarettája. Nem az anyának van kabátja. Az áruháznak van mozgólépcsője? Nekem nem csomagom van. A rendőrnek nincs autója. Van önöknek rádiójuk? Nekünk óránk van. Nem az asszonynak van lakása. (Neked) van pénzed? A sofőrnek van sapkája? Önnek nem pulóvere van. Nekik van kutyájuk.
24. *a)* This girl in the photo is Kati's friend. Her name is Zsuzsa. She is a pretty girl, she has blond hair and blue eyes. She is a teacher in one of the schools in the eleventh district. She is married and has a little son. Their flat is in Buda, in a quiet street on Gellért Hill, it looks out over the Danube. They have a small garden, too. There are many beautiful flowers in their garden.
b) – Szervusz, János!
– Szervusz, Zoli! Ő a barátom, Péter. Ő a szomszédunk.
– Szervusz, Péter. Nagy Zoltán vagyok.
– Hova mész?
– A kertembe. Van egy kis kertem a Duna-parton. Sok munkám van ott.
– Sajnos nekem nincs kertem, de nekem is sok dolgom van.

Nyolcadik lecke

5. melletük; körülötte; feléjük; elé(je); elé(je); felőle; alattuk
7. hozzám; hozzád; hozzá; hozzánk; hozzátok; hozzájuk; bele; beléjük; rá; rájuk; rátok; nálam; nálad; nála; nálunk; nálatok; náluk
11. nevet; labdáznak; játszanak; úszik; szíve; tornázik; arcuk; szemüveg; zene; énekel; karcsú; táncol; szeme; inge
15. anyja; anyjának; háza; falai; ajtaja; ablakai; anyának; virágai; fái; kertjében; élete; neki; munkája; fiai (fia); lányai (lánya)
21. ahhoz, akinek; abba, amelyiknek; azoknak, akik; annak, amelyik; annak, akikről; annak amelyikben; azoknak, amelyek
23. rajta; mellette; benne; rajtuk; elé(je); belőle; közöttük; benne; közöttük; rajta
26. *a)* The Nagys live in Pest. They don't live in a house of their own, they live on the fifth floor of a big house in Pest. Their flat isn't big, but it is comfortable. In the two children's room nothing is in its proper place. There are many copybooks and papers on their desk, books are lying on the floor beside it. Their clothes aren't in their wardrobes, they are on the beds and chairs. Their friends who visit them (come to them) don't sit on the chairs, but on the floor.
b) Ez a nagynéném, apám nővére. Ötvenhét éves asszony. Nem dolgozik, de mindig sok munkája van a ház és a kert körül. A konyhája nagyon tiszta, pedig mindig főz. A gyerekeim most nála vannak. Nagyon vidámak az ő nagy kertjében, a fái és a szép virágai között. Van egy fiatal vizslája is.

Kilencedik lecke

1. Gabi autót rajzol. Kati könyvet olvas. A fiúk gyümölcsöt esznek. A vendég bort iszik. A diákok földrajzot tanulnak. A sofőr (egy) táskát visz.

7. *a)* emberek, embert; gyerekek, gyereket; rendőrök, rendőrt; szobrok, szobrot; üzletek, üzletet; áruházak, áruházat; gyárak, gyárat; padok, padot; szállodák, szállodát; fák, fát
b) munkások, munkást; orvosok, orvost; sofőrök, sofőrt; lányok, lányt; tanárok, tanárt; férfiak, férfit; turisták, turistát; diákok, diákot; külföldiek, külföldit; fiatalok, fiatalt; betegek, beteget; angolok, angolt; gengszterek, gengsztert; vasutasok, vasutast; hordárok, hordárt; hölgyek, hölgyet; vendégek, vendéget
c) asztalok, asztalt; székek, széket; szekrények, szekrényt; bútorok, bútort; ágyak, ágyat; telefonok, telefont; polcok, polcot
d) pulóverek, pulóvert; kabátok, kabátot; nadrágok, nadrágot; ingek, inget; ruhák, ruhát; poharak, poharat; sapkák, sapkát
e) szendvicset; kiflit; gyümölcsöt; kenyeret; vajat; zsemlét; szalámit; sajtot; sonkát; szőlőt; vizet; limonádét; kávét; bort; sört
9. színes fényképeket; külföldi vendégeket; lányokat; neveket; piros labdákat; autókat; pályaudvarokat
14. magyarázza; olvassátok; hozza; keressük; isszátok
15. érted, értek, értem; néz, nézi; figyeli, figyelsz; kéritek, kérjük, kérünk; látod (látja), látok; visznek, visszük; töltesz, töltök, töltöm
24. *a)* Some guests are coming to visit us, my friend and her husband. I'm making sandwiches. My friend is very fond of cakes but unfortunately I haven't time to bake any cakes. I'm going down to the shop and buy some. We need some kind of drink, too. Perhaps I'll buy a bottle of szürkebarát. Everyone likes it.
b) Várjuk a vendégeinket. A nővérem és a családja jön Bécsből. A lakás rendes és tiszta, a vázákban szép virágok vannak. Nem vacsorázunk itthon. Itthon csak beszélgetünk egy kicsit, azután elmegyünk egy étterembe. A feleségem kávét készít a konyhában. Én gyümölcsöt teszek egy nagy tálra, szőlőt és szép piros almát. Csengetnek, szaladok az ajtóhoz.

Tizedik lecke

2. Nem engem keres a rokonom, hanem őt keresi. Nem minket/titeket kérdez (önöket kérdezi) az eladó, hanem őt kérdezi. Nem őt hívja a portás a telefonhoz, hanem engem hív. Nem minket néznek azok a lányok az ablakban, hanem titeket néznek. Nem minket visz az autóbusz a kirándulásra, hanem őket viszi. Nem téged szeretlek, hanem őt szeretem. Nem őket viszik a szüleik a moziba, hanem minket visznek.
3. A hordár azt a csomagot viszi a vonathoz. A hordár azt a csomagot viszi a vonathoz, amelyikben nehéz könyvek vannak. Ezt a szendvicset esszük. Azt a szendvicset esszük, amelyiken vaj és sonka van. Kiveszem ezt a könyvet a könyvtárból. Kiveszem azt a könyvet a könyvtárból, amelyikre szükségem van. A dolgozószobában találod azt a levelet. A dolgozószobában találod azt a levelet, amelyiket keresed. A vendégek várják azt a pincért. A vendégek várják azt a pincért, aki a kávéjukat hozza. Leteszem az asztalra ezt a vázát. Leteszem az asztalra azt a vázát, amelyikben lila színű virágok vannak. Azt a gyereket látom. Azt a gyereket látom, aki az ablakom alatt labdázik.
4. Azt kérjük az eladótól, amit nem látunk a pulton.
Azt esszük, amit a konyhában találunk. Azokat nem szereti a barátom, akik rendetlenek. Azt kérdezi a tanárnő, aki előtte ül. Azt hozom a táskámban, amire szükségem van a kiránduláson. Azokat engedi be a portás a gyárba, akik ott dolgoznak.
9. azokat; szeretik; amelyek; azokat; akiket; azt; amelyikben; sört; azokat; akik; levelet; azt; fiút; rajzolja; azt
15. 1. Azt állítom, hogy szép idő van. 2. Ők azt mondják, hogy nincs elég pénzük. 3. Azt felelitek, hogy ebben a szállodában laktok. 4. Önök azt állítják, hogy a magyar nyelv

könnyű. 5. Azt feleled, hogy a könyvtárba mész. 6. Azt kérdezzük, (hogy) mennyibe kerül egy kiló sonka. 7. Ő azt meséli, hogy a franciák sok bort isznak. 8. Ön azt kérdezi, (hogy) hol nyaralnak a gyerekek. 9. Ő azt mondja, hogy szereti a friss gyümölcsöt. 10. Azt meséled, hogy Londonban nagyon sok autó van.

18. Kérem az ingemet. A postás a leveledet hozza. A francia mérnök az autóját vezeti. A hordár a táskáitokat viszi a taxihoz. A rokonainkat várjuk. A pénztárcádat keresed a táskában. Bevisszük a televíziónkat a szobánkba. A portás az asztalra teszi a kulcsomat. A lányok az ön fényképét nézik. A gyerekek az önök könyveit olvassák. Az ő repülőgépüket várom. Önök a borukat isszák az étteremben. A szemüvegeiteket látom az asztalon.

25. várja; hallgatja; csinál; beteszi; felteszi; felvesz; teszi; behoz; teszi; látja; kér; néznek; hallgatnak; szeretik

27. kérsz; kérek; tanulom; tudok; ismertek; ismerünk; választják; teszünk; kérnek; keresel; keresem; olvasod; ismeri; ismerem; találtok; találunk; látok; szereted; ismersz

28. *a)* — Which restaurant are we going to?
— The one at the corner.
— Do you think it is a good restaurant?
— I like restaurants where there is music.
— What are you going to choose?
— I'll have the dish which they are having at that table.
— I don't think I have got enough money on me.
— It doesn't matter, I'll pay.

b) – Én nem szeretem a halat.
– De én azt hiszem, a magyar halászlé egészen különleges dolog. Nem hasonlít semmi más ételhez.
– Igazad van, de én nem eszem semmilyen ételt, amiben hal van.
– Csak vitatkozunk az ételekről, és nem eszünk. Nagyon éhes vagyok.
– Akkor kérünk egy étlapot a pincértől, és választasz valamit, amit szeretsz.
– Természetesen én a halászlé mellett maradok.

Second test

I. városunkban; tanulnak; gyerekeink; fiam; asztala; ülnek; ő helyük; mindenkinek; szomszédja; ablakai; épületnek; kertje; fái; vannak; ablakaink; alattunk; játszanak; tanárukat; látjuk; közöttük; rajta; kezében; könyvét; nála; szemüvege

II. Kiknek a városában vannak modern iskolák?
A mi városunkban vannak modern iskolák.
Kiknek a gyerekei tanulnak ott?
A mi gyerekeink tanulnak ott.
A tanárnak van asztala, és a gyerekeknek van padjuk.
Minek van kertje?
Az iskolának/épületnek van kertje.
Kik között van a tanár?
A tanár a gyerekek között van.
A tanárnak van szemüvege.

III. levelet; viszek; tudja; kérdezem; akit; látok; épülete; abban; utcában; feleli; közéjük; ablakhoz; ezt; leteszem; levelemet; elé; azt; mondja; fizetek; keresem; találom; nálam; kiszaladok; utcára; látom; hozzá; kereslek; adsz; forintot; barátomtól; postára; neki; elé; elé; amelyiknél; letesszük; leveleket; pénzt; fizetünk; postáról

IV. 1. négy
2. Kiss László és Kiss Lászlóné fia és Kiss Gabi bátyja
3. Kiss Péter és Kiss Gabi
4. Kiss János és Kovács László
5. Kovács Lászlóné
6. Kiss János és Kiss Jánosné fia
7. Nagy Zoltánné férje
8. öt
9. kettő
10. Kiss Péternek és Kiss Gabinak

Tizenegyedik lecke

5. júliusban; augusztusban; hétfőn; szombaton; tavasszal; ősszel; ebben a hónapban; évben; órában; csütörtökön; októberben; ezen a héten; télen; nyáron
20. azokban a hónapokban; ezen a héten; ezekben a percekben; ebben az évben; azon a napon
21. ezen a héten; mindennap; korán; héttől kilencig; nyolckor; előtt; ebédig; délelőtt; után; előtt; amikor; akkor; órakor; amikor; előtt; mai; után; korán; júliusban; után; estig; akkor; amikor; után; késő; reggel; korán
25. *a)* Thomas likes sports. He always watches sport programs on TV. Here in Hungary he goes swimming every other day, he likes the swimming pools in Budapest very much. He is very interested in football, too. Today he's going to rush home, because there is a French-Hungarian football match on TV. Tomorrow he's going to play tennis from 10 to 12 in the morning.
b) Magyarországon sok gyerek van, aki különböző sportklubok tagja. Az ő életük nem könnyű. Például az unokaöcsém, Gabi minden reggel nagyon korán kel fel, és megy az uszodába vagy a pályára. Amikor az uszodában van edzése, két vagy három kilométert úszik. Délután is jár edzésre. Hétfőtől szombatig nincs semmi szabad ideje. Csak vasárnap néz tévét.

Tizenkettedik lecke

5. Péter a pénztárcájába akarja tenni a pénzét. János sötét szobában szeret aludni. Mérnök akarok lenni. A gyerekek sokat tudnak enni. A fiatalok kólát akarnak inni. A rádió fölé próbálom tenni a képet. A cica az ágyra akar feküdni. Kenyeret és vajat akartok venni a boltban. Virágot akarunk tenni a vázába. Péter rokonai nyáron Magyarországra akarnak jönni.
6. kezd; szeret; tud; próbál; akar; tud; szeret
7. akarja; akar; szeretek; szeretem; tudod; tudsz; kezd; kezdi; akarunk; akarjuk; tudsz; tudod; szeretnek; szeretik
14. Laci azt kérdezi Tamástól, hogy van-e saját lova. Az edző azt kérdezi a gyerekektől, hogy hány kilométert akarnak úszni. Irén azt mondja, hogy nem kér sört, csak kólát iszik. Gabi azt kérdezi a barátaitól, hogy szeretnek-e teniszezni. Laciék azt mondják, hogy vissza akarnak utazni Pestre. Az orvos azt kérdezi a betegtől, hogy gyakran fáj-e a feje. Gabi azt kérdezi a nagymamájától, hogy fel tud-e menni a várhoz gyalog.
16. mentek; kérdezi; akarja; leszaladok; tervezem; főzök; sütök; akarsz; teszem; kimosok; elmegyek; úszom; mondja; várunk; ebédelünk; tanulnak; sietek; mosogatok; pihentek
18. *a)* Mária works hard at her job and at home too. On weekdays she can never go to the swimming-pool or to the cinema. Today she has an afternoon off. She doesn't do any cleaning today, though her flat is rather untidy. She wants to go to the swimming-

pool. After swimming she stops in at her friend's who lives on Gellért Hill. She only stays at her friend's until half past seven, because at 8 o'clock a film begins on TV which she wants to watch.

b) Kati nyolcéves, a bátyja, Péter tíz. Egy szép kertes házban laknak. Ők rendes gyerekek, sokat segítenek otthon. A szüleiknek mindig sok dolguk van, nincs sok szabad idejük. Hétköznap Kati mosogat, Péter takarít. Szeretnek a kertben is dolgozni. Hétvégeken a család nagy kirándulásokat tesz vidékre. A következő hétvégén Kőszegre akarnak utazni. Ez egy szép kis város Magyarország nyugati részén. Ott a gyerekek még nem voltak.

Tizenharmadik lecke

3. kényelmesen; piszkosan; gyönyörűen; melegen; hidegen; könnyen; jól; németül; jókedvűen; hosszan; éhesen; szomjasan; rosszul; kitűnően; angolul; kényelmetlenül; drágán; kényelmesen; kíváncsian; fiatalon; vidáman
7. úgy, ahogy; úgy, ahogy (mint); úgy, ahogy (mint); úgy, ahogy; úgy, mint; úgy, mint; úgy, ahogy; úgy, ahogy; úgy, mint
12. vízzel, szappannal; metróval, busszal, villamossal, taxival; vonattal, hajóval, autóval, repülőgéppel; kanállal, késsel, villával; ceruzával, tollal, fésűvel, órával; anyjával, apjával, testvéreivel; anyámmal, apámmal, testvéreimmel; rokonaiddal, barátaiddal; emberekkel, férfiakkal, nőkkel, öregekkel, fiatalokkal, gyerekekkel, felnőttekkel
17. azzal a vonattal, amelyik; azokkal, akik; azzal a lánnyal, aki; azokkal a ceruzákkal, amelyek; azokkal a külföldiekkel, akikkel; azzal az eladóval, akinek; azzal, akit; azokkal, akikkel; azzal az autóval, amelyik
18. híres; készítenek; elsősorban; köpenyben; kendővel; vidáman; kedvük; együtt; tisztítják; lekvárt; nélkül; gyümölcs; zöldség; örülnek
22. a labdát, a fiúknak; süteményt, a családnak; levelet, a barátjának; a város történetét, a turistáknak; népművészeti tárgyakat, a rokonoknak; gyümölcsöt, az unokáinak;
23. Évának; Évával; Évát; a diákoknak; a matematikát; a turistáknak; a kérdésekre; Irénnek
27. együtt; Laciékkal; a családnak; erősen; tejjel; cukorral; így; édesen; citrommal; sajttal; szalámival; nélkül; neki; együtt; egyedül; gyalog; a kocsival; autóbusszal;
28. azzal, amelyik; azoknak, akik; úgy, ahogy; úgy, ahogy; úgy, mint; annak, amit; azzal, aki; annak, aki
31. annak; arról; azt; azzal; abban; azokról; azokra
32. rajta; benne; neki; rajtuk; rájuk; velük
34. *a)* Journalists have interesting jobs. They travel a lot, they meet many people. They write articles and make reports for their newspapers. Halász Pista is a journalist. He is going to Kecskemét, because he wants to make a report on the canning-factory. Tamás is travelling with him. He wonders what a Hungarian canning-factory is like.

    b) Irén dolgozó nő. Hétköznap kevés szabad ideje van, így nem főz nagy vacsorákat a családjának. Gyakran vesz zöldségkonzerveket és különböző készételeket. Gabi nagyon szereti a gyümölcsleveket és a lekvárokat, különösen a sárgabaracklekvárt. Irén anyja azonban, aki vidéken él, nem szereti a konzerveket, és soha nem vesz lekvárt. Ő főzi otthon a lekvárjait minden nyáron. Azt mondja, hogy azoknak más az ízük és az illatuk.

Tizennegyedik lecke

1. belépett; dolgoztál; főzött; mosott; hallgattam; hoztatok; olvasott; nézett; úsztak;
6. futottál, sportoltál; beszélt, magyarázott; reggelizett, ebédelt; hallottam, hallgattam; akart, szeretett

10. főztél; főzted; kérte; kért; láttuk; láttunk; láttak; látták; láttátok; láttatok; akartál; akartad; akartad; értettem; értettem; szerettem; szerettem; szerettelek
16. Ennek a városnak sok régi utcája van / volt. A testvéremnek régi autója van / volt. (Nekünk) nincs / nem volt jegyünk az előadásra. (Nekem) három kutyám van / volt a lakásomban. Önöknek nincs / nem volt jó kedvük. Az ügyes újságíróknak sok érdekes cikkük van / volt. Neked két leveled van / volt az asztalon. Nekik érdekes tervük van / volt. (Nektek) nincs / nem volt nagyon jó borotok. Neki sok népművészeti tárgya van / volt.
17. *a)* A gyár gépei modernek voltak. Szép volt az idő. A munkásnők jókedvűek voltak. Tamás kíváncsi volt a filmre. Fáradt voltam a séta után. Éhesek voltunk. Csinosak voltatok. Dühös voltál?
18. Nem volt jó műsor a tévében. Irén nem a konyhában volt. Nem három jegyre volt szükségünk. Nem a testvérem volt újságíró. Nem nektek volt igazatok. A betegek nem voltak jól. Péternél nem volt fürdőruha.
19. Éva azt mondta, hogy elmegy moziba. A külföldiek azt gondolták, hogy a magyar nyelv nagyon nehéz. A sofőr azt gondolta, hogy már elment a vonat. Péter attól félt, hogy nincs elég pénze. A portás azt kérdezte a vendégtől, hogy meddig marad a szállodában. Irén azt kérdezte Tamástól, hogy volt-e már a múzeumban. Tamás azt felelte Irénnek, hogy délután elmegy a múzeumba. A sofőr azt tudta, hogy igaza van a rendőrnek. Az emberek azt látták, hogy a vonat befut a pályaudvarra. A molnár azt kiáltotta, hogy semmi sem jó az embereknek.
25. *a)* On Saturday I took the morning express to the Balaton. There was a little boy on the train sitting with his grandmother opposite me. He said he had never seen the Balaton. When the train got to the lake, he jumped up from his seat and ran to the window. "Oh how nice it is! How beautiful it is!" — he shouted aloud. Everybody glanced out of the window. The huge light blue lake was glittering in the sunshine. It really was beautiful.
b) Szombat reggel fél hétkor (6^{30}-kor) Péter és Kati elindult a pályaudvarra. El akarták érni a reggeli balatoni gyorsot, amely hat óra ötvenötkor indul. Ezért taxiba ültek, és tíz perc alatt a pályaudvarra érkeztek. Sajnos a pénztár előtt hosszú sor állt. Végre a kezükben volt a jegyük. Szaladtak a vonatjuk felé, amikor Péter hirtelen megállt, és a fejére ütött. – A fürdőruhám! – kiáltotta. – Otthon hagytam a fürdőszobában!" Így nem szálltak fel a vonatra, és az nélkülük ment el. Kati nagyon dühös volt. Egész úton szidta Pétert.

Tizenötödik lecke

1. hazamentem; felmentek; odament; belementek
beül; átültem; ráült; felülni
felvitte; hazavisszük; elviszitek; visszavittem
lenéztek; visszanéz; felnéztem; belenézett
összehívja; áthívom; behívta; visszahívom
2. elment; kiléptek; odament; bedobta; bemászott; végigment; odament; benézett; odament; kivette; kinyitni; odament; bejutni; kivett; feldobta; felmászott; leesett; felért; felhúzta; visszatette; bement; körülnézett; leszaladt; végigjárta; kiszedte; leszedett; összeszedett; berakta; hazaértek; rálépett; felvette; odament; benézett; átküldte; odavezette; ki; ki; felszaladt; kilépett; felmászott; végigment; le; beleesett; odafutottak; kihúzták; beültették; elvitték
4. X 1; X 1; X 1; X 2; 2 X; X 1; 1 X; 1 2; X 2
5. vacsorázni; főzni; átmentem; elmondtam; nézett; felállt; átjött; megmutattam; elmagyarázta; főzik; sütik; főzni; elkészítettem; leültem; vártam; elmúlt; érkezett meg; kimentem;

megettem; maradt; vártam; megnézte; átjött; megkérdezte; mondtam; bevittem; megettük; megfőztem; megittuk; kinyitottam; érkeztek meg; főzünk

7. megírja a levelet; megnézte a filmet; elolvassa az újságot; megfőzi a vacsorát; megváltotta a jegyet

14. Mária azóta szomorú, amióta nem kap levelet Pétertől. Addig maradok Magyarországon, amíg a szabadságom tart. Gabi este addig nézi a tévét, amíg haza nem jönnek a szülei. Kati azóta nyaral a Balatonnál, amióta szünet van. János addig marad a kórházban, amíg beteg. Kovácséknak azóta van autójuk, amióta vidéken laknak. A gyerekek addig játszanak a szobában, amíg esik az eső. A lányok addig járják az üzleteket, amíg el nem fogy a pénzük.

17. Már húsz perce olvasom. De húsz perc alatt elolvasom. Irén fél óra alatt megfőzi a vacsorát. Irén már fél órája főzi a vacsorát. A tanár már negyedórája magyarázza az új szavakat. A tanár negyedóra alatt megmagyarázza az új szavakat. Egy óráig kerestem. Egy óra alatt megkerestem. Eddig senkit sem ismertem ebben a városban. Két hét alatt sok érdekes embert ismertem meg itt.

18. *a)* Ever since we arrived at the Balaton, the weather has been bad. Yesterday afternoon the sun was shining for half an hour. My friend and I decided to borrow a boat from the boat-rental. But unfortunately the nice weather only lasted as long as we were waiting at the boat-rental. After we got into the boat, a strong wind arose. We rowed for ten minutes until we saw the red signal. We knew it meant a storm was coming. We returned to the shore and returned the boat.

b) Két nappal ezelőtt érkeztünk a Balatonhoz, és két hetet töltünk majd itt. Sokat hallottunk a Balatonról, mielőtt idejöttünk. Örülünk, hogy megismerjük ezt a vidéket. Amióta megérkeztünk, szép idő van. Sokat tudtunk úszni, és az evezést is kipróbáltuk. A magyarok azt mondják, hogy már három hete tart a szép idő. Én egy jó nagy balatoni viharra várok. Nem akarok addig elutazni, amíg nem láttam egy igazi balatoni vihart.

Third test

I. számára; teszi; a kabátját; keres; talál; észreveszi; széket; várjuk; éhesen; várnak; múlva; szólunk; gyorsan; kérünk; kezdjük; letesszük; kanalat; szeretjük; nélkül; elviszi; visszahozza; jó-e; látom; hidegen; szomszédommal; elmenni; örülök; lenni; magyarázza; örömét

II. ültem; siettek/sietnek; sohasem volt/soha sincs; belépett; tette; keresett; talált; észrevette; odajött és leült; vártuk; vártak; jött; éhesek voltunk; nem szóltunk; mutattuk; kérünk; kezdtük; hideg volt; letettük; hívtuk; mondtuk; hideg; nem szeretjük; elvitte; várt; visszahozta; kérdezte; jó-e; láttam; hozta vissza; fel akartam állni; nevetett; mutatta; jó; örülök; akar; magyarázta; látta; nem értem

III. 1. Tizenöt évig.
2. 1949-ben.
3. 1952–1964-ig.
4. Tizenkét év alatt.
5. Tizennyolc éves.
6. Nyolc éve.
7. Tizenegy évig.
8. Hat éve.
9. Tizenkilenc évet.
10. Hét évet.

IV. Hányadikán volt hideg idő?
Mikor (melyik évszakban) sétál mindenki szívesen a Margitszigeten?
Melyik napon akarnak elutazni a szüleim?
Mettől meddig tart a tél?
Hány órakor indult el az autóbusz?
Melyik évben nyaraltunk a Balatonnál?
Hogyan utaznak az utasok a tele autóbuszban?
Kinek a részére hoztam csomagot külföldről?
Hogyan akar Péter felmenni az emeletre mindig?
Kikkel van jó kedve Katinak mindig?

Tizenhatodik lecke

8. az enyém; a mienket; Gabiéban; a tieid; Katiéiról
9. a tieid; a te fényképeid; Iréné; Irén virágai; az öné; az ön kávéjában; a tanulók sportpályája; a tanulóké; a Kovácséké; a Kovácsék lakása
13. azé; azoké; azé; azé; azokéi
15. a konzervgyár munkásainak az életéről; a rendőrautó szirénájának a hangját; a színház folyosóinak a falai; a falu orvosának a várótermében; a barátom cipőjének az ára; Péter szegedi rokonainak a címét
17. ennek/annak az iskolának az udvarán; a kirándulásnak ezen/azon a napján; Gabinak ezzel/azzal a játékával; ennek/annak a kislánynak a nővérére; az előadásnak ezt/azt a részét; az utcának ezen/azon az oldalán; ezeknek/azoknak a művészeknek a műsora; az alagútnak ennél/annál a végénél
18. a könyvtár(nak az); épületének a; ennek az erdőnek a; műsorának; a film(nek a); Katinak; az anyám(nak a); a ti csoportotok(nak az); a ti autóbuszotoknak; a Balatonnak; a Balaton(nak az); gyerekeinek a
20. magukat; magukról; magát; magamnak; magatokhoz; magunkkal; magad(at)
21. ketten vitatkoznak; hárman együtt mennek fel; néhányan nem kaptak helyet; öten futottak; kevesen voltak; sok ezren sportolnak; hányan állnak
23. Kinek a csónakja van a parton? Az én csónakom. Az enyém.
Kinek van csónakja? Nekem.
Kié az a csónak, amelyik a parton van? Az enyém.
Kiknek a bőröndjei maradtak az autóbuszban? Az ő bőröndjeik. Azoknak a bőröndjei, akik Szegedről jöttek. Azokéi, akik Szegedről jöttek.
Kiknek vannak bőröndjeik? Nekik. Azoknak, akik Szegedről jöttek.
Kikéi azok a bőröndök? Az övéik. Azokéi, akik Szegedről jöttek.
Kiknek a labdája esett bele a vízbe? A gyerekek labdája. A gyerekeké.
Azoknak a labdája, akik a parton játszottak. Kiknek van labdájuk?
A gyerekeknek. Azoknak, akik a parton játszottak. Kiké ez a labda? A gyerekeké.
Azoké, akik a parton játszottak.
Kiknek a rossz kocsija áll az út mellett? Laciék rossz kocsija. Laciéké. Azoknak a rossz kocsija, akik ebben a házban laknak. Azoké, akik ebben a házban laknak. Kiknek van rossz kocsijuk? Laciéknak. Azoknak, akik ebben a házban laknak. Kiké az a rossz kocsi? Laciéké. Azoké, akik ebben a házban laknak.
24. azé; azoknak; azé; azé; annak; azé
25. ennek az iskolának az udvarán; a városnak ezt a régi részét; ennek a tervezőintézetnek a munkájáról; a kirándulásnak azon a napján; ennek a fiatal együttesnek a műsora; ennek a kislánynak a szép szemére; a szívnek ezeket a betegségeit; a nagymamának ezt a süteményét; az előadásnak ezt a részét

28. *a)* In rainy autumn weather there are many sick people. Many of them catch cold and many catch the flu. The flu is a very unpleasant disease. Flu patients have a fever, a headache and feel unwell. In the autumn months the doctors' consulting rooms are full of patients. The doctors are very busy. They examine the patients, write out the necessary prescriptions. There are many people at the chemist's, too. They ask for painkillers, vitamins, different pills and liquids.

b) Tegnap baleset történt az egyik fiúval Gabi húgának az osztályában. A tíz órai szünetben elcsúszott, amikor szaladt ki az osztályból, és eltörte a jobb kezét. A tanár(nő) rögtön telefonált a mentőknek. A mentők tíz perc múlva megérkeztek, és a fiút bevitték a kórházba. A barátai sajnálják, és remélik, hogy hamar meggyógyul.

Tizenhetedik lecke

5. azért a labdáért; labdáért; amelyik; ezért; azért, amelyikkel; azért a pirosért; érte; azért; a süteményedért; a süteményemért; azért, amit
6. azért; érte; azokért; értetek; ezért; azért; azokért
7. a családjáért; a csokoládéért; a színházjegyekért; Gabiért; a szabadságért; a segítségért; a bélyegért
14. a vihar; betegség; baleset; az eső; forgalom; idő
15. miatt; miatt; miattam; temiattad; miatt; miattatok; miattunk; temiattad
17. *a)* holnap fognak elutazni; délután fogom feladni; holnapután fogok találkozni; indulás előtt fogunk hívni; a jövő héten fogom elolvasni; a mese után fognak lefeküdni; vacsora után fogom elkérni

b) meg fogom keresni; meg fogjuk nézni; meg fogom ismerni; meg fogom tanulni; el fognak aludni; meg fog gyógyulni

c) fel fogja hívni; ki fogok menni; fogok küldeni; fog érkezni; meg fogom magyarázni; segíteni fogunk; el fogom olvasni; meg fognak tanulni

18. *a)* leszek; nem lesz; lesz; lesz; lesz; lesz; lesz; lesznek; lesz; lesznek; lesznek; lesznek; lesznek; nem lesz; leszek; lesz; nem lesz; lesz; lesz; leszünk
21. Laci nem szokta elolvasni a reggeli újságot. Ki szokta elolvasni a reggeli újságot? Laci a reggeli újságot szokta elolvasni.
    Én fogom megtanulni ezt a dalt. Melyik dalt fogod megtanulni? Nem ezt a dalt fogom megtanulni.
    Éva nem tudja átúszni a Dunát. Éva tudja átúszni a Dunát? Éva tudja átúszni a Dunát.
    Vasárnap fogok visszautazni Angliába. Angliába fogok visszautazni vasárnap. Én fogok visszautazni vasárnap Angliába. Nem én fogok visszautazni vasárnap Angliába.
    Nem a híreket akarom meghallgatni este. A híreket akarom meghallgatni este. Nem akarom meghallgatni a híreket este.
    A hétvégét szoktátok vidéken tölteni? Nem a hétvégét szoktuk vidéken tölteni. Ti szoktátok a hétvégét vidéken tölteni?
    A lányok nem tudnak szépen énekelni. Hogyan tudnak énekelni a lányok? A lányok tudnak szépen énekelni? A lányok tudnak szépen énekelni.
22. Azért látogatlak meg titeket, mert olyan kedvesen hívtatok magatokhoz. Nagyon szomorú vagyok, mert közeledik az elutazás ideje. A ház lakói mérgesen kiabálnak, mert már megint nem működik a lift. Nagyon örülünk a holnapi kirándulásnak, mert szükségünk van egy kis pihenésre. Azért nem mentem el az előadásra, mert nagyon fájt a fejem. Megszámoljuk a pénzünket, mert rögtön hozza a pincér a számlát. Kati azért jár könyvtárba, mert otthon a zaj miatt nem tud olvasni. Tamás erős és egészséges, mert minden reggel tornázik egy fél órát. Az apámék jól ismerik a fővárost, mert régóta élnek Budapesten.

24. *a)* fogok nyaralni; fogunk menni; fogok találkozni; fog megérkezni; fel fogunk sétálni; el fogjuk készíteni
b) nyaralok; megyünk; találkozom; érkezik meg; felsétálunk; elkészítjük
27. *a)* Tonight Éva is going to an opera performance with her boyfriend. They are going to see a famous opera. Though the performance begins at 7 o'clock, she starts to get ready at 4 o'clock. She always does her hair herself. She is combing her hair in front of the mirror for a long time. She has decided to put on her nice new dress, because women are generally very elegant at the Opera. She has taken her new shoes out of the wardrobe. She hopes that they will not hurt her feet. She spends a long time in the bathroom, she wants to look nice. When she glances into the mirror once again before leaving, she smiles. She feels that her boyfriend will be pleased with her.
b) Jancsi színházba megy a barátaival. Egy nagyon érdekes darabot játszanak egy kis pesti színházban. A jegyüket már megvették néhány nappal ezelőtt. Jancsi nem vett fel elegáns ruhát. A fiatalok általában mindennapi ruhájukban mennek színházba. Ők a darabért mennek a színházba, és az ő véleményük szerint a ruha nem fontos. Jancsi a színház bejáratánál fog találkozni a barátaival. Az előadás után be fognak ülni egy kis eszpresszóba inni valamit és beszélgetni. Mindig hosszú vitáik vannak, miután megnéznek egy filmet vagy színdarabot.

Tizennyolcadik lecke

9. Ő soványabb nálad (mint te). Mi fáradtabbak vagyunk önöknél (mint önök). Én erősebb vagyok nálatok (mint ti). Te csinosabb vagy nála (mint ő).
14. üresebben, az autóbuszoknál; rendesebben, mint; rendetlenebbül, mint; drágábban, mint; éhesebben, mint; lassabban, olaszoknál; hidegebben, mint; jobban, nálam
18. A fiú olyan magas; Olyan korán kelek; A televízió olyan nagy (akkora); A kislány olyan nehéz; Ez a szálloda olyan régi; A sofőr olyan gyorsan vezet; A fiú olyan szépen ír
20. *a)* Jó, hogy hoztunk magunkkal ernyőt. Nem igaz, hogy nyáron hideg a Balaton vize. Nagy baj, hogy ma már nem indul vonat Szegedre.
Kár, hogy vége a szabadságomnak. Érdekes, hogy Magyarországon hidegebb a tél, mint Angliában. Hiba volt, hogy nem álltál meg a piros lámpánál. Tévedés, hogy Magyarország Lengyelország szomszédja.
b) A betörő attól fél, hogy a rendőr meglátta. Nagyon örülök, hogy felhívtál. Azon gondolkozom, hogy hova tettem a szemüvegem. Azt tervezem, hogy hétvégén vidékre utazom. Csodálkozom, hogy még nem tudsz magyarul. A jó sofőr figyel arra, hogy piros-e lámpa. A lányok azon nevetnek, hogy beleestem a vízbe. Arról vitatkozunk, hogy mikor született Madách Imre.
c) Olyan jól beszélsz magyarul, hogy nincs szükséged tolmácsra.
Annyian szálltak fel a buszra, hogy a sofőr nem tudta becsukni az ajtót.
Tegnap annyi dolgom volt, hogy ebédelni sem értem rá.
A fiú annyira szerette a lányt, hogy feleségül vette. Úgy esik az eső, hogy nem tudunk elindulni. Olyan sokáig tartott az előadás, hogy csak éjfél után értem haza. Az új autópálya olyan széles, hogy három sorban haladnak rajta a járművek. Akkora zaj van, hogy nem tudok tanulni.
21. annyiszor; olyan; annyit/akkorát; akkora; annyi, ahány; annyi/akkora, (mint) amennyi/amekkora
23. *a)* There are many people who prefer life in the country to that in the city. There is no heavy traffic in villages, and life is quieter than in cities. The air is cleaner, and people spend more time outdoors than city-dwellers. There are generally one-family houses built. Families have larger living space than in cities. Many families breed animals: pigs, cows, chickens, geese, ducks. They grow as much fruit and vegetables around the house as the family needs. Many even sell some of their products.

b) A városok lakóinak ma sokkal több tejre, húsra és zöldségre van szükségük, mint tíz vagy húsz évvel ezelőtt. Mi, magyarok, különösen sokat eszünk, sokkal többet, mint amennyire szükségünk van. A termelőszövetkezetek egyre többet termelnek. Zöldség- és gyümölcstermesztésünk ma sokkal jobb, mint a múltban. Mivel a magyarok jobban szeretik a disznóhúst, mint a marhát, a sertéstenyésztés nagyon fontos. A magyar mezőgazdaság többet tud termelni, mint amennyire a lakosságnak szüksége van, ezért sok terméket exportálunk.

Tizenkilencedik lecke

7. *a)* innom; kapnotok; kinyitnunk; belépniük; meghallgatnod; Tamásnak, megnéznie; visszavinnie; vitatkozniuk

15. A gyerekeknek és az öregeknek sokat kell pihenniük. El kell mesélned a város történetét. Be kell mutatnod a barátaidat a vendégeknek. Péternek angolul is meg kell tanulnia. Majd nekem kell telefonálnom taxiért. Piros lámpánál mindenkinek meg kell állnia. Nektek semmit sem kell vásárolnotok vacsorára? Sietnünk kell a vonathoz, . . . Meg kell néznünk ezt a filmet.

16. *a)* Nektek érdemes megnéznetek a színház új műsorát. Nekem kell kitakarítanom a lakást. A nehéz teherautóknak nem szabad felhajtaniuk erre a hídra. Nekünk érdemes repülőgéppel külföldre utaznunk. A gyerekeknek lesz kellemes nálatok tölteniük a nyarat. A külföldieknek nem könnyű magyarul beszélniük. Nekünk hasznos ősszel esernyőt vinnünk a kirándulásra. Neked kell az utazás előtt jól megnézned a térképet.
    b) A színház új műsorát érdemes megnéznetek. A lakást kell kitakarítanom. Erre a hídra nem szabad felhajtaniuk a nehéz teherautóknak. Külföldre érdemes repülőgéppel utaznunk. A nyarat lesz kellemes nálatok tölteniük a gyerekeknek. Magyarul nem könnyű beszélniük a külföldieknek. A kirándulásra ősszel hasznos esernyőt vinnünk. Az utazás előtt kell jól megnézned a térképet.

18. vehettek; kölcsönözhetünk; napozhatsz; átmehet; termeszthetnek; megvehetem, hazaküldhetik; nem mehetünk be

19. *a)* nyaralhat; *b)* nyaralhatott; *c)* nyaralhat
    a) ihatok, *b)* ihattam; *c)* ihatok
    a) nem lehetek; *b)* nem lehettem; *c)* nem lehetek

20. ugorhatnak be (may jump into); ehettek (could eat); alhatnak (can sleep); nem lehettem ott (I was not able to be); megihatunk (we can/may drink); nem fürödhetek (I cannot take a bath); nem dohányozhatsz (you may not smoke); nem vehették meg (they were not able to buy); lefekhetünk (we can/may go to bed)

23. Mady; kertmoziba; haza; sétáltak; partján; diszkóbár; zene; ahol; táncolt; akarta; szereti; tudni; tetszik; táncolt; közben; Csaba; nem; Tamás; táncolt; asztal; nézte; akkor; lánynak; megértette; idegen nyelveket

25. *a)* In the warm summer months the open-air swimming pools of Budapest are visited by many Hungarians and foreigners. It isn't necessary to travel a lot, they can be reached quickly by tram or bus. It is pleasant to spend a day or two there not only for children but also for adults. They can play with balls, do gymnastics, swim or lie in the sun. Of course, swimming in the deep water is only allowed for those who can swim well. It is not necessary to take anything to eat along to the swimming pool, because you can buy many sorts of foods and drinks there. However it isn't worth going to the swimming pool on Sundays, because there are many people there.
    b) Holnap elutazunk egy kis faluba nyaralni. Be kell csomagolnom. Kell vinnem meleg ruhákat a gyerekek számára és mindent, amire szükségünk lehet két hét alatt. A férjemnek itthon kell maradnia egy hétig, mert neki már csak egy hét szabadsága van. Nem tudom, hogy a kutyát elvihetjük-e. Bár szabad kutyát szállítani a vonaton,

de nem kellemes. De nem is hagyhatjuk itt, neki is szüksége van nyaralásra. Azt hiszem, nem fontos előre megvenni a jegyeket, a pályaudvaron is megvehetjük. A férjem mindenképpen elkísér minket a pályaudvarra, és segít felszállni a vonatra.

Fourth test

I. vinni; a barátai; táncolni; elmenni; attól; rajta; táncolni; később; legnehezebb; sokkal; jobban; mint; vitatkozni; fiúkkal; táncolni; szüleitől; elmehet-e; nagymamának; ilyen; magára; jutottak; kétszer; annyian; ahány (amennyi); fiataloknál; szomorúbbak; látták; tanulni; kedvesebben; mint; miatt; bekapcsolták; lesz; működött; belőle; játszottak; annak; nagyon

II. nem tud; nem illik; szabad; nem lehetett; nem lehet

III. elkérte; el akarta kérni
felírtam; fel kell írnom
elvittem; el fogom vinni
nyitották ki; szokták kinyitni
látszottam; fogok látszani
nem volt érdemes; nem lesz érdemes
megnőttek; meg fognak nőni
le kellett fényképezni; le kell majd fényképezni
sem voltak; sem lesznek
aludt; fog aludni

IV. Az újságírónak ezt az előadását tegnap hallottam a rádióban.
Ennek a színésznek a játéka tegnap is tetszett nekem.
A Nemzeti Színház feladata a magyar írók drámáinak az előadása.
Holnap melyik drámáját adják elő Madáchnak?
Az ő jegyeiket a feleségem a zsebében felejtette.
Ezek a helyek azokéi, akiknek a jegye otthon maradt.

Huszadik lecke

6. Ne legyetek rendetlenek! Ne legyen szomorú! Ne legyetek rosszak! Ne legyen ideges! Ne legyél (légy) türelmetlen! Ne legyenek lusták!
7. keressétek; szálljon; vacsorázz(ál); vegyék; higgyen; aludjatok; válassz(ál); igyanak; érts(e)d; nézzétek; mutassa; váltsák; gyere; hűtse
8. tanuljanak meg; tanulják meg; készítsétek el; készítsetek el; egyed/edd meg; egyél meg; töltsön; töltse; nyiss(ál) ki; nyis(sa)d ki
9. A rendőr azt mondta nekünk, hogy tanuljunk meg minden közlekedési szabályt (tanuljuk meg a közlekedési szabályokat).
A tanár azt mondja a gyerekeknek, hogy készítsék el a házi feladatot (készítsenek el minden házi feladatot).
Az anya azt mondta a kislányának, hogy egye meg a vacsorát (egyen meg mindent).
A vendég azt mondja a pincérnek, hogy töltsön bort a poharakba (töltse a bort a poharakba).
Kovácsné azt mondja a férjének, hogy nyisson ki egy konzervet (nyissa ki a konzervet).
11. félidő; középcsatár; lőtt; mérkőzés; kellemes; szurkoló; magyar–angol; támadás; jobbra; szerelni; szélső; tizenhatoson; lőtt; elesett; bíró; jobbhátvéd; alapvonalig; gólját; játékvezető; félidőnek

12. Ne előzzön! Ne forduljon jobbra! Haladjon egyenesen! Ne haladjon tovább! Menjen tovább! Engedje át a gyalogosokat az úton!
20. elvigyük; meghallgassuk; hozzak; bemutassalak; elkészítsem; válasszunk; lemenjünk
21. *a)* Are you interested in football? I must admit I am not very interested in it. Although my husband keeps telling me how thrilling it is. Shall I turn on the TV? Shall we watch the match? Sit down in that comfortable chair! Shall I bring something to eat? Shall we have a beer?
b) Egy edző edzi a fiúkat a Margitsziget egyik sportpályáján. Futballoznak. Az edző kiabál: Fussatok gyorsabban! Játsszatok több lendülettel! Siess! Ne állj meg! Ne légy lusta! Ne lőj olyan messziről! Szereld a középcsatárt!
Egy fiatal anya figyeli a kisfiát a játszótéren. Állandóan mondja neki, hogy mit csináljon és mit ne csináljon: Ne ülj a vizes fűre! Állj fel! Ne vedd a kezedet a szájadba! Ne szaladj olyan gyorsan! Ne igyál most, túl meleged van!

Huszonegyedik lecke

3. hogy mutassa meg a jogosítványát; hogy írjak levelet minden héten; hogy orvos legyek; hogy verjék meg a büszke legényt; hogy ma este színházba menjünk; hogy minden táskát nyiss(ál) ki; hogy nézze meg ezt az előadást; hogy küldjek magyar lemezeket; hogy Laciék küldjék el a kislányukat nyaralni a Balatonhoz
4. hogy megismerje Magyarországot; hogy rendszeresen sportoljanak; hogy megérkezzen az angol csapat; hogy friss levegőn legyenek; hogy futballozzanak a strandon; hogy a gépek mellett dohányozzanak
5. hogy nyaraljunk; hogy dohányozzak; hogy vizsgázzak; hogy ússzunk; hogy aludjunk; hogy tolmácsoljak
6. hogy telefonáljon Londonba; hogy pontosan érkezzen a gyárba; hogy jól lásson; hogy segítsen az anyjának; hogy riportot készítsen; hogy megnézzék a mesét; hogy ne fázzon; hogy külföldre utazhasson
7. Az angol vendég vacsorázni megy az étterembe. Az angol vendég azért megy az étterembe, hogy vacsorázzon.
Péter sétálni hívja Katit a Margitszigetre. Péter azért hívja Katit a Margitszigetre, hogy sétáljanak.
A szülők tanulni küldik a gyerekeket az iskolába. A szülők azért küldik a gyerekeket az iskolába, hogy tanuljanak.
Úszni mentünk az uszodába. Azért mentünk az uszodába, hogy ússzunk.
8. hogy új gépeket vegyen; hogy gyógyítsák a betegeket; hogy megnézzék az új gyárat; hogy a gyerekek kabát nélkül kimenjenek a kertbe; hogy piros lámpánál megálljunk; hogy a beteg felkeljen az ágyból; hogy elvidd az autómat
9. szüksége volt arra; az volt a feladatuk; lehetőségük volt arra; az anya nem hagyta; fontos volt; az orvos megtiltotta; nem engedtem meg
10. A rendőr megengedte, hogy a sofőr elindítsa az autót. Anyám azt mondta, hogy menjek le a gyógyszertárba. A szálloda előtt várunk arra, hogy megérkezzen értünk az autóbusz. Nincs időm arra, hogy elolvassam ezt a könyvet. Fontos, hogy időben elinduljatok a pályaudvarra. Az anya nem engedi, hogy a gyerekek bemenjenek a mély vízbe. A vámtiszt felszólította az utast, hogy nyissa ki a táskáját. Azért megyek el a moziba, hogy megnézzek egy új magyar filmet. A vendég megkérte a portást, hogy ébressze fel reggel hétkor.
13. Azért megyek a postára, mert fel akarok adni egy táviratot.
hogy feladjak egy táviratot.
Azért veszitek be az orvosságot, mert meg akartok gyógyulni.
hogy meggyógyuljatok.

Azért hívunk egy taxit, mert el kell érnünk az esti gyorsot.
hogy elérjük az esti gyorsot.
Tamás azért utazott Magyarországra, mert meg akart ismerkedni a rokonaival.
hogy megismerkedjen a rokonaival.

15. hogy; mert; hogy; mert; hogy; hogy; hogy; mert
16. mindenki tanulhat; nem lehet lelépni; tilos dohányoznunk; van szükségem az útlevelemre; megtiltom, hogy; a rokonaim talán; Az a célotok, hogy jól megtanuljatok magyarul. Nekem kell szobát foglalnom? szabad megfordulnod
18. *a)* Matyi was a lazy peasant boy. His mother kept asking him in vain to work, he did not want to. Once he took his mother's geese to the market. The landowner wanted Matyi to sell him the geese at half price. Matyi had taken the geese to the market in order to get a lot of money. That's why he did not want to sell them to him cheaply. The landowner ordered his soldiers to take Matyi away and to beat him up. After having been beaten, Matyi vowed that he would return the landowner the beating threefold.
b) Mi nem engedjük meg a gyerekeinknek, hogy késő este tévét nézzenek. Csak az esti mesét nézhetik meg. Tegnap, miután megnézték a filmet, azt akarták, hogy meséljünk nekik még egy mesét. Egy ideig vitatkoztam a feleségemmel, hogy melyikünk meséljen. Végül nekem kellett mesét mondanom. Hosszú ideig gondolkoztam, de semmi sem jutott az eszembe. A fiam azt javasolta, hogy olvassak egyet egy könyvből. Így is tettem. Amikor befejeztem a mesét, az ötéves lányom kérte, hogy vigyek neki egy pohár vizet. Azután a fiam azt mondta, hogy éhes. Már sokszor megmondtuk nekik, hogy semmit ne egyenek miután megmosták a fogukat. Dühös lettem, lekapcsoltam a lámpát, és megparancsoltam nekik, hogy legyenek csendben, és aludjanak.

Huszonkettedik lecke

2. lett; volt; voltam; lettünk; lett; volt; lettetek; voltak/lettek; lettél; volt
3. vajjá; szamárrá; várossá; férfivá; könnyebbé; étteremmé
11. Az igazgató nem változtatta meg a műsort. A munkások működtetik a gépet. A nővérük eteti a gyerekeket. Az anyja elaltatta a kislányt. A tanár holnap vizsgáztatja a diákokat. A lány sokáig váratta a fiút.
12. A vámtiszt kinyittatja az utassal a táskáját. A vendégek bort töltetnek a pincérrel a poharakba. A feleség megveteti a férjjel a drága kabátot. Az anya tejet hozat Katival a boltból. Kihúzatom a fogamat a fogorvossal. Megvizsgáltatjátok magatokat az orvossal. A mérnök garázst építtet az emberekkel. Visszavitetem a könyveket veletek a könyvtárba. Éva elhiteti Péterrel, hogy szereti.
13. az új leckét gyakoroltatja a diákokkal; hangosan olvastatja a mondatokat, leíratja az új szavakat; felelteti a diákokat; azokat, akik nehezen beszélnek, sokat beszélteti; megfigyelteti a tanulókkal a nyelv szabályait; azokkal a diákokkal, akik már többet tudnak, megmagyaráztatja a szabályokat a többieknek
16. *a)* Hungarian children gladly read the story of Ludas Matyi even today. In this story a lazy peasent lad changes into a clever and experienced man. The cruel landowner has his soldiers beat him up after taking his mother's nice geese away from him. This beating changed Matyi. His sole aim became to return the beating to the landowner and not only once but threefold. In order to be able to do this he had to learn a lot. He was successful in his plans, he won. Meanwhile he had became a man whom nobody would ever be able to beat again.
b) Sok mindent el kell intéznem ma délután. El kell mennem a fodrászhoz, és meg kell csináltatnom a hajamat. Befestetem és megmosatom. Azután elmegyek a szabóhoz, és megkérem, hogy a jövő hétre fejezze be a férjem nadrágját. Meg fogom neki

mondani, hogy ne várassa a férjemet ilyen sokáig. Amikor végeztem a szabónál, elmegyek az orvoshoz. Egy ideje fáj a gyomrom, megvizsgáltatom magamat vele. Azt hiszem, hogy ez éppen elég lesz egy délutánra.

Huszonharmadik lecke

1. ha esik az eső; ha megkapjátok az útlevelet; ha taxival mennek; ha lát egy szép kalapot; ha baleset történik; ha beveszed az orvosságot; ha megeszik a főzeléket; ha nem állsz meg a piros lámpánál; ha a hatodik emeleten lakom
2. Ha esne az eső, otthon maradnánk. Ha megkapnátok az útlevelet, külföldre utaznátok. Ha Kovácsék taxival mennének, nem késnének el a színházból. Ha ön látna egy szép kalapot, megvenné a feleségének. Ha baleset történne, kihívnák a mentőket. Ha bevennéd az orvosságot, gyorsan meggyógyulnál. Ha a gyerekek megennék a főzeléket, süteményt is kapnának. Ha nem állnál meg a piros lámpánál, a rendőr megbüntetne. Ha a hatodik emeleten laknék, liften kellene felmennem.
3. Ha esett volna az eső, otthon maradtunk volna. Ha megkaptátok volna az útlevelet, külföldre utaztatok volna. Ha Kovácsék taxival mentek volna, nem késtek volna el a színházból. Ha ön látott volna egy szép kalapot, megvette volna a feleségének. Ha baleset történt volna, kihívták volna a mentőket. Ha bevetted volna az orvosságot, gyorsan meggyógyultál volna. Ha a gyerekek megették volna a főzeléket, süteményt is kaptak volna. Ha a sofőr nem állt volna meg a piros lámpánál, a rendőr megbüntette volna. Ha a hatodik emeleten laktam volna, liften kellett volna felmennem.
4. megengedném; tartanék; dohányoznék; járnánk; vennék
   utaznátok; maradna; kikísérnélek; kellene; elhalasztanátok; lenne
   nyaralnál; vitorláznánk; megismerkedhetnél; tudnád; elhozhatnád; bemutatnálak
   figyelne; okozna; megbüntetné; nem állna meg; elvennék
   ráérnétek; megmutatnám; elmehetnétek; meghívnánk; aludnátok; járnátok
5. dohányoztam volna; jártunk volna; vettem volna
   utaztatok volna; maradt volna; kikísértelek volna; kellett volna; lett volna
   nyaraltál volna; vitorláztunk volna; megismerkedhettél volna; tudtad volna; elhozhattad volna; bemutattalak volna
   figyelt volna; okozott volna; megbüntette volna; nem állt volna meg; elvették volna
   ráértetek volna; megmutattam volna; elmehettetek volna; meghívtunk volna; aludtatok volna; jártatok volna
6. jelentkezik; jelentkeznie kell; jelentkezne; jelentkezett volna
   jelentkeznék; jelentkezned kell; jelentkeztetek volna; jelentkezik
   foglal; foglalni akar; foglalna; foglalt volna
   foglaltál volna; foglalni akarunk; foglalnának; foglal
   megismeri; meg akarja ismerni; megismerné; megismerte volna
   meg akarod ismerni; megismerjük; megismerném; megismertétek volna
7. kalandos életéről; figyelemmel hallgatta; katona volt; huszár volt; nem ült lovon; elhinnék; fogta el Napóleont; kétszázezer franciát; a vezért; egy erdő szélén; szabadon engedi; a fogoly francia császárt; Napóleon felesége; felajánlotta neki szerelmét; a kérését; szép aranyórát kapott; mindenki elhinné a történetet; tüsszentett; nem tüsszentett volna
9. feladnátok; bemutatna; kinyitná; válaszolnál; szólna; megvárnának; leszaladnál; felkeltene; kölcsönadnád
13. mintha; anélkül; ahelyett; ahelyett; mintha; ahelyett; anélkül; mintha; anélkül
14. laknak; ülnek; tanultak; tettek le; dolgoztak; érjenek el; van; beszélgetnek; csináljanak (fognak csinálni); pihenjenek; szórakozzanak; javasolja; menjenek el; tudnék; volna; tudok; mondja; menjünk; szerettem volna; játsszák; megnézhetnénk; nézzük meg; feleli;

megtalálják; szeretne; elmehetnénk; legyünk; mozogjunk; terveznek; meghívtak; csináltunk; fogunk szórakozni; lenne (volna); lenne (volna)

16. *a)* Kati once told her friend:
I don't like this modern life. It's so dull! I should have preferred to live hundreds of years ago. It would have been wonderful if I had been the daughter of a rich landowner. I could have lived in a beautiful palace, I could have ridden in a coach, and I should not have had to do anything. And of course, I should not have had to go to school either. All day I could have been walking in nice big parks and eating and drinking and I could have had a lot of fun.

b) Gabi a terveiről beszél Tamásnak. Azt mondja:
– Szeretném, ha sok pénzem lenne. Ha nagyon gazdag lennék, sokat utaznék, híres utazó lenn belőlem. De én másképpen utaznék, mint az emberek ma. Nem látogatnám meg a híres városokat és műemlékeket, és nem mennék elegáns hotelekbe. Lovon szeretnék utazni vagy vitorláson. Végighajóznám a világot, és olyan helyeket keresnék, amelyeket még senki sem látott. Nagyszerű szórakozás lenne! Így sokat tanulnék, megismerkednék sok-sok emberrel és sok-sok vidékkel.

Huszonnegyedik lecke

2. épülő; táncoló; levő; fekvő; evő; ivó; mosolygó; induló; jövő; vivő; lövő; jövő; készülő
3. eladóknak; vevőkkel; sportolók; író; újságíró; nézőknek; idegenvezető; olvasókat; tanulókat; hallgatóknak; lakóknak; jövőre; futók; úszók
4. a múlt században született író; a múlt században született írót; a múlt században született íróról
az este érkezett vendégek; az este érkezett vendégeknek; az este érkezett vendégeket
a budapesti gyárban készült rádió; a budapesti gyárban készült rádiót
a szombaton kezdődött atlétikai verseny; a szombaton kezdődött atlétikai versenyen; a szombaton kezdődött atlétikai versenyre
a jól sikerült kiránduláson; a jól sikerült kirándulásról
5. épülő; felépült; érkező; érkezett; történt; történő; termő; termett; készülő; készült
6. a vasárnap bemutatott új film; a vasárnap bemutatott új filmet; a vasárnap bemutatott új filmben
a ma feladott levél; a ma feladott levelet; a ma feladott levélben
a gyárban kipróbált új gépet; a gyárban kipróbált új géppel; a gyárban kipróbált új gép
a Duna partján épített szalloda; a Duna partján épített szállodában; a Duna partján épített szállodába
a Budapesten vett emléktárgyaknak; a Budapesten vett emléktárgyakat; a Budapesten vett emléktárgyak
9. Az újságban látható fényképek az angol csapatról készültek. Régen sok ember meghalt a ma könnyen gyógyítható betegségekben. Évának nem tetszettek az áruházban kapható ruhák. A könnyen mosható ruhákat szeretem. Ismered a Budapesten található összes műemléket? Vettünk egy jól használható szótárt.
11. állva; vigyázva; mosolyogva; sütve; futva; építésznek öltözve; a vonatot várva; a parkban játszva; megmosva
12. Az autó le van mosva. A hús meg van sütve. Ez a televízió el van adva. A számla ki van fizetve. A bolt ki van nyitva.
18. *a)* megyek; érkező; csodálkozva; írni; olvasni; beszélgetni
b) ismert; bement; ülve; felejtette; megkérte; siető; olvassa el; mosolyogva; szólt; sajnálom; olvasni
c) megvizsgálva; járt; gyógyul; írva; gyógyuló; felírva; bezárva; tartani
20. *a)* The territory of Hungary is small. Travelling by car or by fast train you can cover

even the greatest distances in a few hours. The Balaton can be reached in two hours from Budapest. Inhabitants of small villages are transported to cities by buses. The standard for mass transportation is high, we have numerous railway lines. Speaking of roads we must admit that those connecting small villages are rather bad. But highways built recently cannot be complained of even by foreigners.

b) Budapest, szeretett fővárosunk Európa egyik legszebb városa, és ez nemcsak a mi véleményünk. A Duna két partján elterülő városnak a budai hegyekkel gyönyörű fekvése van. Ezt már a századokig itt élő régi rómaiak is tudták. (Ez már a régi rómaiak által is ismert volt, akik századokig itt éltek.) Az általuk kétezer évvel ezelőtt épített város romjai Buda északi részén láthatóak. A múlt századig három város volt ezen a területen: Buda, Óbuda és Pest. Az 1873-ban egyesített várost Budapestnek nevezték el. A Budát és Pestet összekötő első hidat 1844-ben építették. Az utóbbi évtizedekben városunk egyre szebbé és nagyobbá válik. Nagyon büszkék vagyunk rá.

Huszonötödik lecke

2. évenként; naponként; óránként; esténként; délutánonként; vasárnaponként; kéthetenként; óránként; délelőttönként; hetenként
3. évente; naponta; – ; – ; – ; – ; kéthetente; – ; – ; hetente
4. időnként; helyenként; fejenként; kötetenként; négyzetkilométerenként; egyenként; óránként
5. olvasó; olvasni; olvasható; elolvastatni; olvasás
megjavított; javíttatása; javító; javítani; javíttatja
élő; élete; élni; élve
szórakozó; szórakozni; szórakozás; szórakozva
eteti; ehetetlen; evés; evett
7. *a)* vizecske; fülecskéd(et); kezecskéd(et); lábacskád(at); arcocskád(at); nyakacskád(at); ruhácskád(at); cipőcskéd(et)
b) tengeri hajó; sikeres ember; kertes ház; szegedi híd; hibátlan feladat; fekete hajú lány; rendetlen szoba; zajos motor; erdős vidék; nagy erejű (erős) férfi; kétszáz oldalas könyv
c) ebédelni; ebéd; labdát; labdázik; sport; sportolnak; reggeli; reggelizem; nap; napoznak; cigarettáztok; cigarettáért; fényképek; fényképezni; sózzátok meg; só
8. építették; épült; gyorsul; gyorsítani; lassíts; lelassul; legyengült; legyengítette; erősödik; erősíti; felmelegedik; melegítsd
9. sebessége; betegség; rendetlenség; tisztaság; szélessége; sötétség
11. öten; az ötödik; ötöde; az ötös; ötször
másodikán; kettőkor; a másodikon; a kettesen; kétszer
a hetedikbe; hetedikén; hétkor; hétszerese; a hetesre
15. *a)* héttel ezelőtt; múlva; óta; órát; 6-kor; óráig (órát); után; óráig; közben; délelőtt; után; órát; órakor; órákban; hétig; ősszel; szeptemberben
b) birtokából; földből; birtokokból; gépekkel; sokkal; munkásokkal; konzervvé; gyümölcsből; tejből; termelőszövetkezetévé
c) csoportokban; területére; dolgozni; kezükben; vidáman; teherautóhoz; fákért; gyorsan; teherautóról; vigyázva; azoknak; közben; egymással; örömmel; alatt; fákká; területből; alatt; fákkal; virágokkal; ezért a célért; szívesen

Fifth test

I. ha; velük; várat; magára; hogyan; életre; mielőtt; éves; rájuk; hanem; játszva; készítik; változás; tanulóvá; több; tanulás; kevesebb; játsszanak; fokozatosan; a gyerekkor határáig; mindenkinek; válaszolnia; kérdésre; lenni; középiskolába; egyetemre; koráig; annak; tanulnia; tanulna; el; legtöbb; olyan; szeretnének; hogy; felvennének; háromszor; négyszer; helyre; lenne

II. olyan, mintha
hazajöjjön
ahelyett, menj el
lennének, szólna
hogy elkérjek
legyen

III. – (Legyen szíves), hozzon egy üveg bort!
– Vegyél egy új autót!
– Hallgass rám!
– Tölts bort a vendégeknek!
– Szeress jobban!
– Halasszátok el a látogatást!
– Segíts nekem!
– Ne késs el!
– Fizesd ki a számlát!
– Játsszunk együtt! (Játsszál velem!)

IV. Tamás Laci unokatestvére, de még soha nem találkoztak. Tamás Londonban él, és mérnökként dolgozik. Még soha nem volt Magyarországon. Laciék meghívták, hogy töltsön velük néhány hetet. Tamás jól érezte magát Magyarországon. Megismerte azt az országot, amelyről már olyan sokat hallott. Jól beszél magyarul gyerekkora óta, és sok magyar könyvet olvasott. Itt Magyarországon nagy élvezettel nézte a magyar filmeket és színdarabokat. Ha több szabadsága lett volna, tovább itt maradt volna. Búcsúzáskor azt mondta Lacinak és Irénnek, hogy soha nem fogja elfelejteni a Magyarországon töltött heteket.

SZAVAK

A, Á

a 1. the
á 8. ah, oh
  á, dehogy not at all
ablak (f) 1. window
ad (vmit vkinek) (i) 9. give
adag (f) 10. portion, dose
adat (f) 16. datum
addig 15. as far as, as long as
adjonisten good day
aggódik (vért) (i) 17. be anxious, be worried
agrár (m) 24. agrarian
ágy (f) 3. bed
aha 15. oh, I see
ahány 6. as many
ahelyett 23. instead of
ahogy(an) 13. as
ahol 1. where
ahonnan 6. from where
ahova 6. (to) where
ajándékoz (vmit vkinek) (i) 23. give as a present, present
ajtó (f) 4. door
akadémia (f) 6. academy
  Tudományos Akadémia Academy of Sciences
akar (vmit csinálni) (i) 12. want
aki 2. who
akkor 11. at that time, then
akkora 18. as big/large
alá 4. under
alacsony (m) 1. small, short, low
alagút (f) 6. tunnel
alakít (vmit vmivé) (i) 22. change/turn sg into
alakul (vmivé) 22. be formed into, turn into
alap (f) 21. base, basis
  vminek az alapján on the basis of
alapos (m) 22. thorough
alapvonal (f) 20. goal-line
alatt 1. under, below, during, in
album (f) 15. album
alföldi (m) 13. of/in the Great Plain
alig 14. hardly, scarcely
alkalmas (vmire) (m) 24. good, suitable
alkotás (f) 12. piece, work (of art)
alkalom (f) 23. occasion
áll (f) 16. chin
áll (vhol, vhova) (i) 1. stand
állam (f) 13. state
állami (m) 24. (of) state
állandó (m) 13. continuous, permanent
állandóan 17. continually, permanently
állat (f) 14. animal
állattenyésztés (f) 18. animal husbandry
állít (vmit vhova) (i) 10. place, put
  vmit assert
állomás (f) 17. station
alma (f) 8. apple
almafa (f) 8. apple tree
álmos (m) 11. sleepy
álmosság (f) 17. sleepiness
alól 5. from under/below
álom (f) 19. dream
alsó (m) 10. lower
alszik (i) 11. sleep
által 24. by
általában 13. generally, usually
általános (m) 15. general
altató (f) 16. sleeping pill
alvás (f) 25. sleep(ing)
ameddig 15. till, until, while
amely 2. that, which
amelyik 2. that, which
amennyi 6. as much
amerikai (m) 13. American
amerre 6. to where (in which direction)
amerről 6. from where (from which direction)
ami 2. what
amiatt 18. that is why
amíg 15. till, until, while
amikor 11. when

amilyen 6. like, as
amióta 15. since
anélkül 23. without
angol (m) 1. English
anya (f) 2. mother
anyanyelv (f) 8. mother-tongue
annyi 6. so much/many, as much/many
annyira 18. so much/far
anyós (f) 7. mother-in-law
anyu (f) 11. Mummy
apa (f) 7. father
apátsági (m) 15. abbatial
após (f) 7. father-in-law
április (f) 11. April
apu (f) 8. Daddy
ár (f) 10. price
  fele áron at half-price
arany (f) 22. gold (coin)
aranyóra (f) 23. gold watch
aranyos (m) 23. golden
arc (f) 7. face, cheek
árnyék (f) 17. shadow
arra 5. in that direction, that way
arról 5. from that direction, from there
árt (vnek) (i) 14. do harm to
áru (f) 13. goods
áruház (4) stores
asszony (f) 5. woman
asztal (f) 1. table
asztalfő (f) 10. head of table
asztalos (f) 22. joiner
aszú (f) 24. (a famous wine of Tokay)
át 4. over, through, during, for
átad (vmit vkinek) (i) 15. hand over, pass
átadás (f) 20. pass
átalakít (vmit vmivé) (i) 22. transform sg, change sg
átalakul (vmivé) (i) 22. be transformed, turn into
átenged (vt vmin, vhova) (i) 20. let through
átjár (vhova, vmin) (i) 9. go over, pass
átjön (vhova, vmin) (i) 15. come through
átküld (vkit vhova) (i) 15. send over
átlag (f) 24. average
átlagos (m) 14. average
atlétikai (m) 11. track and field, athletic
átmegy (vhova, vmin) (i) 4. go over, go across, cross
átmászik (vhova, vmin) (i) 15. climb over
átölel (vt) (i) 22. embrace
átszalad (vhova, vmin) (i) 20. run over, run across
átszáll (vmiről vmire) (i) 4. change (buses, trams etc.)
átúszik (vmit, vhova) (i) 17. swim across
átvezet (vkit, vhova) (i) 9. escort
augusztus (f) 11. August
autó (f) 1. car
autóbusz (f) 1. bus
autópálya (f) 18. highway
az 1. the
az 1. that
azelőtt 14. before
azonban 4. yet, still, however
azonnal 15. at once, immediately
azóta 15. since (then)
azután/aztán 12. afterwards, then

B

bab (f) 13. bean(s)
babám (f) darling
bácsi (f) 15. uncle, older man
baj (f) 3. trouble
  nem baj it does not matter; never mind
bajnokság (f) 20. championship
bal (m) 6. left
balatoni (m) 14. of the Balaton
baleset (f) 16. accident
  baleset történik vkivel an accident befall sy
balett (f) 17. ballet
ballag (i) 14. walk slowly
balra 4. to the left
bank (f) 5. bank
bár (f) 3. bar
bár 12. though
barack (f) 10. apricot
barackpálinka (f) 13. apricot brandy
barát (f) 7. friend
barátnő (f) 9. (girl)friend
barátság (f) 13. friendship
  barátságban van vkivel be on good terms
barna (m) 2. brown
barokk (m) 15. baroque
bátya (f) 7. elder brother
bauxit (f) 24. bauxite
be 4. in, into
bead (vmit vkinek, vhova) (i) 15. hand in, give (an injection)
beáll (vhova) (i) 20. stand in, join

becsomagol (i) 19. pack one's bags
becsuk (vmit) (i) 18. close, shut
bedob (vmit vhova) (i) 15. throw in
beenged (vkit vhova) (i) 9. let in
beesik (vmibe) (i) 14. fall in
befárad (vhova) (i) 21. come, go in
  fáradjon be! come in, please
befejez (vmit) (i) 14. finish, end
befest (vmit) (i) 22. dye, paint
befordul (vhova) (i) 4. turn in(to)
befut (vhova) (i) 4. run in
behív (vkit vhova) (i) 9. call in
behoz (vmit vhova) (i) 9. bring in, import
bejár (vmit) (i) 23. walk/travel all over
bejárat (f) 3. entrance
bekapcsol (vmit) (i) 19. switch on, turn on
béke (f) 25. peace
beköt (vt) (i) 22. bind, tie up
bele 8. into, into him/it
beleesik (vmibe) (i) 15. fall into
belefér (vmibe) (i) 18. find room in, fit in
belenéz (vmibe) (i) 15. look in(to)
belép (vhova) (i) 4. enter
beleszól (vmibe) (i) 14. interfere
beletesz (vmit vmibe) (i) 10. put in
belőle 8. from him/it, out of it
belső (m) 18 inner
belül 18. inside
belülre 20. to the inside
belváros (f) 6. city
bélyeg (f) 17. stamp
bemegy (vhova) (i) 4. go in, enter
bemond (vmit) (i) 20. announce
bemutat (vt vkinek) (i) 13. introduce, present
bemutatás (f) 18. presentation, introduction
bemutatkozik (i) 19. introduce oneself
bemutatkozás (f) 18. introduction introducing oneself
benéz (vhova, vmin) (i) 15. look in
benne 8. in him/it
benneteket 13. you (plural, informal, acc.)
bennünket 24. us
bent 1. inside
benzin (f) 16. benzine
berak (vmit vhova) (i) 15. put in
beszáll (vmibe) (i) 4. get in/on
beszéd (f) 17. speech
beszél (vről) (i) 1. speak (about)
beszélget (i) 2. talk
beszélgetés (f) 13. talk, chat
beteg (m) 5. sick
betegség (f) 16. disease, sickness
betörő (f) 15. robber, thief
betű (f) 12. letter
beugrik (vmibe) (i) 4. jump in(to)
beül (vhova) (i) 4. get in
beültet (vkit vhova) (i) 15. make sy get in
beüt (vmit vmibe) (i) 16. knock against
bevesz (vmit) (i) .16. take
bevisz (vt vhova) (i) 9. take, carry in
bezár (vmit) (i) close
birka (f) 10. sheep
birkahús (f) 10. mutton
bíró (f) 20. referee, judge
birodalom (f) 8. empire, realm
birtok (f) 21. estate
bizony 14. certainly
biztosan 14. surely
bocsánat (f) 1 pardon, forgiveness
  bocsánat! excuse me, sorry
bolgár (m) 13. Bulgarian
bolt (f) 12. shop
bor (f) 6. wine
borjú (f) 10. calf
borjúhús (f) 10. veal
borravaló (f) 10. tip
borsó (f) 13. pea(s)
bosszú (f) 25. revenge
  bosszút áll (vkin) take revenge on sy
bot (f) 21. stick
bőr (f) 22. leather
bőripar (f) 24. leather industry
bőrönd (f) 16. suitcase
búcsúzik (vkitől) (i) 22. bid farewell, say goodbye
budai (m) 4. of Buda
budapesti (m) 2. of Budapest
busz (f) 1. bus
buszmegálló (f) 2. bus-top
buta (m) 18. stupid
bútor (f) 3. furniture
búza (f) 18. wheat
büfé (f) 11. buffet, snack-bar
büszke (m) 21. proud

C

cél (f) 12. aim
céllövés (f) 11. target-shooting
célpont (f) 24. target
centiméter (centi, cm) (f) 18. centimetre

ceruza (f) 7. pencil
cica (f) 4. kitty
cigaretta (f) 6. cigarette
cigarettázik (i) 25. smoke (a cigarette)
cikk (f) 13. article
cím (f) 16. title; adress
cipész (f) 22. shoemaker
cipő (f) 7. shoe
citrom (f) 13. lemon
cukor (f) 13. sugar
cukorka (f) 14. sweets, candies

CS

csak 3. only
család (f) 7. family
csalán (f) stinging nettle
csap (f) 8. tap
csapat (f) 11. team
csárda (f) 15. (village) inn
császár (f) 23. emperor
csata (f) 23. battle
csatár (f) 20. forward
cseh (m) Czech
csend (f) 12. silence
  csendben van be silent
csendes (m) 4. still, quiet
csenget (i) 6. ring
  csengetnek the bell rings
csepp (f) 15. drop
cseresznye (f) 10. cherry
csillog (i) 15. shine, glitter
csinál (i) 1. do
csinos (m) 7. pretty
csirke (f) 10. chicken
csitári (m) of Csitár
csoda (f) 14. miracle, wonder
  nem csoda no wonder
csodálatos (m) 17. miraculous, wonderful
csodálkozik (vmin) (i) 9. wonder at, be surpised
csók (f) kiss
csókol (vkit) (i) 10. kiss
  kezét csókolom (a formal greeting men use for ladies: I kiss your hand)
  csókolom (greeting, short form of **kezét csókolom**)
csokoládé (f) 13. chocolate(s)
csomag (f) 3. package, luggage
csomagtartó (f) 16. luggage-rack
csomó 12. lot (of)
csónak (f) 15. boat
csoport (f) 6. group
csuka (f) 10. pike
csúnya (m) 13. ugly
  de csúnya dolog! how unfair it is!
csupa 14. all, mere
csúszik (i) 15. slip, slide
csütörtök (f) 11. Thursday

D

dal (f) 12. song
daljáték (f) 23. play with songs
dán (m) 13. Danish
darab (f) 9. piece (of); play
  darabokra vág (vmit) cut up
daru (f) 13. crane
dátum (f) 25. date
de 2. but
december (f) 11. December
decemberi (m) 11. of December
dehogy 13. oh no
dehogyis 11. not at all
  dehogyis nincs of course there is
deka (f) 9. decagram
dekagramm (dkg) (f) 10. decagram
dél (f) 3. South, noon
délben 12. at noon
délelőtt (f) 11. forenoon; in the morning/forenoon
délelőtti (m) 11. in/of the morning
déli (m) 5. southern
délután (f) 11. afternoon, in the afternoon
demokratikus (m) 13. democratic
dézsa (f) 23. bucket
diák (f) 1. student
dinnye (f) 10. melon
dísz (f) 15. decoration, ornament, splendour
diszkó (f) 11. disco
diszkóbár (f) 19. disco-bar
disznó (f) 18. pig
dob (vmit) (i) 9. throw, cast
doboz (f) 6. box
dohányzik (i) 14. smoke
doktor (f) 16. doctor
doktornő (f) 9. woman-doctor
dolgozik (i) 2. work
dolgozó (f; m) 13. labourer, worker, working
dolgozószoba (f) 8. study
dolog (f) 12. thing, work
dóm (f) 17. cathedral

domb (f) 15. hill
domboldal (f) 15. hillside
dombos (m) 14. hilly
döbrögi (m) 21. in/of Döbrög
drága (m) 9. expensive; dear
dráma (f) 17. drama, play
drámaíró (f) 19. dramatist, playwright
dühös (vkire) (m) 13. angry, furious

E, É

-e 12. whether
ebéd (f) 11. lunch, dinner
ebédel (vmit) (i) 3. have/take lunch, have sg for lunch
ébreszt (vkit) (i) 14. wake
ébresztőóra (f) 17. alarm-clock
édes (m) 10. sweet
édesanya (f) 8. mother
édesség (f) 10. sweets
edz (i) 19. train, be in training, coach
edzés (f) 11. training
edző (f) 8. trainer, coach
ég (f) 5. sky
ég (i) 16. be lit, burn
egész (m) 8. whole, all
  egészében (in) all, on the whole
egészen 10. quite, entirely
egészség (f) health
  egészségére to your health; bless you; cheers
egészséges (m) 17. healthy
éghajlat (f) 24. climate
egy 1. a, an; one
  egy-egy a few, one or two
  egy-kettő! hurry up!
egyedül 12. alone
egyelőre 12. for the moment
egyenes (m) 13. straight
egyenként 25. one by one
egyenlő (m) 24. equal
egyes(ek) 18. some/certain people
egyesít (vmit) (i) 24. unite, join
egyesült (m) 13. united
egyetem (f) 6. university
egyetemi (m) 19. (of) university
egyetlen 13. sole, only
egyforma (m) 18. alike, uniform
egyik 2. (the) one, one of
egymás 17. each other
egyre 18. more and more, increasingly
  egyre több more and more
egyszer 18. once
  egyszer csak once
  még egyszer again, once more
egyszerre 23. at the same time, at once
egyszerű (m) 15. simple
együtt (vvel) 13. together (with)
együttes (f) 16. ensemble, group
éhes (m) 5. hungry
ejha! 15. ah! oh!
éjfél (f) 18. midnight
éjjel (f) 11. night; at night
éjjeli (m) 11. (at) night, nightly
éjjel-nappal 13. day and night
ekkor 17. this time
el 4. away
elad (vmit) (i) 15. sell
eladó (f) 9. seller
eláll (i) 21. cease, stop
elalszik (i) 15. fall asleep; oversleep
elbeszélget (vkivel) (i) 19. talk, chat
elbír (vmit) (i) 14. be able to carry, bear
elbúcsúzik (vkitől) (i) 15. take leave of, say goodbye
elbukik (i) 25. fail, be supressed
elcsúszik (i) 16. slip
elé 4. before, in front of
elég (m) 8. enough, quite, rather
elegáns (m) 3. elegant
élelmiszer (f) 9. food, provision
elem (f) 24. battery
elénekel (vmit) (i) 15. sing
elenged (vkit vhova) (i) 17. let sy go to **(vkit)** set free
elér (vmit) (i) 14. reach, catch
  elér vmilyen eredményt achieve a result
éles (m) 15. sharp
elesik (i) 14. fall, have a fall
élet (f) 7. life
elfelejt (vt) (i) 15. forget
elfog (vkit) (i) 23. capture
elfoglal (vmit) (i) 23. occupy
elfogy (i) 15. be used up
elhagy (vt) (i) 24. leave
elhalad (vmerre) (i) 14. pass by
elhalaszt (vmit) (i) 23. put off
elhatároz (vmit) (i) 15. decide
elhisz (vmit) (i) 15. believe
elhoz (vt) (i) 15. bring, take
elindít (vmit) (i) 20. start, put in motion
elindul (i) 18. start, depart

elintéz (vmit) (i) 18. arrange, settle
eljátszik (vmit) (i) 17. play (a role)
eljön (i) 16. come (over), arrive
eljut (vhova) (i) 13. get to
elkér (vmit vkitől) (i) 17. ask sy for sg
elkésik (vhonnan) (i) 17. be late
elkészít (vmit) (i) 15. make, prepare
elkészül (i) 17. get ready
elkezd (vmit csinálni) (i) 24. begin, start
elkezdődik (i) 21. begin
elkísér (vkit vhova) (i) 19. escort, see to
elküld (vkit vhova) (i) 9. send sy away/to
  (vmit vhova) send (off)
ellen 25. against
ellenáll (vnek) (i) 25. resist
ellenére (vminek) 8. in spite of
ellenség (f) 23. enemy
ellentét (f) 25. contrast, conflict
elmarad (i) 15. be cancelled
elmegy (i) 4. go away
élmény (f) 15. experience
elmesél (vmit) (i) 15. tell, narrate
elmond (vmit) (i) 15. tell
elmos (vmit) (i) 15. wash up
elmúlik (i) 20. pass (away), be over
elmúlt (m) 18. past
elnyomás (f) 25. oppression
elolvas (vmit) (i) 15. read
elő- 15. out, forth
élő (m) 17. living, alive
előad (vmit) (i) 17. perform, act
előadás (f) 16. performance
előbbi (m) 19. former, previous
előbbre 23. (more) forward
élőbeszéd (f) 17. spoken language
elöl 6. ahead, in front
elől 5. from in front of
előre 19. in advance
előrefut (i) 20. run ahead
először 15. the first time; (at) first
előtt 1. in front of, before
elővesz (vmit) (i) 15. take out (of)
előz (vt) (i) 20. overtake, pass
elromlik (i) 22. go wrong
elront (vmit) (i) 17. ruin, spoil
első 1. first
elsősorban 13. first of all
eltalál (vt vmivel) (i) 15. hit
elterül (vhol) (i) 18. lie, be situated
eltör (vmit) (i) 14. break sg
eltörik (i) 14. break, be broken
eltűnik (i) 22. disappear
elutazás (f) 17. departure
elutazik (i) 11. leave
elvégez (vmit) (i) 21. do, carry out, finish
elvesz (vmit vkitől) (i) 20. take away
élvezet (f) 17. enjoyment, pleasure
elvisz (vt) (i) 9. take, carry away
ember (f) 2. man
emberi (m) 13. human
emberiség (f) 17. mankind
emelet (f) 3. floor, store
emeletes (m) 17. storied
emeleti (m) 17. being above the ground floor, on the . . .th floor
emelkedik (i) 13. rise, go up
emleget (vt) (i) 23. mention repeatedly
emlék (f) 11. remembrance, memory, relic
  őrzi vkinek az emlékét cherish the memory of sy
emlékszik (vre) (i) 15. remember
emléktárgy (f) 11. souvenir
említ (vt) (i) 25. mention
én 1. I
énekel (i) 5. sing
energia (f) 24. energy
energiaforrás (f) 24. source of energy
enged (vkit vmit csinálni) (i) 14. let sy do,
  (vkit vhova) let sy go to
engem 10. me
ennivaló (f) 9. food
enyém 16. mine
eper (f) 10. strawberry
épít (vmit) (i) 11. build
építész (f) 22. architect
építőipari (m) 13. of the building industry
éppen 9. just
épül (i) 15. be built
épület (f) 1. building
ér (vhova) (i) 14. get to, reach, arrive
erdei (m) 5. wood-, forest-
érdekel (vkit) (i) 11. interest, be interesting for
érdekes (m) 6. interesting
érdeklődik (i) 6. inquire
érdemes (m) 19. worth
erdő (f) 5. wood, forest
erdős (m) 25. wooded
eredmény (f) 18. result, achievement
érett (m) 24. ripe, mature
érez (vmit) (i) 15. feel
  jól érzi magát feel well

erkély (f) 15. balcony, dress-circle
érkezik (vhova) (i) 4. arrive
ernyő (f) 1. umbrella
erő (f) 13. strength, force
erőmű (f) 24. power station, plant
erős (m) 8. strong
erősít (vt) (i) 25. make stronger, strengthen
erősödik (i) 25. become/get stronger
erre 5. in this direction, this way
erről 5. from this direction, from here
ért (vt) (i) 9. understand
érte 17. for him/it
érték (f) 24. value
értékes (m) 8. precious, valuable
és 1. and
esemény (f) 17. event
esik (f) 12. fall; it is raining
eső (f) 15. rain
  eláll az eső the rain is stopping
  esik az eső it is raining
esőkabát (f) 17. raincoat
esős (m) 16. rainy
este (f) 10. evening; in the evening
  jó estét (kívánok) good evening
esti (m) 11. evening
ész (f) 19. mind, brain
  eszébe jut vkinek come to one's mind, occur to sy
észak (f) 5. North
északi (m) 6. northern
eszik (vmit) (i) 3. eat
eszköz (f) 25. instrument, medium, means
  közlekedési eszköz vehicle (of transport)
eszpresszó (f) 17. bar
észrevesz (vt) (i) 14. notice
étel (f) 10. food, dish
  hideg étel cold meal
  meleg étel hot meal
étlap (f) 10. menu, bill
étterem (f) 3. restaurant
étvágy (f) 10. appetite
  jó étvágyat (kívánok) bon appetite
európai (m) 11. European
év (f) 11. year
  évről évre year by year
évente 25. yearly
éves (m) 8. -years-old
evés (f) 25. eating
evez (i) 14. row
evezés (f) 5. rowing
évi (m) 11. yearly, annual
évszak (f) 11. season
évszázad (f) 20. century
évtized (f) 18. decade
ez 1. this
ezelőtt (vmivel) 14. ago
ezer 6. thousand
ezért 3. therefore
ezután 12. after (this)
ezután (vmivel) 14. after
ezüst (f) 23. silver
exportál (vmit) (i) 18. export
exporttermék (f) 24. product for export
expressz (f) 8. express(-train)

F

fa (f) 1. tree
fagylalt (f) 17. ice-cream
fagylaltárus (f) 17. ice-cream seller
fáj (vkinek vmije) (i) 8. ache, hurt
fájdalom (f) 16. ache, pain
fájdalomcsillapító (f) 16. pain killer
fakad (nevetésre) (i) 14. break into (laughter)
fal (f) 3. wall
fali (m) 25. wall-
falu (f) 8. village
falusi (m) 18. village (of a village)
fáradt (m) 4. tired
fáraó (f) 17. Pharaoh
farkas (f) 21. wolf
fasiszta (m) 25. fascist
fázik (i) 21. be cold
február (f) 11. February
februári (m) 11. (of/in) February
fecske (f) swallow
fedő (f) 10. pot-lid
fegyver (f) 25. weapon, arm(s)
  fegyvert fog vki ellen take up arms against sy
fegyveres (m) 22. armed
fehér (m) 2. white
fej (f) 8. head; piece
fejenként 25. per person, per head
fejes (f) 20. header, head-work
fejleszt (vmit vmivé) (i) 22. develop (into)
fejlett (m) 24. developed
fejlődik (vmivé) (i) 22. develop
fekete (m) 2. black
feketekávé (f) 17. black coffee
fékez (i) 16. brake

fekszik (i) 3. lie, be situated
fel 4. up
fél 9. half
 fél (négy) half past (three)
fél (vtől) (i) 15. be afraid (of)
felad (vmit) (i) 15. post
feladat (f) 18. task
felajánl (vmit vkinek) (i) 23. offer
feláll (i) 10. stand up
feldob (vmit vhova) (i) 15. throw up, toss up
feldolgoz (vmit vmivé) (i) 18. process
felé 5. towards, in the direction of
felébred (i) 14. wake up
felébreszt (vkit) (i) 17. wake up
felejt (vmit vhol) (i) 17. forget
felel (vmit) (i) 2. answer
felelet (f) 17. answer
feleltet (vkit) (i) 22. make sy answer questions
felemel (vt) (i) 24. build up
felépül (i) 24. be built up
felépít (vmit) (i) 18. build up
felér (vhova) (i) 15. reach (up)
feleség (f) 7. wife
felesleges (m) 19. superfluous
felett 5. above
feletti 24. above
felháborodott (m) 14. indignant
felhajt (vhova) (i) 19. drive up
felhív (vkit) (i) 9. ring up
 (vkit vhova) (i) 15. call sy up
felhúz (vmit vhova) (i) 15. pull up
félidő (f) 20. half-time
felír (vmit) (i) 16. prescribe (a medicine)
 (vmit vhova) write down
felirat (f) 11. inscription, notice
felkel (i) 11. get up. rise
felkelés (f) 25. (up)rising
felkelt (vkit) (i) 14. wake up
felkeres (vkit) (i) 23. go to see sy, visit
fellő (vmit) (i) 17. launch
felmászik (vhova) 15. climb up
felmelegszik (felmelegedik) (i) 25. get warm
felmos (vmit) (i) 15. wash (the ground)
felnőtt (m) 22. grown up
felnőtt (f) 13. adult
felől 5. from the direction of
felöltözik (i) 17. get dressed
felpróbál (vmit) (i) 9. try on
felséges (m) 23. majestic(al)
felsétál (vhova) (i) 15. walk up
felső (m) 10. upper
felszabadít (vt) (i) 25. liberate
felszabadul (vmi alól) (i) 25. be liberated
felszabadulás (f) 18. liberation
felszalad (vhova) (i) 15. run up
felszáll (vmire) (i) 4. get on (a bus etc.)
félsziget (f) 15. peninsula
felszólít (vkit vmire) (i) 21. call upon
feltalál (vmit) (i) 15. invent
feltaláló (f) 23. inventor
feltesz (vmit vhova) (i) 21. put up
feltétlenül 21. by all means
felugrik (vhova) (i) 4. jump up
félúton 18. half-way
felül (vhova) (i) 14. sit, get on, mount
felültet (vkit vhova) (i) 14. sit sy up on
felvágott (f) 17. cold cuts
felvesz (vmit) (i) 10. take up; put on
 (vkit vhova) admit sy to, enroll sy in
 felveszi a telefont answer the telephone
felvételi (m) 23. entrance
felvisz (vt vhova) (i) 9. take/carry up
fent 1. above
fentről 15. from above
fényes (m) 23. shiny
fénykép (f) 7. photo
fényképez (vt) (i) 25. photograph
fényképezőgép (f) 13. camera
fénylik (i) shine, glitter
férfi (f) 1. man
férj (f) 7. husband
 férjnél van be married (a woman)
fertőző (m) 25. contagious
fest (vmit) (i) 20. paint; dye
festmény (f) 12. painting
festő (f) 12. painter
festői (m) 12. picturesque
fésű (f) 13. comb
fésülködik (i) 11. comb one's hair
feudális (m) 25. feudal
fiatal (m) 2. young
fiatalember (f) 8. young man, youth
figyel (vre) (i) 6. listen to, pay attention to watch
figyelem (f) 23. attention
fillér (f) 23. aprox. penny (smallest Hungarian coin)
film (f) 12. film
filozófiai (m) 17. philosophical
finn (m) 13. Finnish
finnugor (m) 25. Finno-Ugrian

finom (m) 12. fine
fiók (f) 16. drawer
fiú (f) 2. boy, son
fizet (vmit) (i) 9. pay
fizetés (f) 21. salary, payment
fodor (fodrok) (f) frill
fodrász (f) 22. hair-dresser
fog (vmit) (i) 15. take, catch, hold
fog (csinálni) (i) 17. shall, will
fog (f) 11. tooth
fogad (vkit) (i) 14. receive
fogadjisten! (f) (answer to the greeting: **Adjonisten!**)
foghúzás (f) 16. tooth-extraction
foglal (vmit) (i) 21. occupy, take, book, reserve
foglalkozás (f) 19. profession, job
foglalkozik (vmivel) (i) 18. deal with
foglalt (m) 14. occupied, engaged
fogoly (f) 23. prisoner
fogoly (m) 23. captive
fogorvos (f) 20. dentist
fok (f) 8. degree
fokos (m) 24. . . .degree
fokozatos (m) 25. gradual
folyadék (f) 16. liquid
folyik (i) 4. flow, run, go on
folyó (f) 1. river
folyóirat (f) 1. periodical review
folyosó (f) 16. corridor
folytat (vmit) (i) 23. continue, go on
fontos (m) 6. important
fordít (vmit) (i) 15. 1. turn; 2. translate
fordítás (f) 17. translation
fordító (f) 19. translator
fordul (vmerre) (i) 4. turn to
(vkihez) turn to sy, address oneself to sy
forgalmas (m) 10. busy, crowded
forgalom (f) 8. traffic
forint (f) 8. forint
forradalom (f) 25. revolution
forró (m) 10. hot
fő (m) 8. main, principal
föld (f) 3. ground, floor, earth, land
földesúr (f) 21. landowner
földgáz (f) 24. natural gas
földrajz (f) 6. geography
földrajzóra (f) 6. geography class
földszint (f) 3. ground floor, stalls
fölé 4. (to) above
főleg 13. chiefly, mainly
fölött 1. above, over
fölül 5. from above
főszereplő (f) 17. main character
főváros (f) 2. capital
főz (vmit) (i) 2. cook (sg)
főzelék (f) 13. creamed vegetables
főzés (f) 12. cooking
francia (m) 2. French
frizura (f) 22. hair-do
friss (m) 4. fresh
fúj (vmit) (i) 13. blow
furmint (f) 10. (a kind of wine)
fut (i) 2. run
futás (f) 11. running
futball (f) 11. football, soccer
futballcsapat (f) 8. football team
futballista (f) 8. footballer
futballmeccs (f) 11. football match
futballozás (f) 14. football, soccer
futballozik (i) 5. play football
futó (f) 24. runner, racer
fű (f) 8. grass
függ (vtől) (i) 25. depend on
független (m) 25. independent
függetlenség (f) 25. independency
fül (f) 16. ear
fürdik (i) 12. have a bath
fürdő (f) 12. bath
fürdőhely (f) 14. bathing place, spa
fürdőruha (f) 14. swimming suit
fürdőszoba (f) 7. bathroom
fürdővíz (f) 22. bathwater
füst (f) 18. smoke
füstölt (m) 9. smoked
füzet (f) 6. copybook

G

gabona (f) 18. grain
galéria (f) 14. gallery
galuska (f) 10. dumplings, gnocchi
garázs (f) 17. garage
gazda (f) 21. owner
gazdag (vmiben) (m) 18. rich (in)
gazdaság (f) 24. farm, economics
állami gazdaság state farm
gazdasági (m) 25. economical
gengszter (f) 8. gangster
gép (f) 6. machine
gépgyár (f) 24. machine factory

gépgyártás (f) 24. machine production
gépkocsi (f) 16. car
géz (f) 16. gauze
gól (f) 19. goal (in sports)
gond (f) trouble
gondol (vmit) (i) 10. think
(vmire) think of
gondolkozik (vmin) (i) 10. think, reflect
görög (m) 2. Greek
gurul (i) 15. roll

GY

gyakori (m) 24. frequent
gyakorlat (f) practice
gyakorlati (m) 25. practical
gyakorol (vmit) (i) 11. practise, excercise
gyakran 12. often
gyalog 11. on foot
gyalogol (i) 14. walk
gyalogos (f) 20. pedestrian
gyár (f) 5. factory
gyárt (vmi) (i) 24. make, produce
gyémántos (m) 23. diamond(-like)
gyenge (m) 14. weak
gyerek/gyermek (f) 2. child
gyerekkor (f) 16. childhood
gyermekorvosi (m) 16. pediatrician's
gyógyít (vkit) (i) 21. cure
gyógyszer (f) 16. medicine
gyógyszerész (f) 16. chemist
gyógyszertár (f) 16. chemist's, drugstore
gyomor (f) 16. stomach
gyors (m) 1. fast, quick
gyors (f) 8. fast-train
gyorsít (vmit) (i) 25. speed up, accelerate
gyorsul (i) 25. become faster
gyorsvonat (f) 14. fast train, express
gyöngy (f) pearl
gyönyörű (m) 6. beautiful, lovely
győz (i) 20. win
gyufa (f) 17. match(es)
gyümölcs (f) 2. fruit
gyümölcsfa (f) 17. fruit tree
gyümölcshegy (f) 13. pile of fruits
gyümölcslé (f) 10. (fruit) juice
gyümölcspult (f) 9. fruit section (in stores)

H

ha 12. if
háború (f) 25. war
hadnagy (f) 23. lieutenant
hadsereg (f) 23. army
hagy (vt vhol) (i) leave sg/sy
vkit vmit csinálni let sy do sg
hagyma (f) 10. onion
haj (f) 7. hair
hajnalba (hajnalban) at down
hajnalcsillag (f) morning star
hajó (f) 2. ship
hajrá! 20. go! onward!
hajt (vmit) (i) 16. drive
hajú (m) 8. -haired
hal (f) 10. fish
rántott hal breaded fish
halad (i) 1. go, proceed, advance
haladás (f) 25. progress(ion)
halál (f) 25. death
hálás (vkinek vmiért) (m) 17. grateful, thankful
halászat (f) 24. fishing
halászlé (f) 10. fish soup
halaszt (vmit) (i) postpone
halk (m) 10. soft, low
hall (vmit) (i) 15. hear
hallatszik (i) be heard, sound
hallgat (vt) (i) 10. listen to
hallgat (i) be silent
hallgató (f) 19. student (at university), listen-er
halló! 1. hullo!
hálószoba (f) 15. bedroom
hamar 13. soon
hanem 1. but
hang (f) 13. voice, sound
hanglemez (f) 12. record (disc)
hangos (m) 13. loud
hangverseny (f) 15. concert
hány? 2. how many?
hányad? 25. how big a proportion (of)?
hányadik? 3. which (number)?
hányadikba jársz? which year are you in?
hányadika? 15. what date?
hányadikán? 15. on what day?
hányan? 16. how many people?
hányas? 25. what size/number?
hányszor? 18. how many times?
hányszoros? 25. how many times?
haragszik (vkire) (i) 21. be angry (with sy)
harap (vmit) (i) bite
haraszt (f) brushwood
harc (f) 23. struggle, fight

harcol (vmiért) (i) 17. struggle, fight
harmadik 3. third
harmadszor 22. the third time
harminc 3. thirty
harmincadik 3. thirtieth
három 2. three
háromnegyed 11. three quarters, a quarter to
háromnegyed (öt) a quarter to (five)
has (f) 16. belly, abdomen
hasonlít (vre, vhez) (i) 8. be similar, resemble
használ (vmit vmihez) (i) 15. use sg (for)
(vnek) be useful, help
használat (f) 24. use, usage
hasznos (m) 19. useful
haszon (f) 18. benefit, profit
hat 2. six
hát 12. well
hát (f) 14. back
hátat fordít vkinek turn one's back on
hatalmas (m) 6. large, huge, enormous
hatalom (f) 25. power
határ (f) 6. border, frontier, fields (on the edge of the villages)
hatod 25. a sixth
hatodik 3. sixth
hátra 19. back(ward), behind
hátranéz (i) 19. look back
hátsó (m) 18. hind(er), rear
hatszemélyes (m) 10. for 6 persons
hátul 8. behind, at the back
hátvéd (f) 20. back (football)
havi (m) 11. monthly
havonta 25. monthly
ház (f) 2. house
művelődési ház cultural house
haza (f) 25. homeland, country
haza 4. home, homeward
hazaér (i) 9. arrive home, get to home
hazafelé 16. on the way home
hazamegy (i) 4. go home
hazavisz (vt) (i) 9. take/carry home
házfelügyelő (f) 8. concierge
háziasszony (f) 13. hostess, housewife
hazudik (vmit) (i) 23. lie
hegy (f) 2. mountain, hill
hegyes (m) 14. mountainous, hilly
hegység (f) 24. mountains
hegyvidék (f) 24. highlands
hej! 23. ah! hey!
hely (f) 3. place
helyet foglal take a seat
helyenként 25. in some places, here and there
helyes (m) 14. right, correct
helyez (vmit vhova) (i) 15. place
helyjegy (f) 14. seat reservation
helyjegyes (m) 14. (a train) with reserved seats
hét 2. seven
hét (f) 11. week
hetedik 3. seventh
hetente 25. weekly
hetes (m) 25. number seven
hétfő (f) 11. Monday
hétfői (m) 11. (of) Monday
heti (m) 11. weekly
hétköznap (f) 11. weekday
hétvég (f) 12. weekend
hetven 6. seventy
hiába 10. in vain
hiányzik (vhonnan) (i) 12. be absent, be missed
hiba (f) 16. mistake, trouble
hibátlan (m) 13. faultless, perfect
híd (f) 2. bridge
hideg (m) 6. cold
hideget eszik have a cold meal
hintó (f) 23. coach
hír (f) 11. news
híradó 10. newsreel
híres (vmiről) (m) 10. famous (for)
hirtelen 19. suddenly
hisz (vmit) (i) 10. think, believe
(vkinek) believe sy
hiszen 4. as, because
hív (vkit vhova) (i) 9. call (to)
(vmit vminek, vhogyan) call, name
hogy hívnak/hívják? what is your name?
hivatal (f) 12. office
hivatali (m) 12. (of) office
hó (havak) (f) snow
hogy 10. that
hogy(an)? 13. how?
hogy vagy/van? how are you?
hogyne 17. of course
hol? 1. where?
hol volt, hol nem volt once upon a time
holland (m) 13. Holland, Dutch
holmi (f) 15. things, belongings
holnap 17. tomorrow
holnapi (m) 11. (of) tomorrow
holnapután 17. the day after tomorrow

holtig until death
homlok (f) 16. forehead
hónap (f) 11. month
hónapi (m) 11. monthly
honfoglalás (f) 25. the Conquest
honnan? 5. from where?
hord (vmit) 25. wear
hordár (f) 8. porter
hordó (f) 15. barrel
horgász (f) 14. fisherman
horgászik (i) 12. fish
hosszú (m) 13. long
hosszúság (f) 14. length
hotel (f) 3. hotel
hova? 4. (to) where?
hoz (vmit) (i) 9. bring
hozzá 8. to him/it
hozzáad (vmit vmihez) (i) 10. add
hölgy (f) 8. lady
hőmérséklet (f) 24. temperature
hős (f) 17. hero
hős (m) 17. heroic
húg (f) 7. younger sister
hús (f) 9. meat
húsleves (f) 10. broth
húsz 2. twenty
huszadik 3. twentieth
huszár (f) 10. hussar
húz (vt) (i) 15. pull
hűha 14. oh oh!
hűt (vmit) (i) 20. cool
hűtőszekrény (f) 17. refrigerator
hűvös (m) 16. cool

I, Í

ide 4. here, to this place
idead (vmit) (i) 21. give, present, pass
idegen (m) 13. foreign, strange
idegenvezető (f) 8. guide
ideges (m) 20. nervous
idehoz (vmit) (i) 21. bring here
idei (m) 11. this year's
idén 11. this year
idő (f) 5. weather; time
  szabad idő leisure time
  jó/szép idő van it is fine, the weather is fine
  rossz idő van the weather is bad
  (itt az) ideje, hogy it is time to
  talál időt (vmire) have time for
  annak idején at that time, in those days
  időben in (due) time
időnként 25. from time to time, now and then
igaz (m) 2. true
  igaza van (vkinek) sy is right
igazán 22. really, indeed
igazgató (f) 9. director, head (of a firm)
igazi (m) 8. true, real
igazság (f) 11. justice
igen 1. yes
igen very
ígér (vmit vkinek) (i) 21. promise
ígéret (f) promise
így 12. so, in this way, like this
  így van that is right
igyekszik (csinálni vmit) (i) 21. endeavour
illat (m) 13. odour, (sweet) smell
illatos (m) 15. fragrant, good-smelling
illetve 11. respectively, or, rather
illik (csinálni vmit) (i) 19. it is proper,
ilyen 9. such
  na de ilyet! such a thing!
ilyenkor 19. at that time
importál (vmit) (i) 24. import
indít (vmit) (i) 25. start, initiate
indul (i) 5. start, depart
indulás (f) 11. departure, start
influenza (f) 16. influenza, flu
influenzás (m) 13. have the flu
információ (m) 25. information
ing (f) 3. shirt
injekció (f) 15. injection
inkább 4. rather, more, had better
innen 5. from here, from this place
innen (vmin) 21. this side of sg
integet (i) 19. wave (one's hand to)
intézet (f) 17. institute
ipar (f) 24. industry
iparág (f) 24. industrial sector
ipari (m) 24. industrial
ír (vmit) (i) 6. write
irány (f) 22. direction
irányít (vt) (i) 13. direct
írás (f) 24. writing
író (f) 13. writer
írósztal (f) 8. desk
iroda (f) 14. office, bureau
is 2. too, also
iskola (f) 5. school

általános iskola elementary/primary school
iskolai (m) 5. school-
ismer (vt) (i) 10. know
ismeretlen (m) 11. unknown
ismerős (m) 23. acquaintance
ismert (vmiről) (m) 24. (well) known
ismét 14. again
isten (f) 13. god
isten hozott/hozta welcome
iszik (vmit) (i) 5. drink
ital (f) 9. drink
itt 1. here
itthon 9. at home
ivás (f) 25. drinking
íz (f) 13. taste
izgalmas (m) 20. thrilling, exciting
izgalom (f) 18. excitement
ízlik (i) 25. sg tastes good, be to one's taste
(vmilyen) ízű (m) 13. tastes of

J

jaj! oh! ah!
jaj, de ...! how ...!
jajgat (i) 23. wail, jammer
január (f) 11. January
januári (m) 11. (in/of) January
japán (m) 13. Japanese
jár (vhova) (i) 2. walk, go, visit
járatlan (m) untrodden
jár-kel (i) walk, wander about
jármű (f) 6. vehicle
játék (f) 8. toy; play(ing)
játékos (f) 20. player
játékvezető (f) 20. referee
játszik (vmit) (i) 3. play, perform, act
mit játszanak? what is on?
játszótér (f) 20. playground
javára (vkinek) 20. to the advantage of, in favour of
javasol (vmit vkinek) (i) 20. suggest
javít (vmit) (i) 18. mend, repair, correct
javítás (f) 25. repairing, correction, improvement
javulás (f) 21. improvement, betterment
jegy (f) 3. ticket
jegyet vált buy a ticket
jegyiroda (f) 20. booking-office
jel (f) 5. sign
jelenet (m) 17. scene
jelent (vmit) (i) 15. mean
jelentkezik (i) 19. sign up for, enroll in, show up for
jelentős (m) 24. significant
jelez (vmit) (i) 15. sign(al)
jelkép (f) 17. symbol
jó (m) 1. good
jól van all right
jobb (m) 6. right
jobbhátvéd (f) 20. right back
jobbra 4. to the right
jobbulás (f) 13. recovery, betterment
jód (f) iodine
jogosítvány (f) 21. driving licence
jóízű (m) 13. savoùry, delicious, tasty
jókedvű (m) 10. in good spirits
jólesik (i) 16. feel good
jonatánalma (f) 9. Jonathan (apple)
jön (i) 2. come
jövő (m) 11. next, following
jövő (f) 17. future
július (f) 11. July
június (f) 11. June
jut (i) 19. reach

K

kabát (f) 3. coat, jacket
kabátzseb (f) 3. coat-pocket
kacsa (f) 10. duck
kagyló 13. receiver
kalandos (m) 23. adventurous
kalap (f) 17. hat
kalauz (f) 24. conductor
kanadai (m) 17. Canadian
kanál (f) 10. spoon
kap (vmit) (i) 9. get
kapcsolat (f) 25. connection, relation
kapitány (f) 23. captain
káposzta (f) 13. cabbage
kapu (f) 11. gate, goal (in sports)
kar (f) 16. arm
kár (f) 14. pity, damage, harm
kár csinálni (vmit) it is a pity to do sg
karcsú (m) 8. slim, slender
kastély (f) 22. castle
katona (f) 21. soldier
katonai (m) 25. military
kávé (f) 9. coffee
kecskeméti (m) 13. (in/of) Kecskemét
kedd (f) 11. Tuesday

keddi (m) 11. (of) Tuesday
kedv (f) 12. mood
  jó kedve van (vkinek) be in a good mood
kedvelt (m) 14. popular
kedvenc (m) 11. favourite
kedves (m) 8. kind, nice
  kedvesem darling
  kedves vkitől it is nice of sy
kegyetlen (m) 21. cruel
kék (m) 2. blue
kel (i) get up
kelet (f) 5. East
keleti (m) 5. eastern
kell (csinálni vmit) (i) 19. must, have to
kellemes (m) 5. pleasant, agreeable
kellemetlen (m) 13. unpleasant, disagreeable
kemény (m) 25. hard
kendő (f) 13. kerchief, scarf
kényelmes (m) 7. comfortable
kényelmetlen (m) 13. uncomfortable
kenyér (f) 9. bread
  vajas kenyér bread and butter
kép (f) 3. picture, sight
képeslap (f) 20. (picture) postcard
kér (vmit vkitől) (i) 9. ask (sy) for
  kérem please, it is nothing
kérdez (vmit vkitől) (i) 2. ask, put a question
kérdés (f) 13. question
kerekes (m) wheeled
kerékpár (m) 9. bicycle
kerékpározik (i) 12. ride a bicycle
keres (vt) (i) 9. look for; earn
  jól keres be well-paid
keresett (m) 24. sought after
keresztül (vmin) 8. through
kerítés (f) 15. fence
kert (m) 5. garden
kertes (m) 12. with a garden
kerthelyiség (f) 10. garden
kertmozi (f) 19. open air cinema
kerül (vmennyibe) (i) 9. cost
  mennyibe kerül? how much does it cost?
kerül (vhova) (i) 13. get to
  sorra kerül have one's turn
kerület (f) 3. district
kerületi (m) 16. district
kés (f) 10. knife
keserű (m) 13. bitter
késik (i) 8. be late
keskeny (m) 5. narrow
késő (f) 11. late
  késő van it is late
későn 16. late
kész (m) 13. ready
keszeg (f) 10. bream
készétel (f) 13. ready-made food, canned food
készít (vmit) (i) 9. prepare, make
készül (i) 22. get ready, be made, be produced
  (vmire) prepare oneself
két/kettő 2. two
kettes (m) 2. number two
kevés 3. few, little
kevésbé 18. less
kevéssé 18. a little/bit
kéz (f) 10. hand
  kezébe veszi a hatalmat take over the power
  vkinek a kezébe kerül land in one's hand/power
  vkinek eltörik a keze/vki eltöri a kezét break one's hand
kezd (vmit csinálni) (i) 12. start to
kezdet (f) 16. beginning
kezdődik (i) 11. begin, start
ki? 1. who?
ki 4. out
kiabál (i) 11. shout, cry
kiad (vmit) (i) 17. hand out, publish
kialakul (i) 25. form, develop, take shape
kiállít (vmit) (i) 24. exhibit
kiállítás (f) 15. exhibition
kiált (vmit) (i) 14. shout, cry
kicserél (vmit) (i) 24. change, exchange
kicsi (kis) (m) 1. little, small
(egy) kicsit 10. a little
kicsoda? 7. who?
kiderül (i) 14. turn out
kienged (vt) (i) 15. let out
kifizet (vmit) (i) 15. pay off
kifli (f) 7. crescent roll
kihallatszik (i) 19. be heard outside
kihasznál (vmit) (i) 25. utilise, make use of
kihív (vkit vhonnan) (i) 19. call sy out
kihúz (vt vhonnan) (i) 15. pull out
kijárat (f) 6. exit
kijavít (vmit) (i) 25. correct
kijelent (vmit) (i) 19. state, declare
kijön (vhonnan) (i) 16. come out
kikiált (vhova vkinek) (i) 20. shout out (of)
kikísér (vkit vhova) (i) 23. see sy out/off

kikötő (f) 15. port, harbour
kilenc 2. nine
kilencedik 3. ninth
kilencven 6. ninety
kilép (vhonnan) (i) 15. step out, leave
kiló (f) 9. kilogram
kilogramm (kg) (f) 10. kilogram
kilométer (km) (f) 11. kilometre
kimarad (vhonnan) (i) 15. leave, be omitted
kimászik (vhonnan) (i) 11. climb out (of)
kimegy (i) 4. go out
kimerül (elem) (i) 24. run down
kimos (vmit) (i) 12. wash (clothes)
kínai (m) 13. Chinese
kínál (vkit vmivel) (i) 23. offer sy sg
kincs (f) 23. treasure
  ásványi kincs(ek) mineral resources
kinéz (vmin, vhova) (i) 15. look out (of)
kint 1. outside
kinyit (vmit) (i) 15. open
kipróbál (vmit) (i) 15. try one's hand at
király (f) 15. king
királyi (m) 23. royal
kirakat (f) 9. shop-window
kirándul (i) 5. make an excursion, go on an outing
kirándulás (f) 5. excursion, outing
kirándulóhely (f) 14. place for outings
kis (kicsi) (m) 1. little, small
kisangyalom (f) my sweatheart (lit. my little angel)
kisasszony (f) 15. miss
kisfiú (f) 7. little boy, son
kislány (f) 4. little girl, daughter
kiszalad (vhonnan) (i) 15. run out
kiszáll (vmiből) (i) 4. get off/out
kiszed (vmit vmiből) (i) 15. pick out (of)
kitakarít (vmit) (i) 19. clean (a room), tidy up
kitalál (vmit) (i) 15. find out, guess
kitör (vmit) (i) 17. break
kitör (i) 25. break out
kitűnő (m) 13. excellent
kiugrik (vhonnan) (i) 14. jump out (of)
kiül (vhova) (i) 10. sit down outside
kíván (vmit) (i) 10. wish
  amit az ember szeme-szája kíván what ever one's eye and stomach can wish
kíváncsi (vmire) (m) 12. curious, wonder
kivesz (vmit) (i) 9. take out
kivétel (f) exception
kivisz (vt) (i) 9. take out, carry out

kívül (vmin) 12. besides
klasszikus (m) 12. classical
klub (f) 11. club
kocsi (f) 8. car, coach
kocsma (f) 23. inn
kóla (f) 12. coke
kolléga (f) 8. colleague
kollégium (f) 23. student hostel
koncert (f) 11. concert
konzerv (f) 13. canned food
konzervgyár (f) 13. canning factory
konyha (f) 8. kitchen
kor (f) 19. age, era
kora 15. early
korai (m) 15. early
korán 14. early
kórház (f) 5. hospital
korsó (f) jug, pitcher
kosztüm (f) 9. suit (for women)
kovács (f) blacksmith
kő (kövek) (f) stone
köhög (i) 16. cough
kölcsön 15. on loan
kölcsönad (vmit vkinek) (i) 15. loan
kölcsönkér (vmit vkitől) (i) 15. borrow
kölcsönöz (vmit) (i) 17. lend, rent
kölcsönző (i) 15. rental
költemény (f) 17. poem
költő (f) 12. poet
költői (m) 17. poetic
költözik (vhova) (i) 15. move
könny (f) 14. tear
  vkinek kicsordul a könnye tears come to sy's eyes
könnyű (m) 7. light, easy
könyv (f) 2. book
könyvtár (f) 7. library
kőolaj (f) 24. crude oil
köpeny (f) 13. smock, (white) coat
körbejár (vmit, vhol) (i) 15. go round
körben 15. around
köré 5. (a)round
köret (f) 10. garnish
környék (f) 8. surroundings
környezet (f) 12. environment
körte (f) 10. pear
körút (f) 4. boulevard
körül 4. round, about
körülbelül (kb.) 3. about, approximately
köszön (vkinek) (i) 10. greet sy
  (vmit vkinek) thank sy for sg

köszönöm (szépen) thank you
köt (vmit) (i) bind, tie
kötél (f) 15. rope
köteles (csinálni vmit) (m) 25. obliged to
kötet (f) 25. volume
kövér (m) 4. fat
következik (i) 11. follow, have one's turn
következő (m) 12. next, following
közben 14. during
közbeszól (i) 10. interrupt
közé 4. between
közel (vmihez) 6. near (to)
  a közelben near by, not far away
közeledik (i) 8. approach
közeli (m) 18. near
közép (f) 14. middle
középcsatár (f) 20. centre-forward
középiskola (f) 6. secondary school
középpont (f) 24. centre
közért (f) 9. approx. grocery
közlekedés (f) 18. traffic, transport
közlekedési (m) 21. traffic
közlekedik (i) 13. travel, run
közmondás (f) proverb
közönség (f) 17. public, audience
közös (m) 18. common
között 1. between, among
központ (f) 7. centre
központi (m) 11. central
közt (között) between, among
köztársaság (f) 13. republic
közül 5. from among/between
közvetít (vmit) (i) 20. broadcast
krémsajt (f) 10. cream cheese
krumpli (f) 9. potato
  paprikás krumpli (potatoes stewed with paprika)
  sült krumpli baked potatoes
krumplileves (f) 10. potato soup
kubai (m) 13. Cuban
kukorica (f) 18. maize
kulcs (f) 9. key
kultúra (f) 25. culture
kulturális (m) 12. cultural
kút (f) well
kutya (f) 3. dog
kutyaugatás (f) barking
küld (vt vhova) (i) 9. send
külföld (f) 8. foreign lands, abroad
külföldi (m) 2. foreigner
külön 24. separete(ly)
különböző (m) 6. different
különbség (f) 18. difference
különféle (m) 18. different kinds of, various
különleges (m) 10. special
különösen 13. especially
külső (m) 18. exterior, outer
külsőre 22. outwardly, to all appearances
küzdés (f) 17. fight, struggle

L

láb (f) 10. foot
  nagy lábon él live in grand style
lábas (f) 10. pan
labda (f) 5. ball
labdarúgó (m) 20. footballer
labdarúgó-mérkőzés (f) 20. football-match
labdázik (i) 5. play ball
láda (f) 13. box
lakás (f) 7. flat
lakik (i) 2. live, reside
lakó (f) 14. inhabitant, tenant
lakosság (f) 18. population, inhabitants
lámpa (f) 1. lamp, traffic lights
langyos (m) 17. lukewarm
lány (f) 2. girl, daughter
lap (f) 13. (news)paper
lapos (m) 14. flat
lárma (f) 23. noise
lassít (vmit) (i) 25. slow down
lassú (m) 1. slow
lát (vt) (i) 9. see
látogat (vhova, vt) (i) 17. visit
  látogatóba megy (vhova, vkihez) pay a visit
látogatás (f) 25. visit
látszik (vminek/vmilyennek) (i) 18. seem
láz (f) 8. fever
  láza van vkinek have a fever
  megméri vkinek a lázát take one's temperature
lázas (m) 13. feverish
lázcsillapító (f) 16. antipyretics, fever reducer
le 4. down
lead (vmit) (i) 20. pass (in football)
leadás (f) 20. pass (in football)
lecke (f) 1. lesson, homework
lecsúszik (vhova) (i) 15. slide down
ledob (vmit vhova) (i) 9. throw down
leemel (vt vhonnan) (i) 13. take down
leér (vhonnan vhova) (i) 14. get down

leesik (vhonnan vhova) (i) 15. fall down
lefekszik (vhova) (i) 11. go to bed, lie down
lefényképez (vt) (i) 11. take a photo
lefordít (vmit vmilyen nyelvre) (i) 19. translate
legalább 23. at least
legalábbis at least
legény (f) 21. lad
legközelebb 20. next time
legyengít (vt) (i) 25. weaken
legyengül (i) 25. be weakened
legyőz (vt) (i) 23. defeat, conquer
légy (f) 24. fly
lehet (i) 17. may be, can be
(csinálni vmit) may, can
lehetetlen (m) 25. impossible
lehetőség (f) 18. possibility
lehetséges (m) 21. possible
lehűt (vmit) (i) 20. make cold, cool
leír (vmit) (i) 15. put down, describe
lejár (i) 22. run out, expire
lekapcsol (vmit) (i) 21. switch off
lekésik (vmit) (i) 15. miss
lekvár (f) 13. jam
lel (vmit) (i) find
lelassul (i) 25. slow down
lélek (lelket) (f) spirit, soul
lelép (vhonnan) (i) 21. step down/off
lemarad (vmiről) (i) 15. fall behind
lemegy (vhova) (i) 4. go down
lemez (f) 12. record (disc)
lemos (vmit) (i) 12. wash (the surface of objects)
lendület (f) 20. verve, elan
lenéz (vhova) (i) 15. look down
lengyel (m) 13. Polish
lent 1. down, below
lép (i) 4. step
lépcső (f) 4. stairs
lesz (i) 17. will be, become
leszalad (vhova) (i) 17. run down
leszáll (vmiről) (i) 4. get off (a bus etc.)
leszed (vmit vhonnan) (i) 15. take off, get sg off
letesz (vmit vhova) (i) 9. put down
letesz egy vizsgát pass, get through an examination
létezik (i) 21. exist
lett (i) 22. became
leül (vhova) (i) 4. sit down
levágat (vmit) (i) make cut
levegő (f) 5. air
levél (f) 9. letter
levendula (f) 15. levander
lever (vmit) 25. beat, suppress
leverés (f) 25. suppression
leves (f) 10. soup
levesz (vmit vhonnan) (i) 9. take down, remove, take off
levisz (vmit) (i) 9. take/carry down
liba (f) 10. goose
Libegő (f) 5. chair lift
lift (f) 4. lift
lila (m) 9. violet
limonádé (f) 5. lemonade
liter (l) (f) 9. litre
ló (f) 11. horse
lógat (vmit) (i) 23. hang, swing
londoni (m) 6. in/of London
lovaglás (f) 11. riding horse
lovagol (i) 11. ride a horse
lovas (m) cavalry-
lóverseny (f) 12. horse-race(s)
lő (vt) (i) 14. shoot
lök (vt) (i) 14. push
lúd (f) 21. goose
lusta (m) 20. lazy

M

ma 19. today
macska (f) 7. cat
madár (f) 2. bird
maga/maguk 14. you (formal)
maga 16. himself, herself, itself
magánügy (f) 14. private affair
magas (m) 1. high, tall
magnetofon (f) 19. tape-recorder
magyar (m) 1. Hungarian
magyaráz (vmit) (i) 6. explain
magyarországi (m) 12. (in/of) Hungary
mai (m) 11. of today
majd 11. then, afterwards
majdnem 11. almost, nearly
május (f) 11. May
makk (f) acorn
málna (f) 10. raspberry
malom (f) mill
mama (f) 2. Mummy
mandarin (f) 17. mandarin
már 4. already, yet, no . . . any more
marad (vhol) (i) 3. stay

(vmi vmilyen) remain, stay
március (f) 10. March
marha (f) 10. cow
marhahús (f) 10. beef
máris 10 at once
más 9. other
másfél 15. one and a half
másik 2. (the) other, another
másképpen 23. in a different way
máskor 24. another time
másnap 19. the next day
második 2. second
másodszor 22. the second time
mászik (i) 15. climb
matematika (f) 6. mathematics
meccs (f) 11. match
meddig? 11. to where? how far?
meddig? 15. till when?
medence (f) 11. basin
medve (f) bear
meg 6. and, plus
még 11. still, yet, more, else
még . . . is even
megad (vmit) (f) 15. give
megáll (i) 15. stop
megállít (vt) (i) 15. stop
megálló (f) 2. station, stop
megálmodik (vmit) (i) 17. have a prophetic dream
megázik (i) 17. get wet
jól megázik get soaking wet
megbocsát (vmit vkinek) (i) 20. forgive
megbüntet (vkit) (i) 23. punish, fine
megcsinál (vmit) (i) 15. do, perform, achieve
megcsókol (vkit) (i) 19. kiss
megdicsér (vkit) (i) 18. praise
megebédel (i) 15. have lunch
megelőz (vt) (i) 17. precede
megemlít (vt) (i) 24. mention
megenged (vmit vkinek) (i) 21. allow
megérkezik (i) 15. arrive
megért (vt) (i) 15. understand
megeszik (vmit) (i) 15. eat up
megfázik (i) 16. catch cold
megfelelő (m) 22. suitable, proper
megfésülködik (i) 17. comb one's hair
megfigyel (vt) (i) 22. observe, watch
megfordul (i) 21. turn back
megfog (vt) (i) 21. catch, seize
megfőz (vmit) (i) 15. cook
megfürdik (i) 19. take a bath

meggyengül (i) 25. become weak(er)
meggyógyít (vkit) (i) 22. cure, restore sy to health
meggyógyul (i) 16. recover, get well
meghajol (i) 21. bend, bow
meghal (i) 24. die
meghálál (vmit vkinek) (i) 21. show one's gratitude, pay sy back for
meghall (vmit) (i) 15. hear
meghallgat (vt) (i) 17. listen to
meghív (vkit) (i) 16. invite
meghívás (f) 13. invitation
meghosszabbít (vmit) (i) 25. lengthen, prolong
méghozzá 15. and what is more, moreover
megígér (vmit vkinek) (i) 21. promise
megijed (vmitől) (i) 23. be frightened
megindul (i) 25. start
megint 17. again
megír (vmit) (i) 15. write
mégis 4. nevertheless, yet, still
megismer (vt) (i) 15. learn, get to know
megismerkedik (vvel) (i) 21. get acquainted with
megismétel (vmit) (i) 21. repeat
megiszik (vmit) (i) 15. drink
megjavít (vmit) (i) 19. repair, mend
megjelenik (i) 22. appear, be published
megjön (i) arrive
megkap (vmit) (i) 16. get
megkér (vkit vmire) (i) 21. request/ask sy to do sg
megkérdez (vmit) (i) 15. ask
(vkit vmiről) ask sy about sg
megkeres (vt) 15. seek, try to find
megkóstol (vmit) (i) 15. taste
meglát (vt) (i) 15. catch sight of
meglátogat (vkit) (i) 17. visit
megmagyráz (vmit) (i) 10. explain
megmarad (vmiből) (i) 15. be left, remain
megmér (vt) (i) 16. measure, weigh
megmond (vmit vkinek) (i) 15. tell
megmos (vmit) (i) 15. wash
megmosakszik (i) 17. wash oneself
megmutat (vt) (i) 15. show, present
megnéz (vt) (i) 15. see, watch, look at
megnyílik (i) 17. be opened
megoperál (vkit) (i) 16. perform an operation
megöl (vkit) (i) 17. kill

megörül (vnek) (i) 22. rejoice at
megparancsol (vmit vkinek) (i) 21. order, command
megpróbál (vmit csinálni) (i) 15. try one's hand at
megrendez (vmit) (i) 15. arrange, organize
megsegít (vkit) (i) help, aid
mégsem 3. not . . . after all
megsérül (i) 16. get injured
megsóz (vmit) (i) 25. salt
megsüt (vmit) (i) 15. fry, roast, bake
megszámol (vmit) (i) 17. count
megszeret (vt) (i) 15. become fond of
megszerez (vmit) (i) 20. get, obtain
megtalál (vt) (i) 15. find
megtanít (vkit vmire)
(vmit csinálni) (i) 15. teach
megtanul (vmit)
(vmit csinálni) (i) 15. learn
megtart (vmit) (i) 23. keep, preserve
megteremt (vmit) (i) 25. create, produce
megteremtés (f) 25. creation, formation
megtesz (vmit vkinek) (i) 19. do sg for sy
  vmely utat megtesz cover a distance
megtetszik (vkinek) (i) 19. take a liking to
megtilt (vmit vkinek) (i) 21. forbid
megtöröl (vmit) (i) 25. dry, wipe
megtörülközik (i) 25. dry oneself
megtud (vmit vről) (i) 21. find out, realize, learn
megújít (vmit) (i) 22. renew
megvált (vmit) (i) 15. buy
  jegyet megvált buy a ticket
megváltozik (i) 18. change, be transformed
megváltoztat (vt) (i) 22. change, alter, transform
megvan (i) 17. have (got)
megvár (vt) (i) 15. wait
megvásárol (vmit) (i) 15. buy
megver (vkit) (i) 21. beat up; beat, defeat
megvesz (vmit) (i) 15. buy
megvizsgál (vt) (i) 16. examine
megy (i) 2. go
  vkinek nem megy vmi can't manage
meggy (f) 10. sour-cherry
mekkora? 18. how big/large?
meleg (m) 8. warm
  melegem van I'm hot
mell (f) 16. breast
mellé 4. beside
mellett 1. beside, next to
mellől 5. from beside
mély (m) 14. deep
mely(ek)? 6. which?
melyik? 2. which?
mélység (f) 14. depth
menekül (i) 23. flee
mentők (f) 16. ambulance (plural)
meny (f) 7. daughter-in-law
menyasszony (f) 23. bride
mennyi? 2. how much?
mennyiség (f) 24. quantity
mennykő (f) thunderbolt
mer (vmit csinálni) (i) dare
mér (vmit) (i) 13. weigh, measure
mérges (m) 4. angry
mérkőzés (f) 20. match
mérnök (f) 6. engineer
merre? 5. in which direction? which way?
  merre van? where is?
merről? 5. from which direction? from where?
mérsékelt (m) 24. moderate
mert 17. because
mese (i) 14. tale, story
  esti mese bedtime story
mesél (vmit) (i) 8. tell, narrate
mester (f) 11. master
messze (vtől) 6. far from
messziről 20. from a great distance
méter (i) 17. metre
metró (f) 13. underground
metsz (vmit) (i) cut; prune
mettől? 11. from what time? from where?
mező (f) 13. field, meadow
mezőgazdaság (f) 18. agriculture
mezőgazdasági (m) 18. agricultural
mi? 1. what?
mi 2. we
miatt 17. because of
mielőtt 15. before
mienk 16. ours
miért? 17. why?
míg while, till
mikor? 11. when?
mikori? 11. of what time?
millió 24. million
milyen? 1. what (kind of)? what is . . . like?
mind 10. all
mindahány 6. all (of), each
mindannyi 6. all (of), each
mindegyik 6. each
minden 3. every, all, everything

mindenféle 6. all kinds of
mindenfelé 6. in all directions
mindenfelől 6. from all directions
mindenhol 6. everywhere
mindenhonnan 6. from everywhere
mindenhova 6. (to) everywhere
mindenki 6. everybody
mindenképpen 19. by all means, anyway
mindennap 15. every day
mindennapi (m) 14. everyday
mindig 8. always
mindjárt 20. in an instant
mindkét 11. both
mindkettő 11. both
mindnyájan 23. all of (us/you/them)
mindnyájunk all of us
minket 10. us (acc.)
minőség (f) 18. quality
mint 6. as, like
mintha 23. as if
mínusz (m) 24. minus
mióta? 15. since when?
miután 15. after
mivel? 13. with what? by what?
mivel 19. since, because
modern (m) 2. modern
módszer (f) 18. method, way
mohácsi (m) 25. (in/of) Mohács
molnár (f) 14. miller
mond (vmit) (i) 10. say, tell
mondás (f) 23. saying
mondat (f) 15. sentence
mos (vmit) (i) 11. wash
mosakodik (i) 11. wash oneself
mosdás (f) 17. washing
mosogat (i) 12. wash up
mosógép (f) 13. washing machine
mosolyog (vkire) (i) 13. smile (at)
most 8. now
mostani (m) 11. present, actual
motorkerékpár (f) 12. motor-cycle
mozdul (i) 21. move
mozgás (f) 14. movement
mozgólépcső (f) 4. escalator
mozi (f) 7. cinema, movie
mögé 4. behind
mögött 1. behind
mögül 5. from behind
múlt (m) 14. past
múltkor 16. last time
múlva 14. in (. . . minutes, hours, etc.)
munka (f) 5. work
munkahely (f) 11. place of employment
munkás (f) 1. worker
munkásosztály (f) 25. working class
mustár (f) 13. mustard
mutat (vt) (i) 15. show, present
múzeum (f) 6. museum
mű (f) 17. work (of art), composition
műemlék (f) 15. monument
műhely (f) 25. workshop
működik (i) 7. work, function, operate
műsor (f) 7. program
  mi van műsoron? what is on?
műszaki (m) 9. technical
műszer (f) 24. precision instrument
művelődési (m) 18. cultural
művész (f) 15. artist
művészet (f) 11. art
művészeti (m) 12. of art(s)

N

nád (f) 15. reed
nadrág (f) 3. trousers
nadrágzseb (f) 3. trouser-pocket
nádtetős (m) 15. thatchroofed
nagy (m) 1. big, large
nagyanya (f) 7. grandmother
nagyapa (f) 7. grandfather
nagybátya (f) 7. uncle
nagybirtok (f) 24. large/feudal estate
nagyfejű (m) bigheaded
nagymama (f) 7. grandmother
nagynéni (f) 7. aunt
nagyon 8. very
nagyság (f) 25. size, bigness, greatness
nagyszerű (m) 13. magnificent, fine
nagyszoba (f) 8. living-room
nagyszülő(k) (f) 7. grandparent(s)
nála 8. with/by/ on him
nap (f) 5. sun, day
  süt a nap the sun is shining
  jó napot (kívánok) good morning/afternoon
  egy szép napon one day
napi (m) 11. daily
naponta 25. daily
napozik (i) 14. lie in the sun, have a sunbath
nappal (f) 11. day(-time), by day, during the day-time
nappali (m) 11. day-, of the day

ne! 8. do not!
négy 2. four
negyed 11. quarter
  negyed (kettő) quarter past (one)
negyedik 3. fourth
negyven 6. forty
négyzetkilométer (km²) (f) 24. square kilometre
néha 14. sometimes
néhány 3. some
nehéz (m) 2. heavy; difficult
neki (to) him/her
nélkül 13. without
nem 1. no, not
nemcsak 13. not only
némelyik 10. some
német (m) 13. German
nemsokára 19. soon
nemzeti (m) 14. national
nemzetközi (m) 8. international
néni (f) 14. aunt, older woman
nép (f) 11. people
népdal (f) 4. folk song
népművészet (f) 11. folk art
népművészeti (m) 11. folkloristic
népsűrűség (f) 25. density of population
népszerű (m) 14. popular
név (f) 7. name
nevet (vn) (i) 8. laugh (at)
nevetés (f) 14. laughter
  nevetésre fakad break into laughter
nevez (vminek, vmilyennek) (i) 20. name, call
nevezetes (m) 12. notable, renowned
néz (vt) (i) 4. look at, look, watch
néző (f) 17. spectator
nézőtér (f) 17. area where the audience sits
nigériai (m) 13. Nigerian
nincs (i) 2. there is not
no 8. well
norvég (m) 13. Norwegian
november (f) 11. November
novemberi (m) 11. (in/of) November
nő (i) 13. grow, increase
nő (f) 1. woman
női (m) 9. woman('s), lady('s)
nőtlen (m) 17. single (man)
növény (f) 18. plant
nővér (f) 7. elder sister
nulla 16. zero

NY

nyak (f) 16. neck
nyár (f) 11. summer
nyaral (i) 7. be on summer vacation, have summer holidays
nyaralás (f) 14. summer holiday
nyaraló (f) 14. summer cottage
nyári (m) 10. summer
nyelv (f) 6. language
nyelvlecke (f) 25. language lesson
nyelvtanulás (f) 12. language-learning
nyer (vmit) (i) 20. gain
nyersanyag (f) 24. raw material
nyit (vmit) (i) 23. open
nyolc 2. eight
nyolcadik 3. eighth
nyolcvan 6. eighty
nyugalom (f) 8. rest, calmness
  nyugalom! take it easy
nyugat (f) 5. west
nyugati (m) 5. western
nyugodt (m) 19. calm

O, Ó

oda 4. there, to that place
odáig 12. as far as that
odaad (vmit vkinek) (i) 15. hand over, pass
odabent 19. inside there
odaér (vhova) (i) 15. get to
odafut (vhova) (i) 15. run to
odahív (vkit vhova) (i) 15. call sy to
odalép (vhova, vkihez) (i) 8. step to
odamegy (vhova) (i) 4. go to
odanéz (vhova) (i) 20. look at, glance at
odatalál (vhova) (i) 15. find the way to
odatol (vmit vhova) (i) 9. push to
odavezet (vkit vhova) (i) 15. escort sy to
odavisz (vt vhova) (i) 9. take/carry sg/sy to
ok (f) 21. cause, reason
okos (m) 19. clever
okoz (vmit) (i) 23. cause
október (f) 11. October
olaj (f) 24. oil
olasz (m) 8. Italian
olcsó (m) 13. cheap
old (vmit) (i) dissolve, untie
oldal (f) 3. side, page

oldalas (m) 25. of . . . pages
olt (vmit) (i) extinguish; vaccinate
olvas (vmit) (i) 2. read
olvasás (f) 25. reading
olvasó (f) 24. reader
olyan 6. such, so
onnan 5. from there
operaelőadás (f) 17. opera performance
óra (f) 1. watch, lesson, class, o'clock, hour
hány óra van? what is the time?
órás (f) 22. watchmaker
orgona (f) 15. organ
orosz (m) 13. Russian
orr (m) 14. nose
vkinek az orra előtt under one's very nose
ország (f) 6. country
országos (m) 24. national
országút (f) 13. highway
orvos (f) 1. doctor
orvosi (m) 16. doctor's
orvosság (f) 16. medicine
oszt (vmit) (i) 24. divide
osztály (f) 6. class, department
uralkodó osztály ruling class
osztálytárs (f) 13. classmate
osztrák (m) 13. Austrian
óta 15. since
ott 1. there
otthon 7. at home
óvoda (f) 17. nursery school

Ö, Ő

ő 1. he, she
öcs (f) 7. younger brother
öcsi (f) 14. little chap, laddie
ők 2. they
ölel (vkit) (i) 17. embrace
öltözik (i) 22. dress oneself
(vminek) disguise oneself
ön 1. you (formal sing.)
önök 2. you (formal plur.)
önt (vmit vhova) (i) 10. pour
ördög (f) 14. devil
az ördögbe is! damn it!
öreg (m) 2. old
öregember (f) 4. old man
őriz (vt) (i) 25. guard, watch
örökre 22. for ever
öröm (f) 13. joy
örül (vnek) (i) 8. be glad
szívből örülök I'm very glad
ősz (m) 8. grey (haired)
ősz (f) 11. autumn
őszibarack (f) 10. peach
össze 10. together
összead (vmit) (i) 15. add, gather
összeköt (vmit vmivel) (i) 22. bind/tie up, connect
összes 23. all
összesen 10. altogether
összeszed (vmit) (i) 15. gather
összeütközik (vmivel) (i) 16. crash, clash
összevág (vmit) (i) 10. cut to pieces
öt 2. five
ötlet (f) 19. idea
ötödik 3. fifth
ötös (m) 25. number five
öttusa (f) 11. pentathlon
öttusázik (i) 11. do the pentathlon
ötven 6. fifty
övé 16. his, hers
övék 16. theirs

P

pad (f) 3. bench, school-bench, desk
padló (f) 15. floor
páholy (f) 17. box (in a theatre)
pálinka (f) 23. brandy
palota (f) 22. palace
pálya (f) 11. ground, field
pályaudvar (f) 1. railway-station
panasz (f) 15. complaint
panaszkodik (vmiről, vmire) (i) 16. complain of
pap (f) clergyman
papírüzlet (f) 16. stationary
paprika (f) 10. green pepper, paprika
paprikás (m) 10. with paprika
pár 11. some
pár (f) 21. pair, couple
paradicsom (f) 13. tomato
parancsol (vmit vkinek) (i) 9. command, order
mit parancsol? anything I can do for you?
paraszt (f) 12. peasant
parasztháború (f) 25. peasant uprising
parasztház (f) 15. farmhouse
párizsi (m) 8. (of/in) Paris
park (f) 2. park
parkol (i) 12. park

párol (vmit) (i) 10. stew
part (f) 3. bank, shore, coast
patakocska (f) little stream, streamlet
pécsi (m) 14. (of/in) Pécs
pedig 8. but, though, as for
pékáru (f) 10. baker's ware
például 11. for instance
péntek (f) 11. Friday
pénz (f) 3. money
pénztár (f) 5. cash-desk, booking-office
pénztárca (f) 3. purse
perc (f) 11. minute
peron (f) 8. platform
perszer 9. of course
  hát persze of course, well
pesti (m) 6. (in/of) Pest
piac (f) 19. market
pihen (i) 1. rest, have a rest
pihenés (f) 11. rest
pillanat (f) 13. minute, moment
  egy pillanat alatt in a moment
pincér (f) 3. waiter
pirít (vmit) (i) 10. roast
piros (m) 2. red
pirospaprika (f) 10. red pepper, paprika
piszkos (m) 7. dirty
piszok (f) 18. dirt, litter
plusz (m) 24. plus
pohár (f) 6. glass
polc (f) 6. shelf, rack
polgári (m) 25. civil, bourgeois
politikai (f) 25. political
pont (f) 24. point
pontos (m) 16. punctual, exact
ponty (f) 10. carp
portás (f) 3. porter, doorman
portugál (m) 13. Portuguese
posta (f) 7. post-office
postás (f) 5. postman
próbál (vmit csinálni) (i) 12. try to do sg
program (f) 12. program
pulóver (f) 3. pullover, jumper
pult (f) 9. counter
pulyka (f) 10. turkey

R

rá 8. on/to, on(to) him/it
rádió (f) 1. radio
rádióriporter (f) 20. reporter
ráér (vmire, vmit csinálni) (i) 11. have time for/to
ragyog (i) 13. shine
rajta 8. un/upon him/it
rajzállvány (f) 8. drawing easel
rajzol (vmit) (i) 6. draw
rak (vmit vhova) (i) 15. put
rakéta (f) 15. rocket
rálép (vmire) (i) 15. step on(to)
rámegy (vkire) (i) 20. tackle
rámosolyog (vkire) (i) 19. smile at
ránéz (vre) (i) 14. look at, glance at
rántott (m) 10. breaded (fried in bread-crumbs)
ráül (vmire) (i) 15. sit down on
ráönt (vmit vmire) (i) 10. pour on
rávet (vmit vmire) (i) cast on
  ráveti a szemét vkire cast one's glance on
reakciós (m) 25. reactionary
recept (f) 10. recipe, prescription
régen 14. long ago
regény (f) 12. novel
reggel (f) 5. morning, in the morning
  jó reggelt (kívánok) good morning
reggeli (m) 11. (in the) morning
reggeli (f) 12. breakfast
reggelizik (vmit) (i) 3. have (sg for) breakfast
régi (m) 1. old
regiment (f) regiment
régóta 17. for a long time
remek (m) 17. excellent, brilliant
remekmű (f) 17. masterpiece
remél (vmit) (i) 12. hope
remény (f) 17. hope
rend (f) 9. order, tidiness
  rendet csinál (vhol) to tidy (a place)
  rendbe tesz (vmit) make order, arrange
  rendben van all right, okay
rendelés (f) 16. consulting hours
rendelő (f) 16. consulting room
rendes (m) 8. tidy, neat, proper
rendetlen (m) 9. untidy, disordered
rendetlenség (f) 25. untidiness, disorder, mess
rendező (f) 24. director
rendkívül 20 extraordinarily, extremely
rendőr (f) 4. policeman
rendőrség (f) 16. police
rendőrautó (f) 4. police car
rendszer (f) 25. system
rendszeres (m) 21. systematical

reneszánsz (m) 25. renaissance
rengeteg 10. many, a lot of, immense
repül (i) 1. fly
repülőgép (f) 6. aeroplane, aircraft
repülőtér (f) 6. airport
rész (f) 11. part
része van vmiben take part in
részt vesz vmiben take part in
részére 13. for sy, to sy
részlet (f) 11. detail
rét (f) 5. field, meadow
riport (f) 13. report
riporter (f) 20. reporter
ritka (m) 24. rare
ritkán 13. seldom, rarely
rizs (f) 13. rice
ró (vmit) (i) cut (in)
rohan (i) 20. rush
rokon (f) 9. relative
róla 8. from/about him/it
rom (f) 12. ruin
román (m) 13. Rumanian
ront (vmit) (i) 20. spoil
rossz (m) 1. bad, wrong
vki rosszul van feel unwell
rozs (f) 18. rye
rózsa (f) 19. rose
rózsakert (f) 19. rose garden
rögtön 13. at once, immediately
rövid (m) 13. short
rugó (f) 24. spring
ruha (f) 3. clothes, dress
ruhácska (f) 25. little dress
ruhatár (f) 15. cloakroom
ruhaüzlet (f) 9. clothier's/dress shop

S

saját 8. own
sajnál (vt) (i) 12. be sorry for, regret
sajnos 5. unfortunately
sajt (f) 9. cheese
saláta (f) 10. salad
sapka (f) 4. cap
sárga (m) 2. yellow
sárgabarack (f) 10. apricot
sárgabaracklekvár (f) 13. apricot-jam
sarok (f) 4. corner
sátor (f) tent
savanyú (m) 13. sour
sebes (m) 25. fast
sebesség (f) 16. speed
segít (vkinek, vkit vmiben) (i) 12. help, aid, assist
(vkinek vmit csinálni) help sy (to do sg)
(vkin) help sy (in a critical situation)
segítség (f) 13. help, aid
vkinek a segítségével with the help of sy
sehány 6. not . . . any
sehol 6. nowhere
sehonnan 6. from nowhere
sehova 6. (to) nowhere
sem 2. not . . . either, nor, neither
sem, sem 2. neither . . . nor
semelyik 6. none
semennyi 6. not . . . any
semerre 6. in no direction
semerről 6. from no direction
semmi 6. nothing
semmilyen 6. not . . . any kind of
senki 4. nobody
sertés (f) 10. pig
sertéshús (f) 10. pork
sertéssült (f) 10. roast pork
sérült (m) 16. injured, hurt
séta (f) 5. walk
sétál (i) 1. walk
sétány (f) 19. promenade
siet (i) 1. hurry, be in a hurry
sík (m) 14. flat, even
siker (f) 25. success
sikeres (m) 25. successful
sikerül (vkinek vmi, vmit csinálni) (i) 20. succed
síkság (f) 24. plain, lowlands
sima (m) 14. smooth
simogat (vt) (i) 13. caress
sincs (i) 3. there is not . . . either
sír (i) 17. cry, weep
sír (f) 15. grave, tomb
só (f) 10. salt
sofőr (f) 1. driver
sógor (f) 7. brother-in-law
sógornő (f) 7. sister-in-law
soha 14. never
sohasem 11. never, not . . . ever
sok 2. many, much
sokáig 15. for a long time
sokfelé 22. to many places, in many directions
sonka (f) 9. ham
sor (f) 16. row, line, queue

beáll a sorba join the queue
sorban áll vmiért stand in a queue for sg
sorra kerül have one's turn
sorozat (f) 12. series
sors (f) 22. fate
sosem 14. never
sovány (m) 4. thin
sóz (vmit) (i) 25. salt
sör (f) 9. beer
sőt 13. even, moreover
sötét (m) 8. dark
sötétkék (m) 9. dark blue
sötétség (f) 25. darkness
spanyol (m) 8. Spanish
speciális (m) 8. special
sport (f) 11. sport
sportág (f) 11. branch of sport
sportember (f) 8. sportsman, athlete
sportiskola (f) 11. sport-school
sportklub (f) 11. sport-club
sportműsor (f) 11. sportsprogram
sportol (i) 11. take part in sports
sportoló (f) 11. sportsman, athlete
sportpálya (f) 11. sports field
sportuszoda (f) 19. swimming pool
stadion (f) 11. stadium
strand (f) 12. open air swimming pool, beach
súlyos (m) 13. heavy, serious
sült (m) 10. roast, baked, fried
süt (i) shine (sun)
(vmit) fry, roast, bake
sütemény (f) 9. cakes, pastries

SZ

szabad (f) 8. free
szabad vmit csinálni allowed
még vmit szabad? anything else?
a szabadban outdoors, in the open air
szabadon enged vkit let sy go free
szabadság (f) 6. freedom, liberty, vacation, holiday
szabadságon van be on holiday(s)
szabadságharc (f) 25. war of liberty
szabadtéri (m) 17. open air
szabály (f) 21. rule
szabályos (m) 16. regular
szabálytalan (m) 16. irregular
szabálytalanság (f) 20. irregularity
szabó (f) 22. tailor
száj (f) 19. month
szakács (f) 19. cook, chef
szakad (i) 25. get torn, divide
szakáll (f) 8. beard
szalad (i) 4. run, rush
szaladgál (i) 14. run up and down
száll (i) 4. fly
(vmire) get on (bus, etc.)
szállít (vt) (i) 13. transport
szállítás (f) 15. transport
szálló (f) 3. hotel
szálloda (f) 1. hotel
szállodai (m) 14. (in/of) hotel
szalonna (f) bacon
szám (f) 2. number, ticket
szamár (f) 14. donkey
számára 13. for/to sy
számla (f) 10. bill
számol (vmit) (i) 6. count
számtalan 24. innumerable
szappan (f) 13. soap
szárazföldi (m) 24. continental
szardínia (f) 10. sardines
származik (vhonnan) (i) 25. descend from, come (of)
száz 6. hundred
század (f) 17. century
százalék (f) 24. percent
százéves (m) 19. hundred-year-old
százezer 14. one hundred thousand
szed (vmit) (i) 24. pick
szédül (i) 16. feel dizzy
szegedi (m) 12. (in/of) Szeged
szegény (vmiben) (m) 14. poor
szék (f) 3. chair
szekrény (f) 3. wardrobe
szél (f) 5. wind
szél (vminek a széle) (f) 11. edge
széles (m) 7. broad, wide
szélesség (f) 14. width
szelet (f) 14. slice, cut
rántott szelet (breaded) cutlet
szelíd (m) 14. mild, meek
széllovas (f) 14. windsurfer
szélső (f) 20. wing (in football)
szem (f) 7. eye
a szeme közé néz vkinek look sy in the face
szembe (vkivel) 14. opposite, facing
szemben (vvel) 14. opposite to, in front of
személy (f) 8. person
személykocsi (f) 16. car
szemész (f) 22. eye-specialist, occulist

szemű (vmilyen ~) (m) 13. . . . eyed
szemüveg (f) 8. (eye)glasses
  sötét szemüveg, napszemüveg sunglasses
szendvics (f) 5. sandwich
szenved (i) suffer
szép (m) 2. beautiful, nice
szeptember (f) 11. September
szerda (f) 11. Wednesday
szerel (vkit) (i) 20. steal the ball
szerelem (f) 23. love
szerelő (f) 23. mechanic, technician
szerencse (f) 15. luck
szerencsére 14. fortunately
szerencsés (m) lucky
szerencsétlen (m) unlucky, unfortunate
szerep (f) 17. role
szereposztás (f) 23. cast
szeret (vt) (i) 9. love, like
szeretet (f) 15. love
szerető (f) lover
szerez (vmit) (i) 20. get, obtain
szerint 19. according to, in sy's opinion
szerszám (f) 22. tool
szervez (vmit) (i) 24. organize
szervusz(tok) hello, bye
szét 15. apart, dis-
szétnéz (vhol) (i) 21. look around
szia hi (very familiar greeting, used mostly among young people)
szid (vkit) (i) 14. scold
sziget (f) 3. island
szilva (f) 10. plum
szín (f) 8. colour
színes (m) 2. coloured
színész (f) 17. actor
színház (f) 7. theatre
színházi (m) 17. theatre, theatrical
színházjegy (f) 17. theatre ticket
színhely (f) 17. scene
színpad (f) 17. stage
szinte 15. nearly, almost
szintén 15. likewise, also, as well
színű (vmilyen ~) (m) 9. coloured
színvonal (f) 24. level, standard
sziréna (f) 15. siren
szív (f) 8. heart
szivacs (f) 17. sponge
szíves (m) 20. kind
  légy/legyen szíves please
  szívesen not at all, with pleasure
szlovák (m) 13. Slovak
szó (f) 2. word
  szó van vmiről the talk is on/about
  szó sem lehet róla that is out of the question
  szóba áll vkivel speak to (start a conversation with)
  viszi a szót leads the conversation
szoba (f) 3. room
szobor (f) 4. statue
szobrász (f) 12. sculptor
szóda(víz) (f) 9. soda-water
szokás (f) 16. habit, custom
szoknya (f) 9. skirt
szokott (csinálni vmit) (i) 17. usually do
szól (i) 8. speak, sound
  (vmiről) be about
  a jegy szól vhova the ticket is for a place
szombat (f) 11. Saturday
szombati (m) 11. (of) Saturday
szomjas (m) 5. thirsty
szomorú (m) 13. sad
szomszéd (f, m) 7. neighbour; next, neighbouring
szomszédos (m) 18. neighbouring, next
szomszédság (f) neighbourhood
szórakozás (f) 25. entertainment, amusement, pastime, fun
szórakozási (m) 18. (of) entertainment
szórakozik (i) 13. have fun, have a good time
szórakoztat (vkit) (i) 22. entertain, amuse
szótár (f) 7. dictionary
sző (vmit) (i) weave
szőke (m) 2. blond
szőlő (f) 9. grape, vineyard
szőlőhegy (f) 14. vineyard (on a hillside)
szövetkezet (f) 18. cooperative
szövetségi (m) 13. federal
szurkoló (f) 20. fan
szükség (f) 7. necessity, need
  vkinek szüksége van vre need sg
szükséges (m) 16. necessary
születésnap (f) 15. birthday
születik (i) 15. be born
szülő(k) (f) 7. parent(s)
szünet (f) 11. break, interval; vacation, holiday
szüret (f) 18. vintage, grape harvest
szürke (m) 14. grey
szürkebarát (f) 9. (a kind of Hungarian wine)

T

tábla (f) 6. blackboard
tabletta (f) 16. pill
tag (f) 11. member
táj (f) 11. region, scenery
takarít (vmit) (i) 12. clean, tidy up
takarítás (f) 12. cleaning
tál (f) 9. dish
talaj (f) 18. soil
talál (vmit) (i) 9. find
találkozás (f) 7. meeting
találkozik (vkivel) (i) 7. meet
talán 2. perhaps
támad (vkire) (i) 23. attack, assault
támadás (f) 20. attack
tanács (f) 19. advice; council
tanácsköztársaság (f) 25. soviet republic
tanácsol (vmit vkinek) (i) 21. advise, suggest
tanár (f) 6. teacher
tanárnő (f) 7. (woman) teacher
tánc (f) 19. dance
táncol (i) 8. dance
tanít (vmit, vkit) (i) 6. teach, instruct
tanítás (f) 11. teaching, school
tanterem (f) 6. class-room
tanul (vmit) (i) 6. learn, study
tanulmányok (f) 23. studies
tanuló (f) 16. pupil
tanya (f) 18. farm
tányér (f) 10. plate
tapasztalt (m) 22. experienced
tárgy (f) 11. object
társ (f) companion
társadalmi (m) 25. social
társadalom (f) society
társaság (f) 17. company, society
tart (vmit) (i) 15. hold
(vmennyi ideig, ideje, idő óta) last
  (vkit vminek/vmilyennek) consider
  (vmit) keep, breed
tartozik (vhez, vk közé) (i) 18. belong to
táska (f) 1. bag
tavaly 19. last year
tavalyi (m) 24. last year's
tavasz (f) 11. spring
távirat (f) 21. telegramme
távol (vtől) 18. far
távoli (m) 18. distant
távolság (f) 18. distance
taxi (f) 1. taxi(cab)
taxiállomás (f) 23. taxi-stand
te 1. you (informal sing.)
tea (f) 13. tea
téged 10. you (acc. informal sing.)
tegnap 14. yesterday
tegnapelőtt 16. the day before yesterday
tehát 8. so, then, thus
tehén (f) 18. cow
teherautó (f) 6. lorry, motor-lorry
tej (f) 9. milk
tejeskávé (f) 17. white coffee
tejföl (f) 10. sour cream
tejfölös (m) 10. with sour cream
tekercs (f) 19. roll
tél (f) 11. winter
tele (vmivel) 13. full of
telefon (f) 1. telephone
telefonál (i) 1. (tele)phone
telefonfülke (f) 8. call-box
televízió (f) 7. television
teljes (m) 13. complete
teljesen 13. entirely, completely, absolutely
teljesít (vmit) (i) 23. fulfil, achieve
templom (f) 6. church
tenger (f) 14. sea
tengerész (f) 8. sailor
tengeri (m) 25. sea-
tenisz (f) 11. tennis
teniszezik (i) 11. play tennis
teniszütő (f) 8. racket
tennivaló (f) 12. sg to do
tenyészt (vmit) (i) 18. breed
tér (f) 2. square
terem (f) 8. room
terem (i) 14. grow
térkép (f) 6. map
termel (vmit) (i) 13. produce
termelés (f) 13. production
termelőszövetkezet (f) 18. agricultural cooperative
termék (f) 18. product
természetesen 18. naturally, of course
termeszt (vmit) (i) 18. grow, cultivate
terület (f) 13. area, region
terv (f) 11. plan
tervez (vmit) (i) 8. design, plan
tervezőintézet (f) 16. institute for design
tervezőmérnök (f) 8. designer
tessék hullo, at your service; here you are
test (f) 16. body
testsúly (f) 18. weight

testvér (f) 7. brother or sister
tesz (vmit vhova) (i) 9. put
  (vmit) do
tetszik (vkinek) (i) 15. sg please sy, sy like sg
tető (f) 11. top, peak; roof
tévé (f) 11. TV
téved (vmiben) (i) 14. make a mistake, be wrong
tévedés (f) 18. mistake
tévéfilm (f) 12. film for TV
tévéműsor (f) 14. TV-program
textilgyár (f) 24. textile factory
textilipar (f) 24. textile industry
ti 2. you (pl. informal)
tied 16. yours (sing. informal)
tietek 16. yours (pl. informal)
tilos (m) 19. prohibited, forbidden
tilt (vmit vkinek) (i) prohibit, forbid
tiszta (m) 5. clean, pure
tisztaság (f) 25. cleanliness, neatness
tisztít (vmit) (i) 13. clean
titeket 10. you (acc. pl. informal)
tíz 2. ten
tizedik 3. tenth
tizenegy 2. eleven
tizenegyedik 3. eleventh
tizenkét/tizenkettő 2. twelve
tizenkettedik 3. twelfth
tízféle (m) 23. ten (different) kinds
tó (f) 8. lake
tokaji (f) 10. Tokay (wine)
tol (vmit vhova) (i) 9. push
toll (f) 7. pen
tolmács (f) 18. interpreter
tolmácsol (vmit) (i) 19. interpret
tonhal (f) 10. cod
torma (f) 13. horse-raddish
tornázik (i) 8. do gymnastics
torok (f) 16. throat
torony (f) 17. tower
tovább 14. further
továbbad (vmit vkinek) (i) 20. pass (on)
továbbmegy (i) 5. move/go on
több 18. more, several
többé 25. more, longer
többi (m) 19. other
  a többiek the others
tőle 8. from him/it
tölgy (f) 19. oak
tölt (vmit vmibe) (i) 9. pour
  (vmit) pass, spend
tömeg (f) 15. crowd, mass
tömegközlekedés (f) 24. mass transportation
török (m) 2. Turkish
történelem (f) 13. history
történet (f) 13. story, history (of)
történik (vkivel) (i) 14. happen (to)
törvény (f) 21. law
tövis (f) thorn
trafik (f) 25. tobacconist's (shop)
tragédia (f) 17. tragedy
tud (vmit) (i) 10. know
  (vmit csinálni) can
tudniillik 11. namely
tudományos (m) 6. scientific
túl 13. too
túl (vmin) 21. beyond
túlzás (f) 25. exaggeration, overstatement
turista (f) 3. tourist, hiker
turistaút (f) 5. path for hikers
túzok (f) bustard
tüdőgyulladás (f) 16. pneumonia
tükör (f) 8. mirror
türelem (f) 14. patience
  nincs türelme vmihez have no patience for
  elveszti a türelmét lose one's patience
türelmes (m) 25. patient
türelmetlen (m) 20. impatient
tüsszent (i) 4. sneeze
tüsszentés (f) 4. sneeze
tűz (f) 10. fire

U, Ú

udvar (f) 11. courtyard
ugat (i) 14. bark
ugrik (i) 4. jump
úgy 13. so, so much, like that
ugyanakkor 24. at the same time
ugyanaz 21. same
ugyanis 3. since, because
ugyanolyan 18. same (kind)
ugye 8. isn't it? (doesn't he?)
új (m) 1. new
ujj (f) 16. finger
újjáépít (vmit) (i) 25. reconstruct
újra 15. again
újság (f) 4. news; newspaper
  mi újság? what's new?
újságíró (f) 13. journalist
unalmas (m) 13. dull, boring
unoka (f) 7. grandchild

unokahúg (f) 7. niece
unokaöcs (f) 7. nephew
unokatestvér (f) 7. cousin
úr (f) 1. mister, sir
 uram sir
uralkodás (f) 25. rule, reign(ing)
uralkodik (i) 25. rule, reign
uralkodó (m) 25. ruling
úszás (f) 11. swimming
úszik (i) 8. swim
úszó (f) 24. swimmer
uszoda (f) 11. swimming-pool
úszómedence (f) 17. swimming basin
út (f) 4. road, way, trip
 vmely utat megtesz cover a distance
utál (vmit csinálni) (i) 22. dislike to, hate
után 4. after
utána 16. after that, then, afterwards
utánafut (vnek) (i) 20. run after
utas (f) 3. passenger
utazik (i) 3. travel
utazás (f) 12. travel, journey
utazó (f) 23. traveller
utca (f) 3. street
úti (m) 12. of travel(s)
útközben 22. along the way
útlevél (f) 20. passport
utólag 19. afterwards (not in advance)
utoljára for the last time
utolsó (m) 9. last
utópia (f) 17. utopia
úttest (f) 23. roadway

Ü, Ű

üdítő(ital) (f) 14. refreshing drink
üdül (i) 14. be on holiday
üdülő (f) 14. resort
üdülőhely (f) 14. resort area
üdvözlet (f) 21. greeting
üdvözöl (vkit) (i) 24. greet sy
ügyes (m) 13. clever
ül (i) 1. sit
üldögél (i) 19. sit about
ültet (vkit vhova) (i) 15. seat sy, make sy get in
 (vmit) plant
üres (m) 3. empty
üt (vt, vre) (i) 9. strike, beat, slap
üveg (f) 6. bottle, glass
üzem (f) 13. factory
üzen (vmit vkinek) (i) 21. send a message
üzenet (f) 25. message
üzlet (f) 5. shop

V

vacsora (f) 11. dinner, supper
vacsorázik (i) 3. have dinner, have supper
vág (vmit) (i) 10. cut
vágány (f) 8. rail, platform
vagy 2. or
vagyis 8. i.e., that is
vagyon (f) 18. wealth, property
vagyon (van) (i) is
vaj (f) 9. butter
valahány 6. some
valahol 6. somewhere
valahonnan 6. from somewhere
valahova 6. (to) somewhere
valaki 6. somebody
valamelyik 6. one of (them)
valamennyi 6. some
valamerre 6. in some direction (or other)
valamerről 6. from some direction (or other)
valami 6. something
valamilyen 6. some (kind of)
valamikor 6. sometime; once
válasz (f) 19. answer
válaszol (vmit vkinek) (i) 15. answer
választ (vt) (i) 10. choose
válik (vmivé, vmilyenné) (i) 22. become, turn into
váll (f) 14. shoulder
valóban 14. indeed, really, truly
válogatott (m) 20. selected
 válogatott csapat representative team
 válogatott mérkőzés match of representative teams
valószínűleg 23. probably
vált (vmit) (i) 14. buy (a ticket)
változatos (m) 24. varied
változik (vmivé, vmilyenné) (i) 22. change
változtat (vmit, vmivé, vmilyenné) (i) 22. change sg/sy into
vámtiszt (f) 21. customs-officer
van (i) 1. be
vár (vt, vre) (i) 8. wait for, look forward to
vár (f) 3. castle
város (f) 1. city, town
városi (m) 18. city-, town-

városka (f) 8. little town
városrész (f) 25. district, area (of a city)
váróterem (f) 16. waiting room
varr (vmit) (i) 12. sew
vas (f) 24. iron
vásár (f) 14. fair, market
áll a vásár a fair is being held
vásárlás (f) 12. shopping
vasárnap (f) 11. Sunday; on Sunday
vasárnapi (m) 11. (of) Sunday
vásárol (vmit) (i) 9. buy
vasipar (f) 24. iron industry
vastag (m) 22. thick
vastagság (f) 22. thickness, dimension
vasút (f) railway
vasutas (f) 8. railway employee
vasútvonal (f) 24. railway line
vatta (f) 16. cotton
váza (f) 3. vase
védekezik (vki, vmi ellen) (i) 25. defend oneself from
védelem (f) 20. defence
védő (f) 20. full-back
vég (f) 10. end(ing)
végez (vmit) (i) 14. do sg
(vmivel) finish sg
végig 10. throughout, to the end
végighajóz (vmit, vmin) (i) 23. sail (all) across
végigjár (vmit) (i) 12. go through
végigmegy (vmin) (i) 15. go along
végigsétál (vhol) (i) 10. walk all along/over
végigvezet (vkit vhol) (i) 17. lead along
végre 14. at last
végül 12. finally, in the end
vegyipar (f) 24. chemical industry
vegyszer (f) 18. chemicals
vele 13. with him/it
vélemény (f) 19. opinion
véleményem szerint in my opinion
véletlenül 17. by chance
vendég (f) 3. guest
vendégül lát have sy as a guest
ver (vt) (i) 20. beat, defeat
vér (f) blood
veréb (f) sparrow
verés (f) 21. beating
verseny (f) 11. competition
versenyez (i) 18. compete
vesz vmit (i) 9. take; buy
veszedelmes (m) 14. dangerous
veszekedik (vkivel) (i) 21. quarrel
veszt (vmit) (i) 25. lose
vet (vmit) (i) sow
vevő (f) 24. purchaser, buyer
vezér (f) 23. leader
vezet (vkit vhova) (i) 8. lead, conduct, show sy to, escort
(vmit) drive
(vkit) lead, command
vezetés (f) 25. leadership
vkinek a vezetésével led/headed by sy, under the leadership of sy
vezető (f) 7. head, chief, guide
vicc (f) 17. joke
vidám (m) 5. cheerful, happy
vidámság (f) 14. gaiety, happiness
vidék (f) 8. countryside, region
vietnami (m) 13. Vietnamese
vigasztal (vkit) (i) 20. console
vigyáz (vre) (i) 19. take care of
vihar (f) 14. storm
világ (f) 14. world
világbajnokság (f) 20. world cup
világháború (f) 25. world war
világhírű (m) 12. world-famous
világít (i) 4. light
világos (m) 16. light
villa (f) 10. fork
villa (f) 8. cottage
villamos (f) 2. tram
villamosmegálló (f) 8. tram-station
villany (f) 22. electricity
virág (f) 3. flower
virágzik (i) 15. bloom, flourish
virsli (f) 13. frankfurter
visegrádi (m) 12. (of/in) Visegrád
visel (vmit) 25. wear
visz (vt vhova) (i) 9. take, carry
viszlát 13. bye-bye, see you again
viszont 18. in return, but
viszontlátásra see you later, good-bye
vissza 4. back
visszaad (vmit vkinek) (i) 15. give back, return
visszaérkezik (vhonnan vhova) (i) 15. come back, arrive back
visszaesik (vhonnan vhova) (i) 15. fall back
visszafekszik (vhova) (i) 11. lie back
visszafordul (vhonnan vhova) (i) 4. turn back
visszafut (vhova vhonnan) (i) 20. run back

visszahív (vkit vhonnan vhova) (i) 15. call back
visszakér (vmit vkitől) (i) 17. ask back
visszaköszön (vkinek) (i) 19. return a greeting
visszamegy (vhova vhonnan) (i) 4. go back, return
visszanéz (vhonnan vhova) (i) 4. look back
visszatér (vhonnan vhova) (i) 25. return
visszatesz (vmit vhova) (i) 9. put back
visszautazik (vhova vhonnan) (i) 11. travel back, return
visszaül (vhova) (i) 8. sit back
visszavisz (vt vhova) (i) 9. take/carry back, return
visszhang (f) 15. echo
vita (f) 17. debate, discussion
vitamin (f) 16. vitamin
vitatkozik (vkivel vmiről) (i) 8. discuss, debate, argue
vitéz (f) 23. valiant, knight
vitorlás (f) 15. sailing boat
vitorlázás (f) 25. sailing
vitorlázik (i) 14. sail
vív (i)11. fence
vívóedzés (f) 11. training in fencing
víz (f) 4. water
vizes (m) 22. wet, damp
vízum (f) 25. visa
vizsga (f) 23. exam(ination)
felvételi vizsga entrance examination
letesz egy vizsgát pass an examination
vizsgázik (vmiből) (i) 21. sit for an examination
vizsgál (vt) (i) 17. examine, study
vizsla (f) 8. setter
vonal (f) 13. line
vörös (m) 7. red
vő (f) 7. son-in-law

Z

zaj (f) 14. noise
zajos (m) 6. noisy
zajtalan (m) 13. noiseless
zápor (f) 17. (rain)shower
zavar (vt) (i) 19. disturb
zene (f) 8. music
zeneszerző (f) 23. composer
zöld (m) 2. green
zöldség (f) 13. vegetables
zöldségkonzerv (f) 13. canned vegetables

ZS

zsák (f) 15. sack
zseb (f) 16. pocket
zsemle (f) 17. roll
zseniális (m) 19. full of genius, brilliant
zsír (f) 10. fat

Tankönyvkiadó Vállalat
A kiadásért felelős: Petró András igazgató
Szedte a Nyomdaipari Fényszedő Üzem (847119/08)
89-129 Pécsi Szikra Nyomda
Felelős vezető: Farkas Gábor igazgató
Raktári szám: 56 151
TA 4559 II./c-8 8991
Felelős szerkesztő: Siórétiné Gyepes Judit
Műszaki igazgatóhelyettes: Schrőder Géza
Grafikai szerkesztő: Schnedarek Péter
Műszaki szerkesztő: Vara Tibor
A kézirat nyomdába érkezett: 1988. április
Megjelent: 1989. február
Példányszám: 8000
Terjedelem: 54,69 (A/5) ív
Készült az 1986. évi első kiadás alapján álló filmről, íves ofszetnyomással,
az MSZ 5601–59 és az MSZ 5602–55 szabvány szerint